U0622382

权威·前沿·原创

皮书系列为
"十二五""十三五"国家重点图书出版规划项目

BLUE BOOK

智库成果出版与传播平台

中国关心下一代蓝皮书

BLUE BOOK OF
THE CARE OF THE NEXT GENERATION

中国关心下一代研究报告（2020）

ANNUAL REPORT ON THE CARE OF THE NEXT GENERATION
IN CHINA (2020)

总　顾　问／顾秀莲
编委会主任／张玉台　王京清
主　　　编／陈光金　陈江旗

社会科学文献出版社
SOCIAL SCIENCES ACADEMIC PRESS（CHINA）

图书在版编目（CIP）数据

中国关心下一代研究报告. 2020 / 陈光金，陈江旗
主编. —— 北京：社会科学文献出版社，2020.10（2020.12 重印）
（中国关心下一代蓝皮书）
ISBN 978 - 7 - 5201 - 7147 - 2

Ⅰ.①中… Ⅱ.①陈… ②陈… Ⅲ.①青少年教育 -
教育工作 - 研究报告 - 中国 - 2020 Ⅳ.①G775

中国版本图书馆 CIP 数据核字（2020）第 152844 号

中国关心下一代蓝皮书
中国关心下一代研究报告（2020）

主　　编 / 陈光金　陈江旗

出 版 人 / 王利民
责任编辑 / 吴　敏　张　媛

出　　版 / 社会科学文献出版社·皮书出版分社（010）59367127
　　　　　　地址：北京市北三环中路甲 29 号院华龙大厦　邮编：100029
　　　　　　网址：www.ssap.com.cn
发　　行 / 市场营销中心（010）59367081　59367083
印　　装 / 天津千鹤文化传播有限公司

规　　格 / 开 本：787mm × 1092mm　1/16
　　　　　　印 张：26.75　字 数：400 千字
版　　次 / 2020 年 10 月第 1 版　2020 年 12 月第 3 次印刷
书　　号 / ISBN 978 - 7 - 5201 - 7147 - 2
定　　价 / 158.00 元

编 委 会

主编单位简介

中国社会科学院社会学研究所 成立于 1980 年 1 月 18 日，是中国社会学恢复以后成立的最早的社会学研究所。中国社会科学院社会学研究所是中国社会学的国家级学术研究机构，是中国最大的社会学研究所，发挥着新型智库的重要作用。社会学研究所是两个国家级社团——中国社会学会、中国社会心理学会的管理机构和秘书处所在地。社会学研究所第一任所长是著名社会学家费孝通先生，此后，何建章、陆学艺、景天魁、李培林相继担任过社会学研究所所长。现任所长：陈光金；党委书记：穆林霞；副所长：穆林霞、王春光、杨典。现有在职人员 79 人，包括 18 名研究员、25 名副研究员、25 名助理研究员。其中，65 名研究人员具有博士学位，他们分别毕业于国内和国外著名学府。具有博士后研究经历的有 9 人。目前，社会学研究所拥有国家文化名家和"四个一批"人才 1 人，中国社会科学院学部委员 1 人，北京市政府参事 1 人，国家有突出贡献中青年学者 4 人，享受国务院特殊津贴 27 人。

中国关心下一代工作委员会 1990 年经党中央批准成立，是以热心关心下一代工作的离退休老同志为主体、党政有关部门和群团组织负责人参加的，以关心、教育、培养青少年健康成长为目的的群众性工作组织，是党和政府联系青少年的桥梁和纽带。主要任务是加强青少年思想道德建设，加强青少年关爱帮扶工作，提升青少年文明素质，加强青少年的身心健康教育，维护青少年合法权益，加强调查研究，建设学习型、服务型、创新型关工委。在党的领导下积极组织、协调、指导、推动各地区、各部门关工委结合实际，创造性地开展工作。现任主任是第十届全国人大常委会副委员长顾秀莲同志，常务副主任分别由中央和国家机关部委退下来的领导同志担任，副主任分别由相关部委在职领导同志担任。中国关心下一代工作委员会办公室是委员会的日常办事机构，设主任、副主任各一名，配备干部若干名，按公务员进行管理。办公室下设秘书处、联络处和综合处。

主要编撰者简介

　　张玉台　中国关心下一代工作委员会常务副主任。1968 年毕业于北京航空学院（现北京航空航天大学）自动控制系。1983 年任国家科委办公厅副主任，1985 年任国务院科技领导小组办公室副主任。1988 年在中国科学院工作，历任副秘书长兼学部联合办公室主任，兼中国科学报社社长和总编。1995 年 1 月在中国科协工作，任党组书记、书记处书记、副主席、书记处第一书记、国家科委党组成员。2004 年 10 月任国务院发展研究中心党组书记、副主任，2007 年 6 月任国务院发展研究中心主任、党组书记，2010 年 7 月起任国务院发展研究中心主任、党组成员。2011 年 4 月起担任十一届全国政协教科文卫体委员会副主任。2013 年 3 月至 2018 年 3 月任十二届全国政协常委，教科文卫体委员会主任、分党组书记。中国共产党十五大、十六大、十七大代表，中共十六届、十七届中央委员，九届全国人大常委、法律委员会委员。研究领域：宏观经济、经济体制改革、科技创新。主持或参与过的重要课题及重大项目："'十一五'规划思路和 2020 年远景目标研究""中小企业发展的新环境新问题新对策研究""应对气候变化：全球温室气体减排公平合理可持续解决方案与我国应对战略研究""国家知识产权战略目标和发展阶段研究"等。

　　王京清　中国社会科学院副院长、党组副书记（正部长级）兼中国社会科学院大学党委书记，中国社会科学院习近平新时代中国特色社会主义思想研究中心第一副主任。研究方向为党的建设、干部管理等，在《求是》《人民日报》《光明日报》《中国纪检监察》《旗帜》《人民论坛》等刊物上，发表《建设忠诚干净担当的高素质干部队伍》《深入学习和贯彻坚持以人民为中心》《让人民听到党的声音与主张》《做合格的先锋队成员》《把握新思想的重大意义和历史贡献》《加强对中央和国家机关党的建设的领导》《马克思主义为什么"行"》《新时代坚持和加强党的全面领导的基本遵循》《高举思想旗帜　强化理论武装》《新中国哲学社会科学 70 年的发展历程与经验启示》等文章。

任中央精神文明建设指导委员会委员、全国党建研究会副会长。曾任第四批全国干部培训教材编审指导委员会副主任，牵头负责修订《中国共产党组织工作教程》。主编《深入推进新时代党的建设新的伟大工程》，主编《中国社会主义道路 70 年》，组织编写第五批全国干部学习培训教材之一——《新时代　新思想　新征程》。

陈光金　博士，研究员，中国社会科学院社会学研究所所长。主要研究领域：农村社会学、社会分层与流动、私营企业主阶层。主要研究成果：《中国乡村现代化的回顾与前瞻》、《新经济学领域的拓疆者——贝克尔评传》、《当代中国社会阶层研究报告》（合著）、《当代英国瑞典社会保障》（合著）、《内发的村庄》（合著）、《中国小康社会》（合著）、《当代中国社会流动》（合著）、《多维视角下的农民问题》（合著）、《当代中国社会结构》（合著）等。

陈江旗　国家督学，中国关心下一代工作委员会办公室主任。上海交通大学哲学硕士，中共中央党校法学博士。历任国务院机关事务管理局机关党委宣传部副部长、部长，党委副书记，人事司副司长，宾馆管理中心党委书记。长期从事马克思主义理论、思想政治工作以及思想道德建设的研究。先后在《党建》《科学社会主义》《理论前沿》等刊物发表文章几十篇。编著及合著有《社会主义道德建设论》《当代新马克思主义思潮》《宣传思想工作宏观管理导论》《当前党政干部关注的深层次思想理论问题》《党政干部道德教育读本》等。

序

2020 年，是中国关心下一代工作委员会（以下简称"中国关工委"）成立 30 周年。30 年来，中国关工委坚持"急党政所急、想青少年所需、尽关工委所能"的工作方针，围绕党和国家的中心工作，服务改革发展稳定大局，以立德树人、培养社会主义建设者和接班人为根本任务，着力加强青少年思想道德建设，充分发挥了党和政府联系青少年的桥梁和纽带作用。特别是党的十八大以来，中国关工委坚持以习近平新时代中国特色社会主义思想为指导，坚决贯彻习近平总书记对关心下一代工作重要指示精神，保持和增强政治性、先进性、群众性，扎实推进关工委工作改革创新，为促进青少年健康成长贡献力量。

中国关心下一代工作委员会是党的思想政治工作创新的产物。20 世纪八十年代初期，面对十年动乱导致的思想混乱给青少年带来的影响，结合实行老干部离退休制度，河南安阳等地开始探索组织退下来的老同志对青少年进行政治思想引导。这个创新做法得到中央领导充分肯定，中顾委、中央组织部、团中央很快在全国进行了推广，鼓励更多地方探索在新形势下发挥离休、退休干部作用，加强青少年教育。到八十年代末，参加这项工作的老同志已达 90 多万人。九十年代初，苏联解体、东欧剧变，国内也出现了一些错误思潮。出于对党的事业薪火相传的历史责任和历史担当，一批老同志联名给中央写信，建议成立一个把老同志组织起来、对青少年开展革命传统教育的全国组织。经党中央批准，1990 年成立了中国关心下一代工作委员会。

关心下一代事业是关系国家和民族命运的铸魂育人工程。早在上个世纪六十年代，毛泽东同志就谈到各级组织都要培养接班人的问题。上个世纪九十年代初，以邓小平同志为代表的老一辈革命家指出，中国未来前途和命运决定于下一代。党的十三届四中全会以来，面对青少年思想道德建设面临的新的机遇和严峻挑战，党中央坚持"两手抓，两手都要硬"的战略方针，采取一系列重大举措，在全面推进社会主义精神文明建设中，切实加强青少年思想道德建设。党的十六大以来，党中央从全面建设小康社会的战略高度，对新世纪新阶段进一步加强和改进未成年人思想道德建设作出了全面部署。党的十八大以来，以习近平同志为核心的党中央立足实现中华民族伟大复兴，高度重视关心下一代事业，明确提出要"培养德智体美劳全面发展的社会主义建设者和接班人""培养担当民族复兴大任的时代新人"。习近平总书记先后对教育培养下一代问题作出了一系列重要论述，深刻阐明了"培养什么人、怎样培养人、为谁培养人"的根本问题，开辟了我们党关心下一代事业的新境界。

中国关工委参与和见证了关心下一代事业发展的历程。党中央、国务院历来对关工委工作给予殷切期望。1990 年，江泽民同志指出："要在全社会倡导这种关心下一代成长的社会主义新风尚"。1995 年，胡锦涛同志指出："各级党委和政府要更加重视和支持关心下一代工作，在全社会大力倡导关心下一代成长的新风尚"。2004 年，中共中央、国务院印发《关于进一步加强和改进未成年人思想道德建设的若干意见》，把着力建设好老干部、老战士、老专家、老教师、老模范等五老队伍，重视关心下一代工作委员会的工作，支持他们为加强和改进未成年人思想道德建设贡献力量，写入了这份新时期加强未成年人思想道德建设的纲领性文件。2009 年，中共中央办公厅、国务院办公厅印发《关于进一步净化社会文化环境促进未成年人健康成长的若干意见》，强调："中国关心下一代工作委员会主要负责组织'五老'人员做好关心教育下一代工作"。2015 年，在中国关心下一代工作委员会成立 25 周年之际，习近平总书记对关心下一代工作作出重要指示。指出"十年树木，百年树人。祖国的未来属于下一代。做好关心下一代工作，关系中华民族伟大复兴。中国关工委成立 25 年来，为促进青少年健康成长做了大量工作。希望同志们坚持服务青少年的正确方向，着力加强青少年思想道德建设，引导青少年树立和践行社会主义核心价值观，支持和帮助青少年成长成才，团结教育广大青少年听党话、跟党走。广大老干部、老战士、老专家、老教师、老模范等离退休老同志是党和人民的宝贵财富。我们要弘扬'五老'精神，尊重'五老'，爱护'五老'，学习'五老'，重视发挥'五老'作用，推动关心下一代事业更好发展"。强调"各级党委政府要关心和支持关心下一代工作，支持更多老同志参加关心下一代工作，在时代的舞台上老有所为、发光发热"。这就明确了新时代关心下一代工作的重要意义、时代主题、主要任务、依靠力量和根本保证，为做好关心下一代工作指明了方向，提供了根本遵循。

30 年砥砺奋进，中国关工委坚持"围绕中心、服务大局、积极配合、主动作为"的工作定位，使关心下一代工作发展更加科学化、规范化。一是建立了一张覆盖城乡的组织网络。哪里有党组织、有老同志、有青少年，就把关工委组织建到哪里。关工委基层组织现有 107 万个，延伸至村组和社区网格、大中小学和职业院校、机关事业单位、大型国有企业和民营企业。二是建立了一支忠诚敬业、关爱后代、务实创新、无私奉献的五老队伍。通过组织发动、典型带动、表彰促动等方式，组织 1367 万五老参加关心下一代工作。广大五老深入青少年做好教育引导工作，成为青少年的知心人、帮助青少年排忧解难的热心人、促进青少年全面发展的引路人。三是探索了一条党的群众路线与关心教育下一代传统相结合的群众工作新路子。坚持发挥五老优势和以青少年为本相结合，积极推进青少年思想道德建设，探索了老少共学、老少共建、老少共进的群众工作模式，搭建了老有所学、老有所为的新平台，弘扬了发挥老同志优势关心下一代的新理念、新风尚。四是打造了一批特色鲜明的品牌项目。我们大力开展"学习型、创新型、服务型"关工委建设，不断提高关工委服务大局、服务青少年的能力，成功实施了"传承红色基因，争做时代新人"主题教育活动、五老关爱工程、"关爱明天、普法先行"青少年普法教育活动、"中华魂"读书活动等项目，大力开展农村青年脱贫创业、农村留守儿童和困境儿童关爱保护等服务项目，受到群众欢迎。五是形成了党委统一领导、党政齐抓共管、关工委主动作为、有关部门积极配合、社会各界广泛参与的关心下一代工作格局。特别是近年来

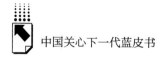
我们积极总结推广党建带关建工作经验,进一步加强了党的领导,建立健全了关工委工作体制机制。

总结过去,我们深深感到,关心下一代工作只有放在党和国家工作全局中来谋划和部署,才能找准定位、有所作为。必须坚持党的领导,坚持服务青少年的正确方向,把党的创新理论和路线方针政策落实到关工委工作的各个方面,把广大五老和青少年最紧密地团结在党的周围;必须坚持把立德树人作为根本任务,以社会主义核心价值观为引领,深入开展青少年思想道德教育、爱国主义教育和法治教育,传承红色基因,培育时代新人,教育引导青少年听党话跟党走;必须坚持把工作重心放在基层,坚持党建引领,融入基层治理,完善基层组织,充实基层力量,为关心下一代工作提供坚实基础;必须加强五老队伍建设,大力弘扬"忠诚敬业、关爱后代、务实创新、无私奉献"的五老精神,尊重五老、爱护五老、学习五老、重视发挥五老作用;必须坚持改革创新,坚持问题导向、目标导向、效果导向,大力推进理念创新、手段创新、组织创新、制度创新,不断发现和培育典型,通过推广普及典型推动工作焕发出生机活力,推动关心下一代工作与党和国家事业同步前进。

中国特色社会主义进入新时代。中国关工委作为群众性工作组织,迎来了新的发展机遇。2019 年中共中央、国务院印发《新时代爱国主义教育实施纲要》,要求"各级工会、共青团、妇联和文联、作协、科协、侨联、残联以及关工委等人民团体和群众组织,要发挥各自优势,面向所联系的领域和群体广泛开展爱国主义教育。组织动员老干部、老战士、老专家、老教师、老模范等到广大群众特别是青少年中讲述亲身经历,弘扬爱国传统"。《新时代公民道德建设实施纲要》中央部门重点任务分工方案中,要求中国关工委落实传承红色基因、弘扬雷锋精神、倡导文明上网、推进全民守法普法等 6 项具体任务。中共中央、国务院《关于深化教育教学改革全面提高义务教育质量的意见》等重要文件中也对中国关工委提出了明确的任务要求。中国关工委正以更积极主动的作为,不折不扣贯彻落实党中央决策部署,适应新形势新任务新要求,不断改革创新,为促进青少年健康成长贡献力量。

由中国关工委常务副主任张玉台和中国社会科学院副院长、党组副书记王京清牵头的中国关心下一代蓝皮书课题组，在认真总结梳理和研究关心下一代工作的基础上，组织编写了这本《中国关心下一代蓝皮书》。同志们付出了辛苦劳动。专家学者们发挥理论研究的优势，研究反映了青少年思想道德建设现状、当代中国的青少年犯罪与预防、农村留守儿童和困境儿童帮扶工作、青少年心理健康问题、青少年网络使用和保护、全国关工委组织和队伍发展等前沿问题。关工委的领导和同志们结合工作实践，总结了关工委开展的传承红色基因教育、五老关爱工程、青少年普法教育、弘扬好家教好家风，以及党建带关建、关工委改革创新等工作，从不同方面反映了关心下一代工作实践创新的最新成果。总体上，这是一部深入研究和推进关心下一代工作实践的重要参考书，希望这本书的出版，能为深入推进新时代关心下一代事业的发展助力加油！

是为序。

顾秀莲

2020 年 8 月 10 日

目　录

Ⅰ　总报告

B.1　砥砺前行，共同成长：中国关心下一代工作30年
　　　　………………………《中国关心下一代研究报告》课题组／001

Ⅱ　专题篇

B.2　青少年思想道德建设现状研究报告
　　　　…………………………… 刘保中　刘　梅　刘瑞平／034

B.3　当代中国的青少年犯罪与预防报告…………… 姚建龙　刘　悦／051

B.4　农村留守儿童和困境儿童帮扶工作现状研究报告
　　　　………………………………………………… 龚　顺／071

B.5　青少年心理健康问题分析与应对方式探讨
　　　　——关工委青少年心理健康实践工作解析………… 高文珺／088

B.6　青少年网络使用和保护研究报告……………………… 朱　迪／113

B.7　全国关工委组织和五老队伍发展现状分析
　　　　………………………………………… 陈江旗　张　羽／138

Ⅲ 调查篇

B. 8 江苏落实"党建带关建"工作报告

.... 曹鸿鸣　李明朝　张　艳　卢　勇 / 161

B. 9 山东省关工委开展传承红色基因教育研究报告

.... 高新亭　曹晶晶 / 178

B. 10 教育系统关工委助力高校思想政治教育品牌实践研究

.... 教育部关工委 / 193

B. 11 打造种子工程　助力培育新型农民

　　——"福建农村青年致富种子工程"调研报告

.... 刘群英　徐登峰　张伟光 / 204

B. 12 加强品牌建设　培养时代新人

　　——吉林省关工委品牌建设实践报告

.... 王葆光　王立英　魏　凯 / 222

B. 13 内蒙古自治区关心下一代老教授报告团调研报告

.... 王维山　杨一江　吴志国　刘虎晓 / 235

B. 14 四川省关工委开展青少年夏令营的实践及思考

.... 杜　江　唐朝纪　王文军　王　超 / 246

B. 15 创新"四化型"工作模式　推进新时代关心下一代事业新发展

.... 邵孝杰　刘永成 / 266

B. 16 关工委助力企业青年员工成长成才的实践与思考

.... 王作然　任宗声　王永川 / 284

Ⅳ 案例篇

B. 17 "传承红色基因，争做时代新人"主题教育活动报告

.... 陈江旗　张　羽 / 304

B.18 五老关爱工程实践报告 …………………… 蔡 艳 刘宗顺 / 316

B.19 青少年普法教育活动报告 …………………… 郎亚龙 熊 雄 / 328

B.20 关工委参与家庭教育实践报告 …………………… 刘宗顺 / 349

B.21 全国青少年"中华魂"主题教育活动报告

…………………… 姚 丞 李 臣 刘 扬 / 363

B.22 党建带关建制度机制实践探究 …………………… 吴 婷 / 382

Ⅴ 附录

B.23 中国关心下一代工作委员会大事记 ………… 张吉斌 马 乔 / 394

皮书数据库阅读**使用指南**

总 报 告

General Report

B.1

砥砺前行，共同成长：
中国关心下一代工作30年

《中国关心下一代研究报告》课题组*

摘　要：　中国关心下一代工作委员会已成立30周年，为我国青少年的健康成长、为培养合格的社会主义建设者和接班人做出了突出贡献。30年来，关工委经历了初创探索阶段、蓬勃发展阶段和改革创新阶段，逐步完善了"党建带关建"的制度机制，践行了"急党政所急，想青少年所需，尽关工委所能"的工作方针。多年来，关工委开展了全方位、多领域的工作，尽最大可能为青少年发展提供健康和健全的可持续成长环境。新时期，关工委将以习近平新时代中国特色社会主义思想为

---

　*　执笔人：李春玲，中国社会科学院社会学研究所研究员；刘琪，中国社会科学院研究生院博士研究生。

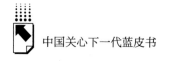

指导，推进关心下一代工作科学发展，为培养有本领有理想有担当的新时代青少年而继续努力。

关键词： 关工委　青少年　关心下一代工作

中国关心下一代工作委员会（简称"中国关工委"）自 1990 年成立至今已有 30 年，在改革开放的浪潮中，在我国经济社会高速发展的大背景下，中国关工委陪伴着改革开放后出生的几代青少年——80 后、90 后、00 后和 10 后——共同成长，为我国青少年的健康成长做出了突出贡献。30 年的发展历程有许多成就值得展示和颂扬，也有许多经验需要总结和思考。2020 年既是中国关工委成立 30 周年，也是我国全面建成小康社会、实现第一个百年奋斗目标的关键之年，还是规划未来十五年、基本实现社会主义现代化的继往开来之年。中国关工委作为服务于祖国未来一代的群众性工作组织，有足够的信心和能力来回应这一发展需求，在总结过去 30 年的工作经验基础上，提出新的工作方向和目标，努力建设成为学习型、服务型和创新型的群众性工作组织，为引导和培养新一代青少年成为中国特色社会主义事业合格建设者和可靠接班人做出新的贡献。

一　中国关心下一代工作委员会的成长历程

中国关工委是党中央批准成立的，以离退休老同志为主体、党政有关部门和群团组织负责人参加的，以关心、教育、培养全国各族青少年健康成长为目的的群众性工作组织；是党和政府教育青少年的参谋和助手，是联系青少年的桥梁和纽带。在 30 年的发展历程中，关工委的规模不断扩大、体制机制不断完善、成员单位不断增多、工作经验不断累积，总结推广新经验、提出新要求，在发展中加深了对关心下一代工作特点和规律的认识。在深入学习领会党中央的精神和落实国家大政方针的基础上，关工委通过多层次、多渠道、多形式动员了大批心系祖国发展大业、关心青少年思想教育和健康成长的离退休人员，建立了以老干部、老战士、老专家、老教师、老模范等五老为主体的关心下一代工作队伍，通过与青少年群体互动交流，利用中国传统文化资源、党的红色文化资源、专家资源和组织建设资源，不断创新工作内容和形式，与时俱进，培育社会主义建设者和接班人，引导青少年勇于担当起中华民族伟大复兴的历史重任。

成立至今，中国关工委经过了探索、实践、发展、提高的历程，其间主要经历了以下三个发展阶段。

1. 初创探索阶段：上下互通，广泛普及

中国关心下一代工作委员会正式成立之前，老同志关心青少年成长的工作已经在各地基层自发开展多年，为后来正式成立关工委打下了扎实的基础。上个世纪 80 年代初期，十年动乱导致的思想混乱给青少年带来很大影响，亟须用党的十一届三中全会精神教育青少年，从政治思想上加以正确引导。同时，干部离退休制度的实行，为关工委的诞生提供了重要的组织基础。1984 年 2 月，河南安阳市袁觉民等 6 位老红军、老干部倡议建立老同志关心下一代协会，发挥余热，对青少年进行思想政治和科学文化教育。安阳市关心下一代协会的成立，适应了形势的发展，得到了中央领导、老革命家和有关部门的大力支持。时任团中央书记处书记的胡锦涛亲自到会祝贺，他指出："安阳市关心下一代协会的成立，为青少年的思想教育工作提供了一种动员社会力量的好形式，开辟了一条新途径。"1985 年 5 月，中央组织部和团中央转发了安阳的经验，指出：关心下一代协会为培养教育青少年做了大量工作，探索出一条在新形势下发挥离休、退休干部作用，加强青少年教育的新路子。与此同时，第一个省级关心下一代协会——内蒙古自治区关心下一代协会宣告成立。1988 年 5 月，中顾委、中组部、团中央在京召开座谈会，宋平同志到会讲话，要求在条件成熟的地方，适时成立关心下一代协会。在中央领导同志的倡导下，各地积极推广安阳的经验。到 1989 年底，有 21 个省区市相继建立了关心下一代协会，参加这项工作的老同志有 90 多万人。

上世纪 80 年代末和 90 年代初，国际政治风云突变，苏联解体和东欧政治动荡使世界社会主义的发展遭受重大挫折，国内则经历了政治风波，出现了一些错误思潮。以邓小平同志为代表的党内老革命家、老领导，对如何引导青少年正确认清形势、坚定理想信念十分关注。他们指出，中国未来前途和命运决定于下一代，我们的任务就是要把青少年引导到社会主义道路上来。① 在这样的形势下，解放军总政治部办公厅原秘书长王迪康等 30 位老同志联名给中央写信，建议成立一个把老同志组织起来、对青少年开展革命传统教育的组织。江泽民等中央领导同志十分重视这个建议。经中央研究，决定成立中国关心下一代工作委员会，由习仲勋、王任重任名誉主任，康世恩任主任，王照华任常务副主任。1990 年 5 月 18 日中央主要媒体发布了党中央批准成立中国关工委的消息，6 月 28 日中国关工委召开了成立座谈会，时任中央政治局常委李瑞环到会作了重要讲话。他指出：把老同志组织起来教育下一代，是思想政治工作的一个创新。中国关工委成立后，先后在康世恩、王丙乾、胡绳同志带领下，逐步确立了工作方针和指导思想，明确了中国关工委是以离退休老同志为主体，有在职领导干部参加，以培养有理想、有道德、有文化、有纪律的"四有"新人为目的的群众性工作组织。

此后，全国各地关心下一代工作稳步发展，自上而下统一了关心下一代工作组织的名称，建立健全了关工委组织，中组部、中宣部、司法部、文化部、财政部、国家教委、解放军总政治部、全国总工会、全国妇联、团中央等中央、国家机关有关部门，各出一位领导同志担任中国关工委副主任，并指导关工委在青少年中积极开展爱国主义、集体主义、社会主义教育和革命传统教育及法制教育。

1996 年 10 月中国共产党第十四届中央委员会第六次全体会议做出的《中共中央关于加强社会主义精神文明建设若干重要问题的决议》② 进一步明确了关工委的工作重心和目标。该决议"强调精神文明建设包括思想道德建设和教育科学文化建设，……特别要教育好青年、教育好后代"。决议

---

① 顾秀莲：《继往开来 科学发展：开创关心下一代工作新局面——在纪念中国关工委成立 20 周年暨全国关心下一代工作表彰大会上的讲话》（2010 年 6 月 22 日）。
② 《人民日报》1996 年 11 月 14 日第 1 版。

指出"加强青少年思想道德教育，是关系国家命运的大事"，要"重视老同志在青少年教育中的积极作用"，"要帮助青少年树立远大理想，……努力培养德智体等方面全面发展的社会主义建设者和接班人"。为落实该项决议，各级党委把加强青少年思想道德教育作为精神文明建设的一项战略任务，组织动员更多的离退休老同志参与青少年思想道德教育工作。王平、王首道、伍修权、萧克、陈慕华、刘建章、荣高棠、罗青长、刘英、曾志、孙毅、李力安、王定国等一批老红军、老干部，满腔热忱地投入了关爱青少年的工作，成为老同志从事关心下一代工作的楷模。到2002年底，全国建立起70万个关工委组织，五老队伍达600多万人。

这一阶段，关工委经历了从由地方建立的"关协"到由党中央批准成立"中国关心下一代工作委员会"的历程。在两代中央领导集体和众多老一辈无产阶级革命家的高度重视和亲切关怀下，以关工委组织正式成立为标志，各地关工委组织稳步发展，五老队伍迅速壮大，初步确定了关工委的性质、任务，积累了自身发展和创造性开展工作的经验，在关工委的发展史上具有重要的里程碑意义。

2. 蓬勃发展阶段：承前启后，继往开来

本世纪开始以来，随着改革开放和社会主义市场经济的深入发展，为适应新形势，迎接新挑战，关工委的发展进入了一个新的阶段。关工委工作重心日益向基层发展，工作重点围绕着未成年人思想道德建设和大学生思想政治教育拓展。

党的十六大以来，党中央高度重视青少年思想道德建设工作。中国关工委于2002年提出"关心下一代工作要立足基层，工作基础在基层，工作重点在基层"，把2003年确定为"基层工作年"，强化基础组织建设和基层工作内容。2004年，党中央、国务院专门发出《关于进一步加强和改进未成年人思想道德建设的若干意见》（中发〔2004〕8号）[①] 和《关于进一步加强和改

---

① 参见教育部网站 http：//www. moe. gov. cn/jyb_ xxgk/gk_ gbgg/moe_ 0/moe_ 1/moe_ 5/tnull_ 597. html。

进大学生思想政治教育的意见》（中发〔2004〕16 号）①，提出了进一步加强和改进青少年思想道德建设、大学生思想政治教育的任务和举措。特别是中央 8 号文件第一次明确提出：要加强老干部、老战士、老专家、老教师、老模范等五老队伍建设，重视关心下一代工作委员会的工作，支持他们为加强和改进未成年人思想道德建设贡献力量。这两个中央文件的下发，对关工委工作的创新发展起到了极为重要的指导作用。关工委与中组部、教育部、民政部、全国总工会、中国科协、国务院妇儿工委办公室、解放军总政治部联合下发《关于发挥"五老"队伍在加强和改进未成年人思想道德建设中的作用的通知》，② 就如何加强五老队伍建设，发挥五老作用提出具体要求，建立了加强五老队伍建设联席会议制度，为开展关心下一代工作指明了方向，明确了任务。

各地党政部门认真贯彻中央指示精神，把关心下一代工作推向了新的发展阶段。在实践中，关工委总结出"急党政所急、想青少年所需、尽关工委所能"的工作方针，"围绕中心、服务大局、积极配合、主动作为"的科学定位，重点开展"教育、关爱、服务"三个领域的工作，大力弘扬"忠诚敬业，关爱后代，务实创新，无私奉献"的五老精神，并于 2008 年 12 月印发了《中国关心下一代工作委员会工作条例》③ 及一批省区市关工委工作规则，进一步明确规定关工委的定位、性质、作用、任务和目标，使关工委的工作思路和目标任务更加清晰，工作更加规范。各地各级关工委组织建设扎实推进，各级领导班子不断得到充实和强化，关工委工作机制逐步建立健全。

2009 年 1 月，中办、国办印发《关于进一步净化社会文化环境促进未

---

① 参见教育部网站 http：//www.moe.gov.cn/s78/A12/szs_ lef/moe_ 1407/moe_ 1408/tnull_ 20566.html。

② 参见中国关心下一代工作委员会网站 http：//www.zgggw.gov.cn/zdjs/12597.html。

③ 参见中国关心下一代工作委员会网站 http：//www.zgggw.gov.cn/gongzuoziliao/wenjian/ 7474.html。

成年人健康成长的若干意见》（中办发〔2009〕6 号）①，要求关工委负责组织五老人员做好关心教育下一代工作。投入关心下一代工作的老同志们，深怀对祖国的无比热爱、对党的无限忠诚和对社会对人民的高度责任感，始终把对青少年的保护、引导和关爱，培养"有理想、有道德、有文化、有纪律"的中国特色社会主义事业建设者和接班人，作为自己的历史使命和神圣职责。他们在工作中不断开拓进取，在关心教育的同时也关注着困难家庭的青少年，进而开展了捐资助学、扶贫帮困等活动。2010 年中国关工委做出创建"领导班子建设好、五老作用发挥好、制度健全执行好、积极探索创新好、活动经常效果好"五好基层关工委活动的重要部署，截至2015 年，全国已有33.9 万个基层关工委进入五好行列。在它们的辐射带动下，越来越多的基层关工委围绕中心、服务大局、主动配合、积极作为，在引导青少年培育和践行社会主义核心价值观、参与创新社会治理，以及青少年帮扶助困等工作中，充分彰显关工委组织活力，被地方党政领导赞扬为接地气的群众性组织。同时，关工委多次组织召开基层工作经验交流会，关工委各基层组织相互学习，共同推广先进工作经验，使得关心下一代工作开展得更科学、更有效。

关工委的工作成就和作用得到了各级党委政府的肯定和重视。2000 年，党中央、国务院把鼓励老年人从事关心教育下一代等活动写入《关于加强老龄工作的决定》。2011 年，国务院首次将关心教育下一代工作写入中国老龄事业发展"十二五"规划。许多省区市党委、政府下发了关于进一步加强关工委工作的意见，把关心下一代工作纳入了经济社会发展总体规划、精神文明建设整体规划和党建目标考核责任制，同步部署、同步检查、同步总结、同步表彰。有些地方还把关工委吸收为文明委、综治委预防青少年犯罪领导小组、妇儿工委的成员单位。这些举措，极大地激发了广大五老的积极性和工作热情，推动了工作的制度化、科学化和规范化。

到2012 年，全国建立起90 多万个关工委组织，五老队伍达到1200 万

① 参见中国文明网 http://www.wenming.cn/ziliao/wenjian/jigou/zhonggongzhongyang/201203/t20120308_546479.shtml。

人。这一阶段，对关心下一代事业的发展壮大起到了承前启后、继往开来的重要历史性作用。

3. 改革创新阶段：拓展提升，科学发展

党的十八大以来，以习近平同志为核心的党中央高度重视关心下一代工作，习近平总书记多次对关心下一代工作给予重要指示，进一步明确了关工委工作的政治方向、政治任务和政治标准。党中央总结实践、展望未来，形成了习近平新时代中国特色社会主义思想，做出推进"五位一体"总体布局、协调推进"四个全面"战略部署，争取如期实现振兴中华的"两个一百年"奋斗目标。在现实层面，由于社会结构深刻变革，人口流动频繁，就业不稳定性日增，青少年群体中产生了许多新的问题，如农村留守儿童、家庭贫困儿童、进城务工人员子女数量增多，青少年失学辍学、待业失业、失足犯罪现象突出，青少年的需求日益多样化。同时，在人口老龄化的大趋势下，发挥老年人才在社会经济文化发展中的作用，实施积极的老龄化政策已经成为人们的普遍共识和社会发展的必然。面对青少年中出现的新情况和新问题，关心下一代工作更加显示出其强大的生命力和不可替代的重要战略地位。随着时代的发展变化，关工委提出升级版的任务目标，紧紧围绕实现中国梦的伟大目标和立德树人的中心任务，发挥五老优势和作用，积极总结推广"党建带关建"，在党的领导下开展教育、关爱和服务青少年的相关工作。

2015 年 7 月，中央党的群团工作会议在京召开，习近平总书记出席会议并发表重要讲话，强调"中国特色社会主义事业是亿万人民的事业，党的群团工作肩负庄严使命，要进万家门、访万家情、结万家亲，群团组织一定要坚持解放思想、改革创新、锐意进取、扎实苦干，把广大人民群众对美好生活的追求汇聚成强大动力，共同谱写实现'两个一百年'奋斗目标，实现中华民族伟大复兴中国梦的新篇章"①。《中共中央关于加强和改进党的

---

① 参见新华网 http://www.xinhuanet.com/politics/2015 - 07/07/c_ 127995582.htm。

群团工作的意见》①，明确了中国特色社会主义群团发展的道路和方向，直面新时期党的群团工作存在的突出问题，对新时期加强和改进党的群团工作提出了具体要求，并且为保持和增强群团工作的政治性、先进性、群众性提供切实保障。

2015年8月24日，习近平总书记对关心下一代工作作出重要指示："十年树木，百年树人。祖国的未来属于下一代。做好关心下一代工作，关系中华民族伟大复兴。中国关工委成立25年来，为促进青少年健康成长做了大量工作。希望同志们坚持服务青少年的正确方向，着力加强青少年思想道德建设，引导青少年树立和践行社会主义核心价值观，支持和帮助青少年成长成才，团结教育广大青少年听党话、跟党走。广大老干部、老战士、老专家、老教师、老模范等离退休老同志是党和人民的宝贵财富。我们要弘扬'五老'精神，尊重'五老'，爱护'五老'，学习'五老'，重视发挥'五老'作用，推动关心下一代事业更好发展。各级党委和政府要关心和支持关心下一代工作，支持更多老同志参加关心下一代工作，在时代的舞台上老有所为、发光发热。"② 这一重要指示，在我国关心下一代事业发展历程中具有里程碑意义。党中央、国务院根据形势发展要求，赋予关工委新的职能任务。2016年2月《关于进一步加强农村留守儿童关爱保护工作的意见》③和6月《关于加强困境儿童保障工作的意见》④ 提出，关工委要协同做好农村留守儿童和困境儿童关爱服务工作，这些文件均明确对关工委提出工作任务和要求。2019年6月中共中央、国务院《关于深化教育教学改革全面提高义务教育质量的意见》⑤ 要求，关工委"要做好少年儿童有关教育引导和关爱保护工作"；11月印发的《新时代爱国主义教育实施纲要》要求，关工委要"组织动员老干部、老战士、老专家、老教师、老模范等到广大群众

---

① 参见中国政府网 http：//www. gov. cn/xinwen/2015 – 02/03/content_ 2814060. htm。

② 参见人民网 http：//cpc. people. com. cn/n/2015/0826/c64094 – 27516919. html。

③ 参见民政部网站 http：//mzzt. mca. gov. cn/article/nxlsrtbjlxhy/xgwj/201611/20161100887426. shtml。

④ 参见中国政府网 http：//www. gov. cn/zhengce/content/2016 –06/16/content_ 5082800. htm。

⑤ 参见教育部网站 http：//www. moe. gov. cn/s78/A27/s8544/201907/t20190708_ 389403. html。

特别是青少年中讲述亲身经历，弘扬爱国传统"。为贯彻落实中央精神，中国关工委主任顾秀莲要求各级关工委要认识到新常态下群团工作的特点和要求，坚持创新思维，既要把握中央的要求，又要把握五老和青少年群体发展的需要，努力把关心下一代工作提升到一个新水平。各地党委、政府把关心下一代工作摆上重要位置，采取省委省政府或两办联合发文、关工委会同党政部门联合行文等形式部署工作，很多地方把关心下一代工作写入党代会和人代会工作报告，并纳入地方经济社会发展规划，与经济社会同步发展。

在以习近平同志为核心的党中央坚强领导下，全国关心下一代工作锐意创新、开拓进取，得到了前所未有的发展。习近平总书记在中央党的群团工作会议上强调，"要完善党建带群建制度机制，推动各级党组织落实领导责任"。同年下发的《中共中央关于加强和改进党的群团工作的意见》①（以下简称《意见》）明确要求，各级党委"完善党建带群建制度机制，把党建带群建作为党建工作责任制的重要内容"。各级党委政府认真贯彻落实习近平总书记的讲话和《意见》精神，积极探索以党的建设带动关工委政治建设、组织建设、班子建设、队伍建设、活动阵地建设、制度建设、作风建设。它既体现了党的领导，又体现了党如何抓关工委工作。在"党建带关建"的指导下，建立了更加务实可操作的关心下一代领导体制和工作机制，使关工委组织建设的目标更具体，班子队伍建设的操作性更强，加强保障的规定要求更务实，多部门联动机制更密切。关工委作为党领导下的群众性工作组织，主动积极争取党委重视，自觉服从党的领导，主动融入党委整体工作，成功开创了我国老年人社会参与和青少年培养教育相结合的群众工作模式，把有志于关心下一代事业的老同志和社会力量团结凝聚到党的周围，形成了明显的政治优势、组织优势、工作优势，成为关心下一代工作的重要力量，对夯实党执政的群众基础发挥了不可替代的重要作用。这是党的群众路线同重视培养下一代的优良传统相结合的一个创举，体现了社会主义制度的

---

① 参见人民网 http://cpc.people.com.cn/n/2015/0710/c64387-27282531.html。

优越性，也拓展了中国特色社会主义群团工作的新领域，形成了我们党开展群众工作的又一大优势。在具体的工作内容上，关工委老同志经常深入基层尤其是困难较多的贫困地区、西部地区、民族地区、学校社区，帮助基层协调解决问题，总结推广典型经验，使关工委的基层面貌有了很大改观。同时，关工委积极推动党建带关建工作向机关、学校、国有企业、民营企业延伸，把加强党的领导体现到关心下一代工作的各个领域和各个方面。从省市县乡到社区（村）、机关、学校和大型企业都建立了关工委组织，不少地方延伸到村屯、楼栋，做到了哪里有党组织，哪里就有关工委组织，鼓励社区（村）与辖区内的机关事业单位、学校、企业关工委（关工小组）组建联合关工委，合力举办四点半学校、校外辅导站、关爱驿站等城乡社区关爱教育阵地，形成基层关心下一代工作的强大合力。在人员构成上，目前各省区市关工委都有省级离退休干部担任领导。村级五老志愿者队伍建设大力加强，党支部书记普遍兼任了基层关工委主任，带动村寨中的老党员、老村干部、老教师、老艺人、老专家以及寨老、乡贤等积极参加关心下一代工作，以适应新时代关心下一代工作的要求，加强基层关工委领导班子建设，重点选优配强乡镇（街道）关工委领导班子，加强业务培训和工作指导，着力解决班子不强、活力不足的问题，并加强五老队伍发动和管理机制创新，吸引更多热爱青少年工作、在青少年中有影响力、有专业能力的老同志参加关心下一代工作，大力提升了基层关工委的组织力、凝聚力，积极推动"五好"基层关工委创建活动融入文明城市、文明村镇、文明家庭、文明校园等精神文明创建活动，更好地发挥五老在社区治理、移风易俗、家教家风和师德师风建设中的作用，既提升了青少年文明素养，又提升了基层关工委的活力。在组织扩展规模上，目前，17家单位的领导同志担任了中国关工委副主任，包括中组部、中央政法委、中央文明办、教育部、公安部、司法部、文化和旅游部、卫健委、广电总局、体育总局、国管局、新华社、全国总工会、共青团中央、全国妇联、中国科协、中央军委政治工作部。中央文明委、国务院妇儿工委、国务院农村留守儿童关爱保护和困境儿童保障工作部级联席会议、国务院反对拐卖人口行动工作部际联席会议、家事审判方式和工

作机制改革联席会议把关工委列为成员单位。在工作意义上,党的十九大报告强调,要以提升组织力为重点,突出政治功能,把基层党组织建设成为宣传党的主张、贯彻党的决定、领导基层治理、团结动员群众、推动改革发展的坚强战斗堡垒,基层关心下一代工作积极回应了这一新的要求。关心下一代工作制度体系是各级关工委开展工作和活动的基本依据,是中国特色社会主义制度的有机组成部分,关工委积极建立健全党建带关建工作机制,使制度更加完善、制度执行力更强、监督更有力,把制度优势转化为工作动能,这是贯彻党的十九届四中全会精神的具体体现,更好地发挥了关工委和广大五老在帮助青少年成长成才中的独特优势和重要作用,使关工委成为推进国家治理体系和治理能力现代化的重要力量。

这一阶段,关工委不断拓展提升和科学发展,积极创新体制机制,极大地推动了关心下一代工作发挥成效。截至2019年底,全国共有107万个关工委组织,其中有54.2万个基层关工委进入"领导班子建设好、五老作用发挥好、制度健全执行好、积极探索创新好、活动经常效果好"的"五好"行列,全国五老队伍有1367万人,全国关工委已形成从中央到地方、从农村到城市、从学校到社区的工作网络,党委统一领导、党政齐抓共管、关工委主动作为、有关部门积极配合、社会各界广泛参与的关心下一代工作格局初步形成。

二 中国关心下一代工作委员会的主要工作和成就

30年来,关工委积极参与党和政府的中心工作,紧密结合党和政府的要求以及人民群众的呼声,在青少年思想道德教育、脱贫攻坚、家庭教育、预防及矫正青少年违法犯罪、青少年心理健康和青少年网络保护工作方面取得了优异成绩。

(一)促进青少年思想道德建设是关工委工作重心

青少年的思想道德素质是个人成长发展的内在基础,加强青少年的思想道德教育，对于全民思想道德建设具有重要的基础性作用。我们党和国家历来重视青少年思想道德教育工作。习近平总书记对加强青少年思想道德建设作出了一系列重要论述，突出强调把立德树人作为教育的根本任务，培养德智体美劳全面发展的社会主义建设者和接班人。

多年来，青少年思想道德建设是关工委工作的重点。改革开放以来，面对国际国内形势的深刻变化，青少年思想道德建设既面临新的机遇，也面临严峻挑战。在世界多极化、经济全球化、社会信息化、文化多样化深入发展的背景下，青少年在道德选择、价值取向等方面的独立性、多样性、差异性日益增加。面对新形势新任务，青少年思想道德建设工作还存在许多不适应之处和薄弱环节，这些问题引起了关工委高度重视。关工委自成立伊始一直将青少年思想道德建设工作作为重中之重。习近平总书记在 2018 年的全国教育大会上指出，"我国是中国共产党领导的社会主义国家，这就决定了我们的教育必须把培养社会主义建设者和接班人作为根本任务，培养一代又一代拥护中国共产党领导和我国社会主义制度、立志为中国特色社会主义奋斗终身的有用人才。"教育培养社会主义建设者和接班人，引导他们继承、发展社会主义事业，是关心下一代工作的时代主题。关工委始终坚持用习近平新时代中国特色社会主义思想武装头脑，深入分析关心下一代工作面临的新情况新问题，牢牢把握新方位，不断保持和增强政治性、先进性、群众性，确保关心下一代事业始终沿着正确方向前进。

关工委在党的领导下坚持实事求是、充分发挥主观能动性，在青少年思想道德建设工作上取得重大进展。首先，关工委坚持立德树人，在加强青少年思想道德建设上走出了新路：在深入开展"爱学习、爱劳动、爱祖国""学雷锋""老少共筑中国梦""传承红色基因，争做时代新人"等主题教育的基础上，2016 年中国关工委推广了山东省关工委在全省青少年中开展党史国史教育的经验。近年来，各地关工委把"两史"教育①作为社会主义核心价值观宣传教育的重要组成部分，采取多种举措生动形象地诠释弘扬社

---

① 指党史和国史教育。

会主义核心价值观，教育成效非常显著，这些主题活动较好地帮助青少年解决思想迷茫和认识模糊的问题，逐步增强了中国特色社会主义的道路自信、理论自信、制度自信、文化自信，广大青少年真正从思想上认识到没有共产党就没有新中国，没有共产党就没有今天的幸福生活。

其次，在加强青少年理想信念教育方面，关工委组织广大老同志参加五老宣讲团、报告团，以社区乡村、学校企业以及网络空间为主阵地，针对不同年龄段青少年的特点和需求，结合地方史为广大青少年讲党和国家的发展历程和革命传统，讲家乡的历史巨变，讲英模先烈奋斗事迹，老同志们用参加革命、建设、改革的亲身经历，具体生动地对青少年进行革命传统教育，提高了广大青少年识别和抵制各种错误思想的能力。湖南、湖北、江苏、四川等省区市，组织了万名五老报告团深入青少年中宣讲，取得了显著成效。

此外，在工作形式上，关工委积极探索"互联网＋党史国史"教育形式，引导五老融入网络社会，利用互联网和微信、微博，通过动画、微电影、微作文等形式，在青少年中唱响了学党史、颂党恩、跟党走的主旋律。老同志们的帮助，增强了青少年学习党史国史和马克思主义理论的主动性，以及对党和国家的信任感和认同感，自觉把个人的前途和民族的命运紧紧联系起来，更加坚定了理想信念，爱国、爱党、爱社会主义。除此之外，关工委注重青少年道德实践养成，在深化主题教育的同时，着力抓了思想道德的实践养成，开展了"学雷锋、心向党、讲品德、见行动"以及院士回母校、工匠进校园、老兵讲堂、传递金钥匙等青少年道德实践活动，引导青少年做到知行统一，激励广大青少年树立远大理想、激发学习动力、培养奋斗精神、立志报国。中国关工委推广了吉林省高校大学生自学马克思主义小组、上海长宁区中学生马克思主义读书会坚持二十多年的经验，发动有理论基础的老同志指导大中小学生开展主题读书活动，关工委从1994年开始举办的"中华魂"主题读书活动，目前已覆盖21个省区市，累计参加人数3亿人次。这些活动已经成为在青少年中进行社会主义核心价值观教育，提高思想道德素质，弘扬中华民族精神的品牌工程，是关工委在全国推广的工作品牌，赢得广大青少年和家长的欢迎。

再次，关工委坚持以德育人与以文化育人相结合，在相关部门的支持下，开展了"中华大家园"关爱各族少年儿童成长活动，连续举办了多届中国东盟"10＋1"青少年文化交流节活动、十六届中日韩儿童童话交流活动、十二届海峡两岸关爱下一代成长论坛，还开展了"爱我中华"万名青少年夏令营等丰富多彩的青少年文化交流活动。这些活动注重用文化涵养道德，在科学创新精神培养、文化交流交融中，引导青少年勤学、修德、明辨，在遇到困惑和问题时能够理性分析，做出正确选择。

最后，关工委注重青少年教育实践基地建设，积极争取各方支持，助推建立了一批开展爱国主义教育、党史教育、国防教育、法治教育、科普教育和绿色教育的实践基地。不少老同志还深入挖掘整理地方史，推动建立了一批基层爱国主义教育基地。据统计，截至2019年底，各地建立青少年教育基地36.7万个，其中，中国关工委挂牌全国关心下一代工作党史国史教育基地138个，对青少年学习践行社会主义核心价值观起到了积极的促进作用。

当今世界正经历百年未有之大变局，我国正处于实现中华民族伟大复兴的关键时期。建成社会主义现代化强国，实现中华民族伟大复兴，关键在人。关工委多年来牢牢把握这一主题，在培养社会主义建设者和接班人的工作中做出了持续努力。

（二）助力脱贫攻坚、关爱留守儿童及培育乡村青年人才是关工委关心下一代健康成长的侧重点

关工委工作一直坚持教育与关爱两手抓，既重视青少年的思想品德教育，也关注青少年的生活状况，特别关爱处境困难的特殊青少年群体。关工委积极发挥五老作用，配合国家的扶贫战略，助力脱贫攻坚，关爱留守儿童，帮助农村青少年顺利成长。

自20世纪70年代末实行改革开放以来，中国政府不断加大扶贫力度，并且将扶贫减贫脱贫作为中国人民实现人权的重要内容，于1986年成立了

国务院贫困地区经济开发领导小组（1993年更名为国务院扶贫开发领导小组），一些省、自治区、直辖市和地（市）、县级政府也成立了相应的组织机构，负责本地的扶贫开发工作，先后实施了《国家八七扶贫攻坚计划(1994—2000年)》《中国农村扶贫开发纲要（2001—2010年)》《中国农村扶贫开发纲要（2011—2020年)》等中长期扶贫规划，将减贫作为国家战略的重要组成部分。中国是世界上人口最多的发展中国家，发展基础差、底子薄，不平衡现象突出，特别是农村贫困人口多，市场劳动力素质较低，解决贫困问题的难度较大。党的十八大以来，以习近平同志为核心的党中央把扶贫开发摆到治国理政的重要位置，提升到事关全面建成小康社会、实现第一个百年奋斗目标的新高度，纳入"五位一体"总体布局和"四个全面"战略布局进行决策部署。"十三五"规划将中央脱贫攻坚决策部署变为国家意志，变为可操作的规划，第一次把脱贫攻坚作为五年规划纲要的重要内容，第一次把贫困人口脱贫作为五年规划的约束性指标，第一次由省区市党政一把手向中央签署《脱贫攻坚责任书》，并层层立下军令状。关工委主动助力脱贫攻坚工作，以"十百千万"五老关爱行动等为活动和组织载体，在完善体制机制的同时在留守儿童、困境儿童和青少年发展等工作方面，为我国脱贫攻坚工作献出了自己的一分力量。

1. 助力脱贫攻坚——"十百千万"五老关爱行动

为深入学习贯彻习近平新时代中国特色社会主义思想和党的十八大、十九大精神，充分发挥各级关工委和广大五老关心教育培养青少年的重要作用，进一步帮助农村贫困青年脱贫致富，加大对农村留守儿童和困境儿童的关爱保护力度，把他们培养为担当民族复兴大任的时代新人，关工委于2018年开始以"十百千万"五老关爱行动为载体，深入实施五老关爱工程。顾秀莲于2020年1月在全国关工委工作会议的报告中指出"'十百千万'五老关爱行动成绩斐然，在助力脱贫攻坚中展现了新作为"。"十百千万"五老关爱行动，连续3年被列入中央文明委年度重点工作。全国各级关工委用心、用力、用情推动"十百千万"五老关爱行动，在认识上高起点站位，在部署上高水平谋划，在落实上高强度推进，努力做到措施扎实、任务落实、过程务实，及时开展行动总结和先进典型推荐工作，取得了明显成效。在帮扶工作品牌创建中，找准重在助力、贵在帮扶的定位，培育了重庆市关工委"授渔脱贫"行动、广西关工委"五助一帮行动"、云南省关工委"关爱之星"行动、甘肃省关工委"双千工程"、河南省贫困家庭先心病儿童免费救治、长春市关工委"圆梦桥"活动等青少年受益、基层群众欢迎、党委政府满意的特色帮扶品牌，促进关工委工作融入国家脱贫攻坚的大局。安徽省关工委以"六三行动计划"为抓手，深入开展"脱贫攻坚，关工助力"工作，取得了突出成绩，多次得到省委省政府主要领导肯定，并被省扶贫办作为全省社会化扶贫的重要典型报送国务院扶贫办。

2. 关爱留守儿童和困境儿童——五老结对关爱农村未成年人

作为中国发展转型时期产物的留守儿童，他们的父母为了谋生和改善生活条件而选择进城获取非农收入，一方面能够给留守儿童提供更好的物质生活基础和保障，另一方面却给留守儿童的成长环境带来极大挑战，导致家庭教育缺失、青少年心理健康问题、青少年生存危机和青少年违法犯罪等家庭与社会问题。人口流出多、留守儿童集中的地区也是国家的发展薄弱区域，各项基础设施较为落后，各地关工委积极推动留守儿童和困境儿童工作，为他们创造更好的学习、生活和文化环境，帮助解决他们父母的后顾之忧，让留守儿童和困境儿童有更多的人生选择。

关工委在推动儿童之家建设、提升贫困地区教师资源水平，改善留守儿童、困境儿童的受教育软硬件措施方面做出不懈努力。首先，在优秀儿童之家的创建工作中，各地关工委依托政府部门和社会资源筹建留守儿童之家、四点半学校、校外辅导站、社亲园等，为农村留守儿童和困境儿童提供了课后辅导、生活救助、心理疏导、情感抚慰等关爱服务，优化了留守儿童健康成长环境。浙江省关工委持续推进"十万五老结对关爱农村未成年人"项目，留守儿童之家、亲情联络站、成长指导站等关爱阵地遍地开花。经过多年努力，全国已建立7万多个农村留守儿童关爱阵地。在帮助困境儿童解决困难的过程中，各地关工委扎实开展结对帮扶、帮困助学工作，持续推进困境儿童关爱保护，共筹集帮扶资金26.5亿元，帮助251万名困难儿童解决实际困难。其次，在教育扶贫工作方面，各地关工委精心打造关爱助学工程，争取社会力量支持，资助贫困家庭学生。除此之外，关工委积极推动贫困地区教师资源水平的提升，教育部关工委开展"老校长下乡"工作，组织大城市、教育相对发达地区优秀老校长等退休教育管理者、老教师深入贫困地区乡村学校支教。关工委开展的"关爱启蒙者——流动课堂"项目培训了近万名幼儿园园长和骨干教师，并组织东部地区优质幼儿园与贫困地区幼儿园开展"手拉手"结对活动，这个项目于2017年被民政部授予"中华慈善奖"，深受地方的欢迎和支持。学前教育培训计划为民族地区、革命老区、贫困地区培养了近万名幼儿园园长及骨干教师。最后，在改善留守儿童的成长和生存环境方面，关工委推动的"春苗营养计划"建成10118个中小学厨房，惠及608万学生；"朝阳计划——青少年健康守护行动"为中西部22个省区的1000多所中小学校捐建了卫生室；在全国老少边穷地区建立了39所"中国关心下一代教育基地"，以2000多万元项目资金，带动地方政府和社会投入3.3亿元，帮助改善了学校硬件设施，加强了师资培养，惠及了42883名学生，等等。

五老关爱行动建立健全了促进青少年健康成长的长效机制，帮扶成效显著，赢得了社会各界的广泛赞誉。同时，由关工委推动实施的多个项目增强了教育扶贫合力，助推了农村教育精准扶贫工作有效开展，并为贫困地区改进办学提供了有益借鉴，为青少年提供了获取知识的学园、温馨和谐的家园、健身娱乐的乐园，受到学校师生以及地方党政和社会的欢迎。

3. 乡村青年人才振兴——帮助农村青年创业致富、科技创新

农村青年是我国经济发展的重要力量，他们既可以选择进入城市从事第二、第三产业，也可以留在农村从事不同于传统农业的新型农业，获得与进城打工相近的收入，随着政府惠农优农、促进农村农业发展的政策不断增加，越来越多的青年选择在农村从事农业生产工作。农村青年在助力乡村振兴方面有着重要意义，一方面，他们能实现经济独立，并推动农村农业高质量发展；另一方面，他们也能成为农村的中坚力量，在建设农村和照顾家庭方面发挥重要作用。

　　关工委注意到这一新时期农村青年人的变化，积极开展各项工作推动这部分人群的发展，助力农村青年脱贫致富和乡村人才振兴。近年来，各级关工委和广大五老在推动农村"双带"青年人才培育和产业扶贫项目等方面发挥了独特作用。在农村"双带"青年人才培养和产业扶贫项目中，各级关工委总结运用了多年来"讲政治、育新人、学科技、奔小康"活动的成功经验，注重把扶贫和扶志、扶智相结合，与科技培训示范相结合，找准了重在助力、贵在立志、关键在精准的定位，培育了特色帮扶品牌，很好地融入了"科技扶贫""产业扶贫""教育扶贫""关爱扶贫"大局，争取农业、科技、扶贫等部门和社会力量的支持，聚焦农村青年创业就业脱贫，培养了一批新型农民，为打赢脱贫攻坚战贡献了力量，并促进改革创新成果更多更广泛惠及广大青少年。截至2019年，由关工委推动，举办了近15万期实用技术和职业技能培训，培训农村青年2000多万人次，培养了一批新型农民，帮助农村青年创办专业合作组织、特色农牧产品生产基地、家庭农场6万个。各地在促进青年农民发展工作中，也取得了显著成效，江苏省关工委联合省农委，在青年农民中开展"菜单式"科技培训帮扶，助推青年农民创业发展。浙江丽水市关工委联合市委组织部，坚持11年开展"百名老科技专家联百村"活动，2018年127名老科技专家又结对151个村，帮扶项目155个，帮助农村青年创业创新。云南、贵州省市县三级关工委发展了850多个农村示范点和科技服务示范基地，很多示范项目成为县域农业发展重点项目，有力地助推了部分县于2019年首批脱贫摘帽。重庆市关工委的"授渔工程"项目、福建省关工委的"农村青年致富种子"工程推动了创业就业扶贫。青岛市关工委通过创建老专家创业创新孵化器，引进了高层次人才和高科技企业，搭建了老专家创新创业和老专家帮助带动青年人才创新创业两个服务平台，中组部以微信公众号进行推广。广东省关工委的"创业青年培训领头雁"计划，被列为省政府十大民生工程，2018年10月习近平总书记视察广东，在清远英德市亲切勉励的农村创业青年中，有3人就是经过广东省关工委农村创业青年培训、在五老长年跟踪培养下成长起来的，产业扶贫和农村青年创业致富带头人培养取得新成果。

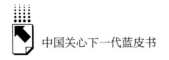

（三）发挥五老模范作用、改善家庭教育环境是关工委工作的着力点

习近平总书记指出"家庭是社会的细胞，是人生的第一所学校"，① 家庭环境对于青少年的成长至关重要，一个健康积极且紧跟时代要求的家庭环境更能够培养出优秀的孩子，但是处于转型时期的中国深刻影响着家庭的经济、文化和结构等各个层面，在哺育青少年的过程中对家庭提出了更多的挑战，作为青少年的监护人的家长更应该积极且及时回应这些挑战，关工委在家庭教育、完善青少年家庭成长环境方面作出了种种努力。1991 年国家教委关工委成立，1993 年教育系统关工委参与家庭教育启动工作，把家庭教育作为关心下一代工作的重要内容。1999 年，"教育部关工委家庭教育中心"成立，2000 年《中共中央办公厅、国务院办公厅关于适应新形势进一步加强和改进中小学德育工作的指导意见》② 中提出："各级党委和政府要关心支持家庭教育，各级教育行政部门要承担组织和指导家庭教育的责任。"2004 年，《中共中央、国务院关于进一步加强和改进未成年人思想道德建设的若干意见》中进一步提出："各级妇联、教育行政部门和中小学校要切实担负起指导和推进家庭教育的责任。"2011 年，教育部等三部门发布《关于进一步加强家长学校工作的指导意见》，③ 再次明确"教育行政部门对幼儿园、中小学校、中等职业学校家长学校工作进行具体指导"。同年，教育部关工委启动了家长学校实验区，2014 年进行了检查验收和表彰奖励，关工委家长教育工作的体制机制逐渐成熟。

2019 年，为贯彻落实习近平总书记关于注重家庭、注重家教、注重家

---

① 《习近平：在 2015 年春节团拜会上的讲话》，参见中国政府网 http：//www. gov. cn/xinwen/2015 - 02/17/content_ 2820563. htm。

② 参见中国政府网 http：//www. gov. cn/gongbao/content/2001/content_ 61240. htm。

③ 参见教育部网站 http：//old. moe. gov. cn//publicfiles/business/htmlfiles/moe/s5618/201105/119729. html。

风的重要指示，中国关工委与全国妇联、教育部等部门联合印发《全国家庭教育指导大纲（修订）》，部署开展"五老弘扬好家教好家风"主题活动，举办了全国关心下一代家庭家教家风建设座谈会，启动了家庭教育"名家百县"公益讲座活动。各地关工委普遍开展了"家长公开课""专家与家长面对面""讲最美家庭故事，传好家风家训""尽责优教"等家庭教育公益讲座和巡讲活动，组织有家庭教育专业特长的五老进家长学校、进社区、进农村、进企业进行宣讲，帮助家长强化家庭教育的主体责任意识。为更好地开展家庭教育工作，各级关工委积极创新家庭教育服务平台，北京市关工委与首都师范大学合作建立了"家庭教育研究中心"，山西太原市关工委举办了首届太原家长节，教育部关工委调研推动省级教育系统关工委参与家长学校建设，有的还开办了手机家长学校、线上"家教直播间"。关工委鼓励五老带头搞好家庭建设，带头亮家风、定家规、晒家训，组织了"我的家训"征文、"我和我的家"微视频征集活动，发动五老整理治家格言，有的地方关工委持续开展"五老为家庭教育做榜样"活动，推动营造有利于青少年成长的家庭环境。加强对特殊家庭的教育指导，开展"代理家长培训""留守儿童异地探亲""周末家庭"等活动，利用农民工返乡时机大规模培训留守儿童家长，帮助农村留守儿童等特殊家庭重视儿童教育。湖南省关工委实施隔代教育工程，于2019年深入村组社区开展隔代家庭教育讲座2000多场次，在家庭教育领域彰显了五老作为。

关工委不断创新体制机制，全方位、多领域地深入家庭教育工作领域，因地制宜，利用各种技术手段不断为城乡青少年创造更好的家庭成长环境，受到了青少年家长的热烈欢迎。

（四）净化社会环境、预防和缓解青少年问题、确保青少年健康成长是关工委努力的方向

社会经济的发展往往伴随着各种社会问题，影响青少年的健康成长。其中，青少年违法犯罪问题、青少年心理健康问题和青少年网络使用中产生的问题广受社会关注，关工委采取多种举措，预防青少年违法犯罪及帮教失足

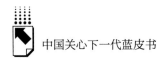

青少年,缓解青少年心理健康问题,引导青少年网络行为,净化社会环境,确保青少年健康成长。

1. 预防青少年违法犯罪及帮教失足青年——五老法治宣讲和五老帮教机制

1992年中国政府发布白皮书,其中《中国改造罪犯的状况》①指出"中国成立了关心下一代工作委员会,其任务之一就是指导对失足青年的帮教与保护",对关工委在预防青少年违法犯罪及帮教失足青年方面作出重要指示。青少年犯罪牵扯到一个家庭的生活、命运和希望,影响家庭的和谐。青少年作为国家未来建设的主力军,他们的身心健康影响着国家未来的发展稳定。习近平总书记强调把社会主义核心价值观融入法治建设,法治教育要从娃娃抓起。

关工委在青少年法治教育工作和预防青少年犯罪及矫正工作方面做出了大量努力,中国关工委与中央政法委、司法部等部门连续举办四届"关爱明天、普法先行"青少年普法教育活动,增强了青少年的法治观念和法律意识。关工委在预防青少年违法犯罪方面主要有两方面的工作重点,一是突出了对宪法的宣传,各地以"宪法至上、守法光荣""宪法伴我成长"等为主题,结合未成年人保护法、预防未成年人犯罪法的宣传学习,开展五老法治宣讲活动24万场次,教育引导青少年让法治精神在头脑中扎根。二是推动五老帮教融入未成年人司法保护社会化机制。各地普遍建立了五老帮教机制,组织五老联系服务社会闲散青少年,积极向政法部门推荐政治责任心强、有经验的五老,作为社会调查员、合适成年人、人民陪审员、社会观护员、心理咨询员以及社区矫正志愿者,参与不良行为青少年帮教工作。很多地方还在监狱和未管所成立了关工委,组织政法系统老干部开展结对帮教。截至2019年底,全国有12万个关爱工作团,143万名五老参加帮教工作。多年来,关工委在法治教育、禁毒宣传教育、失足青少年帮教转化方面取得了重要的成绩,不少青少年家长赠送锦旗、写感谢信和登门致谢。

---

① 参见国新网 http://www.scio.gov.cn/m/zfbps/ndhf/1992/Document/308016/308016.htm。

2. 促进青少年心理健康——"关爱心理热线"和"青少年心理教育流动课堂"

青少年心理健康问题关系到青少年健康成长、幸福安康和社会的和谐发展。关工委在党政的领导下，依托各级关工委组织积极开展青少年心理健康相关工作，在中小学开展相关主题的巡回讲座，在多个高校成立关心下一代工作委员会心理咨询室，帮助家长和青少年群体澄清成长中易出现的心理问题，并且进行积极的指导。

各地关工委在青少年心理健康工作方面，取得了不错的成绩。青岛市自 2011 年开通"青岛市关爱心理热线"并于 2017 年积极拓宽心理健康传播途径，设立了关爱心理"家庭教育微课堂"，反响热烈。西安市关工委进一步深化困境儿童关爱行动，开展"青少年心理教育流动课堂"，送课下乡，在小学、中学、"四点半课堂"、"青春驿站"和"儿童服务站"中对青少年开展心理健康教育工作，受益青少年数千人。宁波市未成年人心理援助热线，由专业心理咨询师帮助指导未成年人及家长解决亲子关系问题、子女教育问题、儿童青少年网络成瘾问题、情绪问题及由家庭矛盾引起的各类心理问题等，取得显著社会成效。各级关工委不断创新体制机制，更好地为青少年的心理健康工作服务并积累经验，得到中国关工委和党中央的肯定。

3. 净化网络环境——五老网吧义务监督员

据共青团中央维护青少年权益部和中国互联网络信息中心（CNNIC）联合发布的《2019 年全国未成年人互联网使用情况研究报告》，目前我国未成年人互联网使用已相当普及，2019 年我国未成年网民规模为 1.75 亿，未成年人互联网普及率达到 93.1%，[①] 占网民总数的约 20%，青少年是互联网的主体，也是互联网的未来。一方面，网络能够使青少年快速获取需要的知识；另一方面，腐朽落后文化和有害信息也通过网络得到传播，不少青少年还缺乏识别能力，精神和意志易遭受侵蚀。推动建设有利于青少年

---

① 参见中国互联网络信息中心（CNNIC）网站 http://www.cnnic.net.cn/hlwfzyj/hlwxzbg/qsnbg/202005/t20200513_71011.htm。

健康发展的网络良好生态，是青少年培育和践行社会主义核心价值观，谱写关心下一代工作新篇章的关键所在。按照中央要求，各地关工委发动了50万名五老担任网吧义务监督员，引导青少年文明安全上网，特别是对于城乡结合部的网吧监督工作，拯救了一大批青年"网迷"，进一步优化了青少年成长环境。各地还积极配合有关部门，开展校园周边环境治理，维护青少年交通安全等活动，对营造有利于青少年健康成长的社会环境发挥了重要作用。

（五）在助力打赢疫情防控阻击战中践行初心使命

2020年初新冠肺炎疫情的突发，对我国民众的经济、社会、文化生活产生了重大冲击，给关心下一代工作也带来了挑战。新冠肺炎疫情发生以来，以习近平同志为核心的党中央对人民群众生命安全和身体健康高度重视，迅速作出一系列重大决策，为打赢疫情防控的人民战争、总体战、阻击战提供了根本保障和科学指引。我国的疫情率先在全球范围内得到控制，关工委在这一过程中，借助横向到边、纵向到底的体制机制，迅速响应国家抗疫的需要，2月4日，在顾秀莲主任亲自指导下，下发了《关于做好新型冠状病毒感染肺炎疫情防控工作的通知》，要求各地关工委进一步坚定政治站位、强化大局观念、强化安全防范，切实做好广大五老疫情防控，积极参加联防联控，为打赢疫情防控阻击战做出重要贡献。

各地关工委和广大五老坚决贯彻落实党中央、国务院的决策部署，增强"四个意识"，坚定"四个自信"，做到"两个维护"，按照坚定信心、同舟共济、科学防治、精准施策的要求，主动配合党委、政府，组织老同志参与严防严控、联防联控、群防群治，配合乡镇（街道）、村（社区）党组织加强网格化管理。在预防新冠肺炎疫情知识宣传、消毒杀菌、联防联控等方面，发挥了重要的作用。

在疫情防控的一线，参与关心下一代工作的五老们自觉自愿积极参与疫情防控工作，涌现出许多令人感动的先进事例和个人。全国离退休干部先进个人、全国关心下一代工作先进者、空军武汉基地老战士报告团副团长毛兰成写下一封《在灾难中成长》的信，用自己树立共产主义思想品德人生目标的经历，用广大奋战在一线的医护工作者、解放军官兵和社区工作者的英勇事迹，鼓励青少年积极面对疫情；山西省晋城市 80 多名老同志巧手创作剪纸作品 1460 多幅宣传防疫，为武汉加油，为中国加油；广西梧州市 80 岁老医生李庆禄写下了《我要去武汉》请战书；唐山市迁西县 96 岁离休老党员徐俊文拄着拐杖，徒步 3 里路到镇政府机关，将 1 万元现金交给了党组织；武汉市江夏区龚家铺村 73 岁五老李厚银捐赠了 200 多斤自家种的红菜苔；湛江市关工委 16 年来培养了一批带头致富、带领群众致富的"双带型"领军创业青年，为武汉及一线抗疫医护人员捐赠资金、医用防护物品和安全食品等物资达 170 多万元，还有关工委办公室的党员干部下沉基层，和基层关工委组织的同志们一起开展疫情防护服务；上海市钱学森图书馆十多位老同志，自 2 月起分别到社区街道开展服务工作；福建省福州市关工委联合市教育局、市妇联等单位，依托网络家长学校，对青少年开展线上线下心理服务……许许多多无怨无悔、倾情奉献的五老和关工委干部，积极参与到这场没有硝烟的战争中来，为我们展现了一幅同心协力、战"疫"必胜的壮美画卷。

三 中国关心下一代工作委员会的未来发展方向和任务

回顾关工委的发展历程和工作成就，充分显示出关工委是一个与时俱进、实事求是，党和国家需要、人民群众热烈欢迎的群众性工作组织。多年来，在党中央和各地党组织的领导下，在相关部门的支持和配合下，在数千万老干部、老战士、老专家、老教师、老模范等五老的积极参与下，关工委在青少年思想道德教育、脱贫攻坚、青少年关爱帮扶、社会治理、青少年法治教育、基层关工委组织建设、关心下一代舆论宣传工作等方面做出了种种努力并取得了显著成效，积极发挥了党和政府联系青少年的桥梁纽带作用，得到了党和人民的一致肯定。

2020 年，是全面建成小康社会和"十三五"规划收官之年，关工委也迎来了三十而立的新的发展阶段。面对新的形势和新的发展机遇，关工委提出了未来发展规划和工作总体思路：以习近平新时代中国特色社会主义思想为指导，深入贯彻党的十九大和十九届二中、三中、四中全会精神，围绕统筹推进"五位一体"总体布局和协调推进"四个全面"战略布局，加强制度建设，更好发挥政治优势、组织优势和工作优势，坚持守正创新，坚持问题导向、目标导向、结果导向，最大限度把广大五老的积极性、主动性、创造性调动起来，落实立德树人根本任务，支持和帮助青少年成长成才，助力培养德智体美劳全面发展的社会主义建设者和接班人，推动关心下一代事业不断发展，开创新时代关心下一代工作的新局面。

（一）壮大五老队伍，发挥五老优势，协调多部门力量，构建完善关心下一代工作体系，把关工委建设成引领青少年思想政治教育的重要基地、服务青少年成长成才的专业机构、解决困难青少年问题的帮扶团体、为党和国家的总体发展战略服务的群众性工作组织

习近平同志在十九大报告中指出，经过长期努力，中国特色社会主义进入了新时代，这是我国发展新的历史方位。习近平总书记进一步指出，这个新时代，是承前启后、继往开来、在新的历史条件下继续夺取中国特色社会主义伟大胜利的时代，是决胜全面建成小康社会，进而全面建设社会主义现代化强国的时代。决胜全面建成小康社会和全面建设社会主义现代化强国，需要青年一代充分发挥积极作用。青少年是国家的未来、民族的希望。青年兴则民族兴，青年强则国家强。促进青少年更好成长、更快发展，是国家的基础性、战略性工程。关工委将围绕党和国家的总体发展战略，规划近期工作重心和中长期发展目标。壮大五老队伍，发挥五老优势，协调多部门力量，构建完善关心下一代国家体系，把关工委建设成引领青少年思想政治的教育基地、服务青少年成长成才的专业机构、解决困难青少年问题的帮扶团体、为党和国家的总体发展战略服务的群众性工作组织，是关工委未来努力的方向。

由老干部、老战士、老专家、老教师、老模范等组成的五老队伍是关工委开展关心下一代工作的基础，这一队伍的稳定性和持续性，其成员的能力素质、专业化水平、思想觉悟和精神气质，是确保关工委实现未来发展目标的基础。壮大五老队伍，发挥五老优势，打造一支专业化、高水平、致力于关心下一代事业的五老队伍，以此为基础构建完善关心下一代国家体系，是关工委自身组织建设的目标。

全面加强对青年的思想政治引领和成长成才服务，强化关工委作用，优化关工委功能，坚持党的思想引领作用，充分照顾青少年的特点和利益，优化青少年成长环境，服务青少年需求，促进青少年全面发展，引导青少年树立共产主义远大理想和中国特色社会主义共同理想，坚定中国特色社会主义道路自信、理论自信、制度自信、文化自信，培育中国特色社会主义事业的合格建设者和可靠接班人，是关工委未来的主要工作内容和目标。

关工委将根据国家"十四五"规划、《中长期青年发展规划（2016—2025年)》、党的十九大报告和十九届四中全会精神，进一步细化关工委的中长期发展目标，争取在2025年打造一支专业化、高水平的关心下一代工作人员队伍，全面建成青少年思想道德教育基地的全国性网络系统，扩展青少年帮扶机构，使关工委成为引领青少年思想政治和服务青少年成长成才的重要组织。在此基础上，进一步壮大队伍、扩展系统、提升教育成效和服务水平，到2035年建成具有高度政治性、先进性、群众性，践行社会主义核心价值观，统筹协调青少年发展工作，为广大青年指明正确成长道路，创造良好成长环境，培养社会主义建设者和接班人的现代化群众性工作组织。

（二）与时俱进探索新时代爱国主义教育的新方式、新途径，培养有理想有本领有担当的新时代青少年

青少年爱国主义教育一直是关工委工作的重中之重，多年来关工委在爱国主义教育方面做出了多种探索，取得了许多成果，积累了大量经验。然而，社会在发展，时代在进步，环境在变化，青少年人群的价值观念和行为方式也在改变。新时代爱国主义教育需要适应新的环境、新的形势、新的内容和目标，以及新时代青少年发展的新特点和新规律。新时代"既是近代以来中华民族发展的最好时代，也是实现中华民族伟大复兴的最关键时代"。在国内，2020年我国将全面建成小康社会，由中等收入国家迈向更高层次，但同时，经济增长速度由高速快进转而放缓，经济结构和社会结构面临调整，民族和地域性分裂势力活动频繁。在国际领域，我国的国际影响力和话语权不断增强，但也面临越来越大的国际竞争压力，各种政治与文化冲突以及周边领土争端。新的环境和新的形势要求新时代爱国主义教育的内容和目标必须与时俱进，适应新的发展需求。

新时代的青少年代际更替节奏加快，代际特征推陈出新，代际内部分化现象突出。曾经的中国新生代的主流——80后——多已为人父母迈向中年人群，他们在以新的理念养育第二代独生子女的"新新人类"，并在抉择要不要生育二孩；当前90后已成为新生代的主力，在国内经济增速放缓和国际竞争激化的环境中，他们必将面临更加激烈的市场竞争压力，但蓬勃发展的互联网经济又为他们打开了创新创业的新空间；00后们大多还未离开校园，正沉溺于在互联网世界中创新他们的青少年文化，他们虽然还未离开校园走向社会，但作为一股消费势力已在社会经济领域中崛起，引领消费趋势和文化时尚。同时，青年群体内部的差异性明显增大，分层分化现象日益加剧，新兴青少年亚群体越来越多。新时代爱国主义教育需要适应青少年的新特征，教育形式与方法需要与时俱进，才能取得更好的成效。

关工委实施爱国主义教育的中坚力量是老干部、老战士、老专家、老教师、老模范等五老，新时代爱国主义教育需要五老们与时俱进，不断学习，更新知识结构，把握新的形势，了解青少年的特征，丰富和创新新时代爱国主义教育的内容和方法，担当新时代爱国主义教育的新使命。

（三）贯彻落实党的十九届四中全会精神，进一步推进关心下一代工作制度体系和能力建设

党的十九届四中全会是在实现"两个一百年"奋斗目标的历史交汇点上，召开的一次十分重要的会议。学习宣传和贯彻落实好四中全会精神，是当前和今后一个时期各级关工委的首要政治任务。

在学习贯彻四中全会精神中，关工委将重点领会《中共中央关于坚持和完善中国特色主义制度推进国家治理体系和治理能力现代化若干重大问题的决定》（以下简称《决定》）对群团工作、对关心下一代工作提出的新要求。《决定》强调创新互联网时代群众工作机制，健全联系广泛、服务群众的群团工作体系，体现了党中央将党的群团工作纳入国家制度和国家治理体系的战略思想，体现了对新时代群团工作的高度重视、殷切期望。《决定》中关于坚持和完善繁荣发展社会主义先进文化的制度，推动理想信念教育常态化、制度化，完善青少年理想信念教育齐抓共管机制；构建覆盖城乡的家庭教育指导服务体系，完善农村留守儿童关爱服务体系；完善群众参与基层社会治理的制度化渠道等内容，都为新时代关心下一代工作指明了方向，提出了新的要求。

关工委将全面落实全会精神，扎实推进制度创新和治理能力建设。首先，关工委将建立健全党建带关建的制度机制，主动跟进、融入党建目标责任制，推动完善组织领导机制、班子配备机制、目标考核机制、工作保障机制，使关工委组织建设的目标更具体，班子队伍建设的可操作性更强，加强保障的规定要求更务实，多部门联动机制更密切，促进完善党委统一领导、党政齐抓共管、关工委主动作为、有关部门积极配合、社会各界广泛参与的领导体制和工作机制，不断夯实关心下一代工作的制度基础。

其次，关工委将建设落实立德树人根本任务的制度机制。以八部门联合发文为契机，推动健全充分发挥五老作用的制度机制，坚持不懈用党的理论创新成果铸魂育人。促进构建家庭、学校、社会共育体系，为青少年健康成长营造良好环境。

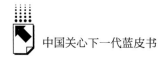

再次，关工委将建立健全关心下一代学习宣传制度，建立学习培训制度，加强关工委干部和广大五老的思想理论武装。探索建立关心下一代传统媒体和新媒体深度融合机制，推动关心下一代宣传工作融入党委统一领导的大宣传格局的机制建设，讲好五老故事、宣传五老典型、弘扬五老精神。

最后，关工委将提高运用法治思维和法治方式开展关心下一代工作的能力，牢固树立制度意识，在党的领导下，依据关工委工作规则，创造性地开展关心下一代工作。

关工委还将加大调查研究、源头推动力度，适应新时代社会主要矛盾的变化，摸清当代青少年的所思所想所盼，促进出台满足广大青少年对美好生活新期待必备的制度，优化青少年健康成长的制度环境。各级关工委要提高政治站位，增强政治自觉，全面检视各项制度建设，抓紧就加强关心下一代工作急需的制度进行研究和部署。凡是没有的要尽快建立，凡是已经有的要形成体系，以确保各项工作的落实。推动各方面制度更加成熟更加定型，不断推动关心下一代工作科学化、规范化、制度化，使关工委成为推进国家治理体系和治理能力现代化的重要力量。

（四）围绕中心、服务大局，力争各项重点工作实现新突破、再上新台阶

关工委将聚焦全面建成小康社会目标任务，以改革创新为动力，抓好"传承红色基因，争做时代新人"主题教育活动和五老关爱工程两项重点工作，带动各项工作实现新突破、再上新台阶。

首先，关工委将把青少年爱国主义教育作为未来工作重点，按照《新时代爱国主义教育实施纲要》① 和《新时代公民道德建设实施纲要》② 要求，持续推进"传承红色基因，争做时代新人"主题教育活动。习近平总

---

① 参见新华网 https：//baijiahao. baidu. com/s? id = 1649992364102636331&wfr = spider&for = pc。
② 参见中国青年网 http：//news. youth. cn/gn/201910/t20191027_ 12104291. htm。

书记高度重视青少年爱国主义教育，多次作出重要论述，2019年4月30日习近平总书记在纪念五四运动100周年大会上的讲话中指出："爱国主义是我们民族精神的核心，是中华民族团结奋斗、自强不息的精神纽带。……对新时代中国青年来说，热爱祖国是立身之本、成才之基。"① 在《新时代爱国主义教育实施纲要》中特别提出，关工委要发挥优势，组织动员老干部、老战士、老专家、老教师、老模范等到广大群众特别是青少年中讲述亲身经历，弘扬爱国传统。各级关工委深刻认识开展青少年爱国主义教育的重大意义，深化青少年党史国史教育，组织动员广大五老到青少年中讲述亲身经历，弘扬爱国传统。深入开展学习英雄模范活动，引导青少年向"国家勋章"和国家荣誉获得者、"最美奋斗者"等全国英雄模范学习，像英雄模范那样坚守和奋斗，把国之大典激发的爱国情、报国志转化为理想信念和奋斗精神，脚踏实地学习工作，做担当民族复兴大任的时代新人。关工委将大力开展网上主题教育活动和道德实践活动、全国青少年党史国史教育网上竞赛活动，强化青少年爱国主义教育。

其次，关工委将进一步实施五老关爱工程，助力全面建成小康社会。围绕脱贫攻坚和乡村振兴，以全国关心下一代十大帮扶品牌为带动，全面深化五老关爱工程。推广"五老科技扶贫示范基地"等帮扶品牌，扎实推进科技扶贫、教育扶贫，积极推动五老人才下乡，助力农村青年脱贫致富和乡村人才振兴。推广"农村留守儿童关爱工作站"等帮扶品牌，发挥各级关心下一代基金会的作用，做好农村留守儿童和困境儿童关爱保护工作。推广"护苗行动""我为民族团结做贡献"等帮扶品牌，深入开展第四届"关爱明天、普法先行"青少年普法教育活动，促进五老帮教工作融入未成年人法律保护社会化工作机制。深入开展"五老弘扬好家教好家风"主题活动，充分发挥五老在家教、家风、家庭建设中的重要作用。

最后，关工委将以政治建设为统领，全面加强基层关工委建设。《中共

---

① 参见新华网 http://www.xinhuanet.com/politics/leaders/2019-04/30/c_1124440193.htm。

中央关于加强党的政治建设的意见》，强调要切实增强群团组织的政治性、先进性、群众性。关工委作为党领导下的群众性工作组织，政治性、先进性、群众性是关工委工作的灵魂。广大五老在基层，关工委的工作对象也在基层。关工委要坚持服务青少年的正确方向，承担起教育引导青少年听党话、跟党走的政治任务，把政治建设作为基层关工委建设的根本任务和基础性工作，坚持不懈推进党建带关建工作。关工委将加强理论武装，强化担当作为，深化理性思考，不断强化政治引领；坚持夯实组织基础、增强基层活力、完善工作制度，不断强化政治保障。坚持用政治建设的要求优化基层关工委"五好"创建活动，推动基层关工委建设与新时代关心下一代工作相适应。不断提升基层关工委组织力，努力做到凡是有青少年的地方，关工委的工作就要做到那里；凡是有五老的地方，就要把五老组织起来，为关心下一代工作做贡献。

（五）以纪念中国关工委成立30周年为契机，推进关心下一代工作科学发展

2020年是中国关工委成立30周年。隆重纪念关工委成立30周年，是关心下一代工作中的大事。这是总结过去、筹划未来的加油站。通过各项纪念活动，把学习习近平新时代中国特色社会主义思想特别是对关心下一代工作重要论述、重要指示推向深入，深入总结经验、找准差距，增强干事创业责任心和事业心，争创先进、树立典型、推广典型，通过典型示范推动工作不断创新发展，进一步激励五老、发动五老，在全社会弘扬五老精神、在全社会营造关心下一代的良好氛围。下一步，各级关工委和广大五老要深刻学习领会习近平总书记关于新时代关心下一代工作的重要论述，担负起立德树人的光荣使命。以党的建设为统领，深化改革创新，加强新时代五老队伍建设，推进关爱服务体系和关爱服务能力现代化，把各级关工委建设成为关心下一代工作的坚强堡垒。

2020年是具有里程碑意义的一年。我们将全面建成小康社会，实现第一个百年奋斗目标。2020年是脱贫攻坚决战决胜之年，也是关工委成立30

周年，继往开来、实现高质量发展的重要一年。关工委将充分发挥五老优势，大力弘扬五老精神，深入贯彻落实习近平新时代中国特色社会主义思想，特别是习近平总书记对关心下一代工作的重要论述精神，为培养德智体美劳全面发展的社会主义建设者和接班人贡献力量。

让我们更加紧密地团结在以习近平同志为核心的党中央周围，不忘初心、牢记使命，用汗水浇灌收获，以实干笃定前行，认真落实立德树人根本任务，推动关心下一代事业不断发展，开创新时代关心下一代工作的新局面！

专 题 篇

Special Reports

B.2
青少年思想道德建设现状研究报告

刘保中　刘　梅　刘瑞平*

摘　要:　青少年的价值取向决定着未来整个社会的价值取向,青少年
的思想道德建设关系着中华民族的未来发展和前途命运。当
代青少年思想道德状况整体上呈现积极向上,理想信念坚
定,社会责任感增强,道德素质和现代文明素质不断提高的
良好状态。但在经济全球化和文化多元化的大环境下,青少
年在价值选择和道德水平方面仍具有较大的多样性和差异
性,青少年思想道德建设既面临新的机遇,也面临严峻的挑
战。面对国内外新的发展形势,各级关工委坚持以弘扬社会
主义核心价值观为主线,积极开展青少年思想道德建设工
作,引领广大青少年健康向上,树立正确的世界观、人生观

* 刘保中,中国社会科学院社会学研究所助理研究员;刘梅,北京大学社会学系博士研究生;
刘瑞平,北京大学社会学系博士研究生。

与价值观。

关键词： 青少年　关工委　思想道德建设

　　良好的思想道德素质是个人健康成长、成才的重要条件。加强青少年的思想道德教育，对于提高全民思想道德水平具有重要的基础性作用。一直以来，党和国家都非常重视加强青少年思想道德教育工作。习近平总书记对加强青少年思想道德建设作出了一系列重要论述，突出强调把立德树人作为教育的根本任务。"少年智则国智，少年强则国强，少年进步则国进步。"青少年的价值取向决定未来整个社会的价值取向，青少年的能力、素质和道德修养直接关系到国家的前途和民族的命运。青春期是青少年身心发育、道德培养的关键时期，是世界观、人生观、价值观形成和确立的重要时期。在这一时期，必须打好思想道德教育基础，而不能在政治方向和思想道德方面走偏。因此，加强青少年思想道德建设，绝不是一个无足轻重的事情，而是关系到我们党和国家前途命运的头等大事。

　　总体上看，当代青少年积极拥护党的领导，思想和行为上积极健康。青少年群体大多具有坚定的理想信念和爱国主义热情，通过学习和实践不断提升社会责任感和思想道德品质。同时也应清醒地认识到，我国广大青少年生活在改革开放的新时代，这个新时代是信息化、多元化的时代，在这种环境下，青少年在价值选择和道德水平方面具有较大的多样性和差异性，面对国内外形势的发展变化，加强青少年思想道德建设的机遇与挑战并存。青少年承担着实现两个一百年奋斗目标的历史重任，是民族的希望、祖国的未来，必须重点关注青少年的教育。如何做好新形势下青少年的思想道德建设工作、促进青少年健康成长具有十分重要且紧迫的现实意义。

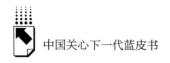
一 青少年思想道德建设的现状与问题

（一）青少年思想道德建设现状

1. 大多数青少年具有正确的理想信念、目标追求和价值取向

整体上看，当代大部分青少年的思想道德状况呈现健康发展的趋势，理想信念和政治立场坚定，对中国特色社会主义发展道路、共同理想和国家制度具有高度的认同感，能够牢记和践行社会主义核心价值观，并对西方敌对势力"西化""分化"我国的图谋有比较清醒的认识。在践行政治理想和实现社会价值的具体行为上，大多数青少年关心国家大事，关注历史事件、国内外政治时事等，同时积极关注教育公平、大学生就业、社会保障、反腐倡廉、留守儿童等一些社会热点问题，有较强的社会责任感，喜欢参加志愿活动和社会公益活动。

在对自身人生价值的认识方面，大多数青少年能够选择正确的价值观，人生态度积极，将个人、家庭、集体、国家和社会的利益很好地融合在一起，兼顾自我价值和社会价值，强调追求自我价值的同时不损害社会价值。一项基于 1724 名青少年的抽样调查显示，当代青少年对自己的人生目标非常明确的占 17.1%，比较明确的占 52.3%，几乎没有思考过的仅占 4.4%，说明大多数青少年的人生目标比较明确。调查同时显示，青少年首先把"实现人生价值和为国家与社会做贡献"作为最主要的人生追求（占比41.5%），其次是"家庭和睦和生活幸福"（占比 33.%），个人成就居于其次，如"拥有金钱和社会地位"（占比 14.2%）、"功成名就、事业兴旺"（占比 10.8%）。他们对国家和社会充满信心，对生活抱有乐观向上的积极态度，超过 80% 的青少年认为自己的生活非常幸福和比较幸福。[①]

---

① 叶荣国：《当代青少年思想道德发展的现状、特点及教育策略》，《河北青年管理干部学院学报》2020 年第 2 期。

在青少年自身素质和行动实践方面，大多数学生学习目的比较明确，学习态度和学风比较端正。尤其是到了大学阶段，他们逐渐形成较为明确的人生发展方向，渴望通过大学期间的学习来丰富和完善自己，成为有用之才，将来献身祖国建设，他们把诚信、友善作为生活中与人交往的重要品质，对生活积极乐观、勇于进取，拥有较强的回报意识以及其他优良的思想道德品质。[①]

2. 家庭教育在青少年思想道德建设中发挥重要作用

家庭是人们接受教育的第一个场所，父母是孩子的第一任老师，是孩子学习的榜样，父母自身的品质对青少年成长有着至关重要的作用，家庭教育是培养青少年自我意识、价值观、性格品质的关键途径。注重家庭、注重家教、注重家风，对于国家发展、民族进步、社会和谐具有十分重要的意义。在青少年成长中的不同阶段，家长对他们家庭教育的内容、频率等也在发生变化。上海社会科学院实施的一项"家庭教育态度与行为调查"结果显示，家长对孩子的施教内容排在前三位的依次是生活习惯教育、学习习惯教育和安全教育；家长会根据不同年龄阶段的青少年的发展状况，重视教育内容的改变，随着青少年年龄的增长，家长越来越重视对子女进行心理健康和青春期相关内容的教育，尤其是在初中时期；从家庭教育的成效来看，家长和孩子均对"人格素养"更为满意，而对"学习素养"不太满意，在家庭教育实践中把责任感、独立和宽容尊重他人作为最重要的品质。[②]

我国越来越重视青少年的家庭教育，妇联、教育部门以及关工委等协同抓好家庭教育工作，多部门联动，整体推进。比如，大力支持家庭教育研究中心、家庭教育培训学校以及家庭教育基地的建设，同时鼓励研发家庭教育教师培训教材和学生活动系列课程；邀请知名专家、家庭教育工作典型、家庭教育志愿者等举办家庭教育讲座，建立家庭教育"专家"队伍；组织学校教师开展家庭教育培训，有些地方教育局选派了家庭教育经验比较丰富的教师，建立家庭教育"志愿家教"队伍，定期在"家长学校"授课。

---

① 喻学林：《近十年大学生思想道德素质现状研究述评》，《思想政治教育研究》2016 年第 6 期。

② 杨雄、魏莉莉：《家庭教育需求与理念的代际比较》，《青年探索》2017 年第 4 期。

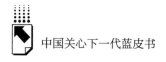

3. 互联网成为青少年思想道德建设的重要平台

互联网具有较强的互动性和开放性特征，拓展了青少年的成长空间，是青少年获取信息、学习知识、在线交流和休闲娱乐的重要平台，更是其了解外部世界和现实社会的一个重要窗口。随着移动互联的发展，互联网在青少年群体中呈现全面普及的趋势。根据《2018 年全国未成年人互联网使用情况研究报告》数据，我国使用互联网的未成年人总规模已达 1.69 亿，未成年人的互联网普及率达到 93.7%，主要上网目的是"利用互联网学习"（87.4%）、"听音乐"（68.1%）、"玩游戏"（64.2%）、"聊天"（58.9%）；各类短视频应用已然成为青少年日常休闲娱乐的主要工具，从而备受青睐，其使用比例达 40.5%。在学校和家长的正确引导下，大多数青少年对互联网具有不错的自制能力，能够正确对待和运用网络，能够通过有价值的网络信息加强思想建设。关工委、教育部、团中央等诸多部门利用互联网平台，开展丰富多样的线上活动，例如线上爱国主义教育、党史国史教育、法律宣传教育、专家知识讲座等活动。

4. 注意关爱留守儿童等弱势青少年群体，加强该群体的思想道德建设

父母外出务工带动了家庭经济收入的增加，保障了留守儿童在教育上的经济支持。但是，父母日常陪伴和监管的缺失也严重影响了家长对留守儿童的情感呵护和教育参与，对留守儿童思想道德建设产生不利影响。在教育政策制定和教育实践中，各地努力准确掌握这些特殊青少年群体的思想、身体、学习、生活、家庭等情况，建立困难青少年档案，做好精准帮扶，在关爱的同时，做好困难青少年的思想道德教育工作，帮助他们树立报效社会和祖国的感恩思想。例如浙江省建立"留守儿童俱乐部"和"留守儿童代理家长"等机制，关工委等部门开展"奋飞助学"等活动，帮助他们解决困难青少年生活中遇到的实际困难，助推他们圆学业梦、事业梦和报国梦，健康成长。

当前针对留守儿童等弱势青少年群体的思想道德建设，突出了德育关爱，引导留守儿童良好思想道德品质的养成。在留守儿童关爱工作中，各地政府部门和相关机构注重把德育关爱作为重点，组织开展丰富多彩、寓教于乐的

活动，融入社会主义核心价值观内容，使留守儿童享受活动带来的快乐，同时建立理想自信、道德自信、生活自信，培养感恩、责任、奉献与担当精神。

（二）青少年思想道德建设存在的主要问题

1. 在一些青少年中仍存在理想信念模糊、个人主义突出、价值观扭曲等现象

在市场经济快速发展、社会急剧转型、多元文化思潮碰撞的现实背景下，青少年的价值观念、思维方式、行为方式等都具有"失范"的潜在危险。调查结果显示，虽然大多数青少年具有强烈的爱国主义情感、高度的国家认同感，能够用自己的实际行动维护国家利益，但仍有极少数青少年的国家意识淡薄，理想信念模糊，价值取向呈现个体偏移的现象。[1] 尤其是到了大学阶段，虽然大学生对中国特色社会主义理论体系具有较高的认同感，但同时容易受到一些错误思潮观念的影响，部分大学生在对中国特色社会主义理论体系的一些根本性问题上存在着认识不清的问题。[2]

部分青少年在价值认知层面上对奉献精神较为认同，但在行为选择层面上未能很好地处理奉献与索取的关系。小部分青少年的理想信念确实存在不清晰、不坚定、不牢固的特点，存在道德目标利己化、价值取向功利化倾向，道德认知与道德行为脱节现象，偏重于自我实现意识和对自身利益的重视与追求，受到享乐主义和拜金主义的影响较大。[3] 当代大学生大多生活在物质条件相对丰富和充足的环境中，表现出抗挫折能力低、意志力不坚强、依赖性强的心理，吃苦耐劳精神缺乏、组织性纪律性偏差，自我消化和解决所遇到的社会关系矛盾的能力弱，导致大学生中的"问题学生"

---

① 叶荣国：《当代青少年思想道德发展的现状、特点及教育策略》，《河北青年管理干部学院学报》2020 年第 2 期。
② 余双好、魏晓辉：《当代社会思潮对大学生中国特色社会主义理论体系认同影响的特征分析》，《中国青年研究》2016 年第 11 期。
③ 秦涛：《"90 后"大学生思想特征分析与教育引导对策研究》，《思想教育研究》2015 年第 5 期。

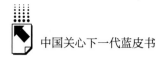

不少。① 另外，个别大学生诚信缺失，表现在考试作弊、求职履历造假、毕业设计及学术论文抄袭等方面。

2.家庭教育理念和实际践行存在偏差，家庭教育内容存在相对失衡现象

一是家长教育理念在实践中出现偏差，方式方法存有不当。尽管大部分学生家长认为孩子拥有健康的身体、良好的品格，比学习成绩更重要，但实际上又往往把孩子的学习成绩放到了最重要的位置。很多家长没有完全考虑孩子的兴趣爱好和学习精力，为他们安排参加各类培训班。家庭教育内容存在浓厚的"应试教育"色彩，学习和考试情况是家长和孩子交流的主要内容，相比之下，做人和品行、生活起居、交友和情感等有关道德建设的内容在家庭教育中的比例较低。② 在教养方式上仍存在方式方法的不当问题，如对待孩子教育不闻不问，到了孩子问题突出时才着急，从而病急乱投医；过分看重成绩，而不重视青少年人格、道德修养方面的培育，体罚式的教育方式仍有生存的土壤等。

二是学校在家庭教育的正确指导中出现一定的偏差。多数中小学尽管设置了"家长学校"，但提升家庭教育理念和改进家庭教育方法的目标往往产生错位，许多学校领导、班主任和任课老师，将对家长指导的重点集中在如何提高学生学习成绩，改进学习方法上。由于现行教育体系没有家庭教育专业，或者家庭教育指导课程，绝大多数教师没有经过系统的家庭教育理论学习，导致很多学校领导、教师本身家庭教育训练不够，难以履行对学生家长进行有效指导的职能。

三是家庭教育指导体制滞后。多年来，家庭教育领导体制以妇联为主，而应发挥家庭教育指导主导作用的教育部门却处于配合支持地位。2015 年，教育部发布了《关于加强家庭教育工作的指导意见》，明确了教育部门及学校以及其他相关组织必须承担家庭教育的指导任务和职责，但在实际工作中并没有得到真正落实，以致教育行政管理部门对家庭教育研究不深，措施不

---

① 喻学林：《近十年大学生思想道德素质现状研究述评》，《思想政治教育研究》2016 年第 6 期。

② 杨雄、魏莉莉：《家庭教育需求与理念的代际比较》，《青年探索》2017 年第 4 期。

力，也没有督查评价机制。家庭教育指导体制不顺，根本原因是对家庭教育的重要性认识不足，缺乏专题研究。一些家庭对独生子女过度溺爱骄宠，使其养成了以自我为中心的思维和行为方式；单亲家庭增加，孩子情感失衡；父母外出务工，留守儿童失教失管。随着当今社会人口流动性加大，一些父母忙于外出工作挣钱，尽管在物质条件上有较大的满足，却忽视了对孩子的管理和教育。

3. 党史国史教育的保障性条件需要进一步加强

对青少年开展红色文化教育，是落实"立德树人"根本任务的重要途径。思想政治课程则是加强青少年党史国史教育的主阵地。但目前适合青少年的简编党史国史相关教材不足，而且没有充分结合各个年龄段青少年的成长特点，很大程度上并不能满足青少年的需求。

近些年来，青少年社会实践基地在党史国史教育的实践中发挥了一定成效，但总体上还不能完全满足教育需要。如何充分利用现有资源，就近开展教育活动，需引起各方重视，调动政府、企业等各个机构资源，加强社会实践基地建设，为青少年参与社会实践和加强思想道德教育提供更多选择平台。同时，也应形成科学的社会实践基地参与机制，统筹协调不同地区青少年参与机会。目前虽然我国越来越重视开发和保护古建筑传统资源，但是对于红色资源的保护与利用，重视度明显不足。

4. 互联网运用不当对青少年思想道德建设产生负面影响

网络给予青少年各种便利，但网络环境的多元化特征，给各方利用互联网这把双刃剑来加强青少年的思想道德建设带来了新的考验和挑战。网络空间中存在大量宣扬西方意识形态的内容，部分辨识能力不强的大学生极易受到其中享乐主义、极端个人主义等思潮的影响，导致世界观、人生观、价值观偏离正确的轨道，出现价值取向和道德认知的紊乱。[1] 目前网络文化中充斥着泛娱乐化、低俗化、道德失范等现象，在日常生活中，青少年经常面对

---

[1]　秦涛：《"90 后"大学生思想特征分析与教育引导对策研究》，《思想教育研究》2015 年第 5 期。

网络上汹涌而来的不良信息，由于思想不成熟，缺乏鉴别和自控能力，容易在思想上逐渐偏离正确的方向，容易在道德上出轨，对其思想道德发展产生不良影响。互联网自身信息量大、内容丰富多彩，对正处于青春期的孩子们具有较大的吸引力，但对互联网内容的监管有所欠缺，导致一些暴力、淫秽、色情等不良内容在网上传播，对青少年身心造成严重的"信息污染"和"道德污染"。

《2018年全国未成年人互联网使用情况研究报告》数据结果显示，约有30%的未成年网民曾在上网过程中遭遇到诈骗、吸毒、赌博、血腥暴力、淫秽色情等违法不良信息传播的干扰。此外，网络世界的奇异性和虚拟性以及少数青少年较差的自控能力很容易使其沉迷网络。《2018年全国未成年人互联网使用情况研究报告》也表明，虽然超过76%的未成年人每日平均上网时间能够控制在2小时以内，但是仍有高达13%的未成年人日均上网时长超过3小时；在未成年网民中，有64.2%的人上网是为了玩游戏。青少年沉迷于网络游戏的虚拟世界里，不仅荒废学业，还容易养成孤僻、暴躁的性格，导致在人际交往中产生严重的心理障碍和人格发展障碍。

二 关工委开展青少年思想道德建设
取得的主要成就

（一）相继出台青少年思想道德建设的相关政策文件，制度化建设不断完善

为保障我国关心下一代实际工作的制度化、规范化、有序化和科学性，关工委注重建立健全体制机制，联合其他部门出台可操作的政策文件，为有效加强青少年思想道德建设提供长效机制和制度保障。2013年9月，关工委印发《关于进一步开展创建五好基层关工委活动的意见》，把"坚持育人为本、德育为先、立德树人"和"坚持面向基层、面向实际、面向青少年"

作为开展创建五好基层关工委活动的基本原则，提出要充分发挥五老在加强青少年思想道德建设中的独特优势和作用。在关工委制定出台的多项政策文件中，均强调着力加强青少年思想道德建设要以品德为先，引导青少年树立和践行社会主义核心价值观。2018年3月，关工委印发修订之后的《中国关心下一代工作委员会工作规则》，把"加强青少年思想道德建设"作为重要工作任务，提出要"加强党史国史、党情国情、国防和民族团结进步教育，引导青少年树立正确的世界观、人生观、价值观和历史观、民族观、国家观、文化观，继承和发扬光荣革命传统，养成高尚的思想品质和良好的道德情操"，并对如何加强青少思想道德建设的工作原则、组织和制度等方面进行了详细规定。2019年12月，关工委、中组部等部门联合印发《关于进一步发挥五老队伍在加强青少年思想道德建设中的作用的意见》，文件提出要坚持把帮助青少年立德树人作为五老的根本任务，发挥五老在关爱帮扶活动中的教育引领作用，尤其要帮扶农村青少年，倡导动员五老参与优化青少年健康成长良好环境，加强对发挥五老队伍作用工作的领导。

为贯彻落实习近平总书记"家庭教育最重要的是品德教育"等重要指示精神，强化品德教育在家庭教育中的核心地位，2019年5月，妇联、教育部、关工委等多个部门联合印发了《全国家庭教育指导大纲（修订）》，修订后的指导大纲更加注重青少年的思想道德教育，把"家庭教育重在教孩子如何做人"作为重要的核心理念，并对每个年龄阶段的青少年以及特殊家庭、特殊儿童的家庭教育内容进行了科学的循序渐进的指导，而品德教育在每个年龄阶段的家庭教育中的内容各有侧重并且贯穿始终，更加尊重不同成长阶段的青少年思想道德形成的规律。总体而言，文件内容提出要从小培育青少年的国家意识和家国情怀，引导他们养成关心、尊重他人等美德，重视价值观教育，增强青少年的公民意识和社会责任感，加强美育，全面提高他们的思想道德建设水平。另外，关工委每年针对加强青少年思想道德建设做出专门工作部署，并对重点工作内容不断提出新要求，为未来有针对性地开展工作提供方向和指导。

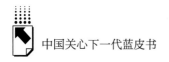

到目前为止，关工委在加强青少年思想道德建设方面，已经逐步建立健全了工作联系实际、多方协调合作、思路方法创新、内容丰富多样、科学有效的制度体系。

（二）党史国史教育活动丰富多彩，有效增强了青少年的爱国主义情怀

老干部、老战士、老专家、老教师、老模范等五老队伍，政治立场坚定、人生阅历丰富、工作经验深厚，而且具有较好的群众威望，把他们的人生事迹作为一种鲜活的教育案例，能够取得更好的说服和教育效果。

关工委联合其他政府部门、家庭、企业、城乡社区等多方力量，全面、广泛、深入地开展多形式、多渠道的党史国史教育实践活动。2018年，各地关工委充分利用本地资源开展多种活动吸引青少年参与，包括整理编写青少年党史国史教育读本、发动五老骨干组成宣讲团深入基层开展宣讲活动、组织中华魂读书活动和"传承红色基因，争做时代新人"征文活动等。关工委结合各地教育生态资源建立关心下一代党史国史教育基地3400个。除了线下活动，关工委还充分利用互联网，在网络空间中积极推动青少年爱国主义教育活动，为青少年接受爱国主义教育提供了新的媒介。

具体而言，各地关工委大规模开展一些文化育人活动，例如以爱党、爱国为主题的读书活动和征文活动，观看红色电影、演唱红色歌曲、展演以革命和建设为主题的书画展览或演讲比赛等。除此之外，各地关工委十分重视青少年爱党爱国的实践教育，积极开展"新时代好少年""孝心少年""美德少年""小记者采访五老"等实践养成活动，引导并激发青少年将爱国热情付诸日常行动。充分发挥五老在培养青少年爱国主义教育中的独特作用，结合他们亲身经历，讲述国家和家乡的巨变和进步，弘扬中华民族优良传统，传播正能量，引导广大青少年了解中国，了解历史，了解中国精神、中国力量，激发爱国之情、报国之志。2018年开展的传承红色基因主题活动，全国共有139.7万名五老参加，受教育的青少年达到6855.3万人次，成为有意义、有价值、有成效的社会主义核心价值观教育活动。

（三）加强"五爱"教育，促进青少年全面发展

"五爱"（爱祖国、爱人民、爱劳动、爱科学、爱社会主义）教育是青少年思想道德建设的基本要求。"五爱"教育阵地是关工委发展德育阵地，唱响主旋律，传递正能量，营造团结奋进、积极向上的浓厚社会氛围的有益探索和尝试，积极推动开展关心下一代工作任务。加强社区内青少年"五爱"教育阵地建设，充分利用学生课余时间和寒暑假，组织社区内五老以及社区工作者、教育工作者、大学生志愿者、社会志愿者，帮助引导青少年开展形式多样的道德实践、文化体育、学法守法、志愿服务等活动，使广大青少年在积极参与活动中坚定理想信念、弘扬优秀传统、陶冶情操、强健体魄，积极践行社会主义核心价值观。

在清明、六一、七一、十一等重要时间节点，通过组织开展清明祭奠英烈等活动进行"五爱"教育，引导青少年树立爱祖国、爱人民、诚信友善、孝敬长辈、勤俭节约等道德规范。此外，"五爱"教育阵地通过课外辅导员讲述党史国史故事、革命英雄模范故事、改革开放故事等活动，激发青少年"五爱"情感，培养文明的行为习惯和良好的道德品质，牢固树立青少年责任意识和使命感，努力争做社会主义接班人。

（四）创新家庭教育新模式，构建家庭、学校、社会相结合的育人格局

党的十八大以来，习近平总书记就家庭教育作出一系列重要指示，特别指出家庭教育最重要的是品德教育，是如何做人的教育。为了贯彻落实习近平总书记关于注重家庭、家教、家风的重要指示，关工委等部门联合印发《全国家庭教育指导大纲（修订）》，部署开展"五老弘扬好家教好家风"主题活动，启动家庭教育公益讲座等活动。各地关工委普遍开展家庭教育公益讲座和巡讲等线下实地活动，引导家长树立科学家庭教育观念，对青少年家长进行家庭教育知识培训，宣传家庭教育基本理念和方法；组织五老进社区、进学校等为青少年群体进行宣讲，强化家长作为家

庭教育主体的责任意识。各地关工委利用学校的主渠道作用，重视发挥家庭教育、社会教育的作用，构建了家庭、学校和社会相结合的育人格局。例如，为积极创新家庭教育服务平台，北京市关工委与首都师范大学合作建立了"家庭教育研究中心"，山西太原市关工委举办了首届太原家长节，教育部关工委调研推动省级教育系统关工委参与家长学校建设。湖南省关工委实施隔代教育工程，在 2019 年深入村组社区开展隔代家庭教育讲座2000 多场次。

（五）注重互联网平台，开辟加强青少年思想道德建设新路径

在网络信息化时代，互联网在青少年教育中发挥越来越重要的作用，特别是手机成为阅读交流、信息传播的重要工具。关工委普遍建立实施"互联网＋关工"工作模式，促进关工委组织建网用网、广大五老学网懂网、严格制度规范管网治网。把阻断影响青少年思想道德建设的不良信息、弘扬有利于青少年思想道德建设的有利信息作为网络治理的重点。通过举办互联网主题培训班、讨论会、心理咨询、展览及比赛等活动，引导青少年学生了解网瘾危害性，摆脱心理困境，走出网络依赖，养成"绿色上网、健康上网"的良好行为习惯，形成健全的人格品质，不断提高自身的文化修养和道德修养。

关工委紧跟时代潮流，开展网上关心下一代工作培训，积极探索家庭教育的"互联网＋"模式，利用微信等新媒体开设家教微课堂、家教微热线、成立家长微信群等，线上分享育儿经验和先进家教理念，线下定期开展家长沙龙、亲子阅读等活动。开展"家庭教育进社区""文明家教进校园"等活动，围绕家庭教育、儿童成长中的突出问题，帮助广大家长解疑释惑，树立现代家庭教育理念。积极搭建移动平台，开通微信公众号和微博，通过智能手机等互联网终端经 QQ 群、微信群等及时发布学习材料，加强与青少年的交流互动。培训五老群体的网络使用能力，建立和加强五老与青少年的网络沟通联系。

三 未来加强青少年思想道德建设的相关建议

（一）坚持把党史国史教育作为加强青少年思想道德教育的重要方式

党史国史教育是青少年成长成才、提升思想道德修养最好的"营养剂"，是开展青少年思想政治工作的重要途径。党史国史的教育能够推动青少年对党的建立历程、党的性质、指导思想、基本理论、基础知识、改革进程以及早期无产阶级者为党的事业、民族解放和国家建设的奋斗历程等产生更全面和更深层次的理解，感受党和国家建立之艰辛，进一步培养其爱党、爱国的深厚情怀，培养民族自豪感，坚定"四个自信"。另外，党史国史教育能够帮助青少年认清中国发展趋势和国际形势，有利于促使青少年正确认识时代责任和历史使命，不断提高思想水平、政治觉悟、道德品质、文化素养，并自觉践行社会主义核心价值观，投身到新时代中国特色社会主义建设之中。

党史国史是光辉灿烂的英勇斗争史，是可歌可泣的救国救民史，是呕心沥血的爱民富民史，产生了丰富的奋斗成果、理论成果、实践成果、制度成果、精神成果，有利于帮助青少年解决政治信仰迷茫、理想信念模糊、道德观念薄弱、社会意识淡化、社会责任缺失、个人主义倾向等问题，进一步帮助青少年坚定理想信念，筑牢思想防线，自觉抵制歪风邪气，明白是非曲直，增强对中国共产党、对社会主义的内心认同。

针对青少年开展党史国史教育的具体实践需要形式多样。例如，开展中国建设重要时刻、变革阶段的展览活动；针对青少年不同年龄阶段群体编写深入浅出的党史国史相关教材；学校利用不同教育阶段的品德教育、思想政治教育等教育课程，举办党史国史知识竞赛、演讲比赛等相关活动；组织青少年参观红色纪念馆或纪念遗址、祭扫烈士陵园、观看党史国史相关的红色电影等实地和线上活动。通过多种形式，充分调动青少年参与党史国史相关活动的积极性。

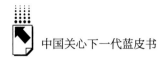

（二）发挥家庭教育在青少年思想道德建设中的积极作用

首先，家长要不断提高自身的思想道德修养，为青少年树立榜样。其次，家长要认识、树立和实践现代科学家庭教育观，破除智育为主的单一的家庭教育模式，把"德育"放在家庭教育第一位，重视培养青少年良好的行为习惯、思想道德品质、独立人格、积极心态等，促进青少年全面健康发展。在具体的家庭教育实践中，家长要根据青少年具体发育阶段的不同特点，关注他们成长中的动态变化，针对青少年成长中的具体特点和自身个性，利用有效的教育方式保障青少年身心健康发展。另外，针对青少年成长中出现的问题，家长要主动积极地与学校进行沟通和互动，对问题进行全面了解和分析，双方互动有效解决。教育部要联合学校及其他组织开展家庭教育指导培训，宣传科学家庭教育理念，向青少年父母开展形式多样、内容丰富的教学活动，比如开展教育学等知识讲座、进行青少年家庭教育实例分析、开展家庭教育咨询服务等，帮助家长们了解科学家庭教育的基本原理、内容和方法，了解青少年成长特定的规律性知识，建立家庭教育指导中心就家长们在青少年教育中遇到的问题进行科学有效的指导。

（三）加强整合资源，通力合作，建立青少年思想道德教育共同体

有效整合各方各类资源，充分发挥政府、学校、社区和家庭的多方作用，构建全员、全方位、全过程育人体系。地方政府及相关组织要因地制宜，与学校、社区、家庭密切配合，寓乐于教。可以利用本地博物馆、图书馆、科技馆及党校等多重资源，保护并开发本地特色的红色遗址，充分发挥资源的公益价值，针对青少年群体开展形式多样、丰富多彩的实践活动，引导、加强和改善青少年的思想道德建设。社区组织要加强青少年活动空间建设，利用社区内的报刊展览空间，编辑吸引青少年阅读的文章、漫画等；开展读书分享、节日欢聚、榜样学习等社区活动。另外，社区要充分发挥内部的人力资源优势，充分发挥五老作用，让更多的五老老有所为、发挥余热，

动员更多的老同志加入关爱下一代志愿者行列，邀请五老人员为青少年分享真实经历，邀请专业技术人员、医生、教师、律师等各行工作人员为青少年讲授知识，开阔视野。社区要承担为青少年生活环境中营造积极向上、立德树人、不断学习的教育氛围的责任。

在利用学校教育平台的同时，充分整合校外的专家资源、媒介平台资源，探索建立网络思想政治教育新平台，引导青年师生参与平台建设，在主动发声、积极发声过程中接受历练，感受教育，提高明辨是非的能力，坚定政治信仰，提高自身政治敏锐性和政治鉴别力，不能被那些错误的却披着合情合理的外衣的社会思潮混淆视听，撕开那些带着伪善面具的负面舆论，塑造正确的价值观，争做合格的马克思主义者。另外，家庭是青少年教育的重要组成部分，家长要在青少年成长过程中积极引导，培养他们良好的文明习惯、优良品质以及独立自主的生活能力。强化社会、学校和家庭的沟通交流渠道和机制，通力合作，才能有效提高青少年的思想道德教育水平。

（四）进一步净化网络信息环境，加强青少年网络教育

净化网络信息环境，需要将社会主义核心价值观作为引领新时代网络文化的基础，加强网络文化内容建设，构建网络文化综合治理体系，党政机关、社会组织、学校、家庭和个体等各方都需要承担责任、发挥积极作用。

国家应该进一步建立和完善互联网法律法规，通过立法，加强互联网信息管理，健全网络监管机制，完善举报信息系统，发挥社会媒体、网民的监督力量。另外，国家互联网管理机构应积极会同工信、公安、教育、文化、学校等各个部门，整治传播色情淫秽、低俗媚俗、诈骗赌博、暴力、反动等网络信息的行为，打击互联网违法犯罪行为，遏制互联网虚拟世界中的不道德行为，加强互联网新技术应用升级，强化对网络不良信息的过滤，加大对网络电影、游戏网站等的管理力度，完善预防青少年沉迷网络技术应用，为青少年提供积极健康向上的网络信息环境。

家长需要把加强青少年的网络教育作为家庭教育的重要内容，积极引导青少年树立正确的上网观念，帮助青少年提高对不健康网络平台和网络信息

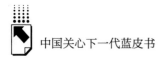

的识别、判断、防范和处理能力，引导青少年树立正确的互联网使用理念，学习上网时间管理，预防网络沉迷，规范青少年的上网行为。

学校要将加强网络教育作为德育工作重点之一，将针对学生开展的网络应用技术知识、网络道德、网络安全、网络文化等教育活动纳入学校教育课程体系，因材施教，针对不同年龄阶段青少年特点，组织开展网络教育讲座和培训，加强对青少年的网络指导，开展网络道德教育，积极引导青少年浏览和学习安全教育平台，例如"学习强国"等，培养他们辨别是非能力和自制能力，引导他们自觉遵守网络法规制度，养成依法上网、理性上网、文明上网的网络行为。

参考文献

共青团中央维护青少年权益部、中国互联网络信息中心：《2018 年全国未成年人互联网使用情况研究报告》，2019 年 3 月。

秦涛：《"90 后"大学生思想特征分析与教育引导对策研究》，《思想教育研究》2015 年第 5 期。

佘双好、魏晓辉：《当代社会思潮对大学生中国特色社会主义理论体系认同影响的特征分析》，《中国青年研究》2016 年第 11 期。

喻学林：《近十年大学生思想道德素质现状研究述评》，《思想政治教育研究》2016 年第 6 期。

杨雄、魏莉莉：《家庭教育需求与理念的代际比较》，《青年探索》2017 年第 4 期。

叶荣国：《当代青少年思想道德发展的现状、特点及教育策略》，《河北青年管理干部学院学报》2020 年第 2 期。

B.3
当代中国的青少年犯罪与预防报告

姚建龙　刘　悦*

摘　要： 新中国成立后，青少年犯罪的发展大致可以分为三个阶段，当前正处于第三阶段，呈现青少年犯罪绝对人数在波动中下降的总趋势，同时反映出犯罪主体低龄化、犯罪形态团伙化和成人化、以侵财性犯罪和暴力性犯罪为主以及犯罪形态多样化等基本特征。我国青少年犯罪预防工作经过 40 年发展形成了"综合治理"模式，中国关心下一代工作委员会积极参与综合治理青少年犯罪预防工作，并发挥了重要作用。当前，预青工作也面临着预防青少年犯罪基本概念不清、青少年犯罪分级体系尚未建立以及预青工作机制改革尚未定型三重挑战，由此，在未来需从健全预青工作领导体系、明晰预防对象、明确青少年罪错三个层级和健全青少年罪错的五道防线这四个方面予以完善。

关键词： 中国　青少年犯罪　未成年人犯罪

青少年犯罪有狭义和广义之分，狭义上认为青少年犯罪是指 14～25 周岁的人所实施的严重危害社会并依法应受到刑罚处罚的行为，这一观点主要以刑法为依据界定青少年犯罪，因而也被称为刑法上的青少年犯罪概念。广义上则主张对青少年犯罪应当做广义理解，不仅包括青少年刑事犯罪，还包

---

* 姚建龙，上海社会科学院法学研究所所长、教授、博士生导师；刘悦，鲁东大学博士研究生。

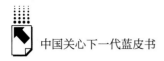

括青少年违法行为和其他不良行为，这种观点也被称为犯罪学上的青少年犯罪概念。在实践中，注重的是对青少年犯罪的预防而不只是惩罚，因而对青少年犯罪概念的理解主要采用的是广义，也因此多用"预防青少年违法犯罪工作"（以下简称"预青工作"）的提法。[①] 但从官方正式统计数据来看，其采用的是狭义的青少年犯罪概念。

对于青少年犯罪中"青少年"的年龄范围还存在一定的分歧。就下限年龄而言，除了 14 周岁外，还存在 6 周岁、10 周岁、12 周岁三种观点。就上限年龄而言，虽然目前较为统一地认为应以 25 周岁为标准，但随着 2017 年颁布的《中长期青年发展规划（2016－2025 年）》将青年上限年龄界定为 35 周岁，实践视角的青少年犯罪概念也将可能呈现向 35 周岁青年拓展的趋势。

一　青少年犯罪的现状与特点

新中国青少年犯罪的发展大致可分为三个阶段：第一阶段是新中国成立到"文化大革命"前，青少年犯罪呈现总数少、比重低和危害性轻微的特征。这一时期青少年犯罪约占刑事犯罪案件量的 20%。第二阶段是"文革"期，青少年犯罪数量和比重大幅上升，危害性陡增。青少年犯罪约占刑事犯罪案件量的 60%。第三阶段是"文革"后至今，青少年犯罪在刑事犯罪中所占比重经历了先升后降，总体呈下降趋势的过程。[②] 本报告将重点分析晚近三十年我国青少年犯罪的基本状况与特点。

（一）青少年犯罪的总体状况

从晚近三十年青少年犯罪统计数据来看，我国青少年犯罪的绝对人数在波动中呈现总体下降趋势，在 2017 年达到了历史新低，青少年罪犯在刑事罪犯中的比例也在 1989 年达到 61% 的高峰后呈现下降趋势（见表 1）。

---

① 姚建龙：《青少年犯罪概念研究三十年：一个根基性的分歧》，《甘肃政法学院学报》2009 年第 2 期。

② 姚建龙著《青少年犯罪与司法论要》，中国政法大学出版社，2014，第 7 页。

表1 1988~2018 年我国法院审理青少年犯罪案件情况

单位：人，%

年份	法院刑事判决有罪的人数	判处 14~18 岁（不含）未成年人罪犯的人数	判处 18~25 岁（不含）罪犯的人数	青少年（14~25 岁）罪犯的人数	青少年罪犯占刑事罪犯比例
1988	366751	32449	182298	214747	58.55
1989	481076	42766	250669	293435	61.00
1990	580272	42033	290495	332528	57.31
1991	507238	33392	234814	268206	52.88
1992	492817	33399	216863	250262	50.78
1993	449920	32408	195903	228311	50.74
1994	543276	35832	211559	247391	45.54
1995	542282	38388	229454	267842	49.39
1996	665556	40220	229529	269749	40.53
1997	526312	30446	168766	199212	37.85
1998	528301	33612	174464	208076	39.39
1999	602380	40014	181139	221153	36.71
2000	602380	41709	179272	220981	36.68
2001	746328	49883	203582	253465	33.96
2002	701858	50030	167879	217909	31.05
2003	742261	58870	172845	231715	31.22
2004	764441	70086	178984	249070	32.58
2005	842545	82692	203249	285941	33.94
2006	889042	83697	219934	303631	34.15
2007	931745	87506	228792	316298	33.95
2008	1007304	88891	233170	322061	31.97
2009	997872	77604	224419	302023	30.27
2010	1006420	68193	219785	287978	28.61
2011	1050747	67280	215149	282429	26.88
2012	1173406	63782	219208	282990	24.12
2013	1157784	55817	209622	265439	22.93
2014	1183784	50415	199161	249576	21.08

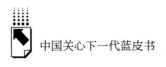

年份	法院刑事判决有罪的人数	判处 14~18 岁（不含）未成年人罪犯的人数	判处 18~25 岁（不含）罪犯的人数	青少年（14~25 岁）罪犯的人数	青少年罪犯占刑事罪犯比例
2015	1231656	43839	192502	236341	19.19
2016	1219569	35743	168914	204657	16.78
2017	1268985	32778	150693	183471	14.46
2018	1428772	34365	208910	243275	17.02

注：当年法院刑事判决有罪的人数＝当年法院刑事生效判决人数－当年法院宣告无罪人数。
资料来源：《中国法律年鉴》《中国统计年鉴》中公布的历年数据统计。

总体来看，如图 1 所示，在刑事犯罪人数总体上升的大背景下，我国青少年犯罪人数总体呈现相对平稳的趋势。青少年犯罪人数在 1990 年、1996 年、2001 年和 2008 年增长至波峰后开始下降。其中 1990 年和 2017 年是我国青少年犯罪人数的历史最高点和最低点，分别为 332528 人和 183471 人。与青少年犯罪人数呈下降趋势形成鲜明对比的是，近三十年来我国法院刑事判决罪犯的总人数呈现上升的趋势，在 2018 年达到了历史最高点，接近 143 万人。

图 1　1988~2018 年我国青少年罪犯数与刑事犯罪人数趋势

总体来看，如图 2 所示，1988～2018 年我国青少年罪犯占比在 1989 年到达 61% 的最高点后呈现下降趋势，并在 2017 年达到历史最低点。我国 18 岁以下的未成年犯占刑事罪犯的比例一直保持在 10% 以下，尤其是 2012 年后，从 2013 年的 4.82% 降到 2017 年的 2.58%。出现这一下降的原因，一方面是近年来我国高度重视青少年犯罪预防工作，青少年犯罪的总体数量大幅降低；另一方面是由于 2012 年修订的《刑事诉讼法》新增了附条件不起诉制度，让未成年人的刑事案件在检察院阶段就分流出去，不会进入法庭的审判程序。此外，还应注意到，18～25 岁罪犯占比的变化与青少年罪犯占比大体保持相同的趋势，如 1995 年 18～25 岁罪犯占比和青少年罪犯占比都出现一个增长的小波峰，此后也大致保持相同的下降趋势。这在一定程度上也预示 18～25 岁这部分青少年罪犯的人数将对我国青少年犯罪的整体状况产生决定性影响。

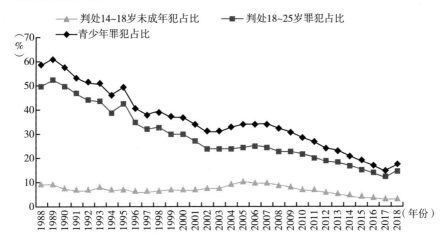

图 2　1988～2018 年我国青少年罪犯占比趋势

（二）青少年犯罪的基本特征

从近三十年来我国青少年犯罪的发展变迁来看，我国青少年犯罪呈现以下基本特征。

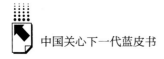

1. 青少年犯罪的主体呈现低龄化

青少年犯罪主体低龄化是我国理论界和实务界普遍认同的青少年犯罪的发展趋势。青少年犯罪低龄化趋势一方面体现在未成年人初次犯罪行为的年龄提前。相关数据显示，20 世纪 90 年代以来，未成年人违法犯罪的初始年龄比 20 世纪 70 年代提前了 2 ~ 3 岁，当前未成年人犯罪年龄段以 16 ~ 18 岁为主[1]，但也有相当部分主体犯罪年龄在 14 ~ 16 岁。[2] 公安部的数据显示，20 世纪 90 年代以来，犯罪主体的年龄有所提前，一般是 10 ~ 12 岁开始有劣迹，13 ~ 14 岁走上违法犯罪道路，14 ~ 17 岁进入违法犯罪的高峰期，18 岁以后成为犯罪的主力群体。[3] 此外，近年来我国低龄未成年人恶性犯罪案件增多也反映了未成年人犯罪行为低龄化的趋势。

青少年犯罪低龄化另一方面反映在未成年人初次实施各类违法行为年龄提前。例如，2011 年至 2014 年 6 月，上海市闵行区法院对 1762 名刑事案件的未成年被告人的调查结果显示，被统计者初次处罚年龄提前的趋势，一是体现在初次处罚记录年龄提前，"80 后"首次处罚记录主要出现在 17 ~ 18 岁这一年龄段，"90 后"首次处罚记录主要出现在 16 ~ 17 岁这一年龄段；二是反映在 14 ~ 15 岁等幼龄初次处罚的人数不断增加，"70 后"在 14 ~ 15 岁受到处罚的人数为 0，"80 后"在 14 ~ 15 岁受到处罚的人数为 2 人，"90 后"在 14 ~ 15 岁受到处罚的人数高达 31 人。[4]

2. 青少年犯罪的形态呈现团伙化和成人化

青少年犯罪呈现团伙化和暴力化趋势也是我国青少年犯罪的重要特征。一项对北京、湖北、贵州三省市未成年犯管教所中的未成年犯进行的抽样调

---

① 宋蓉：《未成年人犯罪特点、原因及对策——未成年人犯罪率上升呈低龄化趋势的调研报告》，《当代法学论坛》2006 年第 2 辑。

② 《未成年人犯罪趋向低龄化》，《预防青少年犯罪研究》2012 年第 11 期。

③ 中华人民共和国公安部法制局：《充分发挥公安机关在预防和治理青少年违法犯罪工作中的职能作用》，载中国青少年犯罪研究会编《中国青少年犯罪研究年鉴》（第二卷），中国方正出版社，2002，第 120 页。

④ 上海市闵行区人民法院：《罪错未成年人再犯现象透视》，《人民司法》2015 年第 1 期。

查结果显示，未成年人犯罪中以团伙形式实施犯罪的比例高达75%。① 涉案人员往往在实施犯罪行为前，精心准备、周密部署，对作案的目标、时间、地点、工具、人员以及分工、配合、逃避打击的方式都能做到事先谋划，有条不紊，作案时常戴手套，作案后常清理、伪装现场，进行一系列反侦查活动，其策划、安排、实施具有明显的成人化倾向。②

3. 青少年犯罪的主要类型为侵财性犯罪、暴力性犯罪，同时呈现多样化趋势

我国青少年犯罪以侵害财产性犯罪为主，如盗窃罪、抢劫罪等，其次是故意伤害罪、聚众斗殴罪和寻衅滋事罪等。其中，严重暴力犯罪，如故意杀人、抢劫、强奸等的犯罪率一直保持在一定的水平，尤其是在近年来青少年犯罪率下降的背景下，暴力犯罪所占比例仍然居高不下。中国预防青少年犯罪研究会课题组的2013年我国未成年犯抽样调查分析报告显示，未成年人暴力犯罪占相当大的比例，其中涉嫌故意杀人罪的未成年犯占6.6%、涉嫌故意伤害罪的未成年犯占15.8%、涉嫌抢劫罪的未成年犯占55%。③ 就青少年犯罪中的未成年人犯罪类型而言，其具有以财产犯罪、暴力犯罪为主的特点。最高人民法院司法大数据发布的数据显示，从2015年1月至2016年12月31日，未成年人犯罪的案件类型中，盗窃罪、故意伤害罪和抢劫罪的案件数居前三位。其中，盗窃罪的案件数居我国未成年人犯罪的首位。具体未成年人犯罪类型和案件量见图3。

除上述类型之外，近年来青少年利用网络实施犯罪也成为一种趋势。青少年利用网络实施诈骗、强奸、抢劫等犯罪行为以及因网络引起的犯罪问题日益突出。北京市第一中级人民法院发布的《未成年人权益保护创新发展白皮书（2009－2019）》显示，近七成未成年人犯罪案件存在接触网络不良信息的原因。同时，还出现了未成年人网络偷窃犯罪、网络色情犯罪和网络诈骗犯罪等新型犯罪。

① 姚兵：《未成年人犯罪团伙实证研究》，《理论月刊》2015年第7期。
② 刘天虹：《未成年人犯罪成人化现象的思考》，《山西青年管理干部学院学报》2008年第1期。
③ 管幸：《未成年人暴力犯罪成因分析及社会预防》，《预防青少年犯罪研究》2015年第6期。

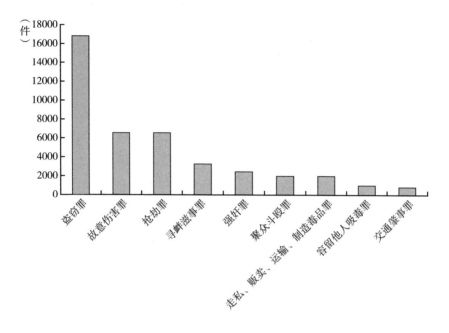

图3 未成年人犯罪类型和案件数

资料来源：最高人民法院：《从司法大数据看我国未成年人权益司法保护和未成年人犯罪特点及其预防》，http://courtapp.chinacourt.org/fabu-xiangqing-99402.html，最后访问日期：2020年3月21日。

综上，近年来我国青少年违法犯罪呈现犯罪主体低龄化，手段团伙化、暴力化和成人化，以及以侵财性、人身侵害性和性犯罪为主的趋势，并且青少年网络犯罪现象也不容小觑。在未来一段时间内，我国青少年犯罪数量将稳步下降，但青少年违法犯罪仍将呈现低龄化、团伙化、暴力化和成人化的趋势。

二 预防青少年犯罪的中国模式

重视青少年犯罪的预防工作，并将其作为预防犯罪的基础性工程，是各国社会治理的共同经验。但是，究竟采取何种模式预防青少年犯罪，各国并无统一的模式。我国自1979年以来经过40余年的探索，逐步形成了有中国特色的预防青少年犯罪"综合治理"模式。青少年犯罪的综合治理,即在各级党委的领导下,在充分发挥社会主义制度优越性的基础上,动员和组织包括国家机关、企事业单位、人民团体、家庭、学校、街道和广大人民群众在内的社会各个方面的力量,运用政治、经济、思想、行政、教育、文化等各种手段,从各个方面来保障青少年健康成长,维护青少年的合法权益,预防和减少青少年违法犯罪,进而实现社会治安的根本好转,保障社会主义现代化建设的顺利进行。① 基于青少年犯罪综合治理的思路,我国建立了独具特色的预防青少年违法犯罪工作机制。

(一)预防青少年犯罪工作的基本机制

预防青少年犯罪的综合治理模式最早于 1979 年提出。1979 年《中共中央转发中央宣传部等八个单位公布的〈关于提请全党重视解决青少年违法犯罪问题的报告〉的通知》中指出,预防青少年犯罪是一项综合治理的"系统工程"。1991 年,中共中央、国务院发布《关于加强社会治安综合治理的决定》,成立中央社会治安综合治理委员会作为协助党中央、国务院领导全国社会治安综合治理工作的常设机构,预防青少年违法犯罪工作正式划归中央综治委。

2001 年 1 月 31 日,中央社会治安综合治理委员会成立"预防青少年违法犯罪工作领导小组",专门负责青少年犯罪预防工作。预青领导小组组长由全国人大常委会副委员长曹志担任,时任团中央书记处第一书记周强为副组长,书记处书记赵勇为领导小组成员兼办公室主任,共有 13 个成员单位参加,办公室设在共青团中央。② 此后,尽管人事变动,但仍遵循了由全国人大常委会副委员长任组长,团中央书记处第一书记任副组长,书记处分管书记任领导小组成员兼办公室主任的格局。③

2011 年 9 月,中央社会治安综合治理委员会更名为中央社会管理综合

---

① 周振想主编《青少年犯罪学》,中国青年出版社,2004,第 265~266 页。
② 姚建龙著《青少年犯罪与司法论要》,中国政法大学出版社,2014,第 37 页。
③ 姚建龙著《青少年犯罪与司法论要》,中国政法大学出版社,2014,第 38 页。

治理委员会，成立"预防青少年违法犯罪专项组"。预防专项组共有中央综治办、教育部、中宣部、最高法、最高检、公安部、司法部等22个成员单位，团中央是组长单位。成员单位基本囊括了与青少年违法犯罪预防相关的所有官方机构，专项组的工作职责包括：加强青少年法治教育，加强青少年思想道德教育，推动未成年人有关法律法规完善和实施，深入开展"扫黄打非"工作，建设绿色互联网，建设并用好专门学校，加强对有不良行为青少年的教育、帮扶、矫治、管理，加强对闲散青少年的排查联系和服务帮助，建立流浪未成年人救助机制，完善服刑在教人员未成年子女关爱服务体系，完善农村留守儿童关爱服务体系，完善对未成年犯罪人员的司法保护制度。[①] 2018年3月，依据中共中央印发的《深化党和国家机构改革方案》，不再设立中央社会治安综合治理委员会及其办公室，有关职责交由中央政法委员会承担。自此，青少年犯罪预防的工作由中央政法委负责，但具体改革和运作方式还在探索之中。

各省市县的青少年犯罪预防工作机制也参照中央模式，逐步在省、市、县三级建立预防青少年违法犯罪工作体系，主要体现在各级成立"预防青少年违法犯罪工作领导小组"和"预防青少年违法犯罪专项组"以及定期召开预防青少年犯罪工作会议。总体而言，大部分省级和市级部门都与中央保持统一步调，先后建立省级、市级"预防青少年违法犯罪工作领导小组"和"预防青少年违法犯罪专项组"，如福建省成立预防青少年违法犯罪工作领导小组，2012年后，山东、云南、广西、甘肃等纷纷成立预防青少年违法犯罪专项组负责预防青少年犯罪工作。市级层面也基本按照省级的模式成立领导小组和专项组。县级层面，截至2016年9月，我国县级地区已普遍建立了预防青少年违法犯罪工作机构，明确了职能部门任务分工和工作协调机制。[②] 此外，有的地方还建立了区域性预防青少年犯罪的工作机制。如上海市金山团区委与浙江平湖团市委、嘉善团县委等通过签署协议的方式，共同建立了长

---

① 《中央综治委预防青少年违法犯罪专项组》，《中国青年报》2012年3月19日。
② 《我国县级地区普遍建立预防青少年违法犯罪工作机构》，http://www.gov.cn/xinwen/2016-09/19/content_5109484.htm，2020年3月21日。

三角毗邻地区预防青少年违法犯罪联动机制。①

综上，纵向上，我国形成了中央—省级—市级—县级四级预防青少年违法犯罪工作机制；横向上，在各个层级，由党政部门统筹，政府职能部门和公安司法部门主导、群团组织和其他各类社会组织积极参与，在各自职责范围内积极开展预防青少年犯罪工作。

（二）关工委的职责与作用

在综治委下建立的预青工作机制中，在国家层面包括中宣部、教育部、最高人民法院、最高人民检察院、公安部、民政部、司法部、财政部、人力资源和社会保障部、工业和信息化部、住房和城乡建设部、文化部、工商行政管理总局、广播电影电视总局、新闻出版总署、共青团中央、全国妇联、中国银监会、中国保监会、中国关心下一代工作委员会（简称"中国关工委"）等22家单位。但由于组长单位和专项组办公室设置于团中央（地方一般也设置于同级共青团组织），共青团实际是预青工作的具体统筹、协调部门。各成员单位依据职责分工，在预青工作中发挥着各自的作用。

中国关工委是以离退休老同志为主体、党政有关部门和群团组织负责人参加的，以关心、教育、培养全国各族青少年健康成长为目的的群众性工作组织。预防青少年违法犯罪工作也是关工委的主要工作内容，其有开展预防青少年犯罪工作的传统。早在中央综治委预防青少年违法犯罪工作领导小组成立之初，中国关工委就是其成员单位之一。2011 年 10 月 24 日，中央综治委预青组的来函《关于商请增加中国中央综治委预防青少年违法犯罪专项组成员单位的函》（中青办字〔2011〕68 号），商请增加中国关工委为中央综治委预防青少年违法犯罪专项组成员单位。当前，关工委主要参与五项与青少年相关的工作：一是研究加强对青少年的思想道德教育，二是研究加强对青少年的法治教育，三是建立流浪儿童救助机制，四

---

① 《长三角建立预防青少年违法犯罪联动机制》，中华人民共和国中央人民政府网，http：//www.gov.cn/xinwen/2019－09/04/content_ 5427260. htm，2020 年 3 月 21 日。

是完善服刑在教人员未成年子女关爱服务体系，五是完善农村留守儿童关爱服务体系。而这五项工作都直接或间接地与预防青少年犯罪相关。其中，加强思想道德教育和法治教育是预防青少年犯罪的主要内容，而后面三项工作的完成则能够在客观上避免此类高风险青少年成为犯罪青少年。

关工委作为我国预防青少年犯罪工作的重要成员单位，长期以来一直发挥着不可替代的作用。具体来说，以五老为代表的关工委老同志参与预防青少年犯罪的工作主要可以分为一般预防和特殊预防两个方面。

一般预防是五老面向所有青少年开展法治宣讲、阵地建设和法律知识学习等各类犯罪预防活动。例如，吉林延边州关工委与州司法局成立依法治州领导小组办公室，联合开展"十百千万"法治教育活动，全州组建10个宣讲团，聘请199名法治宣讲员、每年进行1000场次报告、受教育者10万人次。又如，江苏省开展未成年人零犯罪社区创建活动，泰州市"未成年人零犯罪社区村"达标率达97.2%。天津、江苏、福建、山东、甘肃、宁夏等地建设现代化法治教育基地和法治文化宣传体验馆，让青少年在实践中、体验中形象地学习法律法规知识等。

特殊预防也是青少年犯罪预防的难点和重点，关工委的五老在对有犯罪行为的青少年的帮教工作中发挥了不可替代的作用。一方面，维护刑事司法程序中青少年的合法权益是未成年人司法保护的重要内容，以云南未成年人司法项目为代表的关工委五老同志，作为合适成年人积极参与刑事程序中未成年人犯罪嫌疑人的讯问、接受公检法等部门的委托对未成年人进行社会调查，在未成年人案件的庭前、庭中、庭后依法维护青少年合法权益。据统计，2018年云南省（市、区）未成年人司法项目办共派出人员参加办案机关首次讯问2830人次，后续讯问1985人次；进行社会背景调查944人；提出从司法程序和实体法律处罚中分流帮教建议392人；按法院邀请参加未成年人被告庭审628人。[①] 另一方面，积极发挥五老的作用，五老积极参与对违法犯罪青少年的帮教矫正工作。如福建泉州、贵州毕节走进监狱和未管所

---

① 《云南省未成年人司法项目指导手册》，第6页。

开展帮教活动，毕节监狱成立关工委，打造"阳光关爱，高墙帮教"品牌活动。泉州成立心理咨询师关爱服务团，走进高墙，开展专业的心理知识讲座、心理咨询"一对一"辅导、矫正治疗等服务；组建关心下一代志愿者联盟，成立多个律师事务所志愿服务队、心理咨询志愿服务队以及政法机关志愿服务队，跟踪帮教刑满释放的青少年。

三 预防青少年犯罪工作的完善建议

我国预防青少年犯罪工作发展至今取得了显著的成效，青少年犯罪人数占刑事罪犯人数的比重不断下降，由中央到县级的四级预防青少年犯罪综合治理工作机制不断完善，预防青少年犯罪工作从有犯罪行为的青少年逐步向有违法行为、不良行为乃至所有青少年全面铺开。但是，我国的"预青工作"依然面临诸多挑战，如"预青工作"的基本概念有待进一步厘清、"预青工作"的制度体系有待进一步建立和完善、"预青工作"各部门的职责有待进一步划分，也尚未建立系统的"预青工作"机制评估和检测体系。

（一）"预青工作"面临的挑战

中国特色社会主义已进入新时代，在新的历史时期，"预青工作"还存在诸多不能适应新时代发展之处，具体表现在以下几个方面。

1. 预防青少年犯罪的基本概念不清

首先是青少年犯罪的界定模糊，广义的青少年犯罪与狭义的青少年犯罪裹挟在一起，造成"青少年犯罪"这一概念在实践运用中面临阻碍。犯罪行为通常情况下特指违反刑法需要受到刑罚制裁的行为，但青少年的犯罪行为从广义理解，还包括青少年违反治安管理和其他各种不良行为，概念范围的扩大容易造成公众的认识模糊和相关概念的混淆，客观上也不利于这一概念的推广使用。此外，当前与"青少年犯罪"相关的概念还有青少年不良行为、严重不良行为、越轨行为、触法行为、违反治安管理的行为等。具体而言，以《预防未成年人犯罪法》规定的不良行为和严重不良行为为例，由于立法局限，未成年人的不良行为和严重不良行为的划分并不科学，如携带管制刀具属于不良行为，携带管制刀具屡教不改属于严重不良行为。青少年违反治安管理的行为与青少年违法行为交叉重叠，相关关系有待进一步厘清。

2. "青少年犯罪"分级体系尚未建立

当前我国针对"青少年犯罪"尚未建立科学的分级体系。尽管 1999 年颁布的《预防未成年人犯罪法》中已体现对未成年人的罪错行为采取分级干预的立法思路，从第二章至第四章和第六章依次规定了预防未成年人犯罪的教育、对未成年人不良行为的预防、对未成年人严重不良行为的矫正和对未成年人重新犯罪的预防。这四章将未成年人违法犯罪行为由轻到重分为临界预防、未成年人不良行为预防、未成年人严重不良行为矫正和未成年人犯罪行为再犯预防四个级别。这一分类的问题在于遗漏了不达刑事责任年龄的未成年人犯罪行为，而近年来低龄未成年人暴力犯罪行为备受瞩目。此外，当前立法对"青少年犯罪"的分级体系并不科学，也缺乏相应干预教育措施，因此，相关预防和教育矫正的工作相对分散，不能形成体系。

3. 预青工作机制改革尚未定型

在本轮机构改革中，撤销了依托政法委所设置的综治体系，而长期运行的预防青少年违法犯罪工作机制是依托综治体系设置的，预青工作改革将面临现实的挑战。除此之外，当前对于"青少年犯罪"各个部门的职责划分还不够清晰明确，多是相关部门联合开展活动，有待进一步从顶层设计明确每个部门在"预青工作"中的职责，明确职责后依据不同部门和机构的职责，设立相应的考核体系与监督评价体系，进一步促使青少年犯罪预防工作可量化和可评价化。

（二）"预青工作"体系的完善

对于我国"预青工作"未来的发展，主要有以下建议。首先，应当将预防对象"青少年犯罪"改为"青少年罪错"；其次，应进一步明确青少年罪错预防的三个层级，厘清青少年各种罪错相关概念之间的关系，针对不同级别的青少年罪错行为设置干预措施，科学构建我国青少年罪错分级体系；最后，推动健全青少年罪错行为工作机制，构建自我、家庭、学校、社区和司法五道防线，强化以社区为基础的青少年罪错防线，进一步明确青少年罪错行为工作机制中各个部门的职责。

1. 健全预青工作领导体系

根据《深化党和国家机构改革方案》的要求"不再设立中央社会治安综合治理委员会及其办公室，有关职责交由中央政法委员会承担"，依托于各级综治委设置的预防青少年违法犯罪工作机制将如何改革，亟待深入研究，也亟须中央有关部门在吸收数十年来我国预青工作体制的成功经验基础上，尽快确定更加优化的方案。

2. 明晰预防的对象

将实践中通常使用的"青少年犯罪"改成"青少年罪错"是完善我国"预青工作"中最重要和首要的一步。一方面，将名称改为"青少年罪错"更符合青少年各种违法犯罪行为的本质，"罪"指犯罪行为，"错"指行为严重程度尚未达到犯罪行为的其他青少年不应当实施的行为，包括违反治安管理的行为、未成年人不可为且易造成他人不安的行为，如吸烟、酗酒、逃课、辍学、夜不归宿或沉湎网络等不良行为。"青少年犯罪"尽管能作广义理解，但是由于"犯罪"字面意思表达的局限性，易让人混淆和误解。另一方面，"青少年罪错"能更为准确地概括当前预防青少年犯罪的各项工作，尤其是大量的青少年罪错预防类工作，如法治教育、法治宣传等，以及青少年违反《治安管理处罚法》的行为和青少年实施的《预防未成年人犯罪法》中规定的不良行为和严重不良行为，都可以全面纳入青少年罪错的范畴。同时，为了保持长期以来的语言使用习惯，也可以使用"青少年违法犯罪"作为替代。

3. 明确青少年罪错的三个层级

广义的青少年犯罪预防，即青少年罪错预防，可以划分为三个层次，分别是预防一般青少年违法犯罪的超前预防、对有违法犯罪倾向的青少年违法犯罪的临界预防，以及预防已经有违法犯罪行为的青少年重新违法犯罪的再

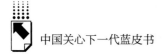

犯预防。① 新时代青少年违法犯罪的预防应当采取上述科学划分方式，构建我国青少年罪错的预防体系。

青少年违法犯罪的超前预防方面，超前预防也可以称为对大多数青少年违法犯罪的一般预防，这是青少年犯罪预防中关键且重要的一环。一方面，通过开展一系列超前预防的活动，诸如在学校、社区或通过媒体向青少年开展道德教育、法治教育的课程、宣讲活动、竞赛表演等，可以对潜在的有违法犯罪倾向的青少年进行教育，消除青少年走向违法犯罪道路的可能，起到防微杜渐的作用。另一方面，超前预防最具成本效益，具有投入小、收益大的特征。对青少年开展不同种类的超前预防活动的经济成本远低于临界预防和再犯预防投入。此外，大量青少年违法犯罪行为的产生是由青少年法治观念淡薄以及缺乏家庭教育所致，一般预防采取的大量法治教育和道德教育正是最有效的解决此类问题的方式。

青少年违法犯罪的临界预防方面，临界预防是指对已有违法犯罪倾向的青少年的犯罪预防。临界预防是青少年违法犯罪预防工作的重点，在一定程度上决定了青少年违法犯罪工作的成败。② 为此，我国应当对未成年人临界预防建立分级干预措施，总体来说针对此类青少年的行为划分为不良行为、违反治安管理行为、触法行为三类。对于有逃学、逃课、吸烟或喝酒等不良行为的未成年人，通过诸如建立宵禁制度、强制亲职教育等此类非司法干预措施开展预防工作。对于有违反治安管理行为的青少年，采取改革行政处罚的司法干预措施预防此类行为上升为犯罪行为，包括行政教育处分、观护处分和禁闭处分等以教代罚的措施，而非行政性的一罚了之。对于低龄未成年人的犯罪行为，改革我国共读教育，预防此类未成年人成为少年犯或成人犯。

青少年再犯预防方面，青少年的再犯预防是针对已有犯罪行为的青少年犯罪的预防。对于此类青少年，一方面应当加强对此类青少年在刑事司法程

---

① 徐建：《论我国未成年人犯罪预防体系——〈预防未成年人犯罪法〉简介之二》，《预防青少年犯罪问题》1999 年 12 月。

② 姚建龙著《青少年犯罪与司法论要》，中国政法大学出版社，2014，第 23 页。

序中的保护，如建立对未成年犯罪嫌疑人讯问有合适成年人在场及对未成年犯罪嫌疑人、被告人进行社会调查、前科封存、附条件不起诉等制度。另一方面，对少年犯采取宽缓的、有利于其回归社会和学校的处罚，减轻青少年的心理压力，消除其社会对立情绪，让对少年犯进行教育、感化和挽救的原则得到真正意义上的实现。

简而言之，对青少年的罪错行为进行科学分级是为了更好地将青少年进行分类，针对不同的青少年群体开展不同的活动，预防青少年产生违法犯罪行为。

4. 健全青少年罪错预防的五道防线

在重新准确界定青少年罪错预防概念和将青少年罪错预防工作体系建立在三个层级的基础上，还应当有自我、家庭、学校、社区和司法五道防线。并在这五道防线中，高度重视社区防线。

自我防线方面，确立青少年在犯罪预防工作中的主体地位，鼓励引导青少年进行自我教育、自我约束，时刻注意自己的言行举止，为预防青少年违法犯罪提供各种帮助和支持。

家庭防线方面，家庭是对未成年人进行违法犯罪预防的工作重点。父母是孩子人生的第一任导师，家长应该身体力行做好孩子的榜样，为青少年的成长创造良好的家庭环境，充分发挥青少年的主动性和积极性对其进行教育，与学校、社区等紧密配合，共同做好青少年犯罪预防工作。[1]

学校防线方面，在校期间是青少年道德品质、人格、心理等各方面形成的关键时期。中小学阶段是青少年健康成长的关键时期。有违法犯罪行为的青少年更是学校表现不佳的"双差生"或"后进生"。当前我国中小学教育以应试为主，对"双差生"类的学生多有歧视或放任，导致这部分本来就难以跟上课业的学生更加厌恶学校，恶性循环，并最终辍学后成为社会闲散人员，走上违法犯罪道路。因此，应当加强学校的思想政治和法治教育，加强对"双差生"的教育和管理，加强学校外部环境建设，为学生营造良好

---

[1] 姚建龙著《青少年犯罪与司法论要》，中国政法大学出版社，2014，第23页。

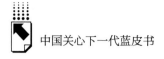

的校内外成长氛围。

社区防线方面，青少年违法犯罪预防立足于社区，高度重视社区在青少年犯罪预防工作中的作用和地位。以社区为基础，是国外青少年犯罪预防的成功经验和引人注目之处，这与我国预防青少年犯罪更多的是把责任放在家庭、学校等个体单位上，强调家庭和学校的核心作用有着鲜明的区别。例如美国青少年犯罪预防的经验表明，预防青少年犯罪不仅是个人、家庭和学校的事情，也是社区的问题。为防止少年儿童变成严重的或长期性的犯罪人，社区可以发展综合性的服务。根据这个原则发展起来的综合服务是扩张以街区为基础的青少年犯罪预防项目中不可或缺的一部分。[1] 为此，首先，应当在社区聘请专门负责青少年犯罪预防工作的专业人员，如可以聘请关工委五老组建青少年违法犯罪预防工作站，开展帮教结对等活动。其次，应当进一步丰富和发展社区青少年活动场所。最后，丰富青少年犯罪社区预防的方式方法，注重长效机制建设，如团中央开设的"青少年零犯罪零受害社区（村）"。

司法防线方面，司法是青少年违法犯罪预防最后一道防线。司法防线除了将传统的对已经有违法犯罪行为的青少年进行保护、预防青少年重新违法犯罪作为主要目标之外，还应当致力于建立独立的青少年司法制度，以及将青少年违法犯罪活动不断向违法犯罪预防延伸。值得肯定的是，当前我国公安司法机关通过担任法治副校长进校讲授法治课、参与社区法治宣传教育等多种形式将司法防线向前延伸至预防阶段。同时司法实践中不乏对青少年司法制度的探索。但当前我国还没有形成真正意义上的独立的青少年司法制度。为此，在今后很长一段时间内我国青少年违法犯罪预防的司法防线建设都应当把建立健全独立的青少年司法制度作为一项重要的工作来抓。[2]

回顾往昔，1990 年 2 月，中国关工委经党中央批准正式成立。2020

---

① 姚建龙著《青少年犯罪与司法论要》，中国政法大学出版社，2014，第 24 页。
② 姚建龙著《青少年犯罪与司法论要》，中国政法大学出版社，2014，第 21 页。

年中国关工委成立已三十周年，在过去的三十年中，关工委作为我国重点以关心、教育、培养全国各族青少年健康成长为目的的群众性工作组织，充分发挥以五老为代表的离退休老同志能动性，在我国预防青少年犯罪体系中发挥了积极作用。以五老为代表的离退休老同志积极参与青少年犯罪预防工作，发挥了不可替代的作用，推动了我国预青工作机制不断完善，是我国青少年犯罪预防体系不可缺少的重要组成部分，为我国预防青少年犯罪工作做出了重要贡献。

"预青工作"是一项投入大、见效慢的系统工程，离不开党政机关司法部门的主导、群团组织和社会组织的积极参与。当前，《未成年人保护法》《预防未成年人犯罪法》正在修订之中，《中长期青年发展规划（2016 - 2025 年）》的实施也正在深入推进，我们应当充分抓住两法大修和规划实施的契机，积极推动我国预青工作进一步发展与完善。

参考文献

姚建龙：《青少年犯罪概念研究三十年：一个根基性的分歧》，《甘肃政法学院学报》2009 年第 2 期。

姚建龙著《青少年犯罪与司法论要》，中国政法大学出版社，2014。

宋蓉：《未成年人犯罪特点、原因及对策——未成年人犯罪率上升呈低龄化趋势的调研报告》，《当代法学论坛》2006 年第 2 辑。

《未成年人犯罪趋向低龄化》，《预防青少年犯罪研究》2012 年第 11 期。

中华人民共和国公安部法制局：《充分发挥公安机关在预防和治理青少年违法犯罪工作中的职能作用》，载中国青少年犯罪研究会编《中国青少年犯罪研究年鉴》（第二卷），中国方正出版社，2002。

上海市闵行区人民法院：《罪错未成年人再犯现象透视》，《人民司法》2015 年第 1 期。

姚兵：《未成年人犯罪团伙实证研究》，《理论月刊》2015 年第 7 期。

刘天虹：《未成年人犯罪成人化现象的思考》，《山西青年管理干部学院学报》2008 年第 1 期。

管幸：《未成年人暴力犯罪成因分析及社会预防》，《预防青少年犯罪研究》2015 年

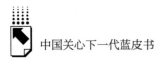
第 6 期。

最高人民法院：《从司法大数据看我国未成年人权益司法保护和未成年人犯罪特点及其预防》，http：//courtapp. chinacourt. org/fabu－xiangqing－99402. html，2020 年 3 月 21 日。

周振想主编《青少年犯罪学》，中国青年出版社，2004。

《中央综治委预防青少年违法犯罪专项组》，《中国青年报》2012 年 3 月 19 日。

《我国县级地区普遍建立预防青少年违法犯罪工作机构》，http：//www. gov. cn/xinwen/2016－09/19/content_ 5109484. htm，2020 年 3 月 21 日。

《长三角建立预防青少年违法犯罪联动机制》，中华人民共和国中央人民政府网，http：//www. gov. cn/xinwen/2019－09/04/content_ 5427260. htm，2020 年 3 月 21 日。

徐建：《论我国未成年人犯罪预防体系——〈预防未成年人犯罪法〉简介之二》，《预防青少年犯罪问题》1999 年 12 月。

B.4
农村留守儿童和困境儿童帮扶
工作现状研究报告

龚　顺*

摘　要： 在我国快速的社会转型和城市化过程中，人口迁移流动日益频繁。受多重因素的影响，多数进城务工人员在短期内可能无法实现举家搬迁，他们大多选择把子女留在家乡生活学习，留守儿童群体由此产生。此外，我国农村留守儿童与困境儿童高度重合，对农村留守和困境儿童的关爱尤为重要。本报告基于第六次人口普查、中国大学生追踪调查等数据分析了我国农村留守和困境儿童的现状及其面临的问题。研究发现，我国农村留守和困境儿童基数大，他们在学业成绩和心理健康等方面处于劣势，且这些劣势会长期存在并影响他们的健康成长。因此，本报告建议应多方合力，对留守和困境儿童多给予精神鼓励和人文关怀，并针对低龄留守、困境儿童和有留守与困境经历的大学生给予更多关注。

关键词： 留守儿童　困境儿童　心理健康　帮扶

　　留守儿童通常指父母双方或一方从农村流动到其他地区，孩子留在户籍

---

*　龚顺，中国社会科学院社会学研究所助理研究员。

所在地农村，并因此不能和父母双方共同生活的 17 周岁及以下的未成年人。① 作为社会经济发展过程中的一个现象，留守儿童是随着工业化、城市化和现代化，大量的农村劳动力转移至城市而出现的。这一转移包括农业劳动力向非农业劳动力转移和农民向城市转移两大类。基于生活压力和增加收入的渴望，大量的农业劳动力转移至城市以期实现脱贫致富。但是，限于我国城乡分割的教育体制和二元户籍制度，很多父母无法将子女迁入城市生活并接受教育。而且，许多务工的父母大多工作繁累，流动性强，既抽不出多余的时间和精力照顾子女，又没办法给孩子提供稳定的教育和生活环境，因而不得不将孩子留在家中，让亲属代为照料，自然地孩子便成为留守儿童。②

对于农村留守儿童存在监护不力，教育难以保证、缺乏抚慰，疏于照顾等社会问题。此外，我国农村留守与困境儿童高度重合，对于农村留守儿童的关爱保护工作引起了国家和社会的高度关注。习近平总书记强调，要关心留守儿童，完善工作机制和措施，加强管理和服务，让他们都能感受到社会主义大家庭的温暖，要对农村贫困家庭幼儿特别是留守儿童给予特殊关爱。2016 年，国务院先后印发了《关于加强农村留守儿童关爱保护工作的意见》和《关于加强困境儿童保障工作的意见》。在党中央、国务院的正确领导下，农村留守儿童关爱保护和困境儿童保障工作取得了重要进展，工作机制进一步完善，工作力度进一步加大，关爱服务水平进一步提升。中国关心下一代工作委员会充分发挥五老人员的作用，组织开展主题鲜明、形式多样的活动，多举措关爱留守和困境儿童。为了解我国农村留守和困境儿童现状、成因以及相关影响，本报告基于第六次人口普查、中国大学生追踪调查等数据对相关问题进行了分析，并介绍了关工委相关工作的举措、成效以及面临的问题。

本报告结构如下：首先，对我国农村留守儿童和困境儿童的总体状况进

---

① 周福林、段成荣：《留守儿童研究综述》，《人口学刊》2006 年第 3 期。
② 吴霓：《农村留守儿童问题调研报告》，《教育研究》2004 年第 10 期；潘璐、叶敬忠：《农村留守儿童研究综述》，《中国农业大学学报》2009 年第 2 期。

行了介绍；其次，分析了农村留守儿童和困境儿童面临的主要问题及其成因，并在此基础上，介绍了中国关心下一代工作委员会如何发挥五老优势帮扶农村留守儿童和困境儿童；最后，讨论了关工委下一步工作开展时应注意的问题并提出了相关的建议。

一 我国农村留守儿童和困境儿童的总体状况

（一）农村留守儿童与困境儿童总体规模持续下降，但基数仍较大

2010 年全国第六次人口普查数据估算显示，全国农村留守儿童规模为6102.55 万人，占农村儿童的 37.7%，占全国儿童的 21.88%。针对留守儿童问题日益突出的情况，国家相继出台了《中国儿童发展纲要（2010 - 2020 年)》《关于加强农村留守儿童关爱保护工作的意见》《关于加强困境儿童保障工作的意见》等政策，进一步加强对留守儿童的帮扶支持。

在国家以及社会各界的共同努力之下，留守儿童帮扶工作取得了显著成效，留守儿童总体规模持续下降。到 2015 年，农村留守儿童下降至 4051 万人，较之于 2010 年的估算数据，降低了 2051 万余人。其中，山西、辽宁、吉林、福建、海南、陕西、甘肃下降比例最为明显，达 40% 以上。虽然农村留守儿童和困境儿童的总体规模下降，但基数依然较大。4051 万农村留守儿童，他们面临着监护不到位带来的一系列问题。尤其是因身体残疾、家庭经济困难、监护不到位等原因造成困境儿童的产生。这表明，我国留守儿童帮扶工作形势依然严峻，不容松懈。

（二）区域分布：中西部地区农村留守儿童与困境儿童问题严峻

从区域分布来看，我国留守儿童区域分布十分不均衡。留守儿童规模排名靠前的省份大多位于中西部地区，其中，四川省农村留守儿童规模最大，总人数为 692.03 万。排名靠前的省份中，除广东，其余大多在中部和西部地区，这与中西部地区人口大量流动到东部地区有关。值得关注的是，各地

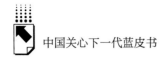

区内部的发展状况很不均衡，广东和江苏也存在大量农村留守儿童。

由于地区间经济发展不平衡，劳动力转移趋势必将长期存在。中西部地区，尤其是四川、贵州等，农村留守儿童和困境儿童规模巨大，其所面临的问题将更加严峻，特别是在自身经济条件较差的农村地区。留守儿童的地区分布在一定程度上与人口流动趋势、地区经济发展水平相吻合，因而促进不同地区经济发展，缩小区域间差距势在必行。

（三）年龄分布：年龄组所占比例差异较小，总体较为均匀

从第六次人口普查数据来看，农村留守儿童和困境儿童的年龄组所占比例差异较小，总体较为均匀。0~5岁组所占比例较高，15~17岁组所占比例较低，6~14岁组所占比例居中。若依学龄进行划分，则学龄前儿童（0~5岁）所占比例为39%，规模为2342万；小学（6~11岁）学龄阶段儿童所占比例为32%，规模为1953万；初中（12~14岁）学龄阶段儿童占比16%，规模为995万；大龄（15~17岁）留守儿童所占比例为13%，规模为813万（见图1）。

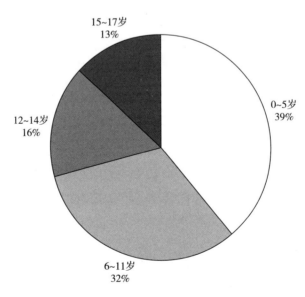

图1　农村留守儿童和困境儿童的年龄组所占比例

（四）农村留守与困境儿童高度重合

在我国，农村留守儿童和困境儿童事实上是高度重合的。国务院《关于加强困境儿童保障工作的意见》指出，困境儿童的形成原因包括家庭贫困、自身残疾、家庭监护缺失或监护不当三种，而其困境也包含三种：生活、就医、就学困难，康复、照料、护理和社会融入困难，人身安全受到威胁或侵害。留守儿童面临的主要问题之一就是家庭监护缺失和监护不当。困境家庭中父母外出务工的现象普遍，大量困境家庭儿童也是留守儿童。我国96%的农村留守儿童由祖父母或者外祖父母照顾，4%的农村留守儿童由其他亲戚朋友监护。这些儿童中监护不当或不到位或缺失的留守儿童便是困境儿童的一个庞大群体。

此外，西安市关工委的一份调研报告也显示，留守儿童中特殊留守儿童的比例极高，约为40%，大致分为三种情况：一是部分留守儿童的父母一方外出务工，另一方因死亡、病残等情况丧失监护能力或者另一方因离异或出走不愿承担监护责任；二是部分代理监护人（一般为祖父母），年龄偏大（一般在65岁以上）、年老多病、残疾、文化水平较低，监护能力不足，有的甚至需要留守儿童逆向监护；三是部分留守儿童自身智力、肢体残疾，或者有心理疾病（如自闭症、抑郁症等）。

二　农村留守与困境儿童主要存在问题

（一）农村留守与困境儿童的学业成绩和受教育机会存在问题

儿童时期是人的生理和心理发展的关键时期。在这一时期，来自亲人，尤其是父母的保护、照料和关怀对儿童的成长至关重要，为儿童一生的发展奠定重要的基础。对于农村留守与困境儿童而言，因为得不到来自父母的亲情关怀和教育，亲情关怀的缺失成为他们发展中的重大障碍。由于大部分留守儿童处于学龄阶段，相关问题最直接体现在学业成绩方面。

　　农村留守儿童的居住情况一般分为三种：单独居住、与祖父母或外祖父母一起居住、与其他人一起居住。因此，监护人一般也可分为三类：祖父母、外祖父母、其他亲戚朋友。2018年民政部公布的数据表明，我国96%的农村留守儿童由祖父母或者外祖父母照顾，4%的农村留守儿童由其他亲戚朋友监护。监护人的老龄化和监护责任的缺失或不到位是造成留守儿童受教育情况较差的主要原因之一。一方面，由于父母的监护缺位，儿童的叛逆和自我放逐现象增加；另一方面，隔代监护造成监护人与留守儿童不能很好地沟通交流，加之监护人的教育观念淡薄、教育责任意识不足、教育理念偏失，这都导致很多留守儿童学业成绩较差甚至无法顺利地完成学业。一项基于第六次人口普查数据的研究显示，[1] 西部经济欠发达地区农村留守儿童义务教育阶段就学问题比较严重，西藏和青海等西部经济欠发达地区未完成义务教育的留守儿童比例甚至高达10%以上，远超全国平均水平。即使完成义务教育，许多留守儿童也会在高中终止学业，过早投奔父母外出打工。

　　中国关心下一代工作委员会的调研报告也反映了农村留守儿童在教育方面面临的问题。2015年河北省关工委组成8个调研组，针对全省留守儿童关爱工作进行了为期一个月的专题调研。通过入户走访、座谈调研、发放问卷等形式调查和了解河北省留守儿童的现状。调研结果显示，截至2015年底，河北省共有留守儿童222796人，占中小学在校生总数的2.63%。其中，父母双方均在外务工的留守儿童约占26.5%，父母一方在外务工，另一方在家监护的留守儿童约占72.5%。在监护上，由隔辈监护的约占27%，由亲戚朋友监护的约占1%。由于亲情关怀和监督缺失，农村留守儿童在校学业成绩较差，20%的留守儿童未能按时完成作业，90%以上的学习成绩中等或偏下，成绩优秀的较少，有些甚至厌倦学习，沉迷于电视节目、游戏、网络等。

---

① 段成荣、吕利丹、郭静、王宗萍：《我国农村留守儿童生存和发展基本状况——基于第六次人口普查数据的分析》，《人口学刊》2013年第3期。

（二）留守与困境经历儿童的心理健康问题亟须关注

农村留守与困境儿童在心理健康方面的问题也极为突出，引起了学术界和社会的高度关注。在针对农村留守儿童心理健康状况的研究中，虽然学者们关注了不同的区域，采用了不同的测量方法和量表，但大多数研究都发现，与其他的儿童群体相比，农村留守儿童的心理健康水平较低，留守儿童在性格方面展现了性格孤僻、情绪不稳定、抑郁压抑等倾向，就成因来讲主要有以下几个方面。

第一，长期与父母分离，缺少父母的支持和情感交流是导致农村留守儿童心理健康问题的主要原因之一。父母外出之后儿童在遇到困难时缺少帮助，极易产生心理焦虑。此外，农村留守儿童过早体会到生活的艰辛，认识到父母外出谋生是为生计所迫，容易根植社会不公的潜在意识。加之缺乏父母的正确引导，他们容易产生仇视他人、仇视社会的偏激、狭隘的心理倾向。

第二，实际监护人受教育程度低，多数是文盲或半文盲，思想观念与孙辈有很大差距，难以与孩子交流沟通。第六次人口普查的数据显示，农村留守儿童的实际监护人年龄多在50~69岁（见图2），祖孙辈间年龄差距至少30岁，这使留守儿童在遇到困难时很难在祖父母那里寻求到解决办法和心理安慰。

第三，由于父母外出打工，家庭的有效监护和安全教育缺失，农村留守儿童容易遭受侵害。2016年中国科学院心理研究所发布的《人道主义行动中儿童保护的最低标准》显示，我国15%的留守儿童受到过暴力侵害，女童中超过4%的受到过性侵害。由于自我保护意识薄弱，且尚在幼年难以利用法律手段保护自我，侵害行为在不同程度上对留守儿童的心理健康造成伤害，导致其在成长过程中出现各种负面情绪。

（三）留守与困境儿童存在低龄犯罪风险

农村留守儿童由于年龄整体偏低，情感和理智不健全，极易受外界环境

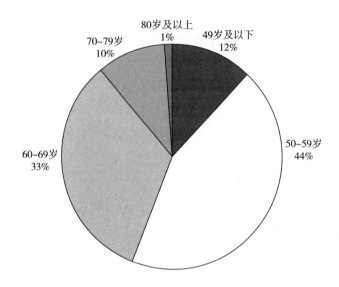

图2 农村留守儿童和困境儿童实际监护人的年龄组所占比例

的影响形成不健康的人格，导致心理结构失衡，增加犯罪风险。2013年我国未成年犯罪抽样调查结果显示，未成年罪犯居住地主要在农村，约占一半以上，其中，留守儿童犯罪群体十分庞大。

很多留守儿童由于家庭关怀的缺失、学校教育的不到位、社区环境的不良影响，总是感觉自己得不到足够的支持，情感得不到满足，无法获得别人的尊重与认可。这导致他们迫切需要通过某种方式或手段实现自我价值。而这给了小团体亚文化良好的环境，许多儿童在一些团体中接触到不良行为和庸俗文化，觉得抽烟喝酒、上网打游戏、坑蒙拐骗等能够彰显自己的价值，获得别人的认可，长此以往，必然给犯罪留下土壤。①

家庭因素是留守儿童犯罪的重要因素。农村留守儿童的共同特点便是父母不在身边，缺乏父母的关爱，家庭生活环境不完整，家庭提供的情感归属、关心教育严重不足，甚至缺失。② 这使得他们的社会化出现断裂，在孩子生理和心理健康发展上都埋下了隐患。而长期与父母之外的

---

① 郭开元：《论农村留守儿童犯罪的现状、问题和治理对策》，《犯罪研究》2018年第5期。
② 黄新：《农村留守儿童犯罪问题研究》，《法制与社会》2008年第34期。

亲属居住,破坏了留守儿童正常的家庭生活关系和亲子关系。他们无法接受正常的家庭教育,在许多方面认识片面,行为得不到及时纠正,许多孩子因此变得十分自我、叛逆,乃至自我放逐。而长期分离的父母因为心中觉得有愧于孩子,也会在很多方面溺爱纵容孩子,这不仅错过了矫正孩子不良行为的机会,而且会加剧孩子的叛逆,使得他们走向犯罪的道路边缘。

学校是留守儿童接受教育、养成良好的行为习惯的重要场所,是除家庭之外儿童接受社会化,培养正确的世界观、人生观、价值观的地方。但是,当下的农村学校教育普遍存在教育内容不完善、教育方式不恰当、教育管理松懈等问题。师生之间吊诡地形成了一种"相安无事"的状态:教师不过多地干涉学生,特别是"差生",学生也不主动惹事,扰乱老师的教学,只要完成规定的任务,即使质量不高,双方便不会对彼此有过多的要求和期待。而学校教育管理者只要教师能保证少数"尖子生"顺利完成学业,完成教学任务,便不会过问老师的管理方式。这样,必然会导致学生的野蛮生长。加之法治教育、道德教育、青春期教育等的缺失,导致许多儿童缺乏基本的法律素养,辨别是非的能力低下,很多孩子懵懵懂懂地浏览网络不良信息,接触社会不良青年,并进行模仿尝试,最终容易走向犯罪。

社区是留守儿童长期生活居住的地方,社区环境直接影响着儿童的健康成长。处于成长期的留守儿童,正是对事物充满好奇,模仿学习热情高涨的阶段。这特别需要一个良好的文化与教育环境。然而,许多农村地区村庄凋敝,老龄化和空心化严重,乡村文化和价值体系解体,乡土社会的规范无法引导教育留守儿童,甚至还充斥着一些庸俗、封建的内容。许多留守儿童在这样的环境熏陶之下,又接受到来自网络传媒的影响,缺乏辨识能力使其很容易走向迷途。而在这样的社区里,他们身边的同龄群体都无法得到良好的教育和引导,同辈群体之间的攀比、竞争、模仿、情感传染,很容易形成不良的亚文化氛围,比如打架斗殴、小偷小摸等,这容易进一步强化留守儿童的犯罪风险。

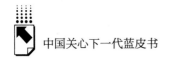

三 持久的影响：早期留守与困境经历对大学生的影响

留守和困境经历带来的种种问题不会随着时间的流逝而自然消失，会给儿童带来长期深远的影响。为了验证留守和困境经历对儿童的长期影响，笔者分析了中国社会科学院社会学研究所主持实施的 2018 年"中国大学生追踪调查"相关早期留守经历的课题。"中国大学生追踪调查"旨在了解大学生健康、就业、学习、生活与价值观状况，覆盖全国 18 所高校的 15102 名大学在校生。

（一）早期留守与困境经历对大学生心理健康的影响

本报告采用简版抑郁量表（CES - D 的 10 题简版）关于大学生留守阶段对其抑郁状况的影响进行了相关分析。抑郁量表调查大学生在一周之内的相关情况。每一个题目中按照等级共有 4 个不同的选项，分别是"很少或者根本没有（<1 天）""不太多（1~2 天）""有时或者说有一半时间（3~4 天）""大多数的时间（5~7 天）"，得分越高表示其抑郁值越高。分析结果显示，无留守经历的大学生抑郁值得分最低（8.59），其次是初中留守大学生（8.96），小学留守和学前留守的大学生抑郁值得分最高（见图 3）。数据证明，留守经历对儿童具有长期性和持久性影响。此外，值得注意的是留守阶段也是影响大学生心理健康的重要变量。留守阶段越早对儿童心理健康的负面影响就越大，关注年幼留守儿童心理健康是重要的社会议题。

（二）早期留守与困境经历对大学生非认知能力的影响

留守和困境经历作为儿童生命周期中的重要事件，对儿童社交等方面非认知能力的影响也是值得关注的问题。非认知能力指人们的思维方式、感觉和行为。人们也经常用情商（EQ）来描述非认知能力。一般认为非认知能力应该包括性格（personality）、态度（attitudes）和积极性（motivation）这三个方面的因素。与认知能力不同的是，非认知测试时没有绝对的"对"

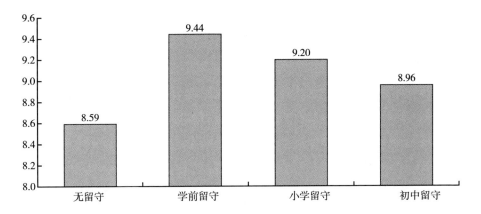

图3　有无留守经历大学生的抑郁情绪得分情况

或"错"，差别只在于具有不同非认知能力的人适合的工作和生活不同，所以是一种"软"能力。近年来，非认知能力的作用逐渐得到学者的重视。[1]社会底层群体的孩子或许可以通过后天努力，在学业成绩等方面追赶上社会精英群体的孩子，但在非认知能力方面的超越几乎是不可能的。研究表明，非认知能力与个人劳动市场表现密切相关，非认知能力高的个体其工资收入明显更高。[2] 可以说，非认知能力是社会不平等的"加速器"。非认知能力的培养和塑造也是一个持续的过程。儿童阶段是非认知能力培养的关键时期，留守和困境经历对留守儿童非认知能力产生消极影响，且这一影响是持续性的。为分析相关效果，本报告以2018年"中国大学生追踪调查"中社交能力为例，分析了早期留守经历对大学生非认知能力的影响。

通过图4可以看出，无留守经历大学生社交能力自评得分最高，其次为初中时期有留守经历的大学生，留守经历位于学前阶段的大学生社交能力自评得分最低。分析结果证明了留守经历对大学生非认知能力有消极影响，且留守经历越早，消极影响越大。

---

① 乔治·库、金红昊：《非认知能力：培养面向21世纪的核心胜任力》，《北京大学教育评论》2019年第3期。
② 黄国英、谢宇：《认知能力与非认知能力对青年劳动收入回报的影响》，《中国青年研究》2017年第2期。

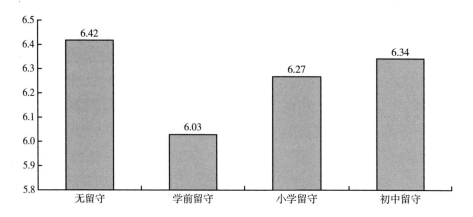

图4　有无留守经历大学生的社交能力自评得分情况

四　中国关心下一代工作委员会留守与
困境儿童帮扶工作

中国关心下一代工作委员会五老群体在留守与困境儿童帮扶方面具有诸多优势。例如，五老具备了解各地情况，与留守与困境儿童的主要代理家长（祖父母）更容易沟通的优势，便于就近了解留守儿童情况。五老也具备经验优势，他们从各自的岗位退休，有的是教育、法律、心理等方面的专家，可以为留守和困境儿童提供专业的帮助。中国关心下一代工作委员会充分发挥五老人员的作用，组织开展主题鲜明、形式多样的活动，多举措关爱留守和困境儿童。

（一）西安市关工委建立健全家庭和心理教育网络，重点帮扶农村特殊留守儿童群体

解决留守儿童情感、心理问题，是解决留守儿童问题的重要途径。西安市关工委努力构建家庭、学校、群团、社会"四位一体"的教育网络。一是教育引导监护人树立正确的教育观念，尽量避免双方同时出去打工，增加回家探望的频率和停留时间，加强情感交流。代理监护人应采取正确的家庭

教育方式，既不放任自流也不娇宠溺爱，做到爱与严相结合，促进留守儿童身心健康成长。二是增加心理学教师编制，或者对现有教师进行专业培训，确保每个学校有一位专业的心理教师，能够专业地开展思想和情感教育、独立生活和体谅父母教育等，培养留守儿童树立正确的人生观、价值观。三是妇联、团委、关工委等群团组织主动作为，一方面邀请家庭教育专家通过报告、讲座、培训、网络等平台，对代理家长和监护人进行培训，定期组织心理咨询，为有心理问题倾向的留守儿童提供一对一、一对多的心理疏导、心理矫正服务；另一方面提供咨询电话或知心信箱等服务，为家长和孩子畅通家庭教育和心理咨询的绿色通道。四是有效利用西安市丰富的高校资源，成立志愿者公益联盟，鼓励在校大学生参加关爱留守儿童的活动。

此外，西安市关工委还开展特殊农村留守儿童群体帮扶工作，措施如下：一是建立西安市困境留守儿童资料信息库，细化留守儿童档案，对留守儿童家庭存在的困难和问题、留守儿童本人的性格和心理进行详细分析，做到"一人一档""一人一案"的精细化帮扶。二是成立留守儿童基金。为解决留守儿童的生活困难和问题，开展各项帮扶活动，设置优秀留守儿童奖学金等工作，提供资金支持。三是开展"牵手朝阳"行动，通过爱心结对、感受城市、心愿达成等系列活动，让特殊留守儿童感受亲情温暖，开阔视野，懂得感恩，励志前行。四是开展主题班会、团队活动，举办书画展、演讲比赛、文艺演出等丰富多彩的活动，使留守儿童生活在欢乐的氛围中，增强学习、生活的自信心。

（二）安徽省关工委五老结对关爱留守儿童

安徽省关工委五老在工作实践中与有关部门开展的"代理家长""爱心妈妈"结对关爱活动融为一体，形成覆盖全省的关爱网络。截至2015年底，全省结对帮扶留守儿童总数为59.24万，其中五老人员结对人数为26.13万，占比44%。关爱帮扶工作以心灵关爱为主线，主要内容有：思想品德培育、良好习惯养成、家庭教育指导、学习作业辅导、不良行为规劝、尊老爱幼文明之风建树，以及对困难留守家庭的助学助困、排忧解难等，做到因

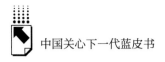

人而异，缺什么帮什么，深得留守儿童及其祖辈家长欢迎。主要通过家访、谈心、交流互动的方式，把帮扶、关爱融入日常生活和学习中。日久生情，孩子们对五老以"爷爷""奶奶"相称，五老对孩子们亲情浓浓，构成新农村文明和谐之一景。

（三）四川省关工委凉山州"爱心助孤行动"

2015年，四川省凉山州有孤儿6852名（含315名极度贫困及艾滋病感染儿童）。全州事实无人抚养的特殊困难儿童有19072名，未纳入国家保障体系。按户籍分，农村约有18700名，占98%，城市约有370名，占2%；按成因分，父母一方去世，另一方服刑、重残、弃养或失踪的约有16000名，占84%，父母双方重残、服刑或弃养的有3000余名，占16%。四川省关工委于2015年12月在凉山州启动了"爱心助孤行动"，救助关爱事实无人抚养儿童。凉山州从州到县、乡、村、社区都建有关工委组织，全州共建关爱活动室72个、留守儿童之家184个，关工委和五老志愿者积极配合相关部门，常年开展捐赠衣物、学习用品和结对帮扶等活动，关爱孤儿和特殊困难儿童。自启动"爱心助孤行动"以来，州、县关工委组织对232个极度贫困村的事实无人抚养儿童的情况进行了详细摸底，并借助企业和社会力量募集资金，用于凉山州11个国定贫困县2291个未享受国家和社会帮扶的事实无人抚养儿童的生活补助。

（四）黑龙江省关工委为留守和困境儿童创造良好的社会文化环境

一是开展五老义务网吧监督活动。全省有五老义务网吧监督员7980名，帮助戒掉网瘾3582人，劝阻未成年人进入网吧12193人次。哈尔滨市有五老义务网吧监督员1770名，劝阻未成年人进入网吧2989人次。伊春市聘用五老义务网吧监督员442名，劝阻276个孩子戒掉网瘾。齐齐哈尔市有五老义务网吧监督员1209名，劝阻未成年人进入网吧994人次，帮助戒掉网瘾147人。鹤岗市有五老义务网吧监督员322名，帮助戒掉网瘾56人。黑河市有五老义务网吧监督员357名，对125家网吧实行监督，劝阻未成年人进

入网吧 379 人次，195 名青少年戒掉网瘾。佳木斯市有五老义务网吧监督员
669 名，劝阻未成年人进入网吧 856 人次，帮助 96 人戒掉网瘾。二是参与
净化校园周边环境。各地五老配合公安、文化、工商等部门，依法取缔校园
周边 200 米以内的网吧、游戏厅等娱乐场所，努力打造平安校园。佳木斯
市、县、区关工委配合有关部门清理校园周边娱乐场所 163 家，取缔商摊
240 个。

五　其他建议与思考

中国关心下一代工作委员会积极作为，发挥五老优势，在关爱农村留守
和困境儿童、促进农村青少年健康成长方面做了大量的工作，取得了卓越成
效，但仍有一些不足之处，对此，本报告基于研究发现，提出以下对策建
议。

一是要意识到有留守和困境经历的儿童内部呈现的"异质性"，聚焦
"关键时期"和"特殊阶段"，对年龄较小的留守和困境儿童给予更多的关
注和关爱。本报告数据显示，年龄越小的留守儿童，留守经历对其影响越
大。关工委今后在开展工作时应对留守和困境儿童进行分类精准施策，做好
低龄留守儿童和困境儿童的关爱和保护工作。

二是对于有留守和困境经历的儿童，人文关怀比经济关怀更重要。留守
和困境经历对儿童心理、社会交往等各项健康指标的主观评价均有负向作用。
这启示我们，对有留守和困境经历儿童的关注应该更加暖心化和多元化。健
康是个人重要的福祉指标之一，但是生活的幸福感和满意度也是不可忽视的
重要方面。关工委今后在开展工作时应多方面关注留守和困境儿童的情感需
求，聚焦他们对美好生活的向往，既要在经济上帮助，又要在精神上培育。

三是多方联动促进留守和困境儿童健康成长。留守和困境儿童的成长成
才取决于家长、学校、社区、社会等多方面环境的营造。关工委今后在开展
工作时应注意积极构筑学校发力、社会给力、家庭助力、形成合力的育人大
格局，打造留守和困境儿童健康成长的新动能。要夯实家庭监护主体责任，

敦促父母即使不在身边也要经常关心留守和困境儿童，给予孩子不可替代的亲情关爱；积极建言政府着力促进城乡教育的均衡发展，通过深入开展"乡村振兴"增加返乡就业和创业发展的"岗位"，从源头上减少留守儿童数量；引导学校为留守和困境儿童树立正确的健康观，注重良好的生活习惯养成，积极参加集体和实践活动，掌握科学应对心理问题的方法；配合社区进一步净化社区环境，为留守和困境儿童远离犯罪营造良好环境。

四是加强对有留守和困境经历大学生的帮扶工作。本报告研究结果显示，留守和困境经历的影响不会随着时间的流逝而消失，早期留守和困境经历对大学生的心理健康和非认知能力也会产生消极影响。因此，关工委今后在开展帮扶工作时应跳出只关注留守和困境儿童的思维，开展对高校有留守和困境经历大学生的帮扶工作。尤其是要注重对高年级有留守和困境经历的大学生群体的健康和情绪的关注，不同年级的大学生面临的实际困难和问题不同，他们存在的主要心理问题各异。高年级大学生面临着毕业季，在学业的压力、就业造成的焦虑以及人生道路选择带来的纠结等多重因素和各种矛盾交织作用下，身心健康和抑郁情绪方面可能会呈现较大波动。此外，高校新生入学教育是一项系统性工程，包括学习、生活、心理、文化、人际等方面，任何一个维度成为短板和瓶颈，都会影响新生适应其他维度及总体状态，因此关工委可积极作为与高校合作做好有留守和困境经历大学新生入学心理筛查工作，完善预警干预机制，防范化解重大风险。

参考文献

段成荣、吕利丹、郭静、王宗萍：《我国农村留守儿童生存和发展基本状况——基于第六次人口普查数据的分析》，《人口学刊》2013 年第 3 期。

郭开元：《论农村留守儿童犯罪的现状、问题和治理对策》，《犯罪研究》2018 年第 5 期。

黄国英、谢宇：《认知能力与非认知能力对青年劳动收入回报的影响》，《中国青年研究》2017 年第 2 期。

黄新：《农村留守儿童犯罪问题研究》，《法制与社会》2008 年第 34 期。

潘璐、叶敬忠：《农村留守儿童研究综述》，《中国农业大学学报》2009 年第 2 期。

吴霓：《农村留守儿童问题调研报告》，《教育研究》2004 年第 10 期。

周福林、段成荣：《留守儿童研究综述》，《人口学刊》2006 年第 3 期。

乔治·库、金红昊：《非认知能力：培养面向 21 世纪的核心胜任力》，《北京大学教育评论》2019 年第 3 期。

B.5
青少年心理健康问题分析与应对方式探讨

——关工委青少年心理健康实践工作解析

高文珺[*]

摘　要： 青少年心理健康问题受到我国政府高度重视。本研究总结了我国青少年心理健康的状况。在生态系统理论的框架下，分别从微观系统、中系统、外系统和宏观系统四个层面分析了影响青少年心理健康的主要因素。并以此为基础，论述了关工委在促进青少年心理健康发展方面所做的工作，包括开展家庭—学校—社区"三位一体"的家庭教育活动、关爱留守儿童和贫困青少年、引导青少年树立积极价值观念、为青少年及其家长提供心理健康服务、实现"互联网＋关工"创新、引导青少年合理使用网络等。

关键词： 青少年　关工委　心理健康　生态系统理论

青少年时期是个体生理、心理发展的重要时期，这一时期的心理健康水平会影响其毕生发展。联合国儿童基金会和世界卫生组织发布的数据显示，全球12亿10～19岁青少年群体中，约有20%的存在心理健康问题，所遭受的疾病和伤害中，约有16%的由心理健康问题引发[①]。我国政府一直重视

---

[*]　高文珺，中国社会科学院社会学研究所副研究员。

[①]　《联合国：全球五分之一的青少年受心理健康问题困扰》，http：//www.chinanews.com/gj/2019/11－06/8999367.shtml，2019年11月6日。

儿童青少年的心理健康和全面发展，将儿童青少年心理健康工作视为健康中
国建设的重要内容①。中国关心下一代工作委员会（以下简称"中国关工
委"）是党和政府联系青少年的桥梁和纽带，其工作目标之一就是关心、教
育、培养青少年健康成长，针对青少年心理健康问题开展了很多工作。而要
充分发挥关工委的优势，更有效提升青少年的心理健康水平，首先要了解我
国青少年心理健康受到哪些因素的影响，这也是本研究关注的重点。本报告
将从生态系统理论的视角对我国青少年心理健康影响因素进行系统分析，在
此基础上探讨关工委在助力青少年心理健康成长上的优势和未来发展方向。

一　我国青少年心理健康概况

（一）我国青少年心理健康基本状况

针对我国青少年心理健康的状况，目前还没有全国范围内青少年心理健
康或心理障碍流行病学的大规模调查，以往某一年龄段或区域性的调查数据
可为我们了解青少年心理健康状况提供参考。全国范围内的调查方面，一项
使用 SCL - 90 对我国 2209 名中学生心理健康问题的调查显示，约 21.7% 的
中学生存在中度或中度以上的心理问题（SCL - 90 测试至少一个因子分高于
3 分）②。《中国青年发展报告》显示，我国 17 岁以下儿童青少年中，约
3000 万人受到各种情绪障碍和行为问题困扰，其中，中小学生心理障碍患
病率为 21.6% ~32.0%，大学生有心理障碍者占 16.0% ~25.4%。中小学
生精神障碍突出表现为人际关系、情绪稳定性和学习适应方面的问题。大学
生中心理障碍以焦虑、恐惧、强迫症和抑郁情绪为主③。对中国教育追踪调

---

① 《关于印发健康中国行动——儿童青少年心理健康行动方案（2019 - 2022 年）的通知》，
2019 年 12 月 27 日。
② 刘恒、张建新：《我国中学生症状自评量表（SCL - 90）评定结果分析》，《中国心理卫生杂
志》2004 年第 2 期。
③ 《约 3000 万青少年受情绪障碍问题困扰》，人民网，http：//edu. people. com. cn/GB/1053/
3934571. html，2005 年 12 月 12 日。

查（CEPS）（2013～2014）的13837份样本数据的分析发现，青少年心理健康水平较好，78%的青少年在比较健康和健康水平上，随年龄增长，青少年心理健康问题增多①。对全国抽样的14个省区的未成年人调查结果显示，84.33%的未成年人心理健康状况良好②。《2020中国大学生健康调查报告》中对全国12117名大学生的测评结果显示，大学生心理健康状况比较好，0～10分评分中，只有14%的大学生评分在5分及以下，即认为自己心理健康状况不好③。对全国16所学校4153名中学生的心理健康状况评定结果显示，青少年心理健康整体水平良好，问题检出率为26.3%④。

地方性调查方面，一项对安徽省12430名中学生的抑郁症状调查发现，抑郁心理症状发生率为22.8%⑤。针对湖南省中小学生流行病学调查显示，全省六地9495名在校生中心理障碍患病率为16.2%⑥。对厦门3970名中小学生的调查发现，心理健康状况总体良好，16.9%的中小学生有轻微心理健康状况，4.9%的中小学生有心理障碍⑦。对湖南省6所高校10396名新生的调查结果显示，14.9%的经大学生人格问卷（UPI）筛选有不同程度的心理健康问题，7.93%的经艾森克人格问卷（EPQ）筛选有心理健康问题，自评焦虑量表（SAS）筛选出11.81%的表现出焦虑症状，自评抑郁量表（SDS）筛选出6.4%的有一定程度抑郁，SCL-90测量检测出3.6%的有较强强迫

① 孙小云：《我国青少年心理健康现状及影响因素分析》，辽宁大学硕士学位论文，2017。
② 任其平、崔诣晨、范琪、万增奎、王申连、黄亚萍：《全国未成年人心理健康状况的调查报告》，中国心理学会第二十二届全国心理学学术会议论文，2019。
③ 《2020中国大学生健康调查报告》，http://news.cyol.com/app/2020-01/03/content_18310706.htm，2020年1月3日。
④ 陈丹、权治行、艾梦瑶、宗春山、许建农：《青少年心理健康状况及影响因素》，《中国健康心理学杂志》（网络首发），http://kns.cnki.net/kcms/detail/11.5257.r.20200426.0930.008.html，2020年4月26日。
⑤ 张洪波、陶芳标、曾广玉、曹秀菁、许韶君、余霞玲：《安徽省中学生抑郁心理症状及其相关因素》，《中国学校卫生》2001年第6期。
⑥ 管冰清、罗学荣、邓云龙、韦臻、叶海森、袁秀洪等：《湖南省中小学生精神障碍患病率调查》，《中国当代儿科杂志》2010年第2期。
⑦ 林赞歌、邓远平：《新时期青少年心理健康状况调研报告——基于对厦门市3000多名青少年心理健康状况的实证研究》，《中国青年研究》2011年第6期。

症状，2.6%的有人际关系敏感症状，1.7%的有较强抑郁症状①。

另有研究者对历年青少年心理健康的相关调查进行了综合分析，如对1997~2007年青少年心理健康研究代表性文献的分析发现，青少年心理健康状况总体处于良好或中等水平②。对1986~2016年学龄儿童青少年心理健康状况调查文献的Meta分析发现，国内儿童青少年心理异常总患病率为15.6%，不同调查的患病率范围在5%~30%③。

在关注青少年心理健康水平之外，沈德立等人还进一步拓展了心理健康的概念，提出了心理健康素质的概念，即青少年在遗传和环境的共同作用下形成的某些内在的、相对稳定的心理品质，这些心理品质决定着青少年的心理、生理和社会功能，进而影响他们的心理健康状态。之后，在全国范围内对从小学到大学的51399名青少年进行了心理健康素质调查，分别从认知风格、归因风格、应对风格、动力系统、自我、个性素质和人际素质七个方面衡量我国青少年心理健康素质状况，结果显示我国青少年心理健康素质整体水平较好，各类心理健康素质"低水平"的人数百分比很低④。

（二）我国青少年心理健康状况的变动趋势

对1987~2013年我国初中生心理健康水平进行横断历史元分析显示，初中生心理健康水平随年级下降，初一年级学生随年代变化的幅度最大。对1990~2012年高中阶段学生（含中职学生）心理健康状况的研究表明，从1990年至2004年，我国高中阶段学生的心理健康水平呈缓慢下降趋势，从2005年至2012年，高中生的心理健康水平没有再继续恶化⑤。在对1992~

---

① 廖秋梅：《大学生心理健康状况及教育对策研究》，湖南农业大学硕士学位论文，2013。
② 师保国、雷雳：《近十年内地青少年心理健康研究回顾》，《中国青年研究》2007年第10期。
③ 丁文清、周苗、宋菲：《中国学龄儿童青少年心理健康状况Meta分析》，《宁夏医科大学学报》2017年第7期。
④ 沈德立、马惠霞、白学军：《中国青少年心理健康素质调查研究》，《天津师范大学学报》（社会科学版）2008年第5期；沈德立、马惠霞、白学军：《青少年心理健康素质的结构及其实证研究》，《心理科学》2009年第2期。
⑤ 俞国良：《我国青少年心理健康状况分析》，《中国社会科学报》2020年3月23日。

2005 年采用症状自评量表（SCL－90）对中学生心理健康进行评估的研究分析时，研究者发现这期间中学生心理健康问题缓慢增加，心理健康水平缓慢下降[1]。后续的一项研究则发现，我国青少年心理健康水平由 1992～2005年的缓慢下降变为逐渐提升，研究者认为这一变化与心理健康知识的普及、心理健康课程的开设和心理健康师资队伍的壮大有关[2]。对全国大学生的研究显示，从 1986 年至 2010 年，我国大学生心理健康水平逐步提高[3]。对广西某高校大一新生近 10 年的调查结果显示，2008～2018 年，大学生心理健康水平逐年上升[4]。前述一项对中学生心理健康的调查比较了 2019 年和1997 年的数据，结果发现，2019 年青少年心理健康整体状况好于 1997年[5]。

从上述结果看，在社会转型过程中，伴随着政治、经济、文化的变迁，生活节奏、家庭结构、收入差距、社会流动、价值观念等方面都在发生着变化，我国青少年心理健康水平出现了一定波动，曾有逐年下降趋势。而随着社会对青少年心理健康问题的重视，心理健康教育逐渐兴起，近年来，青少年心理健康趋势变化似乎开始向积极方向转变。但以往研究在研究者、诊断标准、地区、学校、调查对象、年龄等方面有差异，因此对于变化趋势很难简单判定，但无论是哪项研究，都表明青少年群体在各个年龄段、各地区、各类学校中都有一定比例的人存在程度不同的心理问题乃至心理障碍，需要予以重视。

---

[1] 辛自强、张梅：《1992 年以来中学生心理健康的变迁：一项横断历史研究》，《心理学报》2009 年第 1 期。

[2] 李天然：《青少年心理健康的新特点与自我抽离的关系》，中国人民大学硕士学位论文，2016；俞国良、李建良、王勍：《生态系统理论与青少年心理健康教育》，《教育研究》2018 年第 3 期。

[3] 辛自强、张梅、何琳：《大学生心理健康变迁的横断历史研究》，《心理学报》2012 年第 5期。

[4] 邓军彪、林爽、朱焰、王鹏：《2008－2018 年大学生心理健康水平的变迁——以广西某高校为例》，《大学教育》2019 年第 11 期。

[5] 陈丹、权治行、艾梦瑶、宗春山、许建农：《青少年心理健康状况及影响因素》，《中国健康心理学杂志》（网络首发），http://kns.cnki.net/kcms/detail/11.5257.r.20200426.0930.008.html，2020 年 4 月 26 日。

（三）青少年心理健康问题要注意群体差异

现有研究显示，青少年心理健康存在一定的群体差异，如性别差异、年龄差异、城乡差异，因此，对青少年心理健康问题的分析要结合不同群体的特点。在这些群体中，有两个群体的心理健康问题引发了较多讨论，在心理健康工作上值得引起更多重视，就是留守儿童和贫困大学生。

1. 留守儿童心理健康状况

随着城市化进程的加快，进城打工的农民越来越多，农村留守儿童人数快速增长，根据第六次全国人口普查数据推算，全国留守儿童规模为6972.75万，其中农村留守儿童为6102.55万，占全国儿童的21.88%，这些儿童中有46.74%的父母都外出工作，36.39%的仅父亲外出工作，16.87%的仅母亲外出工作[1]。根据2015年全国1%人口抽样调查，全国留守儿童为6876.6万，其中农村留守儿童5492.5万。留守儿童的心理健康问题受到社会的关注。中国青少年研究中心曾组织"全国农村留守儿童状况调查"，对6个劳务输出大省的4533名农村留守儿童和2731名非留守儿童进行对比研究，结果显示留守儿童在具有较为积极的价值观的同时，心理健康问题也比较突出，经常感到烦躁（46.0%）、孤独（39.8%）、闷闷不乐（37.7%），以及无缘无故发脾气（19.7%）的比例都高于非留守儿童[2]。在吉林通化[3]、安徽池州[4]、广西钦州[5]、内蒙古锡林浩特[6]等地的调查都表

---

① 段成荣、吕利丹、郭静、王宗萍：《我国农村留守儿童生存和发展基本状况——基于第六次人口普查数据的分析》，《人口学刊》2013年第3期。

② 《全国农村留守儿童状况调查研究报告》，http://qnzz.youth.cn/qsnyj/ztyj/201412/t20141202_6150770.htm，2014年12月2日。

③ 任金杰、黄丽颖：《农村留守儿童心理健康状况及影响因素研究》，《通化师范学院学报》2017年第7期。

④ 胡阳秀、刘彭娟：《池州市留守儿童心理健康现状、原因及对策研究》，《广东石油化工学院学报》2019年第2期。

⑤ 王素华、梁月英、于海娇：《广西钦州市农村留守儿童心理健康状况》，《钦州学院学报》2019年第6期。

⑥ 李海文：《小学留守儿童心理健康问题调查研究》，内蒙古师范大学硕士学位论文，2019。

明，留守儿童的心理健康水平低于非留守儿童。但很多研究者也指出，留守儿童问题具有复杂性，概念界定、取样、测量、调查对象和比较对象的不同，都可能导致留守儿童的问题被夸大[1]，留守儿童并不比非留守儿童存在更严重的负面问题，要谨慎分析，不可夸大问题[2]。一项对以往研究文献的元分析结果也显示，留守儿童并不存在严重心理问题，但与非留守儿童相比，心理健康处于劣势[3]。但无论学者是否以"问题"视角去看待农村留守儿童，其都认可要对留守儿童给予更多关爱和保护。

2. 贫困大学生心理健康状况

贫困大学生学历高、智商高，但因家庭贫困而受经济问题困扰[4]，国家对贫困大学生的帮扶力度逐年增加，帮他们解决了经济上的困难。但是，贫困大学生的心理健康问题还是引人关注，比如对福建某专科学校大学生的调查显示，贫困大学生整体心理健康状况较好，但是焦虑、抑郁、人际关系敏感等问题比非贫困大学生更明显[5]。对重庆某本科院校 27667 名学生的调查显示，贫困大学生中有 19.6% 的被筛选为有心理健康问题，非贫困大学生中有 18.3% 的被筛选为心理健康状况有问题；贫困大学生的强迫症状、人际关系敏感、焦虑、抑郁、恐惧等心理问题也要比非贫困大学生更明显[6]。对 2007~2016 年贫困大学生心理健康文献的元分析结果显示，贫困大学生心理健康水平低于非贫困大学生[7]。从变化趋势上看，张梅等搜集了 1998~

---

① 谭深：《中国农村留守儿童研究述评》，《中国社会科学》2011 年第 1 期。
② 郭申阳、孙晓冬、彭瑾、方奕华：《留守儿童的社会心理健康——来自陕西省泾阳县一个随机大样本调查的发现》，《人口研究》2019 年第 6 期。
③ 黄杰、朱丹、温子凤、钟兴：《农村留守儿童与非留守儿童心理健康的比较研究——基于 SCL-90 问卷调查的元分析》，《湖南第一师范学院学报》2018 年第 3 期。
④ 李金德、刘惠珍、伍业光：《中国贫困大学生心理健康与经济发展的相关性》，《中国学校卫生》2014 年第 7 期。
⑤ 罗香群：《高等专科新生心理健康状况及其影响因素的调查分析》，《校园心理》2016 年第 2 期。
⑥ 冉永琴：《高校贫困生心理健康状况与教育对策研究——基于重庆高校贫困大学生的问卷调查数据》，《重庆工商大学学报》（社会科学版）2019 年第 6 期。
⑦ 沈成平、叶一舵、丘文福：《近十年贫困大学生心理健康状况的元分析》，《集美大学学报》（教育科学版）2017 年第 2 期。

2015 年使用 SCL－90 量表进行的贫困大学生研究文献，通过横断历史研究法分析发现，总体来说，18 年间贫困大学生心理健康状况逐渐变好，但变化速度较缓慢，变化主要集中在东部沿海和西部开发地区，中部地区几乎没有变化①。

基于上述分析，青少年心理健康工作可以对某些群体给予更多关注，如留守儿童和贫困大学生。

二 青少年心理健康的主要影响因素——生态系统理论的视角

研究者普遍认为青少年心理健康状况是个体内在因素（如个性、应对方式）和外在社会环境因素多方面作用的结果，布朗芬布伦纳提出的生态系统理论（ecological system theory）为我们系统理解心理健康影响因素提供了一个新的视角。生态系统理论认为儿童和青少年的发展是不断变化的人与不断变化的环境相互作用的产物，环境由交互作用的嵌套系统组成，包括微观系统（microsystem）、中系统（mesosystem）、外系统（exosystem）和宏观系统（macrosystem）②。生态系统理论中还包括一个时间维度，可称为历时系统，强调青少年的成长变化，随时间而发生的个体或环境的改变，会影响个体发展的方向③。本报告将按照生态系统理论的环境层次划分来论述影响青少年心理健康的环境因素。

① 张梅、孙冬青、辛自强、黄四林：《我国贫困大学生心理健康变迁的横断历史研究：1998－2015》，《心理发展与教育》2018 年第 5 期。
② Bronfenbrenner, U., & Morris, P. A., "The Bioecological Model of Human Development", in Handbook of Child Psychology, Vol. 1, Theoretical Models of Human Development, 6th ed., pp. 793－828, edited by W. Damon, R. M. Lerner & R. M. Lerner. New York: Wiley, 2006b.
③ Bronfenbrenner, U., & Morris, P. A., "The Bioecological Model of Human Development", in Handbook of Child Psychology, Vol. 1, Theoretical Models of Human Development, 6th ed., pp. 793－828, edited by W. Damon, R. M. Lerner & R. M. Lerner. New York: Wiley, 2006b; 谢弗（Shaffer, D. R.）、凯瑟琳·基普（Katherine Kipp）：《发展心理学——儿童与青少年》（第九版），邹泓等译，中国轻工业出版社，2017。

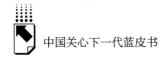

（一）微观系统影响青少年心理健康的因素

微观系统是环境层次中的最里层，是指个体活动和交往的直接环境（包括角色关系和活动），最常见的包括家庭、学校和同伴关系。

1. 家庭亲子关系和教养方式

对大多数青少年来说，家庭是其接触的第一个微观系统，对其心理发展起着重要的作用。家庭系统中，亲子关系的质量和教养方式都是重要的影响因素。多项研究都发现，家庭关系和家庭教养方式对青少年心理健康有深远影响。如有研究发现，80% 的青少年家庭中至少存在一种不良亲子关系，如期待型、溺爱型、不安型和不一致型，这些不良亲子关系会由此引发抑郁、敌对、焦虑等症状[1]。整个青少年时期，亲子关系质量是唯一对青少年心理健康最具稳定性的预测因素[2]；与父母交流越少的青少年心理健康水平越差[3]，亲子关系会影响到青少年的心理健康，可以预测青少年情感关系、社会性等方面的发展[4]；对"中国教育追踪调查"2013～2014 年的数据分析发现，亲子关系越好，亲子互动越多，青少年心理健康程度越高[5]。

关于教养方式对青少年心理健康的影响，更是获得了很多研究支持。如与父母教养方式良好相比，父母教养方式不良的情况下，青少年出现心理问题的比例明显更高[6]。母亲的养育焦虑及不良心理行为，可能是导致青少年心理问题的高危因素[7]。1996～2016 年父母教养方式与青少年心理健康相关

① 吴念阳、张东昀：《青少年亲子关系与心理健康的相关研究》，《心理科学》2004 年第 4 期。
② 贝克：《婴儿、儿童和青少年》（第 5 版），桑标等译，上海人民出版社，2008。
③ 姜哲、杨丽英、刘玉路、孙蕾、刘佳：《家庭生活模式与青少年心理健康的关系》，《中国健康心理学杂志》2012 年第 2 期。
④ 骆风、陈秋梅、刘惠良：《家长心理健康、亲子关系及其对子女心理健康影响的调查研究》，《教育研究与实验》2011 年第 6 期。
⑤ 杨磊、戴优升：《家庭社会资本、学校环境会影响青少年心理健康吗？——基于 CEPS 数据的实证分析》，《中国青年研究》2019 年第 1 期。
⑥ 葛静霞：《父母教养方式与青少年心理健康的关系研究》，东北师范大学硕士学位论文，2007。
⑦ 李小彩、赵丽娜、杨森焙、韩娟：《儿童抑郁症状与家庭因素的关系》，《中国妇幼保健》2010 年第 12 期。

研究文献的元分析发现,父母教养方式对青少年心理健康有预测效应,父母给予的温暖和理解越多,青少年心理健康状况越好;反之,父母亲惩罚严厉、过分干涉、偏爱、拒绝否认、过度保护越多,青少年心理健康状况越不好[①]。

在我国,教养方式的讨论不仅限于父母,还要考虑到祖父母。在现代社会,很多家庭中父母工作繁忙,祖父母在孩子童年时期承担了较多的抚育任务,"隔代抚养"的现象并不少见;还有前文提到的留守儿童,由于父母双方或一方长期外出工作,祖父母更是成为其主要教养者。有研究显示,与父母相比,祖辈往往更少关注和回应儿童的心理情感需求[②]。一项追踪调查表明,隔代抚养儿童在身体生理发育上与父母抚养组无明显差异,但在神经心理行为发展上落后于父母抚养组[③]。不过也有研究发现,隔代教育不会影响青少年心理健康,但对其社交能力有影响[④]。对中国教育追踪调查(CEPS)的数据分析发现,在19487名7年级和9年级学生中,学前主要采取隔代抚养的学生占25.94%,学前隔代抚养对儿童初中阶段的学业成绩和认知能力没有显著影响,但是对心理健康存在一定消极效应[⑤]。对留守儿童的一项研究发现,留守状况本身对其心理健康并没有直接影响,而是通过影响祖辈抚养者的心理状态而间接影响留守儿童的心理健康[⑥]。

2. 学校和同伴关系

学校系统中,教师、同伴和学校环境都可能对青少年心理健康发展产生

---

① 王芬芬、张榆敏、王霞:《父母教养方式与青少年心理健康关系的元分析》,《青少年学刊》2018年第3期。
② 郭筱琳:《隔代抚养对儿童言语能力、执行功能、心理理论发展的影响:一年追踪研究》,《中国临床心理学杂志》2014年第6期。
③ 张月芳、王伟、朱亚宁、杨丽芳、张欢:《隔代抚养对婴幼儿体格及神经心理发育的影响》,《中国儿童保健杂志》2015年第10期。
④ 石志道、曹日芳:《婴儿期不同养育方式对青少年期心理健康的影响》,《中国健康教育》2010年第3期。
⑤ 曾迪洋、洪岩璧:《早期隔代抚养对初中生教育和健康状况的影响》,《南京师大学报》(社会科学版)2020年第1期。
⑥ 曲莤、倪晓莉、赵新年、王瑜萍:《留守状况对隔代教养留守儿童心理健康的影响:祖父母心理健康的中介作用》,《中国临床心理学杂志》2019年第2期。

影响。如教师的问题行为会直接影响学生的健康发展，教师自身情绪缺乏控制、不尊重学生个性，不仅影响学生学习的积极性，也会阻碍学生价值观和人生观的确立[1]。有研究发现，教师的支持可以提升青少年的生活满意度[2]。师生关系可以影响和预测青少年的学校适应和心理健康[3]。

同伴关系是指同龄人之间或心理发展水平相当的个体之间在交往过程中建立和发展起来的一种人际关系[4]。随着年龄增长，父母对青少年的影响力变弱，同伴对青少年的影响力则增强。同伴关系缺失或不良，是青少年在该发展阶段缺少同伴之间的情感交流、缺少同伴关系带来的大量信息和榜样行为，会影响青少年的行为、情绪与人格。研究发现，同伴情感可以预测青少年的自尊和生活满意度[5]；大学生的同伴交往频率会增加其积极情绪、提升自尊[6]；学校内在氛围越好、同辈群体的负面行为越少，则青少年心理健康状况越好[7]。

学校环境方面，校园文化和班级氛围都会影响青少年心理健康。如有研究发现，校园氛围感知能降低青少年抑郁水平，提升主观幸福感[8]。校风（教学风气、学习风气）与青少年心理健康关系紧密[9]。班级氛围（师生关

---

[1] 彭康清：《教师问题行为对学生心理健康影响的研究》，《南昌教育学院学报》2015年第5期。

[2] 姜金伟、李苏醒：《教师和同学支持对初中生生活满意感的影响——自尊的中介作用》，《信阳师范学院学报》（哲学社会科学版）2013年第5期。

[3] 雷榕、锁媛、李彩娜：《家庭学校环境、人格与青少年心理健康》，《中国临床心理学杂志》2011年第5期。

[4] 王海英、王旭娜、李聘妮：《青少年心理健康的学校生态系统研究》，《东北师大学报》（哲学社会科学版）2016年第4期。

[5] 姜金伟、李苏醒：《教师和同学支持对初中生生活满意感的影响——自尊的中介作用》，《信阳师范学院学报》（哲学社会科学版）2013年第5期。

[6] 吴文君、向小平：《大学生同伴交往与心理健康的关系：人际交往能力的中介作用》，《中国健康心理学杂志》2020年第4期。

[7] 杨磊、戴优升：《家庭社会资本、学校环境会影响青少年心理健康吗？——基于CEPS数据的实证分析》，《中国青年研究》2019年第1期。

[8] 彭文雅：《校园氛围感知干预改善高中生心理健康：一项智慧干预的研究》，华中师范大学硕士学位论文，2019。

[9] 欧胜虎：《校风与大学生心理健康的关系研究》，《中国健康心理学杂志》2012年第4期。

系、内心体验、同学关系、课堂纪律、教室环境等）可以显著影响学生的情感素质①。

（二）中系统影响青少年心理健康的因素

中系统是环境层次的第二层，是指个体的微观系统之间的相互联系，比如家庭、学校和同伴群体之间的联系或相互关系，讨论比较多的中系统就是家校互动。家庭和学校两个微系统是青少年成长时期接触最多的环境，两者之间如果能加强交流、配合，将更有效地促进青少年的健康成长。国外有研究通过纵向调查，发现家长参与学校活动程度越高，青少年心理健康水平越高②；还有研究发现当整个家庭都参与到学校的干预项目时，青少年反社会和物质滥用行为会更少③。国内也有研究发现，家校联动可以降低学生的焦虑水平，效果比仅有学校或家庭单一干预因素要好。

（三）外系统影响青少年心理健康的因素

外系统是布朗芬布伦纳的第三个环境层次，指那些儿童并未直接参与，却对他们的发展产生影响的系统。比如家长的工作状况、社区环境等。如前述的留守儿童或城市农民工子女，因父母离家工作而将孩子留在老家或带到陌生城市，进而影响到孩子的心理健康④。针对北京 6518 名大学生的调查发现，父母工作单位对大学生心理健康状况有显著影响，父母无固定职业的

---

① 卢家楣、王俊山、刘伟：《中小学班级氛围、班主任情感素质对青少年学生情感素质的影响：基于多层线性分析》，《心理科学》2014 年第 5 期。
② Rothon, C., et al., "Family Support, Community 'Social Support' and Adolescents' Mental Health and Educational Outcomes: A Longitudinal Study in England", *Social Psychiatry & Psychiatric Epidemiology*, 2012（5）.
③ Stormshak, E., et al., "An Ecological Approach to Promoting Early Adolescent Mental Health and Social Adaptation: Family - centered Intervention in Public Middle Schools", *Child Development*, 2012（1）.
④ 俞国良、李建良、王勍：《生态系统理论与青少年心理健康教育》，《教育研究》2018 年第3 期。

大学生心理健康状况最差①。采用在社区开展心理健康教育等综合干预的方法，可以改善青少年心理问题②。社区通过开展各种面向青少年的活动，整合社会资源，为青少年心理健康发展提供了一定支持③。

（四）宏观系统影响青少年心理健康的因素

宏观系统是环境层次的最外层，指微观系统、中系统和外系统嵌套于其中的文化、亚文化环境，比如社会价值取向、道德观念、习俗、法律、教育、科学等文化背景和资源。本报告将主要关注与关工委工作比较贴近的价值观因素，以及作为数字原住民成长起来的儿童青少年所在的互联网环境。

1. 价值观

价值观是人们关于事物重要性的观念，影响着人们对外在世界的感知和反应倾向。我们认为，积极的价值观可以成为青少年心理健康的支持性力量，帮助其有效应对生活事件、适应环境变化，减少心理问题发生的可能。以往很多研究也都证实了价值取向会影响人们的心理健康。如一项对成都、重庆两地大学生的调查发现，大学生集体主义价值取向越强，心理健康状况越好④。家族主义、谦让守分、团结和谐等儒家传统价值观念越强的大学生，心理健康水平越高，重视面子关系价值观的大学生心理健康水平较低⑤。独立自主、重义轻利、科学精神等价值观念越强的大学生，心理健康水平越高⑥。另一项调查发现，对社会主义核心价值观认同程度越高的大学

① 曾美英、晏宁、于红军、卢丹蕾：《家庭因素对大学生心理健康的影响研究》，《心理科学》2008 年第 3 期。

② 艾荣、刘相辰、苏雅拉、柴少卿、陈敏：《呼和浩特 420 名社区儿童青少年心理卫生问题早期干预效果分析》，《医学综述》2013 年第 12 期。

③ 罗兴奇：《青少年心理健康的社区支持运行机制研究——以苏州市 M 社区为例》，《南京工程学院学报》（社会科学版）2009 年第 4 期。

④ 李祚山：《大学生文化取向与心理健康的关系研究》，《中国健康心理学杂志》2006 年第 3 期。

⑤ 张静：《当代大学生儒道传统价值观与心理健康的关系研究》，吉林大学博士学位论文，2009。

⑥ 杜鹃：《不同文化价值观对当代大学生心理健康及人格影响研究》，苏州大学硕士学位论文，2010。

生，其心理健康水平明显越好①。这些研究结果都表明，树立积极、正向的价值观念，可以提升青少年的心理健康水平。

2. 互联网

信息化时代，互联网已成为青少年日常生活中自然而然的一部分。根据《2019 年全国未成年人互联网使用情况研究报告》，我国未成年网民规模为 1.75 亿，未成年人互联网普及率达到 93.1%，其中使用手机上网的比例为 93.9%。互联网成为未成年人认识世界、学习知识和休闲娱乐的一个重要渠道②。根据《第 45 次中国互联网络发展状况统计报告》，19 岁以下网民占全体网民的 23.2%，约为 2.09 亿③。可以说，使用网络，尤其是手机上网，在青少年群体中非常普及，网络世界已成为青少年所处的一个重要环境，影响着青少年的心理和行为。而网络对青少年心理健康的影响，就像一柄双刃剑。

一方面，网络不仅可以成为青少年汲取知识、开阔视野的平台，更可以成为其展现自我、创造流行文化的平台。当代青少年，作为网络原住民，从出生伊始便熟悉互联网，更是将它视为一种创造性资源，充分发挥自己的想象力和创造力，生产符合自己身份和文化认同的文化，获得归属感和成就感④。

另一方面，有学者指出网络社交媒体的使用不能提升个体心理健康水平，过度使用网络和手机成瘾更会对青少年心理健康造成负面影响⑤。青少

① 张凡迪、范立国：《"90 后"大学生社会主义核心价值观认同程度及其对心理健康的影响》，《沈阳大学学报》（社会科学版）2014 年第 5 期。
② 中国互联网络信息中心：《2019 年全国未成年人互联网使用情况研究报告》，http://www.cnnic.net.cn/hlwfzyj/hlwxzbg/qsnbg/202005/t20200513_71011.htm，2020 年 5 月 13 日。
③ 中国互联网络信息中心：《第 45 次中国互联网络发展状况统计报告》，http://www.cnnic.net.cn/hlwfzyj/hlwxzbg/hlwtjbg/202004/t20200428_70974.htm，2020 年 4 月 28 日。
④ 中国青少年研究中心、苏州大学新媒介与青年文化研究中心"青少年网络流行文化研究"课题组、马中红：《新媒介空间中的青少年文化新特征——"青少年网络流行文化研究"调研报告》，《中国青年研究》2016 年第 7 期；高文珺、何祎金、田丰：《网络直播：参与式文化与体验经济的媒介新景观》，电子工业出版社，2019。
⑤ 俞国良：《我国青少年心理健康状况分析》，《中国社会科学报》2020 年 3 月 23 日。

年对社交媒体过度依赖，过度使用电子产品，习惯到网络世界中补偿现实世界的缺失，或是接触网络不良信息，都可能会降低其幸福感、自尊和现实世界的人际交往能力。海量的网络信息如果不能合理处理，可能会造成自我压迫和紧张，表现出"信息压迫综合症"①。针对这些弊端，在环境上，政府和企业可以致力于净化网络环境、确保青少年健康上网；而针对青少年自身，提升其网络素养，正确和合理使用网络，则可以帮助其在互联网社会更好地成长和发展②。

三　关工委在促进青少年心理健康发展上的作用

关工委是以热心关心下一代工作的离退休老同志为主体、党政有关部门和群团组织负责人参加的群众性工作组织，以关心、教育、培养青少年健康成长为目的。成立以来，关工委发挥老干部、老战士、老专家、老教师、老模范（以下简称"五老"）的优势，为促进青少年的身心健康成长开展了很多工作。在前文所论述的影响青少年心理健康的多层环境系统中，关工委在很多方面都具有优势能对相关环境予以干预，并已开展了很多工作，助力青少年心理健康的积极发展。

（一）开展家庭教育活动，关注隔代家庭教育，为青少年营造良好的家庭环境

如前所述，家庭环境是直接作用于青少年成长的微观系统，对青少年的心理健康有深远的影响。关工委长期以来一直重视并坚持家庭教育工作，通过对家长的培训，对孩子进行言传身带式的教育，传承优良家风，科学教育孩子。这种教育无疑有助于家长学会积极的教养方式，促进良好亲子关系的

① 黄丽云：《网络文化对青少年心理健康的影响及其对策研究》，华中师范大学硕士学位论文，2005。
② 田丰、朱迪、高文珺：《中国当代青少年网络素养调查报告》，载李培林、陈光金主编《2020年中国社会形势分析与预测》，社会科学文献出版社，2019。

建立，有利于青少年心理的健康发展。

各地方关工委在家庭教育方面都具有丰富的经验，有完善的管理机制，能够调动多方资源，全方位推动家庭教育的展开，将其深入家庭、社区、学校，让更多的家长和家庭获益。具体来说，关工委在家庭教育方面有很多独特优势。第一，五老讲师团独具优势。广大五老的丰富阅历和品格风范，是家庭教育最生动、最感人、最鲜活的教材。五老讲故事、忆往事，五老与家长和学生共同参加专题班会、讨论会，采用征文、书画展等形式与学生交流，更容易深入人心。

第二，体系健全，培训专业。全国各地建立了多所家长学校，目的和作用在于宣传家庭教育理念、知识和方法，促进家长提升教育水平和素养，增进家庭和学校之间的沟通，促使家长自觉配合学校工作，最终形成教育合力，培养出一大批合格家长、优秀学生。通常由退休老教师、教育或心理学专业教师、教子有方的家长和关工委五老组成讲师团，采取灵活多样的授课形式，如校长有约、菜单式家长大讲堂、校长大讲堂、智慧父母微信语音学习、家长夜校、网络学习等。家长反馈通过家长学校的学习，越来越意识到家庭教育的重要性，意识到言传身教的重要性。有的坚持陪伴孩子阅读，培养孩子的阅读习惯；有的改善沟通方式，使孩子具有很好的沟通能力，待人接物，落落大方；有的带孩子参与公益活动，不仅让孩子体会生活的艰辛，还培养孩子的爱心；有的回到家就坚决不玩手机，改变孩子严重依赖电子产品的现象。看到孩子的可喜变化，家长们参与家庭教育工作的积极性越来越高。

第三，能够协调多方资源，推动家庭、学校、社区"三位一体"格局形成，这也是作用于前述青少年发展所处的中系统，加强家校互动。关工委可以协调多个部门（如教育局、妇联、团委、教育局关工委、综治办、民委、司法局、民政局、文旅局、文明办等）共同合作，让家长培训可以进学校、进社区。很多地方的中小学、幼儿园都会按照教育局关工委的授课要求，保证每学期每名家长都能接受一定次数的培训。通过社区平台，开展讲座、组织活动，让家庭教育深入每个家庭。

第四，对于前述隔代教养方式问题，关工委更是独具优势，可以较好地开展隔代家庭教育。越来越多的祖父母在家庭教育中扮演重要角色，被纳为关工委家庭教育的培训对象。而在隔代家庭教育问题上，关工委具有天然优势。隔代教育的主要对象祖父母，正是五老志愿者队伍中的一员，由他们进行家庭教育培训，更容易产生共鸣。关工委的一些实践表明，通过开展隔代家庭教育工作，使大多数祖辈家长树立了正确的家庭教育观念，在思想上实现三个转变：一是从"看孙子"向"育孙子"的观念转变，二是从只养不教向养教结合转变，三是从重智轻德向全面发展转变。这也是关工委工作成效的体现。

（二）推广品牌活动，为青少年营造良好的学校环境

除了家庭教育进校园之外，关工委利用其优势组织丰富的宣讲活动，为营造良好的学校环境做出了贡献，通过学校环境系统的改善，促进青少年心理的健康发展。比如，北京交通大学"人生大课堂"、北京邮电大学"北邮人讲北邮事"、中国石油大学（华东）"院士聊聊天"、华中科技大学"院士学子面对面"、重庆大学"用重大人教育重大人"等活动，将"院士回母校""杰出老校友回母校"与本校特色相结合，进一步丰富活动内涵；中央财经大学将"杰出老校友回母校"活动深化到二级关工委，中国地质大学（武汉）"院士回母校活动"从学校延伸到实习基地，扩大了活动的受益面；北京大学、上海交通大学、同济大学等与校庆、新生入学等相结合，实现了活动的常态化；河北、云南启动"工匠进校园"活动，北京、天津、上海、山东、福建、广东、海南、重庆等地充分挖掘当地能工巧匠开展活动。据不完全统计，2018年"院士回母校""杰出老校友回母校"举办了134场，覆盖了近40所院校；"工匠进校园"活动举办了69场，覆盖13个省。这些活动可进一步持续化和常态化，并扩大覆盖范围，对学校环境产生长期影响。

（三）帮扶留守儿童和贫困青少年

如前所述，青少年心理健康工作应对留守儿童、贫困大学生等群体给予

更多关注和关爱。在这两方面，关工委都有所行动。关工委的关爱帮扶活动一直关注留守儿童、贫困青少年。比如依托留守儿童之家、三点半课堂、校外辅导站等关爱阵地，由五老志愿者为留守儿童提供学后看护、心理辅导、道德养成及安全教育等多元化关爱服务，解决留守儿童在学习、生活、生理、心理等方面面临的困难和问题，努力为留守儿童提供健康的成长环境。在具体工作实施上，关工委发挥自身优势，与其他部门密切配合，建立机构联系网，为留守儿童建档立册，开展心理健康教育、法治教育和安全教育；开设亲子热线、建立留守儿童驿站，多渠道加强家校沟通和联系。安排五老和留守儿童结成"一帮一"对子，对留守儿童的生活、情感、心理、烦恼等问题都给以关注和疏导。搭建留守儿童教育和管理平台，充分发挥班主任、任课教师、管理人员、退休老同志、监护人、家长等各方力量，开展"多帮一"结对子帮扶活动，共同帮助留守儿童。

关工委还大力推动"五老关爱工程""儿童之家""脱贫攻坚青春建功行动""农村青少年校外教育"等关爱工作品牌建设，把更多注意力放在深度贫困地区和特殊贫困青少年群体身上，着力为他们办实事解难事，助力青少年成长成才。

（四）培育青少年积极价值观念，提供心理健康服务

价值观会影响青少年的心理和行为，进而影响其心理健康。关工委工作重点之一就是加强青少年思想道德建设，培育和践行社会主义核心价值观。五老志愿者通过进校园、进社区、进农村对青少年进行社会主义核心价值观、理想信念以及革命传统教育，通过宣讲党史国史、革命斗争史、家乡民族文化、中国梦、发生在身边的人和事以及法律法规，帮助留守儿童树立正确的世界观、人生观、价值观，正确地理解周围的人和事，守纪律、明事理、懂礼貌，感恩父母、感恩学校、感恩社会，自觉树立和践行社会主义核心价值观，帮助青少年积极面对问题，减少心理问题发生的可能性。

关工委还开展了一系列青少年心理健康服务，比如地方关工委和相关部门和专业心理咨询机构合作，进行心理健康教育，普及心理健康知识，为青

少年提供了有力的社会环境支持。有的地方在当地关工委支持下，由地方心理卫生协会开展了"阳光心灵"项目，定期对心理健康工作从业者进行专业心理咨询培训；开设家长教室，帮助青少年家长理解心理问题，找到解决其家庭问题的途径；设立了24小时未成年人心理援助热线，为未成年人和家长提供全天候心理热线服务。有的地方成立了青少年心理健康研究会，开通"关爱心理热线"，为青少年及家长提供心理咨询服务，与此同时，热线团专家还陆续在学校和社区开展公益讲座，普及心理健康、儿童心理发展与培养知识，指导家庭教育等。关工委开展"青少年心理教育流动课堂"，送课下乡，邀请、动员五老发挥心理服务专长，成立心理咨询工作室，提供心理援助。

在疫情期间，关工委提供的这些心理健康服务也在特殊时期发挥了重要的心理疏导作用。在新冠肺炎疫情期间，这些心理热线持续工作，处理疫情期间未成年人的情绪、亲子关系、家庭教育、因疫情导致原有心理疾病加重或复发等问题。还有地方关工委推出《疫情防控亲子云课堂》系列分享课程，从亲子教育、个人成长、亲子关系、亲密关系、原生家庭等方面，帮助大家恢复健康身心，获得全方位的成长。

（五）"互联网＋关工"创新，充分利用新媒介推动工作进展

互联网的不当使用会导致青少年心理问题增加，面对作为网络原住民的青少年，关工委在引导青少年积极使用网络方面也做出了努力。比如推动五老强化互联网思维，积极运用微博、微信、手机客户端等现代媒介传播正能量，引导青少年文明上网、科学上网。参与净化网络空间，协助有关部门加强对文化市场的监督管理，做好五老网吧义务监督工作。

同时，关工委也注意工作形式的与时俱进，做出"互联网＋关工""网上关工委""实现实体关工委和网上关工委全面覆盖、有效融合新格局"的工作部署。组织广大五老运用电脑、智能手机，通过网站和社交媒体将关工委开展的各项实体工作和实体活动延伸到互联网上，在与有关门户网站、职能单位网站互联、互用，五老与关爱对象在网上互联、互动，各级关工委网

站之间互联、互通的基础上，实现关心下一代工作的信息化、网络化、数字化。与此同时，开展丰富的网上活动，如网上开展家庭教育活动，有的五老志愿者开通微博号，定期发布关于家庭教育的系列文章，针对性、趣味性、可操作性强，受到家长、学生、教师的高度好评。网上开展心理咨询服务。网上关心留守儿童，建立由留守儿童家长、爱心家长、老师、五老等组成的微信工作群，以文字、图片、语音、视频等形式将孩子动态告知家长。组织五老和爱心人士在社区建立"亲情聊天室"，安排社区内留守儿童与父母视频聊天。利用新媒体等网络传播渠道进行网上宣传，将典型的经验、五老的模范事迹、演出和文学作品等都搬到网上。

四 结语

综合以往的调查可以发现，我国青少年在各个年龄段、各地区、各类学校中都一定比例地存在程度不同的心理问题乃至心理障碍，需要予以重视，对于留守儿童、贫困大学生等青少年群体要给予更多关爱和关心。

本报告在生态系统理论的框架下，对我国青少年心理健康的主要影响因素进行了分析，包括微观系统中的家庭、学校和同伴因素，中系统中的家校互动因素，外系统中的父母工作状态和社区环境，宏观系统中的价值观和互联网。

关工委可以从很多方面对这些因素进行干预，进而提升青少年的心理健康水平，包括在家庭—学校—社会全方位开展家庭教育活动，营造良好的家庭环境、学校环境和社区环境；关爱留守儿童和贫困青少年，促使其心理健康发展；促进青少年树立积极的价值观；为青少年和家长提供专业的心理健康服务；引导青少年合理、健康地使用网络。关工委在这些方面的工作均取得了一定的成绩，并且具有优势。未来关工委在促进青少年心理健康发展上，还要坚持充分发挥优势、保证已有成功经验的延续性；开展实时调研，以了解青少年心理和社会发展的新变化，评估工作方法的有效性并适时调整；把握社会发展动态，部署相应工作，预防青少年心理问题的发生。

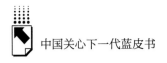

参考文献

艾荣、刘相辰、苏雅拉、柴少卿、陈敏：《呼和浩特 420 名社区儿童青少年心理卫生问题早期干预效果分析》，《医学综述》2013 年第 12 期。

贝克：《婴儿、儿童和青少年》（第 5 版），桑标等译，上海人民出版社，2008。

曾迪洋、洪岩璧：《早期隔代抚养对初中生教育和健康状况的影响》，《南京师大学报》（社会科学版）2020 年第 1 期。

曾美英、晏宁、于红军、卢丹蕾：《家庭因素对大学生心理健康的影响研究》，《心理科学》2008 年第 3 期。

陈丹、权治行、艾梦瑶、宗春山、许建农：《青少年心理健康状况及影响因素》，《中国健康心理学杂志》（网络首发），http：//kns.cnki.net/kcms/detail/11.5257.r.20200426.0930.008.html，2020 年 4 月 26 日。

邓军彪、林爽、朱焰、王鹏：《2008－2018 年大学生心理健康水平的变迁——以广西某高校为例》，《大学教育》2019 年第 11 期。

丁文清、周苗、宋菲：《中国学龄儿童青少年心理健康状况 Meta 分析》，《宁夏医科大学学报》2017 年第 7 期。

杜鹃：《不同文化价值观对当代大学生心理健康及人格影响研究》，苏州大学硕士学位论文，2010。

段成荣、吕利丹、郭静、王宗萍：《我国农村留守儿童生存和发展基本状况——基于第六次人口普查数据的分析》，《人口学刊》2013 年第 3 期。

高文珺、何祎金、田丰：《网络直播：参与式文化与体验经济的媒介新景观》，电子工业出版社，2019。

葛静霞：《父母教养方式与青少年心理健康的关系研究》，东北师范大学硕士学位论文，2007。

管冰清、罗学荣、邓云龙、韦臻、叶海森、袁秀洪等：《湖南省中小学生精神障碍患病率调查》，《中国当代儿科杂志》2010 年第 2 期。

郭申阳、孙晓冬、彭瑾、方奕华：《留守儿童的社会心理健康——来自陕西省泾阳县一个随机大样本调查的发现》，《人口研究》2019 年第 6 期。

郭筱琳：《隔代抚养对儿童言语能力、执行功能、心理理论发展的影响：一年追踪研究》，《中国临床心理学杂志》2014 年第 6 期。

胡阳秀、刘彭娟：《池州市留守儿童心理健康现状、原因及对策研究》，《广东石油化工学院学报》2019 年第 2 期。

黄杰、朱丹、温子凤、钟兴：《农村留守儿童与非留守儿童心理健康的比较研究——基于 SCL - 90 问卷调查的元分析》,《湖南第一师范学院学报》2018 年第 3 期。

黄丽云:《网络文化对青少年心理健康的影响及其对策研究》,华中师范大学硕士学位论文,2005。

姜金伟、李苏醒:《教师和同学支持对初中生生活满意感的影响——自尊的中介作用》,《信阳师范学院学报》(哲学社会科学版)2013 年第 5 期。

姜哲、杨丽英、刘玉路、孙蕾、刘佳:《家庭生活模式与青少年心理健康的关系》,《中国健康心理学杂志》2012 年第 2 期。

雷榕、锁媛、李彩娜:《家庭学校环境、人格与青少年心理健康》,《中国临床心理学杂志》2011 年第 5 期。

李海文:《小学留守儿童心理健康问题调查研究》,内蒙古师范大学硕士学位论文,2019。

李金德、刘惠珍、伍业光:《中国贫困大学生心理健康与经济发展的相关性》,《中国学校卫生》2014 年第 7 期。

李天然:《青少年心理健康的新特点与自我抽离的关系》,中国人民大学硕士学位论文,2016。

李小彩、赵丽娜、杨森焙、韩娟:《儿童抑郁症状与家庭因素的关系》,《中国妇幼保健》2010 年第 12 期。

李祚山:《大学生文化取向与心理健康的关系研究》,《中国健康心理学杂志》2006 年第 3 期。

廖秋梅:《大学生心理健康状况及教育对策研究》,湖南农业大学硕士学位论文,2013。

林赞歌、邓远平:《新时期青少年心理健康状况调研报告——基于对厦门市 3000 多名青少年心理健康状况的实证研究》,《中国青年研究》2011 年第 6 期。

刘恒、张建新:《我国中学生症状自评量表(SCL - 90)评定结果分析》,《中国心理卫生杂志》2004 年第 2 期。

卢家楣、王俊山、刘伟:《中小学班级氛围、班主任情感素质对青少年学生情感素质的影响:基于多层线性分析》,《心理科学》2014 年第 5 期。

罗香群:《高等专科新生心理健康状况及其影响因素的调查分析》,《校园心理》2016 年第 2 期。

罗兴奇:《青少年心理健康的社区支持运行机制研究——以苏州市 M 社区为例》,《南京工程学院学报》(社会科学版)2009 年第 4 期。

骆风、陈秋梅、刘惠良:《家长心理健康、亲子关系及其对子女心理健康影响的调查研究》,《教育研究与实验》2011 年第 6 期。

欧胜虎:《校风与大学生心理健康的关系研究》,《中国健康心理学杂志》2012 年第 4 期。

彭康清:《教师问题行为对学生心理健康影响的研究》,《南昌教育学院学报》2015

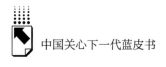

年第 5 期。

彭文雅：《校园氛围感知干预改善高中生心理健康：一项智慧干预的研究》，华中师范大学硕士学位论文，2019。

曲苒、倪晓莉、赵新年、王瑜萍：《留守状况对隔代教养留守儿童心理健康的影响：祖父母心理健康的中介作用》，《中国临床心理学杂志》2019 年第 2 期。

冉永琴：《高校贫困生心理健康状况与教育对策研究——基于重庆高校贫困大学生的问卷调查数据》，《重庆工商大学学报》（社会科学版）2019 年第 6 期。

《约 3000 万青少年受情绪障碍问题困扰》，人民网，http：//edu. people. com. cn/GB/1053/3934571. html，2005 年 12 月 12 日。

任金杰、黄丽颖：《农村留守儿童心理健康状况及影响因素研究》，《通化师范学院学报》2017 年第 7 期。

任其平、崔诣晨、范琪、万增奎、王申连、黄亚萍：《全国未成年人心理健康状况的调查报告》，中国心理学会第二十二届全国心理学学术会议论文，2019。

沈成平、叶一舵、丘文福：《近十年贫困大学生心理健康状况的元分析》，《集美大学学报》（教育科学版）2017 年第 2 期。

沈德立、马惠霞、白学军：《中国青少年心理健康素质调查研究》，《天津师范大学学报》（社会科学版）2008 年第 5 期。

沈德立、马惠霞、白学军：《青少年心理健康素质的结构及其实证研究》，《心理科学》2009 年第 2 期。

师保国、雷雳：《近十年内地青少年心理健康研究回顾》，《中国青年研究》2007 年第 10 期。

石志道、曹日芳：《婴儿期不同养育方式对青少年期心理健康的影响》，《中国健康教育》2010 年第 3 期。

孙小云：《我国青少年心理健康现状及影响因素分析》，辽宁大学硕士学位论文，2017。

谭深：《中国农村留守儿童研究述评》，《中国社会科学》2011 年第 1 期。

田丰、朱迪、高文珺：《中国当代青少年网络素养调查报告》，载李培林、陈光金主编《2020 年中国社会形势分析与预测》，社会科学文献出版社，2019。

王芬芬、张榆敏、王霞：《父母教养方式与青少年心理健康关系的元分析》，《青少年学刊》2018 年第 3 期。

王海英、王旭娜、李聃妮：《青少年心理健康的学校生态系统研究》，《东北师大学报》（哲学社会科学版）2016 年第 4 期。

王素华、梁月英、于海娇：《广西钦州市农村留守儿童心理健康状况》，《钦州学院学报》2019 年第 6 期。

吴念阳、张东昀：《青少年亲子关系与心理健康的相关研究》，《心理科学》2004 年第 4 期。

吴文君、向小平：《大学生同伴交往与心理健康的关系：人际交往能力的中介作用》，《中国健康心理学杂志》2020年第4期。

谢弗（Shaffer，D. R.）、凯瑟琳·基普（Katherine Kipp）：《发展心理学——儿童与青少年》（第九版），邹泓等译，中国轻工业出版社，2017。

辛自强、张梅：《1992年以来中学生心理健康的变迁：一项横断历史研究》，《心理学报》2009年第1期。

辛自强、张梅、何琳：《大学生心理健康变迁的横断历史研究》，《心理学报》2012年第5期。

杨磊、戴优升：《家庭社会资本、学校环境会影响青少年心理健康吗？——基于CEPS数据的实证分析》，《中国青年研究》2019年第1期。

俞国良：《我国青少年心理健康状况分析》，《中国社会科学报》2020年3月23日。

俞国良、李建良、王勍：《生态系统理论与青少年心理健康教育》，《教育研究》2018年第3期。

俞国良、李天然：《社会转型中青少年心理健康的结构与特点探索》，《西南民族大学学报》（人文社科版）2016年第8期。

张凡迪、范立国：《"90后"大学生社会主义核心价值观认同程度及其对心理健康的影响》，《沈阳大学学报》（社会科学版）2014年第5期。

张洪波、陶芳标、曾广玉、曹秀菁、许韶君、余霞玲：《安徽省中学生抑郁心理症状及其相关因素》，《中国学校卫生》2001年第6期。

张静：《当代大学生儒道传统价值观与心理健康的关系研究》，吉林大学博士学位论文，2009。

张梅、孙冬青、辛自强、黄四林：《我国贫困大学生心理健康变迁的横断历史研究：1998－2015》，《心理发展与教育》2018年第5期。

张月芳、王伟、朱亚宁、杨丽芳、张欢：《隔代抚养对婴幼儿体格及神经心理发育的影响》，《中国儿童保健杂志》2015年第10期。

中国互联网络信息中心：《2019年全国未成年人互联网使用情况研究报告》，http：//www. cnnic. net. cn/hlwfzyj/hlwxzbg/qsnbg/202005/t20200513_71011. htm，2020年5月13日。

中国互联网络信息中心：《第45次中国互联网络发展状况统计报告》，http：//www. cnnic. net. cn/hlwfzyj/hlwxzbg/hlwtjbg/202004/t20200428_70974. htm，2020年4月28日。

《全国农村留守儿童状况调查研究报告》，http：//qnzz. youth. cn/qsnyj/ztyj/201412/t20141202_6150770. htm，2014年12月2日。

中国青少年研究中心、苏州大学新媒介与青年文化研究中心"青少年网络流行文化研究"课题组、马中红：《新媒介空间中的青少年文化新特征——"青少年网络流行文化研究"调研报告》，《中国青年研究》2016年第7期。

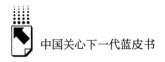

《联合国：全球五分之一的青少年受心理健康问题困扰》，http：//www. chinanews. com/gj/2019/11 – 06/8999367. shtml，2019 年 11 月 6 日。

《关于印发健康中国行动——儿童青少年心理健康行动方案（2019 – 2022 年）的通知》，2019 年 12 月 27 日。

《2020 中国大学生健康调查报告》，http：//news. cyol. com/app/2020 – 01/03/content_ 18310706. htm，2020 年 1 月 3 日。

Bronfenbrenner, U. , *Making Human Beings Human*, Thousand Oaks, CA：Sage, 2015.

Bronfenbrenner, U. , & Morris, P. A. , "The Bioecological Model of Human Development", in Handbook of Child Psychology, Vol. 1, Theoretical Models of Human Development, 6th ed. , pp. 793 – 828, edited by W. Damon, R. M. Lerner & R. M. Lerner. New York：Wiley, 2006b.

Rothon, C. , et al. , "Family Support, Community 'Social Support' and Adolescents' Mental Health and Educational Outcomes：A Longitudinal Study in England", *Social Psychiatry & Psychiatric Epidemiology*, 2012（5）.

Stormshak, E. , et al. , "An Ecological Approach to Promoting Early Adolescent Mental Health and Social Adaptation：Family – centered Intervention in Public Middle Schools", *Child Development*, 2012（1）.

B.6
青少年网络使用和保护研究报告

朱　迪*

摘　要： 青少年网络保护需要学校、家庭和社会的通力合作和长期努
力，关心下一代工作委员会应发挥工作和资源优势，在互联
网和新媒体发展的新形势下加强对青少年和未成年人的保护
和关爱。本报告基于"2018年度中国青少年互联网使用及网
络安全情况调查"数据，描述青少年使用互联网的总体状况
以及面临的网络风险。研究发现，社交软件、网络社区和短
视频是青少年遇到色情信息骚扰的主要场景，青少年所面临
的色情、诈骗、骚扰等不良信息和风险更多集中于社交网络，
当遭遇各种类型网络风险时，青少年的主要应对措施是不理
会或直接进行网络投诉或者举报，很小比例的会选择与父母
或长辈交流。报告建议通过推动企业加强自律自查、促进学
校和家庭重视青少年网络保护、加强困境儿童的网络保护和
网络素养提升、发挥五老的正能量并发动其他社会力量提高
青少年的自我保护能力和思想道德素质。

关键词： 青少年　网络保护　网络素养　网络风险　未成年人

网络等新媒体与青少年的学习和生活日益紧密结合，既带来极大的便
利，但也带来了相应的风险。青少年接触互联网不良信息、过度使用网络、

---

* 朱迪，中国社会科学院社会学研究所研究员。

沉迷电子游戏，以及相应引发的一些越轨和偏差行为，引起社会广泛关注。习近平总书记指出，要依法加强网络空间治理，加强网络内容建设，为广大网民特别是青少年营造一个风清气正的网络空间。青少年的网络保护和网络素养提升也是关心下一代工作委员会的重要工作内容和重要责任。本报告将通过调查数据，描述青少年使用互联网的总体状况以及面临的网络风险，以关心下一代工作委员会相关工作机制为线索，分析家庭、学校、社会应对网络风险的对策建议。

国外相关研究主要关注青少年面临的不同类型网络风险和网络安全教育，比如互联网等新媒体对于青少年心理健康的影响以及青少年网络素养的培养。视频、电子游戏等新媒体与电视等传统媒介共同发挥作用，影响青少年出现网络暴力、欺凌等行为[1]。一些具体的网络风险因素，如网络暴力和色情等内容对于青少年心理健康产生影响并对社会产生危害[2]，这些线上网络风险因素基于线下的社会网络，有可能出现蔓延和扩散，进一步强化网络色情信息和网络性骚扰之间的连带作用[3]。在青少年遇到网络风险的同时，也存在其自我调整、完善心智和社会整合的机遇[4]。

国内已有相关研究主要集中在网络欺凌、网络色情信息以及青少年保护

---

[1] Valkenburg P. M., Peter J., "Online Communication among Adolescents: An Integrated Model of Its Attraction, Opportunities, and Risks", *Journal of Adolescent Health*, 2011, 48（2）; Patton D. U., Hong J. S., Ranney M., et al., "Social Media as a Vector for Youth Violence: A Review of The Literature", *Computers in Human Behavior*, 2014（35）; Ybarra M. L., Diener-West M., Markow D., et al., "Linkages between Internet and Other Media Violence with Seriously Violent Behavior by Youth", *Pediatrics*, 2008, 122（5）.

[2] Jones L. M., Mitchell K. J., Finkelhor D., "Trends in Youth Internet Victimization: Findings from Three Youth Internet Safety Surveys 2000 - 2010", *Journal of Adolescent Health*, 2012, 50（2）; Mitchell K. J., Wolak J., Finkelhor D., "Trends in Youth Reports of Sexual Solicitations, Harassment and Unwanted Exposure to Pornography on the Internet", *Journal of Adolescent Health*, 2007, 40（2）.

[3] Ybarra M. L., Mitchell K. J., "How Risky are Social Networking Sites? A Comparison of Places Online Where Youth Sexual Solicitation and Harassment Occurs", *Pediatrics*, 2008, 121（2）.

[4] Guan S. A., Subrahmanyam K., "Youth Internet Use: Risks and Opportunities", *Current Opinion in Psychiatry*, 2009, 22（4）.

等方面的探讨。比如，对青少年网络犯罪、网络暴力（包括欺凌等）行为本身的研究[①]，以及相关影响因素、发生场景、行为后果等的研究，结果显示电子邮件、即时通信、聊天室、社交网站等都是网络欺凌的高发区域[②]。新媒体亚文化也在某种程度上成为犯罪的温床，需要进一步加以探讨和管控[③]。此外，网络色情信息对青少年的身心健康具有负面影响，研究探讨了其作用机制以及对青少年犯罪的潜在作用等[④]。也有研究提出如何通过家庭、社会、学校等提供帮助措施，降低网络色情信息对青少年心理健康的危害[⑤]，青少年保护方面的研究反思了国内外相关经验和政策措施[⑥]。然而，国内比较缺乏对青少年遭遇的网络性骚扰相关研究。

欧盟组织实施的"欧盟孩子上网"（The EU Kids Online）研究认为存在三个维度的网络风险——内容、接触和行为，其中"内容"指青少年作为信息接收者，"接触"指青少年作为（成年人主导的）行为的参与者，"行为"指青少年作为主要行动者，网络风险主要来源于暴力、性、价值观和商业四个维度，这样一共划分出 12 种类型的网络风险，比如与性有关的包括色情信息、陌生人交往有关的性滥用以及网络性骚扰[⑦]。我们的调查参考

① 陈钢：《网络欺凌：青少年网民的新困境》，《青少年犯罪问题》2011 年第 4 期；高中建、杨月：《青少年网络欺凌的历史回放及现实预防》，《青年发展论坛》2017 年第 27 期。
② 唐冰寒：《网络暴力对青少年越轨行为的影响：以风险社会理论为考察视角》，《中国青年研究》2015 年第 4 期；张凯、吴守宝：《青少年网络欺凌：类型、影响因素及干预》，《淮北师范大学学报》（哲学社会科学版）2017 年第 2 期。
③ 徐彦泰：《新媒体亚文化与青少年犯罪关系研究》，安徽大学硕士学位论文，2013。
④ 王娟、李莉、林文娟等：《网络色情对青少年心理健康影响的心理社会分析》，《中国卫生事业管理》2010 年第 6 期；杨智平：《青少年网络色情犯罪缺陷人格生成分析》，《青年探索》2011 年第 2 期。
⑤ 王小荣：《亲子性话题沟通、青少年性心理健康与青少年网络色情偏差行为的关系》，山东师范大学硕士学位论文，2017。
⑥ 张乐：《青少年网络欺凌研究综述》，《中国青年研究》2010 年第 12 期。
⑦ Livingstone S., Mascheroni G., Staksrud E., "Developing a Framework for Researching Children's Online Risks and Opportunities in Europe", EU Kids Online, November, http://eprints.lse.ac.uk/64470/1/_ lse. ac. uk_ storage_ LIBRARY_ Secondary_ libfile_ shared_ repository_ Content_ EU% 20Kids% 20Online_ EU% 20Kids% 20Online_ Developing% 20framework% 20for% 20researching_ 2015. pdf, 2015.

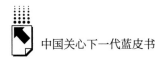
了该框架，对青少年面临的网络风险主要考察四个方面：网络色情信息、网络诈骗、网络暴力（欺凌、辱骂和霸凌等）以及基于网络的各种形式的性骚扰。

数据来源主要为"2018年度中国青少年互联网使用及网络安全情况调查"，由共青团中央维护青少年权益部与中国社会科学院社会学研究所合作开展。样本主要覆盖4~18岁的青少年，来自全国六大区的一、二、三、四线城市和农村，采用分层抽样的方式，共获得6373个样本。

一　青少年使用互联网的总体特征

（一）低龄化明显，近半数青少年每天上网超2小时

随着网络的快速普及，使用互联网的青少年呈现低龄化趋势。就此次调查结果来看，5岁及以下就已经接触到互联网的青少年占10.88%，6~10岁开始接触互联网的青少年占61.43%，如图1所示。

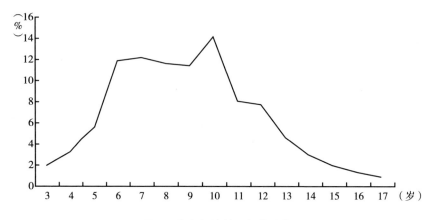

图1　青少年的触网年龄分布

从上网时长来看，超四成青少年每天上网时长在2小时以上，其中上网时长在2~4小时的占比为24%，4~6小时的占比为13%，而6小时以上的

占比为8%。目前中国已经进入人人互联的时代，几乎每个家庭的日常生活都与互联网密不可分，在这样的背景下，青少年很容易在早期就接触到互联网，但过早接触网络对其未来的人生发展影响如何，现在还难以下定论。但就互联网发展现状来看，网络监管尚不够健全，网络信息复杂，很多内容（如暴力、血腥、色情等）不宜在青少年中传播，因此青少年过早或过多接触互联网可能存在一定风险。

父母的陪伴对青少年的成长具有重要的影响。如表1所示，目前没有和父母同住的青少年每天上网时间在6小时以上的占14.61%，而与父母同住的青少年该比例仅为7.58%；没有和父母同住的青少年每天上网时长在2小时以内的比例为36.99%，与父母同住的青少年该比例为49.70%。可以看出，父母在场对于防止青少年过度上网、合理控制上网时间具有重要的调节和控制作用。

表1　是否与父母同住对青少年上网时长的影响

单位：%

是否与父母同住 上网时长	不同住	同住
6 小时以上	14.61	7.58
4~6 小时	17.35	12.92
2~4 小时	26.94	24.03
2 小时以内	36.99	49.70
从不	4.11	5.78

（二）移动化日增，上网时间呈现碎片化特征

随着移动终端的普及以及各种手机 App 的开发，青少年群体上网的移动化趋势不断增强。2010~2015 年《中国青少年上网行为研究报告》显示，2015 年我国6~18 岁未成年人手机上网的规模达到1.27 亿，占青少年网民规模的44.1%，而2010 年这两项数据则分别为0.86 亿和40.4%。2015 年通过手机上网的未成年人比例比2010 年增长了3.7 个百分点。

青少年使用的上网设备主要是手机，占样本的 87.33%，远高于其他上网设备；新兴的上网设备，如平板电脑，作为青少年上网的主要设备占比也达到了 21.88%。调研发现，学生们较多使用电脑做 PPT、写报告和其他作业，因此笔记本电脑和台式机作为青少年上网主要设备的比例也较可观，分别为 22.68% 和 36.90%。

青少年的手机使用技能较强，我们的调查显示，有 96.15% 的青少年知道怎样在手机上安装程序，有 81.39% 的青少年知道怎样在应用市场（或苹果商店）购买程序（见表2）。另外值得注意的是，表示几乎总是在网上购物的青少年占比达到 10%。

表2 青少年手机使用情况

单位：%

项目	完全符合	基本符合	完全不符合
我知道怎样在手机上安装程序	79.22	16.93	3.85
我知道怎样在应用市场(或苹果商店)购买程序	56.64	24.75	18.61

移动终端的普遍应用为青少年上网提供了新的方式，比如可以使用手机的即时通信、搜索引擎、网络音乐、网络新闻、网络视频、网络支付和网络购物等功能。青少年上网行为的移动化趋势，也就意味着上网时间被不断碎片化，其上网行为在时间上是离散的。研究显示①，青少年上网时间主要集中在课间、放学后、完成作业后，以及交通出行过程中等车、坐车时。

（三）社交化与娱乐化突出，即时通信逐渐成为青少年互动的主要方式

随着越来越多的网络社交软件和社交平台的出现，网络社交逐渐成为人们生活和工作的重要组成部分。对于青少年而言，他们可以通过 QQ、微信

---

① 刘剑、刘胜枝：《青少年移动互联网娱乐行为分析及对策研究——基于对北京、河北、哈尔滨 1500 名大中学生的问卷调查和访谈》，《中国青年研究》2015 年第 12 期。

等网络社交软件与家长、老师、朋友和同学等进行联络。

相比于博客、电子邮件、论坛/BSS、SNS 网站等传统社交媒体平台，QQ、微信等即时性社交互动方式因快速、简单、互动性强等特征而受到青少年的青睐①。调查结果显示，微信、QQ 等即时通信方式已成为青少年网络社交的主要方式。具体来看，几乎总是使用微信、QQ 的青少年占比为40%，每天使用几次的占比为 14%，而几乎每天使用一次的占比为 16%，仅有 4% 的青少年从不使用微信、QQ。

随着互联网功能的日益强大，网络几乎可以承载人们日常生活（包括工作、休闲、娱乐等）的方方面面，从调查结果来看，超七成的青少年对追剧、电影、流行音乐表示关注，超六成青少年对电玩、动漫、游戏表示关注，此外对于网上搞笑和恶搞的关注度占比也达到了近五成。而对于追星、美食、美妆、情感、恋爱等方面的关注度则相对偏低（见表 3）。

表3　在娱乐和生活方面青少年上网所关注的内容

单位：%

内容 \ 关注程度	很关注	稍微关注	不太关注	不关注
追剧、电影、流行音乐	31.56	44.89	15.73	7.82
电玩、动漫、游戏	27.15	35.29	22.72	14.84
搞笑、恶搞	13.93	34.17	30.42	21.48
粉丝群、追星族	9.95	18.23	28.35	43.46
美食、美妆	12.77	25.85	25.39	35.99
情感、恋爱、社交	5.36	17.76	29.93	46.96
网络购物	17.55	34.29	21.94	26.22

就网上娱乐内容来看，新媒体几乎已经将传统媒体的娱乐功能基本覆盖。青少年可以通过网络看电视和电影、听音乐、玩游戏、看动漫等。网络娱乐内容的多样性一方面丰富了青少年的线上活动，另一方面也可能加深青少年的网络依赖性。

---

① 姚伟宁：《青少年网民群体特征与上网行为的动态变迁——历年〈中国青少年上网行为调查报告〉研析》，《中国青年研究》2017 年第 2 期。

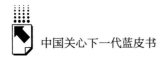

（四）多场景化显著，上网地点呈现随时化特征

家庭和学校是青少年上网的主要场所，但一些学校对青少年的上网行为进行限制，例如禁止学生使用手机或限制使用时间等，因而家庭成为青少年上网最主要的场所。调查显示，青少年经常上网的地点是家里的占95.07%；学校居其次，远远低于家里，占比为 18.44%；公共场所占比14.65%；随时随地占 13.20%；其他场所占 5.46%（见图 2）。

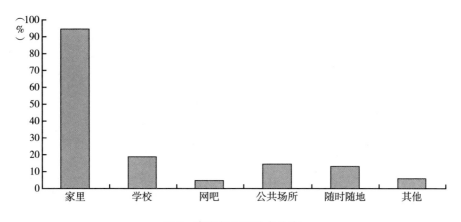

图 2　青少年上网地点分布

同时，手机、平板电脑等移动终端的发展，突破了传统电脑存在的网络使用空间束缚，使得青少年能够随时随地上网，从而促进了上网多场景化的实现。上网的多场景化，反映出青少年上网地点的随时化，即青少年群体可以在几乎任何场合上网，而不只限于家里、学校和网吧。不同场景下的上网行为也会给青少年带来不同的情境体验，但是相对于家里和学校，地铁、广场等公共场所的无线 Wi-Fi 和移动流量上网难以得到有效监控和内容过滤，从而给青少年的网络行为增加了风险。

（五）工具化保持，学习仍是青少年第一要务

网络等新媒体的主要功能在于方便人们的工作和生活，对于青少年来

说，网络可以为其提供丰富的信息获取渠道，是其查找学习资料的重要工具。调查结果显示，有九成以上的青少年会通过互联网搜索资料和信息、写作业或查单词。如表4所示，除"看小说、故事"和"评论或与别人讨论时事或社会问题"外，其他各项活动每天必做的比例都接近或超过了半数。比如"搜索资料和信息"，18.11%的青少年表示几乎总是、18.11%的表示每天几次、更有21.98%的表示几乎每天一次。就"写作业、查单词"来讲，也有类似的趋势，16.33%的表示几乎总是、18.25%的表示每天几次、23.08%的表示几乎每天一次。此外，青少年看新闻时事也比较频繁。

表4　青少年使用互联网学习的活动及频率

单位：%

内容＼频率	几乎总是	每天几次	几乎每天一次	至少每周一次	从不
搜索资料和信息	18.11	18.11	21.98	36.67	5.13
写作业、查单词	16.33	18.25	23.08	33.86	8.49
看小说、故事	12.33	10.31	14.11	38.08	25.17
看新闻时事	10.64	13.27	22.25	38.87	14.98
评论或与别人讨论时事或社会问题	8.67	11.07	16.58	36.38	27.30

　　课题组在调研过程中也有类似的发现，大部分学生使用网络等新媒体来查找所需要的学习资料，完成学校布置的作业，而老师也会通过微信群、QQ群来布置作业。因此，对于青少年而言，互联网除了承载日常的娱乐功能外，还承载了学习的功能。网络拥有强大的信息汇集功能以及实时迅速的信息传输功能，能够有效提升青少年的学习效率，丰富青少年的知识结构体系。

（六）趣群化凸显，网络兴趣群体种类日益增多

　　对于青少年而言，趣缘群体在其生活中扮演着越来越重要的角色。青少年有独特的爱好和兴趣，有着共同兴趣爱好的青少年可以通过网络等新媒体结为兴趣共同体。QQ兴趣部落联合橘子娱乐、艾瑞咨询共同发布的《2017

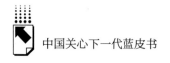

青年人兴趣社交白皮书》显示，在兴趣部落活跃用户中，21 岁以下青年社交用户比例已达到81.2%，每2.5 个访问用户中就有 1 人发帖互动。

趣缘群体基于网络等平台大量增长，种类日益增多。在对学生的访谈过程中，课题组发现，学生往往因对某一特定的人、事或者物持有强烈的兴趣爱好而形成一些具有特色的网络趣缘群体，并呈现多样化的特点，比如喜爱某一个明星、球星，或者是喜欢玩某种游戏、看某一部动漫、从事某种运动等。在这些网络趣缘群体中，青少年能够实现信息共享与情感交流，从而在这一共同体中建构社会认同、实现自我价值。

（七）日常化进一步加强，但呈现一定程度网络依赖

从调查结果来看，六成以上的青少年通过互联网进行导航以及帮助他人等活动，青少年的日常生活几乎难以离开互联网（见表5）。数据进一步显示，有27%的青少年认为"自己的学习或生活已经离不开互联网/智能手机"，这一说法完全符合自己的切身情况，另有46%的青少年认为这一说法基本符合自己的情况，仅有27%的青少年认为这一说法完全不符合自己的情况。

表5 青少年日常生活中的互联网使用情况

单位：%

内容 \ 频率	几乎总是	每天几次	几乎每天一次	至少每周一次	从不
导航、查找交通路线	8.24	4.70	6.66	45.30	35.10
通过互联网帮助别人，如帮父母买东西、帮爷爷奶奶查询医疗信息	10.80	6.46	10.24	43.98	28.52

在互联网等新媒体功能日趋完善的今天，青少年的许多现实需求均可以在网络中得以实现。通过网络等新媒体来获取和传递信息、社会互动、娱乐以及购物等，已经成为青少年学习和生活中不可分割的一部分。与此同时，青少年对网络等新媒体的依赖性逐渐增强。无论如何，网络等新媒体已经成为青少年成长的重要空间，改变了青少年的生活方式和思维方式，逐渐成为

其日常生活的"必备品"。

但是,青少年对网络也表现出一定的依赖性,26.76%的青少年认为"无论学习还是生活,我已经离不开互联网/智能手机"非常符合自己的情况,对于这一情况,也有46%的青少年表示基本符合。此外,表示曾经因为上网/玩手机而忘记吃饭或睡觉的青少年占17.03%,表示曾经因上网/玩手机使得自己学习成绩下降的比例达到了40.23%,表示曾经尝试过没事的时候不看微信/QQ等社交软件但很难的比例也达到了35.49%。

二 青少年面临的网络风险分析

(一)社交软件、网络社区和短视频是青少年遇到色情信息骚扰的主要场景

调查显示,有33.02%的青少年表示自己在使用网络过程中遇到过色情信息骚扰。从年龄差异来看,有24.6%的初中生曾在网络上遇到过色情信息骚扰,而高中生在网络上遇到色情信息骚扰的比例要远超初中生,高达43.6%。

在网络使用习惯中,青少年频繁使用社交软件与家人朋友交流或者分享自己的生活。有70.08%的青少年每天都要"与同学、朋友和家人联系(微信、QQ)",64.30%的青少年每天"查看社交网络,如朋友圈、QQ空间",而这些社交性质的网络空间往往潜伏了色情信息骚扰的风险。

青少年几乎在各种和网络有关的场景中都受到过色情信息的骚扰,如图3所示,尤其是在社交软件和网络社区场景下青少年受到色情信息骚扰的比例最高,分别为56.11%和53.04%,在短视频场景中遇到色情信息骚扰的占48.65%。因此,既需要对网络信息进行规范和管理,也需要网络平台自律和自查,努力为青少年营造安全健康的上网环境。

调研进一步发现,浏览器、广告或者游戏中不时跳出的色情信息和内容更加难以控制,让家长更为困扰。课题组在广州和重庆的城市、乡镇调研时都发现了这种现象,甚至在某些针对青少年的教材、游戏和网页中也会出现

色情信息。应当严厉打击互联网广告中的违法违规现象，建立平台责任制，加强政府、企业的联手监管。

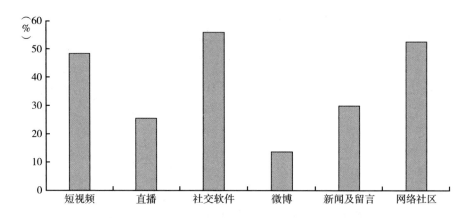

图3　青少年受到色情信息骚扰的场景分布

　　青少年对待色情信息骚扰主要采取不予理会或投诉举报的处理方式，就算需要寻求帮助，更倾向于告诉同辈群体，而向父母、老师及祖父辈群体反映的比例极低。如表6所示，76.43%的青少年对色情信息骚扰的处理方式是"当作没看见，不理会"，其次是采取"网络投诉或者举报"的处理方式，占44.08%，排第三位的处理方式是"觉得可能是开玩笑，不在意"，但也仅占19.44%；一成左右的青少年选择了"很好奇点开看看"或"跟同学或者朋友讲"的处理方式；选择"告诉父母""告诉老师""跟兄弟姐妹讲""跟爷爷奶奶或者外公外婆讲""报警"等处理方式的比例均不足一成。

表6　青少年对遇到的色情信息骚扰的处理方式

单位：%

处理方式	比例
当作没看见,不理会	76.43
很好奇点开看看	10.34
觉得可能是开玩笑,不在意	19.44

处理方式	比例
告诉父母	5. 89
告诉老师	2. 38
跟同学或者朋友讲	11. 91
跟兄弟姐妹讲	2. 57
跟爷爷奶奶或者外公外婆讲	1. 25
网络投诉或者举报	44. 08
报警	3. 82

（二）超1/3的青少年在网络上遇到过诈骗信息，社交软件是诈骗信息重灾区

网络购物和网络支付在青少年的日常生活中日益普遍。调查发现，对于"网络支付、理财、转账"，10.10%的青少年几乎每天一次，7.02%的每天几次，仅有29.2%的青少年表示从不"网络购物"，表示几乎每天都在网络购物的青少年达到22.5%。青少年在这些网络使用习惯中也面临被骗的风险。

调查发现，青少年在网络上遇到过诈骗信息的比例为35.76%。没有和父母任何一方共同居住的青少年遇到诈骗信息的风险则上升至超过四成，包括没有和父母及其他监护人居住（比例为45.66%）以及和其他监护人居住（比例为43.51%）这两种情况，可见留守的青少年遭遇网络诈骗的可能性更高。

如图4所示，青少年几乎在所有网络情景当中都遇到过诈骗信息的骚扰，而社交软件则是青少年遭遇网络诈骗信息的重灾区，72.56%的青少年表示在社交软件上遇到过诈骗信息，这或许与社交软件是青少年网络活动的主要平台有关；在网络社区中遇到过诈骗信息的比例排第二位，占55.61%；其他场景如短视频、直播、微博、新闻及留言等，青少年遇到诈骗信息的比例相对较低。

在遇到网络诈骗相关的信息时，多半青少年会选择不理会或者通过

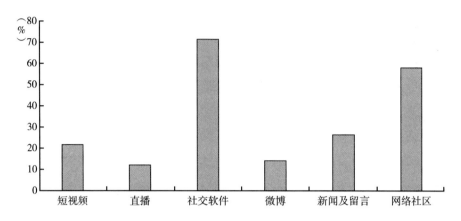

图4　青少年遇到网络诈骗信息的场景

网络投诉或者举报的方式来应对。如表7所示，对于诈骗信息，68.12%的青少年的态度是"当作没看见，不理会"；48.53%的青少年会对诈骗信息进行"网络投诉或者举报"，反映这部分青少年具有一定的网络安全防范意识；选择"很好奇点开看看"的比例为5.49%；"觉得可能是开玩笑，不在意"的比例为15.29%；选择告诉父母、老师、兄弟姐妹以及爷爷奶奶或者外公外婆的比例分别为15.29%、4.81%、4.59%和2.72%，除告诉父母的比例超过了10%外，与其他人的交流均不足一成；选择"跟同学或者朋友讲"的比例为16.14%；选择"报警"的比例也仅为6.34%。

虽然青少年遇到诈骗信息更倾向于自己解决而不是告诉周围人，但是与遇到色情信息骚扰有所区别的是，在遇到诈骗信息时愿意与父母交流的比例增加了，为15.29%，该比例也高于遇到网络暴力和网络骚扰时告诉父母的比例。这一方面跟诈骗信息本身的脱敏性有关，同色情信息、网络骚扰、网络欺凌比起来，诈骗信息没有那么敏感或者尴尬；另一方面也反映了青少年具有一定的自我保护意识，能够甄别诈骗信息并采取措施自我保护，但是仍有很高比例的青少年选择不与父母或监护人交流，可能出于受到惩罚、让父母担心等顾虑，从而增加潜在的网络风险。

表7　青少年对网络诈骗信息的处理方式

单位：%

对诈骗信息的处理	百分比
当作没看见,不理会	68.12
很好奇点开看看	5.49
觉得可能是开玩笑,不在意	15.29
告诉父母	15.29
告诉老师	4.81
跟同学或者朋友讲	16.14
跟兄弟姐妹讲	4.59
跟爷爷奶奶或者外公外婆讲	2.72
网络投诉或者举报	48.53
报警	6.34

（三）与父母共同居住遭遇网络暴力可能性更小

青少年在上网时遇到过暴力辱骂信息的比例为28.89%。与父母共同居住的青少年遭遇网络暴力的比例为28.3%，比没有和父母及其他监护人共同居住的青少年低12个百分点。调研发现，没有和父母及其他监护人居住的青少年在现实生活中也更容易受到欺凌，也有老师反映，没有和父母及其他监护人居住的青少年本身自控能力比较弱，不仅容易受到网络暴力，也容易对别人实施网络暴力。

如表8所示，青少年所遇到的暴力辱骂形式以"网络嘲笑和讽刺"和"辱骂或者用带有侮辱性的词汇"居多。其中，遇到"网络嘲笑和讽刺"的比例为74.71%，遇到"辱骂或者用带有侮辱性的词汇"的比例为77.01%，"恶意图片或者动态图"的比例为53.87%，"语言或者文字上的恐吓"的比例为45.49%。

青少年在社交软件上遇到暴力辱骂信息的比例最高，为68.48%；其次是网络社区，比例为55.30%；在短视频和新闻及留言上遇到暴力辱骂信息的

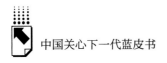

表8 青少年在网络上所遇到的暴力辱骂形式

单位：%

暴力辱骂的形式	百分比
网络嘲笑和讽刺	74.71
辱骂或者用带有侮辱性的词汇	77.01
恶意图片或者动态图	53.87
语言或者文字上的恐吓	45.49

比例也很高，分别为30.66%和30.16%。可见，青少年在网络上遇到暴力辱骂信息的比例与其关注的内容和使用的平台有关系，也与社交软件、网络社区和新闻及留言的互动性和话题性较强有关，容易引发不同观点的争论并形成冲突，而短视频的一些制作者为了吸引眼球，有时候也会故意引入有争议性的话题并使用偏激语言。

此外，青少年在微博上遇到暴力辱骂信息的比例为25.36%，在直播平台上遇到暴力辱骂信息的比例为19.91%（见表9）。

表9 青少年遭遇网络暴力辱骂信息的主要场景

单位：%

场景	百分比
短视频	30.66
直播	19.91
社交软件	68.48
微博	25.36
新闻及留言	30.16
网络社区	55.30

"当作没看见，不理会"是青少年最常用的应对暴力辱骂信息的方式，60.17%的青少年选此项；其次是"网络投诉或者举报"，占比为49.36%；而选择告诉父母、老师、兄弟姐妹以及爷爷奶奶或者外公外婆的比例分别为9.96%、3.87%、4.87%和2.22%，均不足一成。青少年对于暴力辱骂信息还会有一些其他的反应，比如"觉得可能是开玩笑，不在意"，占比

16.91%，"很好奇点开看看"的比例为7.81%，而选择"报警"的比例仅为6.23%。

同遇到色情信息骚扰的反应类似，青少年遇到暴力辱骂信息更可能跟同辈朋友讲（而不是告诉老师、家长或兄弟姐妹），调查显示，"跟同学或者朋友讲"的比例为15.54%（见表10）。

表10　青少年对暴力辱骂信息的处理方式

单位：%

对暴力辱骂信息的处理	百分比
当作没看见,不理会	60.17
很好奇点开看看	7.81
觉得可能是开玩笑,不在意	16.91
告诉父母	9.96
告诉老师	3.87
跟同学或者朋友讲	15.54
跟兄弟姐妹讲	4.87
跟爷爷奶奶或者外公外婆讲	2.22
网络投诉或者举报	49.36
报警	6.23

（四）女性遭遇网络骚扰比例更高，主要应对方式是"不理会"

调查发现，表示遇到过针对自己的骚扰、暗示或者陌生人约见面的情况的青少年占11.07%。女性在网络中也往往是弱势群体，11.51%的女性青少年表示遭遇过针对自己的骚扰、暗示或者陌生人约见面的情况，男性青少年被骚扰的比例为10.57%。

同遭遇诈骗和暴力辱骂信息发生的场景一样，青少年遭受针对自己的骚扰、暗示或者陌生人约见面最主要的场景依然是社交软件和网络社区，前者占比为79.81%，后者占45.61%；其他场景如短视频、直播、微博、新闻及留言的比例只在12%~21%，其中，短视频比例相对较高，青少年遭遇针对自己的骚扰、暗示或者陌生人约见面的比例为20.56%（见表11）。

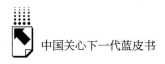

表11　青少年遭遇针对自己的骚扰、暗示或者陌生人约见面的场景分布

单位：%

场景	百分比
短视频	20.56
直播	12.52
社交软件	79.81
微博	17.57
新闻及留言	14.95
网络社区	45.61

如表12所示，青少年应对骚扰信息的主要方式是"当作没看见，不理会"和"网络投诉或者举报"，前者占63.74%，后者占43.74%。而青少年选择将骚扰信息告诉父母、老师、兄弟姐妹以及爷爷奶奶或者外公外婆的比例分别为12.34%、5.61%、4.49%和2.06%；对骚扰信息表示"觉得可能是开玩笑，不在意"的比例为20.75%；而选择"跟同学或者朋友讲"的比例达到了15.33%；选择"报警"的比例依然较低，为5.61%。

表12　青少年对骚扰信息的处理方式

单位：%

对骚扰信息的处理	百分比
当作没看见,不理会	63.74
很好奇点开看看	6.92
觉得可能是开玩笑,不在意	20.75
告诉父母	12.34
告诉老师	5.61
跟同学或者朋友讲	15.33
跟兄弟姐妹讲	4.49
跟爷爷奶奶或者外公外婆讲	2.06
网络投诉或者举报	43.74
报警	5.61

（五）超八成青少年有个人隐私保护行为

针对互联网时代较普遍和显著的个人隐私泄露问题，调查显示，大多数青少年有隐私保护的意识，84.52%的青少年表示上网时应当保护个人隐私。

青少年认为个人基本信息和网络使用信息都应当加以保护。在具体的比例分布上可以看出，有97.26%的青少年认为家庭住址信息应当被保护，86.58%的青少年认为个人姓名也应当加以保护；青少年对父母收入、金融账户和消费信息以及聊天记录等的保护也都给予了一定程度的重视。

也有超过半数的青少年认为个人头像、购物小票以及朋友圈照片等信息需要保护，相对来讲，购物车里的物品信息在青少年看来需要保护的程度较低，仅不到半数认为需要保护（见表13）。

表13　青少年认为自己需要被保护的信息

单位：%

需要保护的信息	百分比
个人姓名	86.58
个人头像	52.18
家庭住址	97.26
父母收入	85.50
购物小票	56.27
金融账户和消费信息	83.20
网络浏览记录	59.72
购物车里的物品	44.91
聊天记录	75.98
朋友圈照片	61.56

基于较强的隐私保护意识，多数青少年采取了针对个人隐私保护的行动。调查显示，85.66%的青少年表示在上网时有个人隐私保护的行为。

青少年所采取的隐私保护行为主要集中在隐匿个人的真实信息，如表14所示，90.02%的青少年选择了"不用真实姓名做用户名或昵称"，85.62%的青少年"不用自己照片做头像"，87.70%的青少年"跟陌生人聊天时不告诉真实个人信息（如姓名、住址、学校）"；在浏览与消费方面，74.46%的青少年表示"尽可能不绑定银行卡"，59.58%的青少年会"清除浏览痕迹"，53.93%的青少年会"清除聊天记录"，70.28%的青少年给

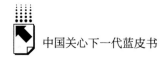

"朋友圈或者 QQ 空间设置密码", 58.83% 的青少年会将 "快递单或购物小票破坏之后再扔掉"（见表 14）。

表 14　青少年采取的隐私保护行为分布

单位：%

隐私保护行为	百分比
不用真实姓名做用户名或昵称	90.02
不用自己照片做头像	85.62
尽可能不绑定银行卡	74.46
清除浏览痕迹	59.58
清除聊天记录	53.93
跟陌生人聊天时不告诉真实个人信息(如姓名、住址、学校)	87.70
朋友圈或者 QQ 空间设置密码	70.28
快递单或购物小票破坏之后再扔掉	58.83

较高比例的青少年采取各种形式保护个人隐私，反映了较强的网络安全意识，但是客观上增加了青少年上网成本，包括时间成本、精力成本乃至信任成本，政府、企业和社会应当努力优化网络安全环境，降低青少年个人隐私受到侵犯的风险。

三　研究总结与对策建议

研究显示，青少年网上活动的主要平台为社交软件和网络社区，其中，社交软件的使用更频繁、更日常，青少年所面临的色情、诈骗、骚扰等不良信息和风险也更多集中于社交软件。当遭遇各种类型网络风险时，青少年的主要应对措施是不理会或直接进行网络投诉或者举报；很小比例的会选择与父母或长辈交流，若需要交流的话则更多的会选择同学朋友作为交流对象。这一方面可能由于青少年比较自信，有独立应对风险的能力，另一方面跟同辈群体更能拥有共同语言和实现相互理解。

影响青少年遭遇网络风险的因素是多方面的，包括个体因素、家庭因素和社会因素等。同时也应当认识到，青少年所面临的网络风险并不仅仅发生和作用于互联网场域，也是在其生活成长的环境中逐渐形成甚至强化的，受到复杂影响因素的共同作用，并且与青少年的社会化进程相伴随。因此，青少年网络保护需要学校、家庭和社会的通力合作和长期努力，采取主动性预防策略，在学校、家庭和社会等多个领域提升青少年的网络素养或塑造良好的网络环境，加强青少年自身行为规范的培养和自律，网络保护体系和网络素养培育体系尤其应当下沉至基层和偏远贫困地区，增强困境儿童和留守儿童应对网络风险的能力。

关心下一代工作委员会当前主要侧重于青少年思想道德教育以及互联网背景下的青少年思想道德工作，如何纳入青少年网络保护的视角、更加全面地做好社会发展新形势下的儿童和青少年工作，对于关心下一代工作来讲十分重要、不可或缺。本报告基于研究发现并结合关工委工作的机制、优势和资源，提出以下对策建议。

第一，推动互联网企业加强自律自查，净化青少年成长的网络空间。互联网行业是当下全球变化最快的行业，其技术日新月异，而相关的约束性法律法规制定往往滞后，一些对青少年成长有负面影响的信息和风险难以控制。关工委应利用其在企业和行业的机构资源以及协调政府相关部门做好青少年工作的优势，加强青少年网络保护的宣传和引导，推动互联网企业自律自查和加强政府部门的监管。一方面，协调政府相关部门将首发的网络平台作为监管和处罚的对象，同步追究网络内容首发平台和发布者的责任，以此督促网络平台建立常态化自审自查机制。另一方面，将行业自律作为规范网络企业和网络平台的主要手段，以协会等社会组织的形式把行业自律机制纳入管理体系，督促互联网企业遵守《中国互联网行业自律公约》，努力形成自主规范、互相监督、底线管控的互联网行业自律机制，同时推动政府相关部门在行业组织自律的基础上开展定期和不定期检查，对违反互联网行业自律规则的企业进行严肃、从重处理。鼓励互联网龙头企业发挥表率作用，在网络内容、信息、规则等方面出台高标准、严要求的行业企业标准，推动整个行业的公平有序发展。

第二，促进学校营造健康的校园文化环境，将网络保护与思想道德教育相结合。学校是青少年日常生活的重要场域，对青少年网络保护负有重要的责任。学校应当将网络保护和网络素养纳入学校教育体系，完善相关课程规划和师资培训体系，营造积极健康的校园文化环境，开展线上线下相结合的体育、艺术、志愿服务等社会活动，丰富校园文化生活，从知识技能和青少年文化两方面提升青少年自身网络保护能力，同时做好青少年的思想道德教育工作。思想道德教育是关工委的主要工作内容和工作优势，应将相关工作延伸至青少年网络保护领域，发挥其相关工作经验和资源优势。调研中，长沙市长郡中学依托互联网技术开发"云校园"App，分学校、年级、班级设立微信公众号及德育QQ群，分年级及班级创办网络周刊，利用手机客户端使各类文化知识信息直达家长与老师。新媒体技术的使用促进了家校之间的信息流通，更重要的是充分运用青少年喜爱的话语体系、表达方式、时尚元素，为青少年塑造了积极、正能量的网络空间和校园文化环境。

第三，提高家长对网络保护的重视程度，积极发挥家长的引导作用。我们知道，很多时候青少年所面临的网络风险并不单纯与互联网有关，往往是由更深层次的原生家庭问题、心理健康问题和社会问题造成的。家庭往往是化解青少年问题的有效场域。不同于学校系统化、规模化的教育方式，家庭教育更侧重于亲子沟通、陪伴和引导。良好的家风和家庭教育环境能够促进积极有效的亲子沟通，加强家庭成员之间的情感联系和归属感，促进社会融入和对家庭生活的认同，从而潜移默化地影响到青少年的网络知识、网络素养和网络行为。关工委应充分调动五老、企业、社会组织及其他关心下一代工作的社会力量，推动家庭重视青少年的网络保护，并帮助培养良好的家风和亲子关系，促进青少年在社会化阶段的健康成长。同时，借助关工委在学校的渠道资源，推动家长学校、家长课堂等将青少年网络保护和网络素养作为重要内容，编制科学、系统的培训资料，推动家长提升自身网络素养，塑造家庭整体的健康上网环境，不仅做好子女日常网络使用的管理和控制，也应重视和引导网络对子女的生活方式、文化素养、思想道德等的积极影响。

第四，加强困境儿童网络保护，促进社会流动和社会公平。针对留守儿童、困难儿童和特殊家庭青少年，工作思路不应停留在基本的帮扶照顾，而应积极引导弱势青少年提升网络使用技能、网络自我保护能力和综合性网络素养，增强应对网络风险的能力，提升自身在新媒体时代的文化素质，缩小不同社会经济人群之间的数字鸿沟。调研中，各级关工委对留守儿童和困境儿童的关爱工作比较重视，如齐齐哈尔市龙沙区江安街道新合社区关工委组织五老和社会爱心人士，在社区活动室建起"亲情聊天室"，每到节假日和周末都安排社区内留守儿童到这里，在网上与远在外地打工的父母视频聊天；长沙市岳麓区咸嘉湖街道顺应"互联网＋"时代发展趋势，创新推出智慧服务平台，其中"公益行"板块重点聚焦关心下一代工作，开展关爱困境少儿活动。未来各级关工委还可进一步拓展工作思路，将针对留守儿童和困境儿童的关爱工作与增强网络技能、防范网络风险结合起来，发动社会力量，关注留守儿童和困境儿童的生活福利、心理健康和教育获得，并关注这些弱势儿童家庭的需求，提升这部分青少年社会流动的能力，促进社会公平。

第五，发挥五老的正能量，推动社会教育由线下拓展到线上。由老干部、老战士、老专家、老教师、老模范组成的五老群体是关工委工作的核心力量。作为时代楷模，五老发扬了我国优秀的思想文化传统、弘扬了时代精神，应当成为对青少年进行社会教育的重要力量。同时，在互联网时代，五老也应当积极学习互联网技术、培养互联网思维，在关心下一代的工作方法上与时俱进。长沙各级关工委有一大批掌握了互联网技术的优秀五老，他们开通微博和微信、设立微信公众号传播正能量，设立关爱 QQ 群，利用微故事、微信息等形式关爱青少年。在预防网络风险和网络沉迷方面，长沙市组织一批有正义感的五老作为网吧义务监督员，配合有关部门对全市网吧未成年人上网情况进行定时监管和正面教育。这些工作产生了积极影响，五老本身具有较高的思想道德素养，也能够以身作则，同时还具有较高的科学文化素质，因而在教育青少年如何遵守网络规范、抵御网络风险、自我保护方面能够有所作为，当然这也需要五老自身不断更新知识和提升技能。

第六，发动社会力量维护青少年合法权益，加强和拓展青少年自我保护能力和维权渠道。在青少年网络保护工作中，要提高青少年自我保护意识和能力，健全青少年维权的法律法规和相关制度，发动政府、司法、媒体等社会力量加强法制宣传和普法教育，丰富拓展青少年的维权渠道。调研中有一个典型案例是，早在 2005 年浙江省关工委、省司法厅和浙江在线新闻网就联合成立了公益法律援助平台——浙江省关心下一代"网上律师事务所"。该事务所以"网上说法、为你维权、律师在线、无偿援助"为宗旨，特聘 12 名热心公益事业、关爱下一代健康成长、经验丰富的著名律师，采用每月轮值主持的方式开展工作，接受网上在线咨询及提供法律援助，面向全省青少年普法学法，增强青少年守法用法的意识和维护自身合法权益的能力。在关爱青少年的工作中，既要发动社会力量，也要予以有效管理和监督，比如对社会力量要有所筛选、认证和追踪，可考虑利用新媒体技术设立身份和职业认证机制。此外，针对关爱青少年工作也应设置规范流程并严格执行，从而切实为青少年建立起安全、健康的成长环境，保护青少年的合法权益，为青少年赋能。

参考文献

陈钢：《网络欺凌：青少年网民的新困境》，《青少年犯罪问题》2011 年第 4 期。

高中建、杨月：《青少年网络欺凌的历史回放及现实预防》，《青年发展论坛》2017 年第 27 期。

刘剑、刘胜枝：《青少年移动互联网娱乐行为分析及对策研究——基于对北京、河北、哈尔滨 1500 名大中学生的问卷调查和访谈》，《中国青年研究》2015 年第 12 期。

唐冰寒：《网络暴力对青少年越轨行为的影响：以风险社会理论为考察视角》，《中国青年研究》2015 年第 4 期。

王娟、李莉、林文娟等：《网络色情对青少年心理健康影响的心理社会分析》，《中国卫生事业管理》2010 年第 6 期。

王小荣：《亲子性话题沟通、青少年性心理健康与青少年网络色情偏差行为的关系》，山东师范大学硕士学位论文，2017。

徐彦泰：《新媒体亚文化与青少年犯罪关系研究》，安徽大学硕士学位论文，2013。

杨智平：《青少年网络色情犯罪缺陷人格生成分析》，《青年探索》2011 年第 2 期。

姚伟宁:《青少年网民群体特征与上网行为的动态变迁——历年〈中国青少年上网行为调查报告〉研析》,《中国青年研究》2017 年第 2 期。

张乐:《青少年网络欺凌研究综述》,《中国青年研究》2010 年第 12 期。

张凯、吴守宝:《青少年网络欺凌:类型、影响因素及干预》,《淮北师范大学学报》(哲学社会科学版)2017 年第 2 期。

Guan S. A. , Subrahmanyam K. , "Youth Internet Use: Risks and Opportunities", *Current Opinion in Psychiatry*, 2009, 22 (4) .

Jones L. M. , Mitchell K. J. , Finkelhor D. , "Trends in Youth Internet Victimization: Findings from Three Youth Internet Safety Surveys 2000 – 2010", *Journal of Adolescent Health*, 2012, 50 (2) .

Livingstone S. , Mascheroni G. , Staksrud E. , "Developing a Framework for Researching Children's Online Risks and Opportunities in Europe", EU Kids Online, November, http: // eprints. lse. ac. uk/64470/1/_ _ lse. ac. uk_ storage_ LIBRARY_ Secondary_ libfile_ shared_ repository_ Content _ EU% 20Kids% 20Online _ EU% 20Kids% 20Online _ Developing% 20framework% 20for% 20researching_ 2015. pdf, 2015.

Mitchell K. J. , Wolak J. , Finkelhor D. , "Trends in Youth Reports of Sexual Solicitations, Harassment and Unwanted Exposure to Pornography on the Internet", *Journal of Adolescent Health*, 2007, 40 (2) .

Patton D. U. , Hong J. S. , Ranney M. , et al. , "Social Media as a Vector for Youth Violence: A Review of The Literature", *Computers in Human Behavior*, 2014 (35) .

Valkenburg P. M. , Peter J. , "Online Communication among Adolescents: An Integrated Model of Its Attraction, Opportunities, and Risks", *Journal of Adolescent Health*, 2011, 48 (2) .

Ybarra M. L. , Diener – West M. , Markow D. , et al. , "Linkages between Internet and Other Media Violence with Seriously Violent Behavior by Youth", *Pediatrics*, 2008, 122 (5).

Ybarra M. L. , Mitchell K. J. , "How Risky are Social Networking Sites? A Comparison of Places Online Where Youth Sexual Solicitation and Harassment Occurs", *Pediatrics*, 2008, 121 (2) .

B.7
全国关工委组织和五老队伍
发展现状分析

陈江旗　张　羽*

摘　要： 各级关工委组织和广大五老，是做好关心下一代工作的基本
力量和基层依托。在党的领导下，各级关工委组织和广大五
老围绕中心、服务大局，配合有关部门、群团组织和基层单
位，为培育德智体美劳全面发展的社会主义建设者和接班人
做了大量卓有成效的工作，受到了青少年和社会各界的赞誉。
在新形势下如何进一步加强关工委组织建设和五老队伍建设，
更好地发挥五老作用，为青少年健康成长成才添砖加瓦，是
一个广受关注的重要课题。本报告以全国关工委组织和五老
队伍发展现状分析为基础，进行思考和探讨。

关键词： 关工委组织　五老　队伍建设　组织建设　党建带关建

　　关爱下一代是我们党的优良传统。我们党历来对关心下一代工作给予极
大关注和热情关怀。特别是党的十八大以来，以习近平同志为核心的党中央
站在党和国家事业发展薪火相传、后继有人的战略高度，对关心下一代工作
作出重要指示，对发挥五老优势的重要意义和作用进行了深刻阐述，为加强
基层关工委组织和五老队伍建设提供了根本遵循。

---

* 陈江旗，中国关工委办公室主任；张羽，中国关工委办公室秘书处干部。

中央一贯重视五老作用发挥。2015年8月,习近平总书记在纪念中国关工委成立25周年暨全国关心下一代工作表彰大会召开之际作出重要指示,明确提出了广大老干部、老战士、老专家、老教师、老模范等离退休老同志是党和人民的宝贵财富,要求尊重五老、爱护五老、学习五老、重视发挥五老作用,进一步调动五老的积极性,充分发挥老同志在理想信念教育、思想道德教育、革命传统教育等方面的特殊优势和不可替代的作用,推动关心下一代事业更好发展。为深入贯彻落实习近平总书记的重要指示精神,充分发挥五老的优势和作用,适应新形势新任务新要求,2019年12月,中国关工委、中组部、教育部、民政部、全国总工会、中国科协、国务院妇儿工委办公室、中央军委政治工作部联合印发了《关于进一步发挥五老队伍在加强青少年思想道德建设中的作用的意见》。

在当前人口老龄化加速发展的大趋势下,老年人已经成为社会发展中不容忽视的力量。在新的历史条件下,如何准确地认识关工委组织的性质和职能,更好地发挥关工委组织和广大五老在培养教育下一代中的作用,积极探索关工委组织参与青少年思想道德教育的有效路径,找准切入点与着力点,进一步加强组织和队伍建设,把五老的积极性调动好、发挥好、保护好,是切实做好关心下一代工作的迫切需要,也是促进关工委持续发展的基础工作。

在此背景下,全面深入地了解全国关工委组织和五老队伍发展现状具有重要意义。本报告介绍了全国关工委组织的总体情况和五老队伍的发展现状,剖析了组织和队伍建设中存在的普遍性问题,并在此基础上对在新形势下如何进一步加强关工委组织和五老队伍建设与发展进行了思考和探索,对更好地发挥五老的优势和作用,建设一支具有中国特色、素质较高、人数众多、覆盖面广的青少年教育工作队伍,推动基层关工委组织发展,把关工委建设成为关心下一代事业的坚强组织具有一定借鉴意义。

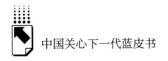

一 全国关工委组织总体情况

关心下一代工作是全社会的共同责任，关工委是以热心关心下一代工作的离退休老同志为主体、党政有关部门和群团组织负责人参加的，以关心、教育、培养青少年健康成长为目的的群众性工作组织，在党和政府与青少年之间发挥着桥梁和纽带作用，是老年人老有所为的重要平台，既具有鲜明的政治属性，又具有广泛的社会属性。自1984年河南安阳市成立以离退休老同志为主体的全国第一个关心下一代协会以来，各级党委和政府重视和支持关心下一代工作，关工委组织逐步在社区、乡镇（村）、学校、企业等层面迅速建立，全国关工委组织蓬勃发展。

（一）组织覆盖率越来越高

各地按照哪里有党组织、有老同志和青少年，就在哪里建立关工委组织的原则，以基层党组织、基层群众自治组织、基层单位及其离退休工作部门为依托，进一步建立健全基层关工委组织。目前，全国关工委有107万个，建立关心下一代活动阵地367122个，其中党史国史教育基地5336个，科技示范基地15936个，法治教育基地24650个，农村留守儿童之家116722个（见图1）。

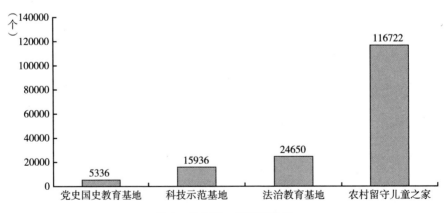

图1 关心下一代活动阵地

从纵向看，全国建立村（社区）关工委 50049 个，越来越多的村民小组、居民楼栋、社区网格成立了关工小组（见图2）。

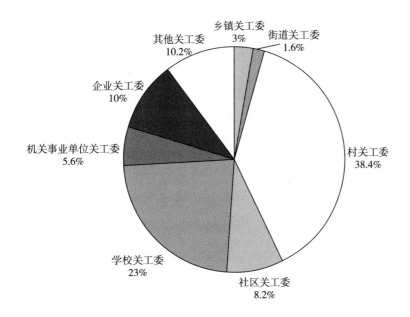

图2　全国基层关工委组织情况

从横向看，教育系统关工委继续拓展，目前，中小学关工委基本实现全覆盖，为 230223 个，高等院校、职业院校和老年大学关工委分别为 14348 个、2048 个和 1300 个；企业关工委数量大幅增加，国营和民营企业关工委组织分别为 23989 个和 82454 个。

机关事业单位关工委建设快速推进，省、市、县三级直属机关单位建立关工委 63088 个，农业、政法、卫生、工商等大系统以及公检法司等部门中普遍组建了关工委，湖北、湖南、黑龙江等省直机关关工委覆盖率达到 95% 以上。很多地方在离退休干部党支部、老年大学、老年社团等老同志集中的单位成立了关工委。山东省、市、县三级老年大学普遍建立了关工委。各地还探索村校联建、村企联建、村村联建、村社联建等组建方式，推动基层关工委资源整合、协调发展。总的来看，基层关工委已覆盖城乡老党员、老干部、老战士、老教师、老专家、老模范以及民间乡贤和

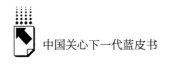

民族地区寨老等广大老同志，建立了与学生、青年农民、机关企事业单位青年干部职工和民族地区青少年的广泛联系，形成了覆盖比较全面的关工委组织网络体系。

（二）工作机制越来越健全

2018年3月，中国关工委重新修订了《中国关心下一代工作委员会工作规则》，以领导班子建设、基层建设、教育培训、五老队伍建设、宣传工作为主要内容的工作制度逐步完善，关工委工作的各个方面基本做到有章可循，"四纳入、四同步、四到位"的领导体制和工作机制进一步完善（见表1）。目前，全国有23个省区市和新疆建设兵团党委政府或组织部门下发了关心下一代工作或关工委建设的意见；江苏、福建、广东、贵州、内蒙古、重庆的一些市（区）还以市委办等名义下发了专门意见；许多县市区以县委、县政府的名义制定下发了《关于加强和改进关心下一代工作的意见》，对基层关工委"组织建设""规章制度""工作活动"等各方面进行了规范。

表1　关工委领导体制和工作机制

制度	主要内容
"四纳入"	关工委的重要工作纳入党政工作日程、纳入经济社会发展规划、纳入党建目标责任制考核体系、纳入精神文明建设总体规划
"四同步"	将关工委工作与经济社会发展、脱贫攻坚工作、精神文明建设、社会治理创新、新农村建设等中心工作同步部署、同步检查、同步总结、同步表彰
"四到位"	关工委编制人员到位、办公场所设施到位、工作制度到位、经费保障到位

中央和地方各级党政领导一直重视、关心和支持关工委工作，按照加强基层党组织建设和党的群团工作的要求，一些地方党委在实践中探索了党建带关建的做法，把关工委组织建设、队伍建设及制度建设和工作纳入党建工作责任制，取得很好的效果。2016年，中国关工委主任顾秀莲在全国关工委工作会议上提出党建带关建，通过党组织建设带动关工委组织建设。

全国各级关工委从各地实际出发，开展了积极的探索。具体实践中，各地采取了不同的"党建带关建"模式。例如，河北依托离退休干部党支部建立关工委组织，实现离退休干部党支部建设和关工委组织建设互促双赢。福建建立以党的建设带动关工委建设机制的试点工作，强调侧重建立机制、有效带动、注重基层。贵州、广东等地以基层党组织建设来带动关心下一代工作建设，建立"党建带关工委工作联动共建"制度。江苏省委组织部、省关工委联合对关工委基层组织建设进行专项检查、召开基层建设推进会，对党建带关建提出要求。很多地方建立了关工委成员单位联席会议制度，有的由地方党委发文明确成员单位及其职责，有的由党委分管领导主持召开或组织部门牵头召开成员单位会议，完善了文明办、综治办、国务院妇儿工委办等单位的配合协调机制，形成了搭台唱戏、借台唱戏、同台唱戏的工作局面。

（三）服务保障越来越完善

关工委经费保障较好落实，工作条件逐步改善。一些制约基层关工委发展的人财物保障问题，在很多地方正逐步得到解决。目前，县级关工委一般都有了办公场所。很多乡镇级关工委办公场所、工作条件得到了较大改善。活动阵地建设有了很大进步，有的与相关部门联建联用、一场多用，盘活了资源。在经费保障上，很多地方关工委的工作经费都纳入了财政年度预算。有的地方把关工委基层建设列入了基金会的支持范围，有的地方还把村（社区）关工委经费列入村级组织运转经费保障机制，每年下拨专项经费支持校外辅导站建设和关工委干部培训。村（社区）、学校、企业等单位关工委所需工作经费，由所在单位根据实际情况，尽力给予解决，确保工作正常开展。

党委政府的重视支持力度加大，有的市县党委副书记、组织部部长兼任关工委主任，党委常委会每年至少听取一次关工委工作汇报，分管领导亲自参加关工委重要会议和活动，指导工作，帮助解决困难和问题。各地关心下一代工作保障制度逐步完善，关工委的工作条件得到积极改善，工作经费、办公用房、办公设施和交通通信等保障措施落实到位。同时，逐步建立健全

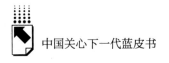

五老关爱激励机制，从工作、生活上关心照顾老同志，为他们各展所长、发挥余热创造条件。

（四）"五好"基层关工委创建率有效提升

中国关工委十分重视基层建设，特别是近年来，中国关工委进一步加大了推动和指导基层建设的力度，对基层建设更加重视，同基层的联系更加密切，对基层的需求更加关注，对基层的调研更加深入，先后开展了"三年基层工作年""五好关工委"创建等活动，使基层建设在全面、协调、可持续发展的道路上阔步前进。

各地认真贯彻中国关工委印发的《关于进一步开展创建五好基层关工委活动的意见》，广泛深入开展"领导班子建设好、'五老'作用发挥好、制度健全执行好、积极探索创新好、活动经常效果好"的创建活动。各级关工委深入基层建设难度较大的贫困地区、西部地区、民族地区等地方，帮助基层协调解决困难，总结推广典型经验，基层面貌发生很大变化。目前，全国有 773031 个基层关工委开展创五好活动，其中 541973 个达到五好标准（见图 3），五好达标率为 70%，有的地方达到 95% 以上。基层关工委人员、场地、经费等方面逐步改善，有力地促进了工作的落实。

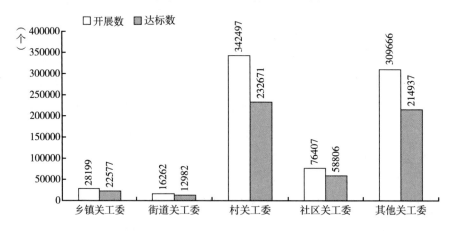

图3 全国五好基层关工委创建情况

不少地方还结合实际，提高标准，推动"标兵""示范""特色"基层关工委创建。四川省关工委出台了《关于进一步开展创建六好基层关工委活动的实施意见》，对基层创建工作提出了明确而具体的要求。贵州省关工委根据"五好"标准，制定了《创建基层"五好"关工委工作检查验收考核细则》，明确了市级关工委负责区县级关工委的达标考核，区县级关工委负责乡镇、社区及村级关工委的达标考核工作，一级抓一级，层层抓落实的原则。

（五）各级关工委办公室建设进一步加强

办公室是关工委的日常办事机构，是关工委组织建设的重要组成部分。目前，县级以上关工委办公室总人数 17251 人，其中行政编制 3153 人，参公事业编制 2070 人，事业编制 5089 人，其他 6939 人（见图 4）。

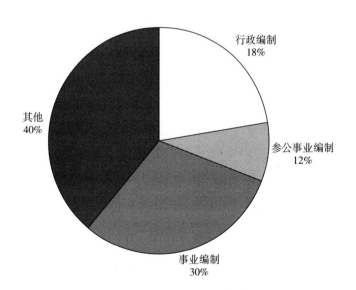

图 4　关工委办公室人员构成

现以全国各省区市和新疆生产建设兵团关工委办公室情况为例，介绍关工委办公室建设情况。

1. 隶属关系

全国各省区市和新疆生产建设兵团关工委办公室隶属党委老干部局的

有27个，占比84%；隶属党委办公厅的有2个；隶属党委宣传部的有1个——吉林；隶属民政厅的有1个——西藏；隶属省机关事务管理局的有1个——陕西（见图5、图6）。

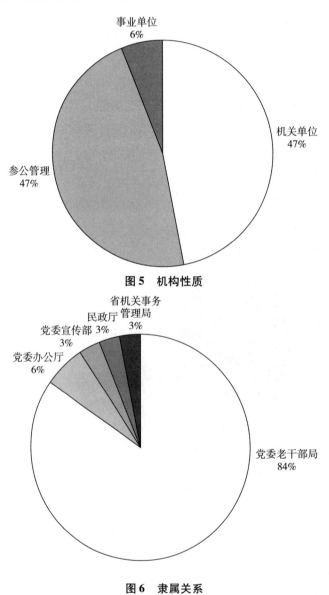

图5　机构性质

图6　隶属关系

2. 人员编制

全国各省区市和新疆生产建设兵团关工委办公室现有 161 人，平均每家单位在职人员为 5 人，全国县级以上关工委办公室在职人员共 6000 多人。目前，河南在职人数和领导职数均最多，分别为 10 个和 5 个，北京、山西、内蒙古、安徽、广西、西藏、新疆生产建设兵团在职人员最少，均为 3 个。辽宁、云南编制数最多，为 12 个。办公室人员情况如图 7 所示。

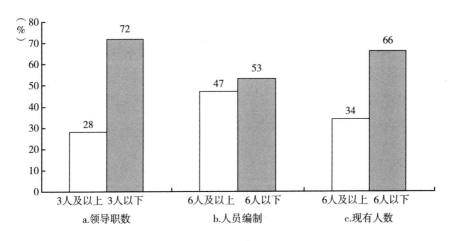

图7　办公室人员情况

3. 经费保障

全国各省区市和新疆生产建设兵团关工委办公室经费全部为财政全额拨款，经费数额超过 500 万元/年的有 3 个，其中四川最高，为 600 万元/年，北京为 550 万元/年，贵州为 500 万元/年；经费数额低于 50 万元/年的有 4 个，其中山西为 50 万元/年，黑龙江为 31 万元/年，上海和西藏均为 20 万元/年。经费数额分布情况如图 8 所示。

整体来看，全国各省区市和新疆生产建设兵团关工委办公室在党委政府的领导和帮助下，理顺了管理关系，配强了工作力量，落实了经费保障，为关心下一代事业创新发展奠定了良好基础。

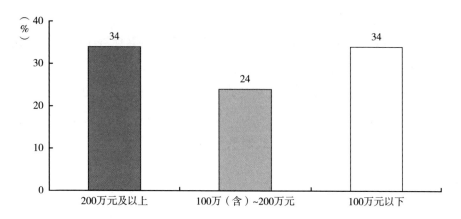

图8　全国各省区市和新疆生产建设兵团关工委办公室经费数额

二　五老队伍发展现状

以五老为主体的广大离退休老同志，是党和国家的宝贵财富，是中华民族伦理道德和党的光荣传统、优良作风的传承者和示范者，是社会主义现代化建设的亲历者、推动者和建设者。由广大五老组成的关心下一代工作队伍，是培养教育青少年的重要资源和不可替代的重要力量，是各级关工委组织关爱青少年的依托和工作的基础。他们从岗位退休以后，心系党的事业，情注青少年，怀着对党对国家对人民对社会的高度责任感，不顾年老体弱，不计名利得失，弘扬着"忠诚敬业、关爱后代、务实创新、无私奉献"的五老精神，满腔热情地投入到关心下一代工作中，为青少年的健康成长倾注了大量心血。

（一）五老队伍日益壮大

各地关工委坚持按照自愿参加、就近就地、量力而行的原则，狠抓思想建设、组织建设、制度建设、作风建设，使关心下一代工作队伍从无到有、从小到大，逐步发展壮大。普遍推行了"四动"（组织发动、典型带动、五老推动、表彰促动）、"五个一批"（领导谈话动员一批、组织上做工作推荐一批、用事业吸引一批、上门求贤聘请一批、五老事业凝聚一批）的做法，在全国形成了一支力量壮大、结构优化、素质提升、活力增强的五老队伍，并积极推动全社会形成了尊重五老、爱护五老、学习五老、重视发挥五老作用的良好氛围。根据国家统计局报告，2019 年末全国 65 岁及以上人口为17599 万人。目前，全国五老志愿者总数为 1367 万人，占老年人口比例约8%。乡镇街道及以上关工委领导班子成员数 414964 人，领导班子成员平均年龄约为 65.2 岁，年龄主要集中在 60 ~ 69 岁，约占总人数的 46%，60 岁以下约占总人数的 35%，70 ~ 79 岁约占总人数的 16%，80 岁及以上约占总人数的 3%（见图 9）。

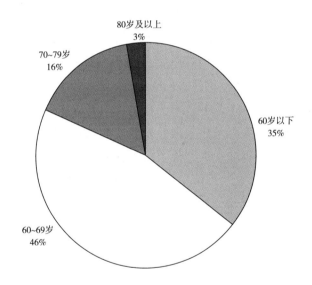

图 9　乡镇街道及以上关工委领导班子成员年龄情况

进入新时代，新信息、新知识特别是"互联网＋"、大数据等新科技要求和广大青少年思想日趋活跃、吸收新事物快、接收信息能力强、受教育程度高等特点，对广大五老在青少年中开展各项教育活动提出了一定的专业专长和科技文化知识等技能要求。面对新时代和新要求，只有不断优化五老队伍结构，才能适应新时代关心下一代事业发展的新需要。以山东省五老队伍为例，全省五老总人数为 80.9 万人，男性占 63%，女性占 37%，其中党员 55.8 万人。五老结构分别为：老干部 46%、老战士 5%、老专家 10%、老教师 35%、老模范 4%。在年龄结构中，60 岁以下占比约 7%，60 ~ 69 岁占比约 58%，70 ~ 79 岁占比约 31%，80 岁及以上占比约 4%。在文化程度上，大专及以上学历或有专业技能的占比 84%，中专及以下学历的占比 16%。

（二）工作热情日益高涨

党的十八大以来，以习近平同志为核心的党中央站在党和国家事业发展薪火相传、后继有人的战略高度，对关心下一代工作作出重要指示，对发挥五老优势的重要意义和作用进行了深刻阐述，为加强五老队伍建设提供了根本遵循。中共中央、国务院印发《新时代爱国主义教育实施纲要》《新时代公民道德建设实施纲要》《关于深化教育教学改革全面提高义务教育质量的意见》等对关工委和五老工作提出明确要求，更加激励了广大五老为青少年健康成长奉献余热的责任心和使命感。为深入贯彻落实习近平总书记的重要指示精神和中央文件要求，充分发挥五老的优势和作用，适应新形势新任务新要求，2019 年 12 月，中国关工委、中组部、教育部等八部门联合印发《关于进一步发挥五老队伍在加强青少年思想道德建设中的作用的意见》。各级关工委和广大五老深受鼓舞，倍感振奋，同时也深感重任在肩。

目前，各级党委政府对关工委工作的重视支持力度不断加大，社会各界对关工委工作的认可度和参与度不断提高，各级关工委和广大五老的工作热情不断高涨，在关爱青少年的实际工作当中，展现出全心全意为青少年服务的爱党爱国情怀和与时俱进、勇于担当、奋发有为的精神风貌。各地还大力表彰在关心下一代工作中做出突出贡献的五老，采取多种形式广泛宣传五老队伍中涌现出的先进典型和感人故事，宣传报道五老服务青少年健康发展、促进社会和谐的经验做法，中国关工委表彰宣传了龚全珍等 12 名全国关心下一代"最美五老"的先进典型，充分发挥示范引领和模范带头作用，极大地推动了关心下一代工作向前发展，广大五老从事关工委工作的热情和积极性日益高涨。

（三）活动载体日益丰富

各地以帮助青少年成长成才为切入点，精心设计活动载体，为五老发挥作用搭建平台，如组建五老教育报告团、关爱工作团、家长学校、农村青年科技政治学校、配备法治副校长和德育辅导员等，吸引、组织更多五老参加青少年的教育活动。广大五老参与开展形式多样、内容丰富的教育、关爱帮扶、帮教活动，取得了良好效果，深受青少年的欢迎和家长的赞誉。由 1010755 名老干部组成思想道德宣讲队伍，对青少年开展习近平新时代中国特色社会主义思想等理论教育；由 713331 名老战士、老劳模组成的校外辅导员队伍，对在校学生进行党史国史教育，引导传承红色基因；由 1641012 名五老积极参与弘扬好家教家风活动，活跃在 322385 所家长学校，累计举办家庭教育讲座 10186143 场，参加学习的家长达 85595033 人次，提高了家长素质，提升了家教水平，为青少年成长创造良好的家庭环境；由 657794 名老科技工作人员组成的科普扶贫队伍，帮助城市下岗青年职工、城镇青年解决就业问题，对农村青少年开展科普教育，传授科技知识，让他们掌握致富技能，累计举办培训、指导 218824 场，培养农村致富带头人 519277 名、新型农业经营主体 107002 个；由 697959 名老政法工作人员等组成的关爱帮教团，对青少年进行普法教育，开展法治教育报告 761242 场，受教育青少年 197933290 人，教育帮助失足青少年 653360 人；由 2173602 名五老组成的帮扶队伍，关爱帮扶农村留守儿童和困境儿童，结成帮扶对子 1394968 个，积极为"五失"（失足、失管、失学、失业、失亲）青少年营造健康成长的良好环境。

（四）社会影响日益扩大

遵照习近平总书记关于要重视发挥五老作用，推动关心下一代事业更好发展的指示，充分发挥好关工委作为党和政府联系青少年的桥梁和纽带作用，组织广大五老开展调查研究、网上舆论引导、未成年人的网络保护工作，发挥其在建言献策、心理服务、社区治理、文化环境整治、矛盾化解等方面的作用，优化青少年成长的社会文化环境。长期以来，各地关工委针对有关青少年的热点、难点问题开展了大量的调查研究，向党委政府部门提交了不少很有价值的调研报告。其中有用大庆精神、铁人精神教育青年职工，深化社会主义核心价值观教育的经验，有在非公有企业、合资企业建立关工委组织的探索，有对留守儿童、网吧管理、青少年吸毒、未成年人犯罪的情况分析和建议，有创建校外辅导站和大学生学习马列主义的自学组织，开展国学教育、感恩教育、才艺教育等活动，以及在服刑、劳教人员中开展"中华魂"主题教育读书活动等，得到了中央领导同志和当地党政领导的高度重视和大力支持，推动了社会各界对这些问题的关注。有些还转化为政府有关部门的政策法规，推动了政府采取加强农村留守儿童保护、救助事实无人抚养儿童等措施。同时，遵照习近平总书记"注重家庭、注重家教、注重家风"的指示，落实《关于指导推进家庭教育的五年规划（2016-2020年）》要求，各级关工委和广大五老积极参与家庭教育工作。开展了"家书抵万金"、五老为家庭教育做榜样等活动，开办多种形式的家长学校和家庭教育指导中心，成立家教报告团、家教大讲堂和家教沙龙，编辑发行有关家庭教育的刊物，推动构建学校、家庭、社会紧密协作的教育体系。为贯彻落实好《关于进一步净化社会文化环境促进未成年人健康成长的若干意见》（中办发〔2009〕6号）关于"由各地关心下一代工作委员会在'五老'人员中招募志愿者，文化部门为网吧监督员颁发聘书，对网吧实行社会监督"的要求，组织了51万名五老担任网吧义务监督员，对全国15万多个网吧开展义务巡查和义务咨询活动，引导青少年健康上网，抵制低俗文化侵蚀，耐心帮助转化了一批"网瘾"青少年，受到中央领导同志的肯定和社会各界的赞扬。

三 关工委组织和五老队伍建设中存在的问题

（一）基层关工委组织建设与发展还不够平衡

基层关工委组织和五老队伍建设与发展还不够平衡，有些地方特别是农村地区的工作相对滞后，部分地区关工委领导班子和办事机构有待完善，缺人、缺钱、缺办法的问题还不同程度地存在。从纵向来看，省、市、县（市、区）、乡镇街道、村（社区）基本都建立了关工委组织，但许多成立了关工委组织的地方，仍然缺乏活动阵地和经费，存在"有组织无活动，有活动无经费"的情况，达不到"五好"标准。从横向来看，许多机关、企业等单位未建立关工委组织，有些地方虽然建立了关工委基层组织，但组织上是"空架子"，光有牌子，没有人员、经费、场地，工作上是"空运转"，没有开展相关活动。民营企业关心下一代工作虽然有突破有进展，但仍存在五老难选、机构不健全、活动开展少、效果比较差等一些不容忽视的问题。随着社会利益主体日益多元化，不断有新经济组织、新社会组织产生，关工委基层组织建设的速度难以跟上。

（二）基层关工委和五老服务青少年的能力有待提高

部分基层关工委工作缺乏创新和特色，在关心、教育青少年的工作载体上依赖老办法，创新不够，只做"规定动作"，没有"自选动作"，活动开展较少、形式内容单一，对青少年吸引力不强，活动效果不明显。个别地方和部门关工委领导班子阵容不齐，能力不强，办法不多，缺乏活力，对上级的布置、要求，既提不出落实意见，也拿不出具体措施。此外，个别关工委办公室干部专业水平不高，知识结构比较单一，缺乏系统的技能培训。少数地方尚未按要求配备到位，有的一直没有编制，有的采取从同级老干部局、中小学借调、借用或从社会招考聘用的方式，但一些年轻干部觉得今后出路难安排，不安心，时间不长即提出离职。与此同时，基层专职人员的严重缺乏也是影响关工委组织工作开展的一个重要方面。在县以下的基层关工委办公室中，几乎没有专职工作人员，大部分是兼职人员，他们没有相关的青少年工作经验，也没有相应的青少年工作常识，还要承担很多党政工作，参与关工委工作的精力有限。

（三）工作机制还有待进一步完善

关心下一代是系统工程，涉及多个党政部门。但是关工委又不同于党政部门，在保障机制上也不同于工青妇等群团组织，同时，除个别领域，关工委多数工作的开展缺少政策依据，职责没有被纳入当地党委政府的考核范畴，也缺乏相应的保障机制、考核机制和激励机制。在领导机制上，普遍由在职的党委常委分管或主管关工委工作，由退休的、有威望的、热心关心下一代事业的老同志担任主任或常务副主任。在关心下一代组织建设和工作开展上，依靠的是领导个人的重视和老同志个人的威望与努力程度，工作运行机制有时不够畅通，不利于关工委工作的持续稳定发展。

（四）五老队伍结构性矛盾突出

广大五老在开展青少年工作中具有独特的不可替代的政治优势、威望优势、经验优势、时空优势和亲情优势，最贴近青少年，最了解青少年的需求，但由于年龄偏大，也存在工作体力和精力不足、工作思路和工作方式落后等问题，无法满足青少年个性化的需求，能力素质难以适应形势和任务的客观要求。五老队伍年龄普遍偏高，市、县和乡镇关工委领导班子中，70岁以上的老同志超过半数，存在"新人"不多、青黄不接的问题。相当比例的五老知识结构老化，与新时代青少年所思、所想、所需不相适应，补充扩展五老队伍、提高五老队伍整体素质任务艰巨。特别是一些乡村与街道、社区关工委的五老队伍，人员构成相对单一，大多以退休党政干部和村组老党员为主体，老专家、老教师、老战士参与的不多。农村五老后继乏人的问题比较突出，个别村没有关工组织负责人的合适人选。

（五）五老队伍相对稳定性不佳

关工委组织拥有一支人数众多、覆盖面广的五老工作队伍，是关工委组织开展青少年工作的中坚力量。在五老的组织动员上，关工委组织自身动员力度有限，缺乏有效的激励政策，完全依靠无偿奉献，没有适当的物质保障机制，难以组建一支能持续有效开展关工委工作的五老队伍，难以调动和保障五老持久的工作积极性。部分五老人员对参与关心下一代工作意愿不强、热情不高，有的认为，退休以后主要任务就是保健养生、安享晚年，到关工委献余热、尽义务，付出的是精力，耗费的是时间，"多一事不如少一事"；有的同志觉得，现在的青少年一代，知识面广，思想活跃，有的深受社会上消极思潮的影响，与老一辈人的"代沟"越来越深，彼此沟通难，存在较重的畏难情绪；还有的退休老同志则是因为身体素质差、家庭负担重或是要照顾孙辈、随子女外迁等原因，对承担社会工作感到"有心无力"。同时，对五老典型的总结宣传力度不大，示范带动作用不够明显，全社会重视、关心、支持五老队伍建设的氛围还不够浓厚。

四 新形势下加强关工委组织和五老队伍建设与发展的对策建议

关工委组织作为我国一个重要的群众性工作组织，以广大青少年为服务对象，目的是教育引导广大青少年听党话、跟党走，积极培育德智体美劳全面发展的社会主义建设者和接班人。在社会建设和经济发展的新时代，探索关工委组织和广大五老如何更好、更有效地参与青少年成长成才工作，如何进一步加强关工委组织和五老队伍的建设与发展，适应新形势新任务的需要，本报告提出以下对策建议。

（一）进一步建立健全党建带关建工作机制

关工委是党领导下的群众性工作组织，一定要依靠和主动争取党委的领导重视，推动将关工委工作纳入党建工作总体部署，建立健全党建带关建工作机制，把基层关工委的组织力进一步激发出来，发挥好百万个基层关工委、千万名五老服务青少年、服务基层发展、服务基层党建的作用。

党建带关建，就是在党委领导下，依托党建，把基层关工委的思想、组织、保障、阵地、工作等全面带起来。关键在"带"。要推动将基层关工委建设纳入基层党组织建设工作责任制，抓住督查检查、考核评价等关键环节，在基层党建工作的领导体制和工作机制中统筹推进。目的在"建"。要推动建立组织阵地带动机制，依托基层党组织，加快农村和城市社区基层组织网络建设，推动将关工委组织融入离退休党支部、老年大学以及老同志集中的社会基层组织，让基层关工委触角向村民小组、社区网格延伸，加强教育系统、民营企业、机关事业单位关工委建设，不断完善基层关工委组织体系；推进基层关工委共建联建，以城乡社区关工委为核心，有机联结学校、企业、行业及各领域关工委组织，实现组织共建、资源共享、功能优化，提升基层关工委建设的整体效应。按照中央关于"统筹基层党群组织工作资源配置和使用，基层党组织活动阵地、党员服务站点的规划建设应该考虑群团组织需要"的要求，建好用好各类校外教育活动阵地，活跃基层关心下一代工作。重点在"联"。要完善部门联动机制，推动落实好关心下一代工作和五老队伍建设联席会议等制度，把基层关工委建设的目标任务融入相关部门工作，强化部门联动、推进齐抓共管。推动完善经费保障机制，明确关工委工作经费标准并纳入财政预算。争取做到思想认识到位、领导责任到位、工作措施到位、人财物保障到位，形成党建带动、关工委主动、部门联动的基层关工委建设工作格局。

（二）配齐配强领导班子，提高五老队伍的能力水平

关心下一代事业要发展，需要强有力的领导班子和五老队伍。各级关

工委要采取措施，下大力气做好班子选配、五老发动、能力提升和关爱激励等工作，努力建设一支素质优良、覆盖面广、结构合理、作用突出的关工队伍。

要继续坚持关工委领导班子调整充实与同级党政领导班子换届同时进行、组织谈话动员老同志参加关心下一代工作等行之有效的办法，鼓励各地积极争取党委组织部门支持，按照"有进有出、进出有序"的原则，充实和配强基层关工委领导班子。要认真落实习近平总书记关于尊重五老、爱护五老、学习五老、重视发挥五老作用的重要指示，密切与老干局、老龄委、老体协、老科协等部门配合，本着自愿、量力、就近的原则，争取离退休干部党支部、老年大学和老年社团的老同志以及每年退下来的机关企事业单位干部和乡镇（街道）、社区（村）干部参与关心下一代工作，使五老队伍不断发展壮大。鼓励有条件的地方探索成立五老志愿者协会，推广五老志愿者注册制度和"关工委＋协会＋服务团队"模式，根据老同志的服务意向、优势特长和志趣爱好，使他们组建成各类志愿服务团队开展服务。要加大对五老队伍的关爱力度。建立健全激励表彰机制，大力弘扬忠诚敬业、关爱后代、务实创新、无私奉献的五老精神，对于服务时间长、服务业绩突出的优秀老同志，要定期表彰和大力宣传。要营造关爱文化，热情关心关爱五老，工作上支持，生活上关心，心理上关怀，增强五老对关心下一代工作的荣誉感、归属感，做到用事业留人、用情感留人。

同时，要加强关工委办公室建设，关心在职干部的成长进步。建立健全学习培训制度，切实把关工委干部培训纳入同级党政干部教育培训计划，纳入干部交流范围，提高发展空间。以领导班子、办公室主任、五老骨干为重点，定期开展培训，使他们学习理解党政中心工作、熟悉新时期青少年特点，学会运用关心下一代工作新方法新手段，不断提高在党政全局工作中谋划关心下一代工作、联系和服务青少年的本领。

（三）持续深入开展五好基层关工委创建活动

创建基层五好关工委，是加强基层关工委组织建设的有效载体，它涵盖了基层工作的方方面面，是推动基层关心下一代工作创新发展的重要抓手。要持续深入开展好此项活动，已经达标的，要继续在深化和实效上下功夫；还没有开展活动的，要检查督促尽快开展起来。通过活动的开展，不断增强组织创新力，为建设学习型、创新型、服务型基层关工委提供动力。

在创五好活动中要注重解决基层工作中的突出问题。要紧密结合实际，什么问题突出就解决什么问题。比如，带头人如何配齐配强，五老如何发动，队伍积极性如何调动，如何完善五老直接联系青少年的长效机制，强化服务供需对接，使基层工作更有针对性和实效性，等等。各地各领域基层关工委情况不同，需要解决的问题也不一样。把遇到的问题研究解决好了，就能把工作不断推向前进。同时，注重发掘、总结和推广好做法好经验，坚持用典型指导工作。要认真总结提升创五好的成果，在深化认识、把握规律、加强指导、总结经验的基础上，逐步建立起保持基层关工委五好的长效机制，使基层关工委建设和基层关心下一代工作走上健康发展轨道。要发掘、培育、总结和推广品牌。工作品牌的培育与打造，是基层关心下一代工作发展的重要推动力。要根据新形势新任务的要求，通过理念创新、方式创新、手段创新，因地制宜地创建新品牌，与时俱进地推动老品牌科学发展，使创五好活动产生更多更好的品牌成果。

（四）大力加强宣传工作

宣传工作对促进关工委组织发展有对外和对内的双重作用，对外是关工委组织与政府、社会之间的一条沟通桥梁，有利于树立关工委组织良好的外部形象，提高关工委组织的社会知名度；对内是关工委组织有效开展工作的催化剂，有利于关工委组织内部凝聚思想，对组织成员起引导及鼓舞作用。要不断扩大宣传覆盖面，全方位、多角度地宣传关工委组织和关工委工作。要加强宣传制度建设，定期对宣传工作进行研究，做到有领导同志专门抓宣传，主动作为，争取党委宣传部门和新闻媒体的支持，打通宣传渠道，做好顶层设计。要善于在党政宣传大局中谋划活动，进一步形成"党委宣传部门统一领导，关工委主动协调，有关部门大力支持，新闻媒体积极参与"的宣传格局。要加强与有关部门和主流媒体的联系，定期研究宣传工作，及时进行沟通，要善于将成熟有效的宣传模式用工作机制的方法固定下来。要加强宣传队伍建设，注意吸收从新闻战线退下来的老同志，为宣传队伍注入专业力量。要加强宣传队伍的培训，提高工作水平和业务素质，注重表扬先进，切实打造一支政治过硬、本领高强的宣传队伍。要积极拓展传播渠道，在用好杂志、网站等关工委自有媒体的同时，主动加强与报刊、电视等主流媒体的合作，不仅利用传统纸媒和新兴媒体的宣传平台，大力宣传先进典型，而且努力把五老中涌现的优秀典型，融入中央和当地开展的道德模范、时代楷模、当地好人、中国好人、新时代好少年等精神文明评选活动中，让更多的人认识他们、学习他们，形成全社会共同关心、支持关心下一代事业的浓厚氛围。

（五）始终注重务实创新

关工委工作要在继承中创新，在创新中发展，在做好经典育人品牌的同时，积极发挥老同志独特优势和桥梁纽带作用，肩负起中央赋予的重大责任，探索新的全员育人思路，在"立德树人"中做实事、求实效，为关心下一代事业做出应有贡献。要确立创新的理念，因为只有不断地创新，才能给工作增添活力，扩大影响力和吸引力。各类活动在形式和内容上都要符合实际，紧贴青少年，创造新载体，突出工作特色品牌。要发挥好示范典型的辐射引领作用，带动关心下一代工作的开展。要充分利用互联网、微博、微信等平台，加强关工委组织同五老、青少年、有关部门的沟通联系，展示工作成果，改进工作作风，提升工作水平，推动关心下一代工作创新发展。

各级关工委要努力探索和把握全媒体时代对广大青少年进行理论宣传、思想教育、舆论引导、道德熏陶和品性培养的特点、难点、切入点，进一步推行"互联网＋关心下一代"工作模式，着力打造"互联网＋五老"信息管理系统。通过大数据，对五老人才和工作活动实行动态管理，

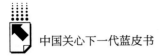

对青少年人群的总体状况特别是重点帮扶、帮教对象实行全面、全员、全程精准关爱，努力实现队伍、平台、品牌、活动和资源的优化配置，线上线下有机结合，使关心下一代工作更加合"潮流"、接地气、添活力、增实效。

调　查　篇

Investigation Reports

B.8

江苏落实"党建带关建"工作报告

曹鸿鸣　李明朝　张艳　卢勇*

摘　要： 关工委是党委领导下以离退休老同志为主体、以关心教育培养青少年健康成长为目的的群众性工作组织。关工委的性质和任务决定了关工委的工作必须始终坚持党委领导、党建引领。江苏省关工委自成立以来，在省委坚强领导和高度重视下，积极探索"党建带关建"的江苏路径。党的十八大以来，以深入学习贯彻习近平总书记对关心下一代工作的重要指示为重大契机，江苏进一步完善和落实"党建带关建"工作机制。经过不懈努力，全省关心下一代工作形成党委统一领导、部门齐抓共管、关工委主动作为、全社会广泛参与的良好格局。随着中国

---

* 曹鸿鸣，江苏省关工委主任；李明朝，江苏省关工委常务副主任；张艳，江苏省关工委常务副主任；卢勇，江苏省关工委办公室副主任。

特色社会主义进入新时代，关心下一代工作进入新时代，"党建带关建"工作必须按照新时代党的建设总要求与时俱进。本文结合实际，介绍江苏"党建带关建"的主要做法和成效，试述"党建带关建"推动新时代关工委工作创新发展的趋势及思考。

关键词： 党建带关建　江苏　五老　青少年　新时代

党政军民学、东西南北中，党是领导一切的。1982年党中央作出建立老干部退休制度的决定后，着眼于在改革开放条件下继续发挥老同志作用和让党的事业薪火相传，1984年关工委组织应运而生。通过建立关工委组织，把"一老一小"紧密联系起来，将有志于关心下一代事业的老同志和社会志愿者团结凝聚到党的周围，形成五老社会参与和青少年培养教育相结合的群众工作模式。关工委的政治属性决定了其任何时候都离不开党的领导。实践证明，加强党对关工委工作的领导，是做好关心下一代工作的根本保证，而完善和落实"党建带关建"工作机制，是把党的领导贯穿关心下一代工作全过程的生动体现和实践创新。"党建带关建"的实质就是在党委领导下，依托党的建设，把关工委的思想、组织、保障、阵地、工作等全面带动起来，使关工委工作的目标任务更加清晰明确，推动关心下一代事业创新发展。立足新时代，推动关工委工作向前迈进，受到党政重视、社会支持、青少年欢迎，其归根到底就是要坚持"党建带关建"，这是全省各级关工委多年实践摸索出来的规律。在纪念中国关工委成立30周年之际，江苏省关工委围绕"党建带关建"深入基层作了专题调研，回顾历程、总结成效、展望趋势。

一　基本情况及沿革

江苏作为全国较早实行改革开放、建立老干部离退休制度的省份，关心下一代活动起步较早。20世纪80年代，如东、南京等地就先后成立关心下一代协会。如东关协是继河南安阳之后全国第一个成立的县级关工委组织。1990 年中国关工委成立后，江苏省关协于次年 3 月经省委批准成立，1992 年更名为省关心下一代工作委员会。近 30 年来，在历届省委的坚强领导和中国关工委的有力指导下，江苏省关工委关爱队伍不断壮大、各项工作不断拓展，日益成为一个党政重视、各方支持、家长和青少年欢迎，有着广泛群众基础和社会影响力的群众性工作组织。特别是党的十八大以来，随着学习贯彻习近平总书记对关心下一代工作的重要指示走深向实，广大五老对"关心下一代就是关心祖国未来"的认识更加深刻，江苏省"党建带关建"工作机制在实践中不断完善和落实，形成良好的带动效应。

第一，建立巩固以习近平新时代中国特色社会主义思想为指引的政治学习制度。省委及各地党委把思想政治建设作为关工委的根本建设，将关工委学习培训列入同级党委干部培训计划。多年来，江苏省各级关工委以高度的政治敏锐性，坚持学习制度雷打不动，自觉加强学习。2015 年 8 月，习近平总书记对关心下一代工作专门作出重要指示，为做好新时代关工委工作提供了行动指南和根本遵循。省委常委会议迅速传达学习，省委省政府主要领导、分管领导每年都对学习贯彻落实习近平总书记重要指示，做好关工委工作提出明确要求、寄予殷切希望。省委组织部联合省关工委召开学习贯彻专题会议，省委常委、组织部部长到会讲话。贯彻省委关于让习近平总书记重要指示落地生根的要求，江苏省关工委连续五年把学习贯彻习近平总书记重要指示作为首要政治任务，与学习贯彻落实党的十九大和十九届二中、三中、四中全会精神及省委各项决策部署紧密结合，在学懂弄通做实上下功夫，不断加深理解和把握，先后层层举办学习培训班 1.7 万多场次，将驻会老同志和基层五老骨干基本轮训一遍（见表 1）。在 2019 年全党"不忘初心、牢记使命"主题教育活动中，省及多地关工委成立驻会老同志党支部，关工委主任带头上党课，进一步强化思想政治学习。通过学习，全省关工委和广大五老将贯彻践行习近平新时代中国特色社会主义思想、习近平总书记对关心下一代工作的重要指示作为最重要的政治站位，不断树牢"四个意识"、坚定"四个自信"、做到"两个维护"，在思想上政治上行动上同以习近平同志为核心

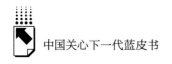

的党中央保持高度一致，坚决维护党中央权威和集中统一领导，切实增强政治责任感和历史使命感，方向更明、信念更坚、干劲倍增。

表1　近5年江苏省关工委学习培训统计

单位：场次，人次

学习培训班	参加学习培训人数				
	总数	省	设区市	县(市、区)	乡镇(街道)
1.7 万	132 万	360	10 万	30 万	92 万

　　第二，建立巩固紧紧依靠省委坚强领导、统筹联动开展关爱工作的组织领导制度。历届省委、省政府高度重视关工委工作，形成包括省委常委会每年听取汇报、省委办公厅每年批转工作要点等在内的"五个一"做法（见表2），并贯彻到基层，每次省委常委会议纪要发至县委。2020年初，在统筹推进新冠肺炎疫情防控和经济社会发展的百忙之中，省委娄勤俭书记主持召开省委常委会议第一项议程听取省关工委工作汇报，省委任振鹤副书记出席全省关工委工作电视电话会议并代表省委讲话。中国关工委顾秀莲主任批示感谢江苏省委高度重视关心下一代事业，为省关工委工作创造优良环境。各地进一步强化党委对关工委工作的领导，把关工委工作纳入党政工作重要议事日程，把关工委基层组织建设纳入党建目标责任制考核体系，把关工委经费纳入地方财政预算，及时帮助关工委解决实际困难和问题，切实做到思想认识到位、领导责任到位、工作措施到位、人财物保障到位，使关工委建设植根于党的建设之中。各级组织部门切实履行工作责任，以离退休干部党组织建设带动关工委工作建设，不少市县组织部部长兼任关工委主任，从组织上保证"党建带关建"落细落实。泰州市推动建立"党建带关建"的"四带五同步"模式，即政治上带、组织上带、工作上带、作风上带，组织同步设置、工作同步谋划、制度同步完善、阵地同步建设、考评同步进行，使各级党组织真正把关工委建设摆上位置。省五老队伍建设联席会议各成员单位发挥职能作用，与关工委通力协作、优势互补，不断加大支持力度。在党委的坚强领导和高度重视下，江苏省关工委工作形成党建带动、部门联

动、关工委主动的格局，全省上下重视和支持关工委工作的氛围越来越浓、合力越来越强。

表2　江苏省委重视支持关工委工作的"五个一"做法

明确一个定位	始终把关工委作为全社会培养教育青少年的重要组织和机构，作为党委政府做青少年工作的重要助手
形成一套机制	省委常委会每年至少听取一次省关工委工作汇报，并由省委办公厅转发省关工委年度工作要点，每年召开一次全省关工委工作会议
壮大一支队伍	选配资历深、威信高、能力强、经验丰富的老领导担任关工委领导，广泛吸纳各方面老同志加入关工委工作队伍
突出一个主题	坚持以培养德智体美劳全面发展的新一代江苏人为主题，广泛开展青少年思想道德教育
营造一种氛围	建立由组织部门牵头、关工委具体负责、有关成员单位参加的五老队伍建设协调机制（联席会议），形成各方支持关工委工作的局面

　　第三，建立巩固在党建引领下加强关工委组织建设和队伍建设的自身建设制度。江苏省关工委始终锲而不舍、扎实推进基层组织建设，在完善和落实"党建带关建"工作机制中乘势而上、顺势而为，建组织、配班子、强队伍，推动基层建设不断迈上新台阶。截至2019年底，全省关工委组织达5.9万多个，基本形成城乡条块结合的关工委组织网络，其中市级关工委13个，县级关工委119个，镇级关工委1392个，村级关工委2万多个；教育系统关工委6397个，民营经济系统关工委近2.9万个，政法系统关工委639个，农业系统关工委345个，其他系统（部门）关工委1607个（见表3）。在4.3万多个基层关工委中，有82.7%达到"五有五好"创建要求。各级关工委配备驻会领导班子5619人，其中70周岁以下4660人，占比82.93%。市县关工委班子普遍达到"市级3~5名、县级2~3名同级老同志担任关工委主任、副主任"的要求，许多原同级四套班子"一把手"担任关工委主任或常务副主任。镇村关工委多由镇党委副书记、村支书兼主任。参加关工委工作的五老达66万多

人（见表 4），其中核心层 7 万多人，骨干层约 30 万人，呈稳中有升之势。根据工作需要和五老特长，组建五老思想道德教育报告团 1.7 万多个，33 万多名五老参与其中；组建五老关爱工作团（含法治报告团、结对帮教小组）1.9 万多个，22 万多名五老参与其中。五老校外教育辅导员 10 万多人，五老网吧义务监督员约 2 万人。涌现一批获得"中国好人"、全国关心下一代工作"最美五老"称号的五老典型。市县关工委办公室有在职干部 268 人，基本配备到位。

表 3　江苏省关工委组织建设统计

单位：个

合计	乡镇（街道）	社区（村）	教育系统	民营经济系统	政法系统	农业系统	其他系统（部门）
59723	1392	20929	6397	28954	639	345	1607

表 4　江苏省关工委五老队伍建设统计

单位：万人

总人数	其中					
	五老思想道德教育报告员	五老结对帮教员	五老法治副校长	五老校外教育辅导员	五老网吧义务监督员	五老科技帮扶指导员
66	33	10	1.1	10	2	1.3

回顾近 30 年发展历程，江苏"党建带关建"工作在实践中一步步探索前行，大体经过三个阶段。

1. 初创探索阶段

1991 年江苏省关工委成立后，储江等一批老同志奔走于大江南北，通过向省委请示汇报、深入各地调研走访、召开分片座谈会等办法，推广南京市和如东县关协工作经验，推动各地建立关工委组织、壮大五老队伍。通过编写党和国家领导人关心下一代文件指示汇编、出版《群英谱》等形式，发挥老同志优势和作用，弘扬周恩来精神、铁军精神，大力开展青少年革命传统教育，并逐步拓展农村关心下一代工作和开展普法教育、扶贫助学等活动。省委省政府主要领导、分管领导多次出席全省关工委工作会议，研究关心下一代工作的意见和部署，为关工委开展工作创造条件，量力而行解决机构、编制、经费等问题。在省委支持下，1993 年 8 月《关心下一代周报》正式创刊，2001 年国家新闻出版总署批复同意《关心下一代周报》使用国内统一刊号出版。1996 年，中国关工委在南京召开全国农村关心下一代工作经验交流会，推广江苏省关工委在农村青年中开展"讲政治、育新人、学科技、奔小康"活动经验。

2. 开拓发展阶段

进入新世纪，江苏省委调整充实省关工委领导班子成员。2003 年，省委办公厅印发《江苏省关心下一代工作委员会工作规则》（以下简称《省关工委工作规划》），批转各地实施。2004 年，《中共中央国务院关于进一步加强和改进未成年人思想道德建设的若干意见》（以下简称《意见》）下发，首次将"关工委"五老写进中央文件，使关工委工作进入新的发展阶段。为贯彻《意见》精神，自 2004 年起，江苏省委常委会每年听取省关工委工作汇报，省委办公厅批转省关工委工作要点。2007 年，中国关工委在南京召开全国关心下一代工作会议，江苏省委书记介绍省委重视支持关工委工作的"五个一"做法。2006 年，省委组织部、省委老干部局、省关工委联合印发《关于进一步加强关工委组织建设和五老队伍建设的通知》，并于 2007 年建立 16 个部门参加的省五老队伍建设联席会议机制（见表 5）。江苏省关工委组织在基层的有效覆盖率达 95% 以上，并于 2009 年成立省关心下一代基金会。全省关工委紧紧抓住青少年思想道德教育这个根本，加强调查研究，总结基层经验，积极拓展促进青少年健康成长的关爱活动，五老优势和作用进一步发挥，工作有许多创新和发展，一些做法被评为全国关心下一代工作品牌，受到中央领导和省委肯定，中央和省新闻媒体多次报道。2011年 12 月，省关工委总结实践经验，对《省关工委工作规则》进行第一次修订，并由省委办公厅印发。

表5　江苏省五老队伍建设联席会议成员单位

2007年成立时有16个部门和单位参加	省委组织部、省委政法委、省文明办、省委老干部局、省人事厅（现省人力资源和社会保障厅）、省教育厅、省司法厅、省民政厅、省文化厅（现省文化和旅游厅）、省工商局（现省市场监督管理局）、省总工会、省妇联、团省委、省科协、省军区政治部、省关工委
2018年增补2个单位	省广电总台、新华日报社

3. 创新提升阶段

党的十八大以来，伴随中国特色社会主义进入新时代，江苏省关工委工作展现新气象新作为。2015年习近平总书记对关心下一代工作作出重要指示，从省委到各地党委更加重视支持关工委工作。无锡、泰州等地先行先试，各地普遍下发文件，推进"党建带关建"工作制度化、规范化。全省各级关工委深刻认识关工委工作在"两个一百年"奋斗目标中的使命任务，加强学习调研，针对问题夯实举措、实践创新。特别是通过2011年启动、2013年收官的"三年基层工作年"，2016年四季度至2017年省委组织部与省关工委联合专项检查、联合开会推进、联合重点督查，全省关工委基层建设一些过去解决不到位或一直想解决而未解决的薄弱环节和突出问题得到切实解决，"五有五好"基层关工委建设进一步提质扩面。2018年全国基层关工委建设工作会议在徐州召开，总结推广江苏省"党建带关建"的做法。2019年，经省委同意，省委办公厅印发新时代《省关工委工作规则》，省委组织部、省委老干部局、省关工委联合下发《关于完善和落实"党建带关建"工作机制的意见》，进一步规定关工委的性质定位、指导思想、工作原则、工作任务、工作方法、组织和制度建设、经费保障等，就"党建带关建"工作机制的任务要求、责任落实作出重要的制度性安排。这两个文件为深入贯彻习近平总书记重要指示、进一步推动"党建带关建"工作机制落地落实提供了准则和依据。全省关工委在总书记重要指示指引下，认真贯彻两个文件精神，关工委工作的政治性、先进性、群众性不断增强，工作成效更加凸显。中国关工委顾秀莲主任肯定江苏省关工委工作很扎实、很有特色，省委、省政府领导称赞全省关工委工作具有满满正能量。

二　基本成效及经验

完善和落实"党建带关建"工作机制，源自实践，又回归实践，根本目的就是在党委领导下，依托党建，把五老队伍在加强青少年思想道德建设中的优势和作用充分发挥出来，把关工委的组织力、执行力有效激发出来，带动关工委工作全面提升、全面加强。多年来，江苏省关工委贯彻中央要求和省委部署，在大局中找准定位，使关工委各项关爱举措与党政中心工作贴得更紧，把"党建带关建"的成效体现在实际工作中。

第一，始终坚持以社会主义核心价值观引领青少年健康成长，传承红色基因，让爱党爱国教育年年创新、延续深化。围绕培育德智体美劳全面发展的新一代江苏人，江苏省关工委坚持立德树人根本任务不动摇，一年一个主题开展青少年思想道德教育。近年来，贯彻习近平总书记关于团结教育青少年听党话、跟党走的重要指示，全省关工委运用纪念改革开放 40 周年、庆祝新中国成立 70 周年等重要时间节点，持续在青少年中深化党史国史教育、红色基因教育、爱国主义教育，帮助青少年扣好人生第一粒扣子。每年主题教育被纳入全省未成年人思想道德教育实践活动整体安排。各地关工委配合文明办、教育等部门，组织五老进村入户到学校宣讲，运用本地红色资源，采取"三走进三寻访"等形式，年均开展活动 2 万多场次，1000 多万人次青少年参加。2013 年举办的"老少共话中国梦"演讲比赛、2018 年在苏州召开的"传红色基因、颂改革开放"专题现场交流会、2019 年开展的"在国旗下成长"老少同台节目展演均产生较大反响。着眼于"讲得好、听得进"，主题宣讲突出革命英烈、时代楷模，运用讲故事等方式，通俗易懂、入心入脑。近五年组织宣讲 10 多万场次，受教育青少年达 2000 多万人次。2020 年，江苏省关工委开展"爱党爱国、立德立行"主题教育活动，运用抗击新冠肺炎疫情中涌现的英雄模范，深化爱国教育。全省建成关心下一代党史国史教育基地 915 个。《关心下一代周报》《薪火》与江苏少年网形成"一报一刊一网"宣传矩阵，发挥融媒体宣传阵地作用。一年又一年的主题

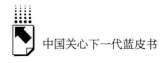

教育，深入浅出、潜移默化、积少成多，使社会主义核心价值观教育更加具体化，有效促进青少年坚定理想信念、传承爱国精神、提升道德素养、养成文明新风。

第二，不断加强校外教育辅导站建设，形成学校教育、家庭教育和社会教育的育人合力。校外教育辅导站是江苏省关工委参与社会教育的一个创新，直接面向青少年、服务青少年。自 2007 年总结推广南通经验以来，辅导站在全省推开，普遍建站目标基本实现，工作机制逐渐形成，被省文明委评为全省未成年人思想道德建设创新品牌。近几年，依靠党委重视、文明办支持和相关部门关心，江苏省关工委着眼于新时代社会教育需求，进一步推进辅导站"强内涵、提质量、上水平"，辅导站的组织、队伍、制度、功能"四项建设"扎实推进，站点布局更趋合理、经费保障更为稳定、作用发挥更加充分。在省委、省政府重视下，省文明办先后拨付 2000 多万元奖励扶持经费，省财政拨付 2000 万元用于辅导站配置电脑，各地党委政府也给予支持。江苏省关工委与省委组织部、省教育厅分别联合发文，切实推进"校站结合"及在职教师、大学生村官进站工作。2019 年，江苏省关工委从青少年及家长的新需求新期待出发，进一步强化"校站结合"，扩大在职教师辅导员队伍。目前，江苏省辅导站点共 3 万多个，其中"校站结合"1.4万多个，有 6 台以上电脑的电子阅览室 1.3 万多个，形成乡镇（街道）有总站、社区（行政村）有中心站、自然村有分站、居民点和群众聚居地有辅导点的四级网络，10 万多名五老和 12 万多名在职教师等社会志愿者参与其中。各地辅导站就近就便开展思想道德教育和课业辅导、兴趣拓展、社会实践等活动，年均吸引 1000 多万人次青少年参与。中国关工委顾秀莲主任充分肯定江苏校外辅导站创新发展成果。

第三，积极参与社会治理创新和净化社会文化环境，预防和减少青少年违法犯罪工作取得实效。这方面工作一直是江苏省关工委参与社会治理的重中之重，从成立法治教育报告团加强青少年法治教育，到对重点群体青少年开展结对帮教；从 2009 年推广无锡惠山经验启动未成年人"零犯罪"社区（村）建设，到 2011 年淮安现场推进会、2013 年南京经验交流会、2015 年镇江社区矫正工作会、2018年全省关工委法治教育经验交流会，紧扣重点地区、重点群体、重点环节，环环扣紧、重点重抓、步步推进，预减工作的针对性和有效性不断提升。近五年累计举办法治报告会11万多场次，形成南通"崇德少年法学苑"等一批法治教育品牌。2019年，省关工委总结推广南京市在基层公安派出所建立关爱工作站的经验。这一做法，有效发挥了退休民警在帮教失足和有不良行为青少年中的独特优势和作用，得到国务委员、公安部部长赵克志和中国关工委顾秀莲主任批示肯定。目前，"以所建站"工作在全省全面推开，全省1689个公安户籍派出所已建立关爱工作站1195个。全省近2万名五老网吧义务监督员坚持常态化监督，按照省文明办要求连续5年开展社会文化市场异地查访，净化青少年成长环境。在党委领导及各方面努力下，全省青少年违法犯罪逐年下降，未成年人"零犯罪"社区（村）建设达标率由五年前的91%上升到95%左右。

第四，围绕助力乡村振兴、经济发展，"三扶两创"和民营企业关工委工作扎实推进。"讲理想、学科技、达小康、奔现代化"活动是江苏省关工委工作的老品牌。为贯彻省委对农业农村工作的新要求，江苏省关工委会同农业部门，先后在阜宁、句容、高淳、徐州、建湖等地召开现场会，组织老农业科技工作者帮扶青年农民特别是创业初期、创业有困难的青年农民解决实际问题，深入开展"三扶两创"（即扶志、扶技、扶创业，创建青年农民创业示范基地、评选青年农民创业之星），助力乡村振兴和脱贫攻坚。目前，全省五老科技指导服务团队达3200多个，有1.3万多名老农业科技专家参与其中，帮扶家庭农场、专业合作社、农村电子商务等新型经营组织5200多个，创建示范基地2800多个，评选创业之星2200多人，培育"双带"（带头致富、带领群众共同致富）的农村致富带头人1.1万多名。在民营企业组建关工委是江苏省关工委的一个成功实践。从2004年省关工委会同省工商局联合推广江阴经验到2008年成立省民营经济关工委，2010年常州会议，2012年中国关工委在江阴召开全国部分省区市民营企业关工委工作座谈会，再到2014年苏州会议，全省民企关工委工作进入较快发展阶段。近年来，顺应机构改革新形势，江苏省关工委在盐城召开民营经济关工委工作现场推进会、在南京召开全省民营企业关工委工作会议，建立巩固"以块为主、条块结合"的运行机制，民企关工委工作向党委领导、党委"两新"工委牵头、关工委组织协调、市场监管部门归口管理、各方面齐抓共管的方向迈进。目前，江苏省规模以上民企组建关工委1.8万多个，中小企业建立联合关工委近1.1万个，一些地方还探索建立外企、楼宇企业关工委。各地民企关工委积极开展青年职工思想道德教育、技术培训和关爱活动，有效促进了企业关心职工、职工关心企业、企业和谐发展。

第五，开展多形式、重实效的关爱活动，用心用情用力促进特殊群体青少年同在蓝天下健康成长。2005年和2007年，针对苏南近50万外来工子女接受义务教育和苏北苏中50多万留守儿童教育管理问题，江苏省关工委联合相关部门开展专题调研，得到省委、省政府高度重视。省委、省政府拿出10亿元用于解决留守儿童寄宿问题。资金由教育部门支配，关工委参与落实，3年全部完成。近年来，针对苏南流动儿童猛增、苏北苏中留守儿童仍为数众多的情况，各地继续加强调研，推动有关政策落地落实，为留守流动儿童办实事、做好事、解难事。苏北苏中各地关工委通过建立留守儿童档案和"代理家长"制度、创办"托管家园"等措施，加强对留守儿童的亲情关爱。宿迁市关工委坚持10多年促进留守儿童寄宿制工作，寄宿率从不足10%提高到73.3%。苏南各地关工委依托校外辅导站，加强流动儿童行为养成教育，帮助他们尽快融入当地。苏州市外来工子女在公办学校的就读率达75%，民工子弟学校办学质量不断提高。按照中国关工委五老关爱行动部署，近五年江苏省关工委多渠道筹集资金助学助困70多万人。省关心下一代基金会资金突破2000万元，每年支出100多万元资助1000多人。各地关心下一代基金会不断扩大关爱救助面。关心下一代周报社1997年以来致力于公益助学活动，2003年起启动实施"冰凌花"奖学金项目。省关工委联合爱德基金会连续10年开展孤儿助学行动并形成机制。

在坚持党委领导、党建引领的实践探索中，江苏省关工委不断深化认识、总结经验。

第一,"党建带关建"核心是"党",必须永葆政治本色,在大局中准确定位。关心下一代事业是党的事业的重要组成部分,必须以党的科学理论为指导,服从服务于改革发展稳定大局,服从服务于省委、省政府的中心任务,在围绕中心中定位,在服务大局中尽责。江苏省关工委在各级党委政府的领导下,自觉践行党的基本理论、基本路线、基本纲领,对省委、省政府和各地党委政府的工作坚持做加法不做减法、帮忙不添乱、补台不拆台,不断增强关工委工作的活力和成效。实践证明,关工委只有当好党委政府培养教育青少年的参谋助手、联系服务青少年的桥梁纽带,才能更好地把握正确方向和工作重点,使各项工作更加扎实有效,不断开创新局面。

第二,"党建带关建"关键是"带",必须积极主动作为,在调研中锐意创新。各级党委高度重视关心下一代工作,关工委更要主动作为、开拓创新,以实际成效赢得党委政府更大的重视与支持。江苏省关工委坚持每一项工作都从调查研究开始,每年选取青少年健康成长中的一两个重点难点问题深入调查研究,积极建言献策,有力推动了问题解决和工作创新。同时,江苏省关工委注重发挥典型示范带动作用,一方面鼓励各地从实际出发,积极探索、大胆实践;另一方面结合调研,及时总结推广典型经验,以点带面推动整体工作。江苏省关工委"党建带关建"一个个工作进展靠的就是调查研究、典型引路、主动作为、开拓创新。

第三,"党建带关建"目的是"建",必须筑牢基层基础,在求实中激发活力。基层是老少携手的结合点,是开展关心下一代工作的主阵地,是"党建带关建"的落脚点。把关工委建设融入基层党组织建设,抓基层、打基础,是做好关心下一代工作并取得实效的重要举措。江苏省关工委抓住县级关工委这个联系基层的重要枢纽,以提升关工委组织力为重点,以"五有五好"基层关工委建设为抓手,驰而不息推动基层关工委建设。同时,严格落实全面从严治党主体责任,健全各项规章制度,做到守纪律、讲规矩。全省关工委班子队伍不断充实加强,工作更加活跃扎实,呈现蓬勃发展的生动景象。

三 基本趋势及工作思路

习近平总书记指出，中国特色社会主义制度是特色鲜明、富有效率的，但还不是尽善尽美、成熟定型的，需要不断完善。我们所处的新时代，是党的理论创新实现新飞跃、执政方略和发展理念有重大创新的时代，是决胜全面建成小康社会，进而全面建成社会主义现代化强国的时代，与关工委成立之初相比有许多新特征，"党建带关建"工作面临许多新情况新要求。

首先，"两个一百年"宏伟蓝图催人奋进，全党将培育担当民族复兴大任的时代新人摆上更加突出位置。习近平总书记鲜明提出做好关心下一代工作关系中华民族伟大复兴的重要论断。肩负总书记提出的"为全国发展探路"重任的江苏，开启基本实现现代化新征程，迫切需要培育大量高素质人才。目前江苏 14 岁以下少年儿童有 1000 多万人，大中小学生近 1600 万人。从"两个一百年"奋斗目标和"两个 15 年"战略安排看青少年教育培养目标要求，关工委初心不忘、使命更重。

其次，世界面临百年未有之大变局，新冠肺炎疫情蔓延加剧了世界百年未有之大变局的复杂程度，西方敌对势力与我们争夺下一代的斗争尖锐复杂。我国社会主要矛盾发生转变，互联网迅猛发展带来各种价值观念交织碰撞，新媒体让信息无处不在、无所不及，青少年成长环境和教育方式深刻变化，对关工委工作的理念、方法、机制提出新挑战。江苏作为对外开放和经济发展走在全国前列的省份，时代要求我们先行先试，创造更多经验。我们只有坚持党建引领，与党的建设同频共振、同向共行，才能更好地把握正确的政治站位和政治方向，更好地发挥关工委在立德树人、培育新人中的优势和作用。

最后，江苏"党建带关建"工作取得一些成效，但对照新时代新要求，还存在差距和不足。对习近平新时代中国特色社会主义思想的学习贯彻还需要进一步深化，各地完善和落实"党建带关建"工作机制还不平衡，五老能力建设特别是适应互联网时代的育人本领有待进一步提升，基层关工委领导班子难选难配、五老队伍组织发动难度加大的问题将长期存在。

新形势下，党的关心下一代事业只会加强，不会削弱；只会改进提高，不会停滞不前。2015年，党中央首次召开党的群团工作会议，习近平总书记就推进群团改革发表重要讲话。《中共中央关于加强和改进党的群团工作的意见》要求：完善党建带群建体制机制，把党建带群建作为党建工作责任制的重要内容。关工委是党的群众路线同重视培养下一代的优良传统相结合的一个创举，虽然工作方法、途径等有别于群团组织，但又有许多共通之处。关工委的性质和特点决定其必须主动作为。当前，江苏省关工委正在积极顺应形势和任务发展变化，依托党建引领，建立完善五老参与关心下一代工作的长效机制，使关工委工作进一步体现时代性、把握规律性、富于创造性，更加切合当代青少年的所思所想所盼，具体工作思路如下。

第一，坚持学习践行新时代新思想不动摇，推动"党建带关建"工作机制更加成熟、更加定型。习近平新时代中国特色社会主义思想是党和国家必须长期坚持的指导思想，是浩瀚深邃、博大精深的理论宝库。习近平总书记对做好青少年工作、关心下一代工作和发挥老同志作用的重要指示，是习近平新时代中国特色社会主义思想的组成部分，是落实"党建带关建"最大的底气、最强的动力和最根本的遵循。立足"两个一百年"奋斗目标的历史交汇点，江苏省关工委巩固"不忘初心、牢记使命"主题教育成果，按照省委要求，始终将学习贯彻落实习近平新时代中国特色社会主义思想、习近平总书记重要指示摆在第一位，通过开展形式多样的学习培训活动，推动学习贯彻落实往深里走、往实里走、往心里走。党的十九届四中全会就坚持和完善中国特色社会主义制度作出全面部署，强调"健全联系广泛、服务群众的群众工作体系"，为新时代关工委工作制度建设指明方向。江苏省关工委把深入学习宣传贯彻党的十九届四中全会精神作为重要政治任务，牢牢把握关工委在省域治理体系和治理能力现代化进程中的使命定位，在党委领导、党建引领下，进一步总结实践经验，推动关工委各方面制度更加成熟、更加完善，着力构建系统完备、科学规范、运行有效的"党建带关建"工作制度体系，提高关工委工作科学化、制度化、规范化水平。

第二，坚持立德树人的根本任务和服务青少年的正确方向不动摇，向中心聚焦、为大局聚力。在省委的领导和重视下，江苏省关工委进一步找准党政所急、青少年所需、关工委所能的结合点，不断提高理论学习能力、关爱服务能力、实践创新能力、狠抓落实能力，切实把"党建带关建"转化为工作效能。贯彻中共中央国务院《新时代爱国主义教育实施纲要》《新时代公民道德建设实施纲要》《关于深化教育教学改革全面提高义务教育质量的意见》《关于全面加强新时代大中小学劳动教育的意见》等文件精神，用好周恩来精神、雨花英烈精神、铁军精神、淮海战役精神等红色资源，大力加强青少年爱国主义教育和思想道德建设，用习近平新时代中国特色社会主义思想铸魂育人。积极参与社会治理创新，继续办好校外辅导站，扎实推进预防和减少青少年违法犯罪工作，维护青少年合法权益，关爱保护流动留守儿童和困境儿童，促进青少年健康成长。围绕助推"强富美高"新江苏建设再出发，深入开展"三扶两创"和民营企业关工委工作，为青年农民创业、青年职工成长提供更多支持和帮助。紧扣培育德智体美劳全面发展的新一代江苏人，坚持问题导向、需求导向和结果导向，把调查研究贯穿工作的全过程，着力抓落实、求实效，推动关工委工作高质量发展走在前列。

第三，坚持抓基层、打基础不松劲，以更大力度实践创新，建设充满生机活力的五老之家。以贯彻新时代《省关工委工作规则》《关于完善和落实"党建带关建"工作机制的意见》为重点，进一步加强请示汇报，积极争取和紧紧依靠党委更加重视及部门更大支持，解放思想、创新举措，巩固党建带动、部门联动、关工委主动的良好格局，切实推进关工委工作扎根在基层、活跃在基层。依托基层党组织，与相关部门、群团组织密切协作，完善基层关工委组织体系，加强教育、民营经济、农业、政法等系统及机关事业单位关工委建设，加快实现资源整合、工作融合、力量聚合，让关工委基层组织既能建起来，更能强起来。顺应新形势下离退休老同志生活方式的新变化，改进创新五老队伍建设的办法，吸纳更多有威望、能力强、热心青少年事业的五老加入关工委队伍，让他们在时代舞台上老有所为、发光发热。依托党委重视支持，健全落实五老表彰奖励和关爱激励机制，加大对关心下一代工作和五老典型的宣传力度,弘扬"忠诚敬业、关爱后代、务实创新、无私奉献"的五老精神,在全社会营造支持关工委工作的浓厚氛围。

以党的建设带动关工委建设是一项根本性制度。江苏"党建带关建"的实践探索是初步的,取得的成效是阶段性的。置身奋斗的新时代,全省关工委将在习近平新时代中国特色社会主义思想科学指引下,着眼于"党建带关建"工作机制常态长效,解难题、补短板、强基础、上水平,推动"党建带关建"走深向实,为"强富美高"新江苏建设再出发添砖加瓦,为中国关心下一代事业更好发展贡献江苏智慧、做出新的成绩。

参考文献

中国关工委:《中国关心下一代工作委员会工作规则》(中关工委〔2018〕4号),2018年3月。

中共江苏省委办公厅:《江苏省关心下一代工作委员会工作规则》(苏关工委〔2019〕15号),2019年5月15日。

中共江苏省委组织部、省委老干部局、省关工委:《关于完善和落实"党建带关建"工作机制的意见》,2019年5月29日。

B.9
山东省关工委开展传承红色
基因教育研究报告

高新亭　曹晶晶*

摘　要： 面向青少年传承红色基因，是培养德智美劳全面发展的新时代建设者和接班人的战略工程。青少年正处于世界观、人生观、价值观形成的关键时期，开展传承红色基因教育是加强青少年思想道德建设，教育引导青少年培育和践行社会主义核心价值观，从小听党话、跟党走的重要组成部分。近年来，山东省关工委深入学习贯彻习近平总书记重要论述，在总结提升党史国史教育经验的基础上，深化传承红色基因教育，在传承红色基因教育重要内容、教育方式、体制机制等方面进行了积极探索研究，取得了一定成效。

关键词： 青少年　传承红色基因　党史国史教育　思想道德建设

2013年6月，习近平总书记在主持中央政治局集体学习时提出"学习党史、国史，是坚持和发展中国特色社会主义、把党和国家各项事业继续推向前进的必修课。这门功课不仅必修，而且必须修好"。2013年下半年，根据中国关工委主任顾秀莲在山东视察时的要求，山东省关工委率先行动起来，认真落实习近平总书记重要指示精神，由点到面在全省范围内部署开展

---

* 高新亭，山东省关心下一代工作委员会主任；曹晶晶，山东省关心下一代工作委员会办公室四级调研员。

青少年党史国史教育，取得显著成效。2018年3月，根据习近平总书记关于"红色基因就是要传承"重要指示，按照中国关工委"传承红色基因，争做时代新人"主题教育部署要求，山东明确把传承红色基因教育作为工作的重中之重，先后召开工作推进会、经验交流会、现场观摩会等11次全省性会议进行研究推动，又分7个组深入市、县、高校、社区、机关、企事业单位等150多个基层单位调研督导。实践中形成普遍共识：传承红色基因，孩子是重中之重；党的事业血脉永续、薪火相传，关键在青少年。搞好传承红色基因教育，关工委和五老有条件、有优势、有责任，任重道远，使命光荣。工作中，一是在丰富教育内容上深化。进一步明确"一个任务、三个突出、三个结合和四个讲清楚"的理论体系。围绕立德树人的根本任务，突出爱国主义精神的培育、理想信念的确立和知行合一的要求，把红色基因教育与中华优秀传统文化教育、法治教育和形势政策教育、利用当地红色资源结合起来，向青少年讲清楚红色基因的理论基础、孕育发展、丰富内涵和时代价值，教育引导青少年成为担当民族复兴大任的时代新人。二是在扩大教育覆盖面上深化。巩固提升中小学教育主阵地，推动教育活动向老年大学拓展延伸，在全省151所老年大学全部建立关工委，把18万学员发展成五老志愿者，面向青少年开展传承教育；向高校拓展延伸，到省内40多所不同类型高校实地调研，召开全省高校关工委经验交流会和座谈会，推动教育在全省高校全员全程全方位展开；向企业拓展延伸，实现省属37家企业关工委组织和教育全覆盖，全省设立党组织的规模以上企业关工委覆盖率达42%；向社区和农村拓展延伸，坚持党建带关建，推动关工委与社区和农村工作协同推进、融合发展，把教育融入城乡基层党建、文化建设和精神文明建设；向家庭拓展延伸，连续多年举办五老好家风好家教事迹报告会，开展五老传承好家风最美家庭评选，推动红色基因进家庭、入家教、成家风。三是在创新教育形式上深化。在五个方面下功夫：在编印教材读物上，动员五老编写出版各类教材读物350余种，免费印发196万册，深受青少年喜爱，有的成为校本教材；在发挥基地作用上，建设和挂牌教育基地2000多个，受教育青少年1900万余人次，有的借助3D影像、网络虚拟技术，让红色文物活起来;在用好文艺形式上,开展"读、看、唱、讲、演、诵、赛、画"等1200余场活动,参与青少年1024万人次;在运用网络新媒体上,开通"山东关爱"公众号,依托老干部、教育和组织等系统专网和平台,实现教育资源视频化、网络化;在推动实践育人上,把红色基因教育融入学校党团日活动、主题班队会,开展研学游,创办"知行学堂"。教育活动不断深化,广大青少年爱党爱国情感更深,好学上进、爱岗敬业风气更浓,精神面貌发生很大变化,五老也增添了活力。

一　全省青少年思想道德建设基本情况

(一)全省青少年思想政治状况

全省广大青少年政治立场是坚定的,普遍拥有积极乐观的人生观和人生态度,拥有较为成熟的价值观和价值取向,对未来充满期待。具体来说:一是坚决维护中国共产党领导,高度认同党和国家的指导思想,高度认同习近平新时代中国特色社会主义思想的指导地位。二是对党和政府工作给予高度评价,对党和政府工作满意度呈现逐年提升态势。真诚拥护以习近平同志为核心的党中央领导,充分认可习近平总书记形象,最受青少年认可的形象是:国际舞台上的大国领袖、有担当的国家改革发展的战略家和为人民谋幸福的勤务员。三是密切关注国内外时事热点,自觉维护国家核心利益和社会和谐稳定,注重自身政治理论素养的提升。青少年对时政新闻普遍较为关注,尤其是涉及国家民族荣誉、利益和国计民生的重大事件,具有较高的政治热情和很强的社会责任感。四是人生观积极向上,价值观稳定独立,践行社会主义核心价值观的自觉性进一步增强。整体呈现崇尚奉献、排斥利己的态度,价值取向积极向上;高度重视个人利益与国家利益、集体利益的有机统一,具有较强的大局观和强烈的爱国精神。五是对新时代发展充满憧憬,对国家未来发展和个人成长满怀期待。对党中央充分信赖,对自己人生发展前景充满信心,相信可以通过奋斗争取幸福明天。六是网络行为理性化,社团参与多样化。青少年网络行为态度端正，网络行为呈现理性化趋势，网络媒体使用呈现多样化趋势。

（二）全省青少年思想状况存在的问题

在总体向好的形势下，也存在一些倾向性问题，需要关注和解决。一是极少数青少年人生观价值观存在偏差，有些缺乏艰苦奋斗精神，有些利己主义倾向明显。二是极少数青少年存在一些信仰危机。三是一些青少年自我中心意识强，缺乏团结精神，心理承受能力较弱。四是一些青少年缺乏社会公德，存在不良习惯等。

（三）全省青少年思想道德建设开展情况

近年来，全省各级党委政府和教育等部门深入贯彻落实全国教育大会、高校思政工作会议、思政课教师座谈会精神，聚焦全员全程全方位育人，以构建思想政治工作体系为主线，把党史国史教育作为加强青少年思想道德建设的重要内容，出台系列政策措施，全面加强青少年思想道德建设。一是抓部署。按照"有方案、有文件、有部署、有落实"的要求，把党史国史教育列入全省教育工作的年度计划，研究制定实施方案，下发活动通知，在全省范围部署推动教育活动开展。二是抓教学。积极发挥思政课的主渠道作用，印发《山东省义务教育地方课程和学校课程实施纲要》，在中小学推进德育课程综合改革，加强学科德育课程一体化建设，在实践活动、语文、地理、历史等几个学科中，增加爱国主义教育、革命传统教育、理想信念教育。深化考试招生制度改革，将爱党爱国、理想信念、诚实守信、仁爱友善等方面的表现纳入综合素质评价。积极争取财政资金，推进教育教学改革。三是抓教材。全省各级教育行政部门和学校积极配合档案、党史、地方史志等部门，编写突出本地特点的地方教材、校本教材和课外读物。四是抓队伍。不断扩大五老队伍，组织老同志以多种形式深入学校，作报告、谈历史、讲故事、议人生，与青少年进行面对面交流，进一步坚定理想信念，厚植爱党爱国情怀。五是搞活动。深入挖掘各类节庆日、纪念日和重大活动的

教育资源，组织举办文化科技卫生"三下乡"社会实践、中华传统美德进校园、廉政文化教育等丰富多彩的教育活动。六是做帮扶。筹集资金为贫困生提供资金资助和就业帮扶，定期举办心理健康节，培训心理咨询教师，及时干预心理危机人员，做好大学生就业创业教育服务。

二 山东省关工委传承红色基因教育的实践进程

山东省关工委以立德树人为根本任务，以党史国史教育主抓手，深化传承红色基因教育，探索加强青少年思想道德建设的有效途径。

（一）党史国史教育的部署开展

2013 年，习近平在视察山东沂蒙革命老区时，明确指出："现在生活一天比一天好，但我们不能忘记历史。"山东省关工委深入贯彻落实习近平总书记重要指示精神，在广大青少年中深入开展了以树立践行社会主义核心价值观为引领的党史国史教育，引导青少年树立"四个自信"，加强青少年理想信念教育。先后 6 次召开专题会议，总结交流经验，作出具体部署。全省各市、县（市、区）关工委普遍召开经验交流会、现场观摩会，推动党史国史教育向基层延伸。党史国史教育成为教育青少年扣好人生"第一粒扣子"，加强思想道德建设的生动实践。2016 年 4 月，中国关工委在山东省淄博市召开全国党史国史教育经验交流现场会，总结推广经验。党史国史教育成为全国关工委一项工作品牌。

（二）传承红色基因教育的深入推进

2018 年 2 月，山东省关工委深入学习贯彻全国关工委工作会议精神，总结党史国史教育经验，在全省部署开展传承红色基因教育。省委高度重视，省委副书记杨东奇作出批示，要求"做传承红色基因的好园丁，为下一代的健康成长付出辛勤和汗水"。特别是在习近平总书记参加十三届全国人大一次会议山东代表团审议时就传承红色基因作出重要指示后，省关工委认真学习贯彻，明确把落实习近平总书记重要指示，深入开展传承红色基因教育活动作为全省关工委的首要大事来抓。同年 6 月，召开全省关工委传承红色基因教育活动经验交流电视电话会议，时任省委常委、组织部部长杨东奇到会讲话。中国关工委主任顾秀莲作出重要批示，"山东省关工委传承红色基因教育活动经验交流会开得很好。学习落实习近平总书记重要指示，交流各地好做法好经验，推动'传承红色基因，争做时代新人'主题教育活动深入开展，值得赞扬。"会前，省关工委连续召开 3 个专题会议进行推动：一是召开部分市、县（市、区）关工委主任和五老代表座谈会，深入学习领会习近平总书记重要指示，交流活动开展情况、主要做法和经验体会，统一思想认识，明晰工作思路，研讨工作措施；二是召开全省高校关心下一代工作经验交流会，对全省高校教育活动作出安排部署；三是会同省委老干部局召开全省老年大学关工委工作经验交流会，提出发挥老年大学关工委和五老学员优势，大手拉小手，深化传承红色基因教育。

（三）党史国史教育和传承红色基因教育的关系分析

传承红色基因是党史国史教育的深化，传承红色基因是目的，党史国史教育是重要载体和有效途径。红色基因的丰富内涵、孕育发展、理论基础和时代价值等重要内容，都蕴含在党史国史之中。传承红色基因离不开党史国史教育，党史国史教育服务于传承红色基因，最终实现培养从小听党话、跟党走的时代新人的目标。

三 开展传承红色基因教育的重要意义

对传承红色基因，习近平总书记多次作出指示批示，提出明确要求。在"不忘初心、牢记使命"主题教育活动中，明确提出开展好党史和新中国史、改革开放史教育。中国关工委连续多年部署开展"传承红色基因，争做时代新人"主题教育活动。

（一）传承红色基因关系党的事业血脉永续、薪火相传

红色基因是中国共产党人的精神内核和传家宝，是实现理想信念的助推器，是中华民族的精神纽带，是党和国家事业的根和魂。传承红色基因，就是要在青少年思想深处播下红色火种，夯实理想信念，保证党的事业薪火相传。

（二）传承红色基因关系社会文明进步、家庭幸福和谐、青少年人生出彩

中国共产党近百年奋斗史，中华人民共和国 70 多年发展史和改革开放 40 多年的探索史，孕育和产生了极其丰富的奋斗成果、理论成果、实践成果，饱含这些成果精华的红色基因是十分难得的复合精神养料，能够满足青少年成长成才的多种需要，可以强筋壮骨强身体，可以补钙益血健灵魂。要通过教育把红色基因融入青少年精神血脉，补充红色营养，使青少年明辨是非，扶正祛邪，自觉筑牢思想防线，抵制歪风邪气，牢固树立起民族自信心和自豪感。

（三）传承红色基因是新时代五老的光荣政治责任

中华民族经历从站起来到富起来再到强起来的伟大实践，广大老干部、老战士、老专家、老教师、老模范是见证者、亲历者、奉献者。五老要珍惜光荣历史，不忘初心，牢记使命，充分发挥独特政治优势、经验优势和威望优势，把传承红色基因作为在新时代的重大使命和光荣的政治责任，作为自己发挥余热的重要机遇和平台，讲好中国故事，弘扬中国精神，传播好中国声音，尽力而为，发光发热，为保证党的事业血脉永续做出新贡献。

四 开展传承红色基因教育的主要经验

（一）面向所有青少年传承红色基因

青少年阶段是人生的"拔节孕穗期"，是世界观人生观价值观形成的关

键阶段，传承红色基因正当时。中国共产党是执政党，面向青少年开展传承红色基因教育，接受党的优良传统作风，在时间上，应是永远的，绝不是权宜之计；在空间上，应是全方位的，纵向到底，横向到边，不留死角。

（二）明确传承红色基因教育的重点内容

讲清楚红色基因的丰富内涵。红色基因是中国共产党优良传统、优良作风和革命精神，在不同时代、不同历史时期有不同的具体内容和表现形式。在革命战争时期，有红船精神、井冈山精神、苏区精神、长征精神、延安精神、红岩精神、西柏坡精神、沂蒙精神等；在社会主义建设时期，有抗美援朝精神、大庆精神、铁人精神、雷锋精神、焦裕禄精神、"两弹一星"精神；在改革开放时期，有经济特区拓荒牛精神、新时期创业精神、孔繁森精神、抗洪精神、载人航天精神、女排精神等，是红色基因的重要内容。要引导青少年深刻领会贯穿在伟大精神中的理想信念、实事求是、爱党爱国、无私奉献、开拓创新等思想内核。

讲清楚红色基因的孕育发展。红色基因孕育发展与党史国史密不可分。要让青少年认识中国共产党团结带领人民经过长期奋斗，完成新民主主义革命，建立起中华人民共和国，领导中国人民从百年屈辱到扬眉吐气站起来；建立社会主义基本制度，进行社会主义建设的艰辛探索；在改革开放新时期，中国共产党团结带领人民进行建设中国特色社会主义新的伟大实践，实现中华民族从站起来到富起来的伟大飞跃。在新时代，中国共产党团结带领人民进行伟大斗争、建设伟大工程、推进伟大事业、实现伟大梦想，推动党和国家事业取得全方位、开创性历史成就，发生根本性历史变革，中华民族迎来了从富起来到强起来的伟大飞跃。教育青少年充分认识在这些伟大实践中中国共产党担负的历史使命、作出的伟大牺牲、建立的丰功伟绩。使青少年充分认识到，正是因为有波澜壮阔、艰苦卓绝、史无前例的伟大实践，才孕育产生红色基因，并不断焕发出新的生命力，使青少年坚定对党的信仰，对国家的信念，对未来的信心。

讲清楚红色基因的理论基础。红色基因的理论基础是马克思主义、毛泽东思想和中国特色社会主义理论。红色基因孕育产生发展于伟大斗争实践，是在马克思主义、毛泽东思想和中国特色社会主义理论等科学理论的培育和指导下产生，并不断发展完善。离开马克思主义、毛泽东思想的哺育，红色基因不可能孕育发展。离开了中国特色社会主义理论特别是习近平新时代中国特色社会主义思想的教育和指引，红色基因难以获得新生和活力。开展传承红色基因教育，要引导青少年认真学习马克思主义、毛泽东思想和中国特色社会主义理论，特别是学习领会习近平新时代中国特色社会主义思想。坚持用习近平新时代中国特色社会主义思想教育青少年，做到学思用贯通、知信行统一，武装头脑，指导学习和工作，是传承红色基因教育的根本任务。

讲清楚红色基因的时代价值。红色基因是中国共产党领导人民革命斗争，指引党和人民永远向前的精神族谱，是中华民族的宝贵精神财富。红色基因中丰富的精神内涵和价值追求，早已成为社会主义先进文化和社会主义核心价值观的重要内容。必须坚持不懈传承红色基因，引导青少年对红色基因由认识、认同、接受，到融入血液、入心入脑，真正以红色基因导航定位，凝聚前行的磅礴力量，自觉肩负起实现中华民族伟大复兴中国梦的历史使命。

做好结合的文章：与利用当地红色资源结合起来。在中国共产党领导下，各地、各行业、各单位、各家庭以及个人，都是革命建设、改革实践的参与者、奉献者甚至牺牲者，都有光荣历史，这些是传承红色基因教育的生动教材。挖掘好地方史、行业发展史、单位史、家庭史、个人成长史，运用身边资源，增强教育说服力。与中华民族优秀传统文化结合起来。中华优秀传统文化历史源远流长，是中国共产党红色基因的重要源头。开展传承红色基因教育，实际上也是弘扬优秀传统文化。中国共产党是马克思主义在中国的继承者、发展者、创新者，也是中华优秀传统文化的传承者、发扬者、创新者，引导青少年从中汲取营养，加强品德修养。在推动中华优秀传统文化创造性转化、创新性发展中有所作为。与法治教育和形势政策教育结合起来。法治教育是底线教育，传承红色基因是升华教育，把红色基因和法治教育结合起来，教育格局更全面。通过传承红色基因教育，引导青少年弘扬法治精神，从小敬畏法律、信仰法律，增强公民意识和自护能力。形势政策应随形势变化，不断充实新内容。

教育中需明确的基本要求：一是突出强调理想信念的确立。重视理想信念在青少年世界观形成中的支撑作用。通过教育，帮助青少年树立正确的世界观、人生观和价值观，坚定对马克思主义的信仰、对中国特色社会主义的信念、对中华民族伟大复兴中国梦的信心，始终坚持正确的政治方向，坚定听党话、跟党走的人生追求。二是突出强调爱国主义精神的培育。爱国是本分，是职责，是心之所系、情之所归。热爱祖国是新时代青少年立身之本、成才之基。要通过教育，引导青少年增强中国特色社会主义道路自信、理论自信、制度自信、文化自信，厚植爱国主义情怀，自觉把爱国情、强国志、报国行融入坚持和发展中国特色社会主义事业、建设社会主义现代化强国、实现中华民族伟大复兴的奋斗之中，在奋斗中体现个人价值，实现人生出彩！三是突出强调知行合一，注重实践养成。把教育同青少年的学习生活、生产劳动和社会实践相结合，教育青少年把从红色基因中汲取的精神养分，转化到树立践行社会主义核心价值观，提升自身道德修养和增强自身本领上，坚持知行合一，当行动者、实干家，发扬不畏艰难、勇于担当、脚踏实地、真抓实干的精神品质，用青春汗水和勤劳双手创造业绩，用实际行动助力中华民族伟大复兴。

（三）创新教育形式，提高教育效果

坚持因材施教，增强教育针对性。要区分不同年龄、不同群体、不同行业、不同单位和不同接受能力的青少年，因人制宜、因材施教，循序渐进，因势利导。根据青少年思想状况和实际需求，有区别地准备教育内容，有针对性宣讲，一把钥匙开一把锁。在学校，不同层次、不同年级、不同专业要有所区别，哪种方式有利于青少年接受，就采取哪种方式；哪些内容教育效果好，就选择哪些内容。在社区、农村、企业、机关事业单位等领域，要结合其工作内容、思想状况，了解其所思、所需、所盼，针对思想上的疑惑，准备教育内容，改进教育方法。要重点关注特殊青少年群体需求：对农村留守儿童，把红色基因传承融入课后辅导、心理疏导等关爱服务中，促进心理、人格健康发展；对失足、失管、失学、失业、失亲青少年以及服刑人员的未成年子女，立足于帮助他们树立健康积极的生活态度，更好地融入社会。

用好丰富多彩形式，增加教育吸引力。要避免空洞说教、单调呆板，力求丰富多彩、生动活泼，寓教于乐，以理服人，以情感人。充分运用"搞活动"这一教育形式，利用好定期性活动，组织好经常性活动，指导好特色性活动，策划好创新性活动。抓住重要时间节点，广泛开展"诵、读、讲、写、演、唱、赛、画"等活动，动员青少年参加。重视讲故事这种青少年喜闻乐见的教育形式，讲好中国故事，讲好山东故事，讲好本市、本县、本乡镇、本村的故事；讲好本行业、本学校、本企业的故事；既讲好历史英雄，也讲身边先进人物；领导干部要讲、老师家长要讲、五老更要讲，也要组织发动青少年讲，以讲促听、以讲促学、以讲促读，提高学习积极性和主动性。发挥教育基地作用，推动教育资源视频化、教材化、网络化，借助先进科技手段，让场馆内的文物和红色遗产"活起来""走出去"，实现效用最大化。用好小说、诗歌、散文、电影、戏剧等文艺形式，塑造感染力、影响力强的典型形象，成为青少年学习榜样。

摆事实讲道理，增加教育说服力。中国共产党近 100 年奋斗史，中华人民共和国 70 年发展史和改革开放 40 年的探索史，与中华民族 5000 多年的文明史和中国人民近代以来 170 多年的斗争史相比都不算长，却是斗争最激烈、最英勇，牺牲最多，社会变动最为剧烈，经济发展最好最快，社会进步最大，人民群众生活水平提高最快、最普遍的一段历史，也是近代以来中华民族最为扬眉吐气的一段历史。无论是经济、政治、社会、文化、民生、生态，还是工业、农业、科技、教育、卫生、体育，都发生了翻天覆地的变化，一个积贫积弱、受人欺辱的落后国家正在由站起来、富起来向社会主义现代化强国的目标大踏步迈进，我们现在比历史上任何时候都接近中华民族伟大复兴的目标。这些都是传承红色基因教育无比丰富、极其雄辩的事实材料。要实事求是地向青少年介绍，多进行分析对比，既要纵向对比，也要横向对比，帮助青少年认清历史事实，明辨是非曲直。要讲好基本史实，帮助青少年分析史实背后原因，把摆事实和讲道理结合起来，把现象和原因分析透。既搞懂是什么，更要搞懂为什么，让青少年真正明白：中国共产党为什么"能"、马克思主义为什么"行"、中国特色社会主义为什么"好"，坚信只有社会主义才能救中国，只有中国特色社会主义才能发展中国，只有坚持和发展中国特色社会主义才能实现中华民族伟大复兴。

五　传承红色基因教育中存在的困难和挑战

通过实地调研和调查了解，传承红色基因在具体的教育实践中还存在一些问题和困难。

（一）认识上有待进一步统一

传承红色基因教育开展以来，各地普遍对其重要性有了共识，但仍有些地方和单位，对"为什么传承、传什么、怎么传、达到什么样的目的""党史国史教育和传承红色基因教育的关系"等问题认识不到位、不清晰、不够深刻。

（二）发展上还存在不平衡问题

在教育部门的配合支持下，中小学领域的传承红色基因教育较为扎实有力，效果也最为突出。而机关、企事业单位、社区、农村等领域虽有改进，但仍有差距。即便是学校层面，市与市、县与县也有差异，有的已经摸索出较成熟的模式和做法，有的还停留着面上，教育方法显得单薄、五老作用发挥和能力建设等还不成熟，机制还需探索完善。

（三）工作还需要进一步深入

一些地方的工作仍停留在面上部署，安心于开了会议、传达了上级精神，具体的落实举措不多，深入基层督促指导少，对基层情况掌握不及时、

不全面，对基层涌现出的好经验好做法不知晓、不推广，有的甚至未将上级精神传达到基层。

（四）工作上还需要进一步规范

有的对工作的推进仍停留在开展一次性主题教育活动上，缺乏常抓不懈的意识，活动部署和活动推进也缺乏系统性，教育效果不具有可持续性。

六 进一步深化传承红色基因教育的考虑

（一）发展形势

2019 年底，党中央、国务院印发《新时代爱国主义教育实施纲要》，明确提出"各级关工委要发挥各自优势，面向所联系的领域和群体广泛开展爱国主义教育"，特别强调"组织动员老干部、老战士、老专家、老教师、老模范等到广大群众特别是青少年中讲述亲身经历，弘扬爱国传统"。发挥五老独特优势和作用，面向青少年开展爱国主义教育，是党中央、国务院在新时代交给关工委和五老的光荣政治责任。弘扬爱国主义，传承红色基因是延续党的血脉的重要基础，关系党和国家事业薪火相传、血脉永续，绝不是权宜之计，不能中断，必须坚持不懈抓下去。

（二）对策建议

一是健全体制机制。传承红色基因教育是一项长期任务，要树立常态化意识。借鉴和推广先进经验，采取定性和定量结合的办法，制定衡量教育效果的具体标准，建立科学系统的评价考核体系，把考核结果纳入基层关工委目标考核、党建目标责任考核、精神文明建设考核以及经济社会发展目标考核体系，并同各类鼓励激励措施结合起来，制定一套长期管用的规章制度，依靠制度保证教育开展得更加广泛、深入持久。

二是创新教育形式。教育的深化离不开创新。要深入学习领会习近平总书记传承红色基因的重要指示，提高思想认识，把对习近平总书记重要指示的贯彻落实转化为推动工作、解决难题的实际举措。加强调查研究，摸清各行业、各层次青少年的思想状况和现实需要，找出问题症结，探讨解决办法。特别重视对影响工作深入开展的热点难点问题、薄弱环节的研究，有针对性地研究办法，破解难题、改变工作的一般化状态，开创新局面。

三是形成工作合力。传承红色基因是系统工程，需要多方努力。要重视并善于协调有关部门特别是关工委成员单位发挥作用，实现资源共用，搭台唱戏、借台唱戏。各级关工委要密切同有关部门的联系，主动加强沟通，及时通报工作情况，提出希望建议。通过联合组织开展活动，积极参加部门主办的活动，取得部门支持配合，构建起上下联动、左右协调、步调一致的工作格局，形成强大合力，取得事半功倍效果。

四是发挥典型示范作用。抓典型是推进工作的基本方法。要把多年开展党史国史教育和传承红色基因教育积累的好经验好做法利用好，让点上经验在面上开花结果。既重视培养典型，更要用好、抓好宣传推广工作。

五是发挥五老独特作用。五老是不可替代的力量，五老向青少年传承红色基因有独特优势，要吸引更多有特长、有意愿的五老参与到传承红色基因教育中来。五老要活到老、学到老。通过举办培训班、经验交流会、专题研讨会等形式，不断提升能力水平。提倡五老差异化发挥作用，支持五老在不同范围、不同领域内发挥作用，形成生动活泼局面。

参考文献

陈立华：《沂蒙革命文化及其发展研究》，山东大学硕士学位论文，2008。

钱初熹：《融会中华优秀传统文化智慧的美术教育创新发展》，《美育学刊》2017年第3期。

周中亮：《基于泉乡文化特色的校本课程开发与应用研究》，《新课程研究》2014年第1期。

薄存旭：《当代中国中小学校组织变革的价值范式研究》，教育科学出版社，2016。

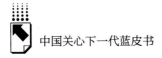

黄志涛：《整合校本资源研发国学课程》，《基础教育参考》2015 年第 5 期。

周宿峰：《红色文化基本问题研究》，吉林大学博士学位论文，2014。

杜昱葆：《红军小学举办"红色运动会"》，《人民日报》2015 年 3 月 11 日。

王鑫、张晓冬：《聊城市青少年思想道德现况调查》，《太原城市职业技术学院学报》2010 年第 9 期。

B.10
教育系统关工委助力高校思想政治教育品牌实践研究

教育部关工委

摘　要： 教育系统关工委坚持立德树人根本任务，突出五老优势，将关工委思想政治教育品牌建设作为助力青年学生健康成长的重要抓手，打造了"五老报告团""特邀党建组织员""院士回母校""杰出老校友回母校""读懂中国"等富有"关工"特色、符合高校思政工作规律、受到广大青年学生欢迎的系列思想政治教育品牌。当前，教育系统关工委工作环境、广大青年学生和离退休老同志特点呈现新变化，对关工委助力高校思想政治教育品牌建设提出了新任务、新挑战。教育系统关工委必须坚持"围绕中心、配合补充"的工作定位，创新"关工委＋"的工作模式，开拓可持续发展的工作路径。

关键词： 关工委　高校思想政治教育　品牌实践

"青年兴则国家兴，青年强则国家强"，高校思想政治工作，关系着高校"培养什么人、怎样培养人以及为谁培养人"这个根本问题。教育系统关工委自成立之日起就把立德树人作为根本任务，突出五老优势，围绕中心、主动作为，不断探索打造富有"关工"特色的思政工作平台和品牌，助力高校思想政治教育取得实效。当前，中国特色社会主义进入新时代，关工委工作环境、工作对象和工作主体也发生了深刻的变化，教育系统关工委

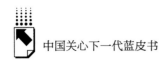

助力高校思想政治教育工作面临着新的形势和挑战，如何在"大思政"格局下，构建"大关工"工作理念，推动品牌建设可持续发展，更好地助力高校思政工作是值得探索的时代命题。

一 教育系统关工委助力高校思想政治教育品牌实践概况

我们党历来高度重视高校思想政治工作，特别是党的十八大以来，以习近平同志为核心的党中央先后召开全国高校思想政治工作会议、全国教育大会，出台了《关于加强和改进新形势下高校思想政治工作的意见》，就加强和改进高校党建与思想政治工作作出了一系列重大决策部署。为配合主渠道贯彻中央精神，教育系统关工委围绕助力高校思想政治教育进行实践探索，逐步形成了有影响力的特色品牌工作。

（一）起步探索阶段

1991 年教育部关工委成立，明确主要任务是指导、组织教育战线离退休的教师、专家、干部和职工，配合学校对青少年学生进行思想政治和道德品质教育。先后召开 8 次高校关工委工作会议，明确教育系统关工委助力大学生思想政治教育的重点应放在配合学校德育工作、党建工作和助力培养中青年马克思主义者上，要开展生动活泼、丰富多彩的教育活动，明确教育系统关工委助力高校思想政治教育的定位。河北、吉林、湖北、湖南、广东、陕西等省教育系统关工委以召开会议、印发通知、刊印交流材料等形式推广典型经验做法。吉林省推动 20 余所高校关工委成立了思想政治教育报告团，仅 2008 年全省高校就有 580 余名五老参加宣讲，共作报告 3280 余场次，听报告人次达 79 万。吉林大学、东北师范大学、大连理工大学、重庆大学等高校引导老同志带领青年大学生开展理论热点问题研究；中国农业大学、安徽财经大学等高校组织五老以报告团、宣讲团和讲师团等形式对大学生进行理想信念、爱国主义、革命传统和中华民族优良传统教育；清华大学、西南大学、四川大学、重庆医科大学等高校组织老同志在学校担任政治辅导员、师德建设传帮员等。高校关工委勇于探索，客观上形成了"百花齐放"的探索局面，但活动的规模化效应还需进一步拓展。

（二）发展提高阶段

2009 年，教育部党组印发《关于加强全国教育系统关心下一代工作委员会建设的意见》（教党〔2009〕20 号），教育系统各级党政领导更加重视关工委工作，主动将其列入议事日程和工作计划，统筹安排部署，关工委高校思想政治教育品牌工作更为丰富、成效更为突出。同年，与教育部思政司联合召开"进一步发挥高校关工委作用，加强和改进大学生思想政治教育工作座谈会"，推广关工委助力高校思政工作经验。2010 年联合教育部办公厅共同印发《教育部办公厅关于在高等学校聘请离退休老同志担任特邀党建组织员的意见》，并于次年召开"全国高校特邀党建组织员工作经验交流视频会"，将高校关工委老同志参与学生党建工作作为发挥老同志作用的重要平台，将相关做法经验予以推广。2010 年在总结辽宁经验的基础上，召开"青蓝工程"经验交流现场会，推广"青蓝工程"在促进青年教师和辅导员队伍建设、提升师德和教育教学质量等方面的典型经验。2013 年召开全国高校关工委工作会议，明确要把品牌活动作为推进关工委工作的重要抓手。2014 年开展全国高校关工委工作品牌评选活动，从 282 个典型案例中评选出"特邀党建组织员"、五老报告团、"老少共话"、助力"青马工程"、校园文化传承等高校关工委"十大品牌"。至此，高校关工委助力高校思想政治教育品牌工作思路基本形成，即立足实践、树立典型、宣传推广、予以固化。各高校关工委助力思政工作特色平台和品牌建设愈发活跃，江苏大学关工委为老同志搭建了"给我一个家""关爱谈心屋"等 26 个活动平台，实施菜单式服务，超过 80% 的离退休老同志参与；湛江师范学院关工委开设"谈心网"，截至 2013 年，访问量超过 150 万人次，两次被评为"广东省高校优秀宣传思想工作网站"；扬州大学关工委和团委合力，建立了一支各有所长的社团指导教师老专家队伍，通过社团活动对大学生进行思想引导、学业辅导、兴趣疏导，助力学校思想政治教育；南京航空航天大

学 2005 年创办"南航关爱讲堂",至 2014 年举办各类相关讲座 600 余场、受益师生达 10 余万人次。

（三）开拓创新阶段

2015 年，习近平总书记对关心下一代工作作出重要指示，强调关心下一代工作要"着力加强青少年思想道德建设，引导青少年树立和践行社会主义核心价值观，支持和帮助青少年成长成才"，明确了新时代关心下一代工作的时代主题、主要任务、工作重点、依靠力量和根本保证，为做好关心下一代工作指明了方向。按照中国关工委关于党史国史教育、"中华魂"读书活动、腾飞中国·辉煌 70 年主题教育活动等一系列工作部署，教育部关工委坚持继承创新相结合，深化拓展固有思政工作品牌，积极打造全新思政工作品牌，自上而下有序推进。2016 年起联合中国工程院、中国科学院和中华全国总工会分别开展"院士回母校""杰出老校友回母校""大国工匠进校园"活动，邀请院士、杰出老校友、大国工匠进学校与学生面对面地交流分享求学求艺、敬业报国的经历和感悟，对广大青年学生进行思想道德教育和理想信念教育。2018 年在 20 所教育部直属高校试点开展"读懂中国"活动，2019 年在全国高校全面推开，活动结合党和国家发展历程与重要节点，组织在校青年学生与本地、本校五老结对交流，以微视频和文章的形式记述和传播老同志为革命斗争、社会主义建设、改革开放等奋斗的故事，旨在通过身边人讲自身事感动影响身边人，使广大青年学生通过亲身参与、记录传播，受到生动鲜活的党史、新中国史、改革开放史和社会主义发展史教育。2016 年、2017 年先后举办全国教育系统关工委、职业院校关工委"创新案例"评选活动，并召开总结交流会，集中宣传展示、系统总结高校思想政治教育品牌创新工作成绩和经验，涌现出一批典型案例，如北京林业大学"阳光优才"工程项目、四川大学"跟班关爱学生成长实践与探索"项目、西北农林大学老党员为师生讲好"西农故事"等。"特邀党建组织员"体制机制进一步完善，如北京教育系统关工委与市教委组织处共同拟定《北京高校特邀党建组织员队伍建设实施方案》；中南大学党委将特邀党建组织员纳入党政工作议程，对特邀党建组织员的工作职责、选聘工作、组织管理、工作补贴等进行了规范，形成了常态化工作机制；东华大学关工委运用线上线下教育相结合、校内校外教育相结合的方法，建立了"老教授'易班'工作坊""咨询微视频""课程微视频"老少互动平台等。"讲师团"覆盖面更广、内容更明确，涌现出哈尔滨工业大学正能量宣讲团、浙江大学求是宣讲团等一批深受学生欢迎的"五老讲师团"。"青马工程"品牌内涵进一步提升，2018年11月在长春中医药大学召开东北三省高校关工委"青马工程"经验交流会，全面总结交流高校关工委助力青年大学生学习马克思主义理论的经验，理清了新时代高校关工委助力培养青年马克思主义者的新思路。

二 教育系统关工委助力高校思想政治教育品牌工作的主要做法和经验

经过近30年的探索和实践，教育部关工委形成了以教育部党组20号文件为核心，以高校特邀党建组织员建设、职业院校关工委建设为配套文件的制度体系，逐步打造了一批具有"关工"特色、符合高校思政工作规律、受到广大青年学生欢迎的助力高校思想政治教育特色品牌，形成了一整套思路和做法，取得了积极成效。截至2019年底，全国高校已累计聘请11万余名老同志担任党建组织员；教育部直属高校共有各类"讲师团"224个、4632名五老加入，近五年累计作报告近1.2万场、受益学生达122.5万人次；"院士回母校""杰出老校友回母校"活动累计开展1.7万场、受益学生达1093.5万人次；"大国工匠进校园"活动累计开展0.47万场、受益学生达509.9万人次。"读懂中国"活动仅2019年全国就有726所高校的100.45万大学生参与征文写作和视频拍摄，中国大学生在线微博#2019读懂中国#话题阅读量达524.3万人次、喜马拉雅收听量115.4万人次。

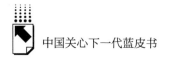

（一）围绕中心，选好主题

围绕立德树人根本任务，聚焦理想信念教育，在充分发挥高校五老优势的基础上，将助力高校思想政治教育的主攻方向确定为突出党史国史教育、爱国主义教育、立德励志教育、优良校风学风教育。

聚焦时代主旋律确定主题。围绕改革开放 40 周年、新中国成立 70 周年等党和国家发展历程与重要节点开展特色品牌活动。比如，"读懂中国"活动每年一个主题，特别是 2019 年的主题"我和我的祖国"与中央庆祝中华人民共和国成立 70 周年群众性主题宣传教育活动高度一致，从而很好地融入学校思政工作大局和总体部署，各高校关工委顺势而为，与宣传部门、学工部门、团委等联手共同组织，活动在高校得到了广泛开展。

聚焦青年学生思想动态确定主题。精准回应当前大学生存在理想信念缺失导致专业选择上的迷茫和择业就业上的困惑。比如，"院士回母校"活动将主题确定为"坚定理想信念，传承科学精神"，一些高校还结合本校实际对活动主题具体化，如上海交通大学"让报国和奉献成为交大人永恒的品质"、东南大学"风雨兼程报国路，薪火相传东大情"、西安交通大学"弘扬'胸怀大局、无私奉献、弘扬传统、艰苦创业'的西迁精神"等，这些延伸主题契合各校校园文化与历史传承，学生们比较感兴趣。

（二）贴近学生，形式鲜活

着力读懂工作对象，针对大学生思想活跃、参与性强、偶像崇拜、依赖互联网等特点，在创新上下功夫，使品牌活动更具吸引力、感染力，把工作真正做到学生心坎上。

注重形式创新。改变以往"你讲我听"的灌输式思想政治工作方式，或以学生为主体担任活动主持人，或以"老少结对"的方式增强学生与老同志的互动性，或采用学生喜欢、熟悉的微视频和演讲等形式，充分调动学生的参与热情，突出学生群体的自我教育、自我升华。比如，高校关工委"十大品牌"中的"老少共话""大学生生涯导航"，由关工委老同志与学生面对面交流讨论社会热点难点、成长中的思想困惑、择业就业等方面的问题，引导他们明白做人道理、明确做人目标、坚定理想信念。

注重内容创新。突破了以往专家学者讲形势、讲专业、讲科技的模式，邀请学生心目中的"偶像"——为国家改革发展做出突出贡献的院士校友、杰出老校友以及德高望重的老教授、革命老前辈等走进高校，如"神舟号"飞船总设计师戚发轫、"核潜艇之父"黄旭华、"嫦娥之父"欧阳自远等两院院士，"人民教育家"高铭暄、"中国 MPA 之父"夏书章等，用自己的人生经历和真挚情感，讲与祖国同成长的故事、科教报国的情怀和人生的感悟，生动感人，直击学生内心，引起强烈共鸣。

注重载体创新。更多依托网络平台，运用互联网、多媒体手段进行组织推动和宣传展示。在校园网、手机平台上进行预热宣传、及时报道，并通过"微博墙""热门话题""微信扫码发表感言"等大学生喜闻乐见的方式吸引学生关注、评论，活动结束后借助新媒体影响仍持续发酵。在"院士回母校"活动中，有的学校还开展了"我与院士学长有话说"网络话题征集活动，在校园网等推出了"院士回母校经典语录"，极大地吸引学生关注，让更多人感悟院士的人格魅力，见贤思齐。

（三）系统谋划，整体推进

狠抓落实，采取措施增强可操作性，踏踏实实推动品牌活动落地，取得实实在在的育人成效。

抓好顶层设计。推出品牌活动前，教育部关工委均多次赴高校调研、召开活动座谈会、策划会，精心设计谋划，开展活动试点，在试点校成功经验的基础上再总结提升，形成可供借鉴的直接样板。全面推动时均专门发文明确目标、思路、要求、主要任务和操作程序，召开专门会议列出活动路线图、时间表和详细注意事项，邀请专家培训指导、典型校地交流示范，保证规定项目家家能复制、个个能完成。

抓好宣传推广。通过召开品牌试点启动仪式、优秀作品开播仪式等，营造强大的舆论声势，扩大活动影响力。活动过程中，各高校关工委广泛发

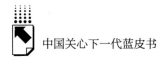

动，运用多种媒介开展线上线下宣传，积极营造浓厚的氛围。活动结束后，优秀作品在中国教育电视台以及中国大学生在线微博、喜马拉雅等平台展播和推送，起到了很好的宣传和传播作用。同时，各高校普遍将活动成果作为优质思想政治教育资源，在新生入学、校庆、重要节日等节点进行宣传展示。

抓好总结提升。邀请高校思政工作专家围绕品牌活动作用于高校思政工作的思考与启示召开理论研讨会，总结提炼新形势下五老助力高校思政工作的特点和规律，进一步提升品牌活动的育人效果，为活动持久开展提供理论支撑。多次召开总结会、组织培训等，深化研讨交流，提升工作水平和品牌活动效力。

实践证明，关工委高校思想政治教育特色品牌活动充分发挥五老独特优势，积极适应青年学生思想特点和思维模式，采用老少结对、以史为本、依靠基层、借助新媒体等思路和方式，使思想政治工作更加贴近学生实际，更加生动鲜活，受到学生广泛欢迎，真正做到了入脑入心。一是拓展了思政工作平台，依托课堂主渠道、校园文化、网络新媒体等一、二、三课堂，并针对其需求和不足进行精准化补充。二是助推了"三全育人"体系建设，广大五老积极参与、发挥余热，感染和带动了更多高校教师、管理和工勤人员等参与到育人工作中，营造了全员、全过程、全方位育人的浓厚氛围。三是探索了思政工作育人规律，关工委高校思想政治教育特色品牌设计过程中，注重遵循育人规律，努力把握时代、高校、青年学生诉求的有机统一，保证活动实效，并在活动中进一步总结和研究育人规律，推动高校思政工作不断创新发展。

三　教育系统关工委助力高校思想政治教育品牌工作
　　面临的形势挑战及对策建议

中央对高校思想政治工作提出了新的要求，高校思政工作使命、任务、方式有了新的变化，同时高校关工委工作环境、广大青年学生和离退休老同志的特点也发生着明显的变化,这些都对关工委助力高校思想政治教育品牌建设提出了新任务、新挑战。教育系统关工委必须坚持"围绕中心、配合补充"的工作定位,创新"关工委＋"的工作模式,开拓可持续发展的工作路径。

(一)关工委助力高校思想政治教育品牌建设新任务新挑战

1. 关工委高校工作环境的新变化

从国际国内形势看,世界面临百年未有之大变局,我国发展仍处于并将长期处于重要战略机遇期,高校思想政治工作面临着内外形势的深刻变化。从中央对大学生思想政治工作的新要求看,党的十八大以来,以习近平同志为核心的党中央高度重视高校思想政治工作,作出了一系列重大决策部署,指出"要把思想政治工作贯穿教育教学全过程,实现全程育人、全方位育人"。新时代,关工委必须面对高校思想政治工作形势更加复杂的现实,必须面对如何主动对标思政工作新要求、主动融入"大思政"格局,助力培养担当民族复兴大任时代新人的新课题。

2. 高校关工委工作对象的新变化

当前,大学生以"95后""00后"为主体,他们生长于互联网时代,是移动互联网时代的第一批原住民。中国互联网络信息中心发布的《第45次中国互联网发展状况统计报告》显示,中国网民中学生群体占比最高,为26.9%,且呈上升趋势,网络媒介、大数据、虚拟现实等正在影响和改变他们的行为方式。《中国大学生思想政治教育发展报告(2019)》显示,大学生价值取向总体积极,具有正确的道德认知,高度认同"国无德不兴,人无德不立",积极参加志愿服务或公益活动,其中对社会主义核心价值观的认同度达91.7%,但仍有少部分大学生思想意识上存在困惑疑虑。

3. 关工委高校工作主体的新变化

高校五老已从以离休干部为主到今天的退休人员为主,人员结构变化带来新挑战。从身份特点上看,高学历高职称人数多、从事学科专业工作者

多，专业党务工作者少。从发挥作用平台上看，"老有所为"的平台、途径选择更多，参与关工委工作一般情况下已不是多数人的首选。

（二）推动关工委助力高校思想政治教育品牌建设创新发展

1. 坚持"围绕中心、配合补充"的工作定位

教育系统关工委的工作方针是"围绕中心、配合补充，因地制宜、量力而行，立足基层、注重实效"。关工委高校思想政治教育品牌建设应在学校"大思政"格局中找准工作着力点和切入点。

——在深入学习宣传贯彻习近平新时代中国特色社会主义思想上持续发力。学习宣传贯彻习近平新时代中国特色社会主义思想始终是进行时。高校关工委要注重发挥五老研究优势进行深入的理论研究和阐释，注重发挥他们的阅历优势进行历史的、全面的解读，注重采用灵活多样的形式结合重要时间节点进行持续的宣讲，努力在落细落小落实上有所作为。

——在深入密切联系青年学生，努力做"学生之友"上持续发力。应充分发挥五老经验、威望、时间、空间优势，以及"特邀党建组织员"等制度和平台作用，建立多种形式的"老少共话"机制，多深入学院、班级、党团支部，走入学生中间，与学生进行交流、了解学生思想状况，用自己的人生成长故事回应学生、启发学生，在打通、做实思政工作"最后一公里"上有所作为。

2. 创新"关工委+"的工作模式

高校"大思政"工作时代的到来，同样呼唤"大关工"的思维和模式，要紧跟时代要求，明确"大关工"工作理念，创新"关工委+"的工作模式，吸引更多人在更广领域为高校思政工作助力。

——向涉老组织借力。想方设法发动更多五老参与关心下一代工作，积极与学校老教授协会、老年大学等各类涉老组织开展共建合作，通过领导亲自动员一批、开展活动凝聚一批、五老精神吸引一批，把那些有爱心、有威望、有经验、身体健康的老同志吸引到关工委队伍中。

——向党群、学工部门借力。党群、学工部门有众多高素质的工作队伍，直接与学生接触，最了解青年学生诉求，邀请他们加入关工委成员单

位，实现关工委＋党群＋学工部门＋其他的形式，及时了解学生的所思所想，把准主渠道思政工作的脉搏，实现精准发力，收到事半功倍之效。

3. 开拓可持续发展的工作路径

习近平总书记指出，"思想政治工作从根本上说是做人的工作"。育人工作既要契合客体的发展需求又要契合主体的能力储备，才能收到良好的育人实效，关工委品牌建设也要遵循这一规律。教育部印发的《高校思想政治工作质量提升工程实施纲要》中提出要"切实构建'十大'育人体系"的任务，这为关工委助力高校思政工作提供了新的思路。在"大思政"的时代背景下，要积极尝试将关工委工作拓展到服务育人、科研育人、文化育人、实践育人、心理育人、网络育人等各个方面，把思想政治教育融入到关工委的各项活动中，提升育人实效。

——在建立长效机制上下功夫。无论是新品牌还是固有品牌，都需要高校建立长效机制，保证品牌活动的持续开展。要积极争取学校党委行政部门的支持，将品牌活动纳入学校"大思政"工作体系；要主动联合宣传部、学工部、团委等部门，借势借力开展工作，形成活动联办、品牌共建的良好局面。

——在精准挖掘上下功夫。五老是关工委工作的主体，也是关工委最大的资源，挖掘好五老优势是增强品牌吸引力的重要一环。五老在职工作的岗位、专业和经历不同，优势储备各有不同，要对其进行精准画像，找出其擅长的、有特色的优势，将其有机匹配到不同的工作平台和品牌活动中，让他们在不同方面、不同层次尽显其才，将五老的个人优势真正转化为育人优势。

——在创新发展上下功夫。作为关工委工作的重要载体，品牌建设必须根据高校思想政治工作的新变化、新要求和青年学生的新特点，因事而化、因时而进、因势而新。要尝试开拓新领域、新渠道，尤其是积极拓展网络教育空间，创建新的活动载体，打造"学校需要、学生喜爱、五老适合"的关工特色品牌。对于高校关工委坚持多年、已经常态化的品牌活动，要通过丰富活动内涵，开拓新的活动形式，扩展品牌外延，做出新特色和亮点，使其具有持久生命力。

B.11

打造种子工程　助力培育新型农民

——"福建农村青年致富种子工程"调研报告

刘群英　徐登峰　张伟光*

摘　要： 培育新型青年农民，助力乡村振兴，是福建省关工委农村工作的主线。本报告梳理了"福建农村青年致富种子工程"的发展脉络，阐述了"种子工程"的有益实践及取得的主要成效，总结了"种子工程"的主要意义和可复制推广的经验，同时论述了"种子工程"开展中面临的主要难题和时代挑战，并据此提出下一步工作的主要措施及远景规划，如拓展产业领域、丰富培训和服务内容、开展种子学员回炉升级、优化师资结构、拓宽资金来源等，以期打造一个更为全面、更为优质、更为有效的"种子工程"升级版。

关键词： 种子工程　乡村振兴　新型农民

习近平总书记强调，"乡村振兴的重点在于产业，基石在于人才"。① 完善农村优质人力资源培育体系，建立一支懂文化、有技术、善经营、会管理的农村人才队伍，是农村建设现代化经济体系、农业供给侧改革提升背景

---

* 刘群英，福建省关工委主任；徐登峰，福建省关工委副主任、农业委主任；张伟光，福建省关工委农业委副主任。

① 《习近平要求乡村实现"五个振兴"》，人民论坛，http://www.rmlt.com.cn/2018/0718/523416.shtml，2018 年 7 月 18 日。

下，提升乡村振兴效能、加快乡村振兴速率的关键所在，也是壮大农村致富带头人队伍的基本途径。[①]

农村青年人才是农村人才队伍的中坚力量和生力军，是农村致富带头人和新型农业经营主体的主力军，其创新创业是解决"三农"问题、乡村振兴的重要引擎。[②] 思想活跃、学习和创新能力强、敢于尝试的农村优秀青年，能为农村经济社会发展注入新鲜血液，如引入新的产品或产业、工艺技术、经营模式、营销模式、销售渠道以及改善农业基础设施等。但部分农村青年在创新创业过程中仍存在知识储备不足、管理和市场经验缺失、技术水平低、政策不熟悉等问题。鉴于此，加强农村青年人才队伍的建设与培训，充分发挥农村青年在乡村振兴中的领头雁作用，是一项关系农村长远发展的战略任务和基础工程。

福建省关心下一代工作委员会（以下简称"福建省关工委"）设立之初就深刻意识到关心和帮助农村青年发展与致富的重要性和紧迫性，将培育新型农民、帮扶与培训农村青年作为省关工委农村工作的主线，并于 2008 年升级为"福建农村青年致富种子工程"，以"种子"培训为重点、以项目发展为推动、以跟踪服务为手段、以培树典型为引领，着力培育带头致富、带领群众共同致富的"双带"人才。经过 12 年的探索实践和创新发展，该工程共培训各级各类种子学员 22.3 万名，涌现出 1.5 万名种子学员典型，建立茶叶、食用菌、林业、果蔬、水产养殖和高新农业等示范基地 597 个，带动辐射周边 7.12 万农户创业致富，实现总产值 26.5 亿元，在助力乡村振兴、农业增效、农村发展、农民致富等方面取得良好成效。"种子工程"探索并积累了诸多可复制推广的经验做法，但在日新月异的经济环境下也面临着人才、项目、资金、技术等诸多瓶颈与新的挑战。

---

① 薛建良、朱守银、龚一飞：《培训与扶持并重的农村实用人才队伍建设研究》，《兰州学刊》2018 年第 5 期；蒲实、孙文营：《实施乡村振兴战略背景下乡村人才建设政策研究》，《中国行政管理》2018 年第 11 期。

② 夏柱智：《"中坚青年"和乡村振兴的路径选择——兼论青年研究视角的优势》，《中国青年研究》2019 年第 8 期。

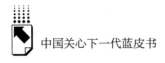

本报告将系统地介绍"福建农村青年致富种子工程"的发展演变、培育农村致富青年的创新实践与主要成效，梳理可复制推广的经验做法，并基于面临的困境与时代挑战，提出下一步工作的主要设想与具体措施，以期为关工委开展农村青年帮扶工作提供可复制的经验启示与决策参考。

一　"种子工程"的发展演变

"种子工程"全称是"福建农村青年致富种子工程"，即把农村中讲政治、有文化、懂技术、会管理、有创新的青年农民，作为"种子"加以培训指导、跟踪服务，引导他们创业致富，通过这些"种子"的发芽、生根、开花、结果，辐射带动周边农民脱贫致富，促进农业增产、农民增收和新农村建设。

"种子工程"是福建省关工委在党中央、国务院部署推进社会主义新农村建设的重要时期，对原有在全省广大农村持续开展的"讲政治、育新人、学科技、奔小康"（以下简称"讲、育、学、奔"）活动的经验总结基础上，提升深化而形成的常态化农村青年致富种子培育项目。"种子工程"发展共经历了以下四个阶段。

（一）萌芽阶段

1998年，省关工委在漳州市召开会议，传达贯彻中国关工委关于在农村开展"讲、育、学、奔"活动要求，时任省委副书记习近平同志出席会议并作重要讲话，强调"做好农村关心下一代工作，当前要重点提高青年农民的思想道德和科技文化素质，把他们教育培养成为熟练掌握农业科学实用技术、能够在发展农村市场经济中走上致富道路、维护农村安定稳定、积极建设农村社会主义物质文明和精神文明的社会主义新型农民"。按照这一指示精神，省关工委把"讲、育、学、奔"活动、培育社会主义新型农民升格为农村关心下一代工作的主线，探索推广南平市"百千万"、建宁县"五个一百"、永泰县"夕阳红"科技服务组和龙海市"一村一品一业"等经验做法。

（二）启动阶段

2007年底，省关工委结合全省农村工作的实际，成立了由省关工委常务副主任张明俊任组长、团省委和省妇联一把手任副组长、省关工委农村委老同志参加的"种子工程"领导小组，并及时召开专题会议，研究"种子工程"工作，制定了《"种子工程"实施方案》，明确了种子学员培训的目的、对象、内容、形式、跟踪服务、资金来源和组织领导，同时向省政府申请专项经费，得到支持，每年从省长基金中划拨30万元专项资金。茶叶和食用菌是福建农村主导产业，经过深入调研、考察论证，省关工委决定"种子工程"先举办这两个特色产业的技术培训班，每班规模为60名种子学员。2008年5月12日，为期7天的第一期茶叶培训班在省团校开班，标志着"种子工程"正式启动；同年12月8日，依托省妇干校举办同样规模的"种子工程"第一期食用菌培训班。

（三）推动阶段

2009年，为满足种子学员的多样化需求，省关工委将集中培训转为按茶叶和食用菌的不同种类和生产时节进行分散培训，培育了一批又一批种子学员，并为他们提供丰富的配套服务，从为种子学员开展现场技术咨询、手把手传授技术工艺，辅导申报福建现代农业（茶叶）生产发展资金项目、现代茶园测土配方和综合防治项目等政府补贴政策，到举办"种子工程"自产茶样点评会、组织种子学员参加海峡两岸茶叶博览会等活动，再到企业产品开发、技术创新、内部生产经营管理、营销策划等经营辅导。

（四）升级阶段

2015年初，福建省关工委总结"种子工程"的工作经验，形成《福建农村青年致富种子工程的实践和体会》，[①] 报送有关部门和领导，得到好评

[①] 中国关心下一代工作委员会：《农村青年致富种子工程》，《全国关工委工作品牌汇编》2015年第4期。

和肯定。时任国务院副总理汪洋批示："福建关工委通过'种子工程'，推广了农业技术、培养了致富带头人，经验可贵，请农业部研究如何借鉴推广。"时任省委书记尤权和中国关工委主任顾秀莲等领导也专门作了批示。省关工委认真贯彻领导批示精神，在"求严、求实、求稳、求新、求变、求精"上下功夫，把工作重心从直接培育种子学员转向指导各地推广发展"种子工程"，产业不断拓展，培训不断深化，服务不断提升，模式不断创新，一个更精准扶贫、更深层次、更广阔覆盖的"种子工程"升级版正在形成。

二 "种子工程"的主要实践与显著成效

（一）主要实践

1. 注重种子思想政治引领

培养具备正确世界观、人生观、价值观及有一技之长的社会主义新型青年农民，始终被视为"种子工程"乃至省关工委的首要工作。"种子工程"主要通过教育育人、组织育人、实践育人、典型励人，培养有情怀、有理想、有本领、有担当的农村致富青年种子。一是教育育人。通过培训课程中加强思想政治教育，对种子学员进行思想道德、科技文化和法制宣传教育，帮助学员树立现代生态意识、法治意识和公民意识，拥护中国共产党的领导和党的路线、方针、政策，引导和鼓励种子学员将理想信念融入精准扶贫战略、乡村振兴战略和中国梦中，在能力允许的范围内尽力承担社会责任。二是组织育人。引导和鼓励种子学员在所创立的产业组织内部建立基层党组织，或与基层党组织（如村党支部、党小组等）共建的形式，促使种子学员在处理日常事务中提升思想政治觉悟。三是实践育人。"种子工程"本质是党委政府深入基层、服务基层的体现之一，"问题导向、尽力为学员提供所需帮助与扶持"的理念，让种子学员切身体会到党和政府的温度和热度，强化对党和政府工作和政策的认识与支持。四是典型励人。大力宣传带领群众科技致富、勤劳致富、合法致富的优秀种子学员，充分发挥先进典型的榜样、示范和教育的效应，激发种子学员的热情和斗志。

2. 开展多元化的培训项目

开展特色农业技术培训是"种子工程"的基础工作。创立伊始，"种子工程"围绕茶叶和食用菌两大特色产业开办技术培训班，随后经过经验总结、实际问题梳理以及深化发展，"种子工程"提供的技术培训项目和培训方式逐渐扩展，形成多方位、多层次的培训项目结构。一是因笼统的技术培训无法满足学员的多样化技术需求，包括季节性需求差异、技术品种差异等。对培训项目进行细化，茶叶细分为铁观音、坦洋工夫和武夷山岩茶等品种，食用菌细分为香菇、黑木耳、蘑菇和珍稀菇等品种，且根据茶叶和食用菌种植周期、学员的时间安排，分季节、分时段开展技术培训班。二是不断延伸拓展农业项目，以茶叶和食用菌两大支柱产业为基础，向水果、蔬菜、烟叶、油茶、竹笋、畜牧、水产养殖、药物研发、高新农业等多产业拓展延伸。三是培训内容由硬技术向软管理延伸，从种植、养殖环节延伸至研发、加工、营销等环节，以及工商、税务、信贷、法律法规等专业知识，鼓励和引导种子学员按发展现代农业的要求进行技术改造和科学运作，打造著名商标和品牌。四是培训方式不断创新。采取走出去、请进来的办法，组织种子学员前往浙江、广东等地考察，提升学员开拓市场的本领。五是鼓励市县两级关工委根据地方特色产业的实际情况，依托"种子工程"开办针对性强的培训项目，涌现出龙岩模式、宁德模式、三明模式、南平模式等典型经验，呈现"八仙过海、各显神通"的良好局面。

3. 供应多维度的配套服务

提供培训仅是"种子工程"的开始，为种子学员提供深度的跟踪服务是更重要的工作，并一以贯之，具体包括：一是实行种子学员建档立卡制度。对种子学员进行精准识别，培训时组织学员填写《学员登记表》和联络卡，建立种子学员档案和分片联系制度，形成较为完善的联系网络。二是提供现场技术诊断与辅导服务。各级关工委科技服务团（队）组织老科技专家，分地区分种类分季节前往农村、田间地头，举办现场技术咨询和传授新兴技术。如由专家和当地老茶工手把手传授"绿改红"、铁观音、坦洋工夫和武夷山岩茶等品种改良、栽培和烘焙等核心技术和工艺。三是促成种子学员参加各级各类评比活动。组织学员参加由茶界泰斗张天福为主任委员的第八、九届"闽茶杯"评选活动;联合福建农林大学园艺学院、茶人之家举办"种子工程"自产茶样点评会,对种子学员进行高质量高水平的点评和技术指导。四是辅导种子学员申报各类财政补贴项目。邀请省内知名专家、学者成立"种子工程"专家指导小组,组织召开国家资金项目申报指导会、专家见面会,指导种子学员申报福建现代农业(茶叶)生产发展资金项目、现代茶园测土配方和综合防治项目、省慈善总会助农项目。种子学员在省关工委的协助下,累计成功申报福建现代农业生产发展资金项目30多项,所获财政补贴资金1000多万元。五是辅导种子学员借助互联网,开展网络营销和微分销平台试点工作,积极参与当地智慧农业布局。六是在合法合规条件下,加强与财政、农业、交通、消防、国土等部门的沟通联系,帮助种子学员协调产业项目的用地审批、贴息贷款、资金扶持等,减少发展障碍,解决实际困难。

4. 建立典型种子宣传制度

省关工委非常重视种子学员的典型事迹收集、整理与宣传,也非常鼓励种子学员申报各级各类荣誉称号。建立典型种子学员宣传制度,既利于种子学员内部形成奋发向上、勇于发挥带动作用的良好氛围,也利于提升"种子工程"在农村地区的影响力,以及在各部门、各级领导层面的影响力,进而助力"种子工程"获得各级党委政府、有关部门的资金等资源扶持与政策倾斜。典型种子宣传的重要途径主要包括:一是建立系统内的荣誉称号评比制度。收集和梳理种子学员带动示范效应的典型资料,深入调查研究,充分评估,授予一批"种子工程先进示范典型""先进示范基地"等,同时扶持和推荐种子学员申报农业部门"致富带头人"和中国关工委"双带"农村青年人才等荣誉称号。二是组织种子学员参加各级各类展览会。连续4年组织种子学员参加海峡两岸茶叶博览会暨武夷山茶节,设立专门展位举办"福建农村青年致富种子工程茶叶班成果展"。时任福建省委书记孙春兰参观种子学员的成果展,并落座品茶、与参展学员交流,鼓励种子学员更好地发挥"致富种子"的引领作用。三是省关工委坚持每两年召开一次全省"种子工程"现场经验交流会,并邀请种子学员作典型介绍,交流种养、管理、营销和创业经验等,营造良好氛围。

5. 践行国家精准扶贫战略

服务国家精准扶贫战略是关工委的职责所在,更是"种子工程"贡献力量、发挥关键作用的重要契机。福建省各级关工委把"种子工程"与当地党委政府"精准扶贫、精准脱贫"中心工作有机结合起来,基于庞大的种子学员队伍,推进扶贫工作从"输血"向"造血"拓展,助力打赢脱贫攻坚战。一是发挥种子学员帮困作用。让建档立卡的贫困户参加种子学员所办企业的生产劳动,为贫困家庭提供农业技术培训和指导,强化贫困家庭的"造血"能力,助力贫困户脱贫致富。二是引导种子学员增强责任意识。引导已经致富的种子学员,提高主动承担社会责任的自觉性,带动群众共同致富。目前,种子学员已通过自建基地、企业(或家庭农场)、合作社等载体,采用贫困户土地入股模式、企业订单模式、企业就业模式、融资合作带动模式、集体经济入股分红模式等成熟的产业扶贫模式,广泛带动周边群众、贫困家庭实现增产增收。

6. 提升种子的组织化程度

强调种子学员的组织化,一方面是便于进行后续的跟踪服务,增强学员的归属感和身份属性;另一方面是引导学员建立自组织关系,强化学员间的感情纽带和沟通交流的持续性,有利于学员间的资源共享、合作共赢。一是建立完善种子联系点制度,不断总结点上做法经验,向面上推广。二是建立完善种子学员联谊会制度,指导制定理事会章程,推选出理事会成员,鼓励学员间互相交流学习和取长补短,在产、供、销各个环节寻找合作共赢的机会。

(二)显著成效

1. 种子思想政治素质提升明显

一是积极投身公益事业、参与村庄事务、支持家乡发展等,如学员姚朝响先后向公益事业捐款 136 万元，平潭学员林云斌先后捐资 100 万元为家乡修路且累计帮扶 762 名贫困学生，莆田学员郭旭累计捐资 20 多万元用于慈善事业等。二是积极践行诚信经营的理念，争做合法企业、守法企业。许多种子学员所创办的合作社、家庭农场或企业被授予爱心企业、诚信企业、全国就业扶贫基地等荣誉称号。三是先进典型不断涌现。"种子工程"受到各级党政领导、农村基层干部和广大农民群众的称赞和肯定，一批种子学员被推选为市县两级人大代表、政协委员、优秀共产党员、劳动模范、三八红旗手等。

2. 培育庞大且结构合理的种子

一是规模庞大。截至 2019 年底，"种子工程"共培训各级各类种子学员 22.3 万名，涌现出 1.5 万名种子学员典型。二是结构合理。种子学员分布在茶叶、食用菌、水果、烟叶、油茶、竹笋、畜牧、水产养殖、药物研发、高新农业等领域，包括普通农户（含贫困农户）、农业大户、农村经纪人、合作社理事长（带头人）、企业创始人或主要管理者等各类主体，结构较为合理。三是培育一批"双带"农村青年人才。获得国家、省、市级表彰的种子学员 823 名，省市级劳模 3 名，各类农产品在省市级评选中获奖 354 种，获评省、市级龙头企业 505 家。

3. 种子助力乡村产业规模扩张

通过"种子工程"实施，种子学员技术、管理和营销等能力均获得持续提升；学员多数实现产值规模、销售规模、带动就业规模的持续增长，直接助力乡村产业规模扩张。截至 2019 年底，"种子工程"协助学员建立示范基地 597 个。以茶叶技术培训班学员为例，有 50% 以上的学员做到"五有一带"：一有茶叶基地，茶园面积一般达 300 ~ 500 亩，多则 6000 ~ 7000亩；二有加工厂，厂房面积 1000 ~ 2000 平方米，配置较为先进的茶叶加工、精制整套设备；三有品牌，经省主管部门认证获得省著名商标；四有茶叶批发部、连锁店；五有营销队伍和销售网络；一带为带动周边农民发展茶叶生产，共同致富。此外，"种子工程"发挥出强大的辐射引领作用，种子学员自身经营规模扩张，带动上游和下游产业发展以及相关服务业的发展，已带动周边 10 万多人创业致富，这对乡村产业振兴产生极大的推动力和鲶鱼效应。

4. 种子助力乡村产业转型升级

接受技术培训和相关的跟踪服务后，部分种子学员的生产思维和经营理念转变，更加注重技术创新、工艺改进、产品开发、产品质量、品牌营销、渠道建设等基础性工作，更愿意投资资金、人力等资源用于推动企业转型升级，由粗放型增长模式转向集约型高质量增长模式，提升企业的附加值创造能力和盈利水平。例如，闽清县学员姚朝响听取省关工委农村委老同志的建议，早于 2009 年就由传统茶叶种植向绿色生态种植转型，提高茶叶品质，创立的"麒麟"品牌获评福建省著名商标、福建省名牌产品，被福建省科技厅授予"科技小巨人"等称号，全国开设 15 家连锁店，由最初的家庭作坊发展成为省级龙头企业。福鼎市学员林西英创立的"福茗芳"品牌获得福建省著名商标称号，产品线不断丰富，包括"悟妙""心斋""逍遥"等细分产品，且茶叶加工厂的工艺设备先进，日均可加工茶青 4 万多斤，全国开设连锁店 20 家，被评为宁德市龙头企业。王新宝创立的漳平市朴玉茶业专业合作社被评为福建省现代农业示范基地。何国美参加"种子工程"培训后，重新制订茶叶发展规划，茶叶产品品种由 4 个品种增至 32 个品种，年产高级乌龙茶 6 万斤。此类品牌升级的典型案例之多，如隆合茶业、天毫茶业、伊晗无忧、华夏有茗、幔亭峰、璞玉茶叶、溢园春茶叶、吾要茶业、蛟潭高山、卢峰茶叶等茶叶企业或品牌，其成功转型的背后均有"种子工程"贡献的一分力量。

5. 种子带动农户家庭增收致富

带动周边农户尤其是建档立卡贫困户增收、致富，是"种子工程"的高阶目标。种子学员带动周边农户增收、帮扶建档立卡贫困户脱贫致富的事迹已不胜枚举，如福安市学员陈清依托企业挂钩帮扶 413 户困难家庭，其中含贫困户和低保户 116 户；上杭县学员雷金荣在县关工委的引导下，依托合作社挂钩帮扶多个乡镇的贫困户共 407 户；连城县学员饶炎明依托合作社带

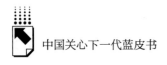

动约 350 名农民依托兰花产业实现创业增收，挂钩帮扶 30 户贫困户 81 人均已实现脱贫等。

三 "种子工程"的主要意义与典型经验

（一）主要意义

1. 为参与乡村振兴战略提供重要载体

党的十九大报告强调："必须始终把解决好'三农'问题作为全党工作重中之重，提出坚持农业农村优先发展，实施乡村振兴战略。"乡村振兴战略被提升至国家战略高度、写入党章，成为我国长期坚持的一项基本国策。福建省现有各级关工委组织 33761 个，参与人员近 36 万人，其中五老人员超过 26.2 万人，且大部分分布在农村地区，与"三农"关系密切，关工委有责任、有义务、有信心服务好"三农"、助力乡村振兴战略。而"种子工程"深耕农村新型农民、农村致富带头人培养事业 12 年，积累了丰富的农村人才选育与服务经验，培育了大量扎根农村且组织化程度高的种子学员，助力农村地区培育多元化的新型农业经营主体，早已是关工委参与新农村建设、服务"三农"、助力乡村振兴战略的有效载体和广阔舞台。更重要的是，基于"种子工程"的长期有效开展和所取得的显著成效，各级党委政府更加重视，帮助"种子工程"解决经费、技术人员和项目等方面的问题，如福建省农业厅于 2015 年发布《关于支持关工委做好农村青年致富种子工程的通知》（闽农科教〔2015〕76 号）等，增强关工委服务"三农"、助力乡村振兴的能力。

2. 为参与乡村振兴战略提供人才引擎

人才是乡村振兴的核心引擎与关键环节。"种子工程"成立之初即确立了"高标准、重质量、出成效"的原则，并根据福建省农业产业结构和关工委工作实际，始终坚持"精选产业、精选学员、精选课程、分批分类、实名培训、跟踪服务、有进有出、带动发展"的做法，推动种子学员对新业态、新技术、新方法的研讨交流，累计培训22.3万名农村青年。这是一支涉及各细分农业领域、包含各层次人才的农村致富带头人队伍，是一支政治文化素养好、农业发展能力强、基层管理水平高、富有农业情怀、留得住扎下根的农业生产经营队伍，为乡村产业振兴注入更多的新生力量，切合习近平总书记对乡村人才振兴的期望和要求。

3. 为参与乡村振兴战略提供产业支持

产业振兴是乡村振兴的首要任务和基础工程。"种子工程"服务的学员经过创新创业，多数已发展为农业企业、农业科技公司、农业专业合作社、生产基地、农业园区、家庭农场、种养大户等，产业领域涵盖农产品生产、加工、销售和农业生产资料（种子、化肥、农药、农业机械等）生产、销售等传统业态，以及仓储运输、贸易、休闲农业、乡村旅游、电子商务等新业态或新模式。从横向来看，种子学员为农村地区拓展产业边界，引入新产业和新业态，培育新的经济增长点；从纵向来看，帮助农村地区发展农业关联产业，延长农业产业链，促进农村地区一二三产业融合发展；从发展路径来看，种子学员践行科技兴农、质量兴农战略，推进所办经营主体的规范化和标准化建设，助推农村农业产业向绿色化、优质化、特色化、品牌化转型，由增产增量的传统思维转向提质增效的新发展理念。最终，种子学员所办经营组织的数量增长、规模扩张和转型升级，助力农村地区构建现代农业产业体系、生产体系、经营体系，健全农业社会化服务体系，促进小农户和现代农业发展有机衔接，拓宽农村集体和农民的增收渠道，非常符合习近平总书记所指的乡村产业振兴的要义。

4. 为培育乡村新型农民提供有效经验

农业、林业、科技、教育、人力资源与社会保障、民政、科协等部门主导的农村实用人才、新型职业农民培训工作，是普及式、大范围的农民培训。省关工委针对农村迫切需要指导的特色产业和讲政治、有文化、懂技术、有创新的新型农民进行系统培训，是各职能部门农民培训工作的重要补充。"种子工程"探索出的种子选取和培训方式方法、培训内容、运行机

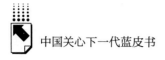

制、跟踪服务、典型宣传等方面的经验，为福建省新型农民培训提供可复制推广的经验做法。

（二）典型经验

1. 党政重视是根本

党委政府重视支持，是关工委开展好"种子工程"的根本保证。党中央、国务院、省委省政府、各级党委政府领导都为"种子工程"作出批示、指示，指明方向，提供保障，建立起"种子工程"专项经费、技术指导、项目支持等长效机制，帮助解决"种子工程"实施过程中遇到的实际困难和问题。比如，省财政连续 11 年下拨"种子工程"专项经费。宁德市蕉城区"种子"陈煜创业之初就遇到资金、技术等相关问题，项目陷入了困境。蕉城区委、区政府和区关工委专程到三都岛黄湾村创业园实地考察，帮助他解决资金、项目、土地等一揽子问题，使他的项目得以顺利开展。近年来，陈煜获得宁德市自主创业高校毕业生资助项目一等奖（奖金 10 万元）和 30 万元的无抵押贷款，引进了多名高端水产技术人员，企业有了长足发展。

2. 五老作用是关键

广大五老既有专长、有优势，又具有"忠诚敬业，关爱后代，务实创新，无私奉献"的精神。实践证明，"种子工程"就是关工委在农村，发挥五老优势作用的广阔天地和重要平台。针对广大青年农民想致富缺技术、盼服务没门路的迫切愿望，各级关工委充分发挥老科技人员的优势，组织一支强有力的科技服务团队，与青年农民"结对子"，开展传、帮、带活动；加强政策、科普宣传；组织培训，培养一批有一技之长的科技示范户、科技致富能手、会经营的致富带头人，带动周边群众脱贫致富。五老的关爱帮扶行为被种子学员广为称颂。

3. 典型带动是途径

把"抓典型、创品牌"作为打造"种子工程"的一条重要途径。省关工委采取"深入调研、发现典型，精心指导、培育典型，总结经验、推广典型"的"三步走"方法，培育了一大批敢为人先、经营有方、成效显著的先进典型和工作品牌。通过召开工作交流会、现场推进会、经验总结会、理论研讨会等，营造"学比赶超"的浓厚氛围，有力推动"种子工程"不断向纵深发展。此外，充分运用《福建日报》、福建电视台、东南网等主流媒体和互联网，在更大的时空范围延伸、拓展、推广种子学员所创造的致富经验。

4. 创新发展是动力

"种子工程"从无到有、人员从少到多、影响从小到大，成为关工委培养新型青年农民、助力乡村振兴的重要载体。在实施过程中，坚持解放思想，与时俱进，不断探索创新，通过多元化产业升级、多形式培训升级、多渠道服务升级、规范化运行机制升级，打造"种子工程"升级版，推动"种子工程"从量的积累向质的飞跃、点的突破向系统能力提升。

5. 形成合力是保障

"种子工程"形成了左右联合、上下联动的态势，为关工委农村工作创造了一种新的机制。"左右联合"，是省关工委密切联合团省委和省妇联，统一研究方案，统一部署实施，统一通报总结，共享资源，形成合力。"上下联动"是省关工委与市、县、乡、村联合落实打造"种子工程"的各项措施。省市县三级关工委联动，关青妇三部门联手，项目资金技术三方面联结，构建起全省"种子工程"的大格局。

四　"种子工程"面临的主要难题与时代挑战

（一）"种子工程"的培训内容待扩展

社会环境、经济环境、科技环境和国际政治经济环境的新变化，对"种子工程"的培训内容和跟踪服务提出更高的要求，具体包括：消费者对新、奇、特产品和服务的需求与日俱增，产品和服务更新换代的速度越来越快，对种子学员在工艺、产品、包装等方面的创新能力和投入提出更高要求；互联网、物联网、大数据、人工智能等发展，不断催生了新的商业模式、运营模式、营销模式和盈利模式等，对种子学员的经营理念、发展思维等提出极大的挑战，很多学员所创立的经营组织已呈现不适应性；第三次科技革命的红利已吃尽，全球经济进入存量竞争阶段，国内和国际市场竞争变得异常激烈，依靠低廉劳动力成本、土地成本和环境保护成本实现粗放式发展的种子学员已举步维艰，而中美贸易摩擦和全球新冠肺炎疫情对出口贸易造成的严重负面冲击，对出口导向型种子学员的生产与发展造成极大挑战；中央高层富有前瞻性地提出并加快推进"一带一路"建设，为种子学员的出口贸易增长提供新的增长机会，但同样存在不可低估的挑战；等等。基于以上宏观环境的新变化，"种子工程"当前提供的培训内容和跟踪服务，可能已无法满足种子学员的更高、更多元化需求。因此，如何帮助学员加快互联网化、数字化、物联网化、智能化、定制化等转型升级，提升产品和服务的更新换代速度，增强提供新奇特产品和服务的能力，是摆在"种子工程"面前亟须化解的一道时代挑战。

（二）"种子工程"的服务队伍需优化

"种子工程"目前的培训教师队伍和服务团队主要有三支：一是人数庞大、经验丰富、热心农村农业事业的五老队伍；二是来自高校、科研机构、行政事业单位的技术人员和研究人员；三是来自企业一线、生产经营管理经验丰富、具有技术产品市场开发经历的专业人员。其中，五老队伍是"种子工程"技术培训和跟踪服务的最主要力量，在帮助种子学员实现增产增量阶段作出巨大的贡献，但由于时代背景的差异，高龄化的五老队伍的技术知识储备已难以满足新时代种子学员的培训内容和服务内容诉求。而其他两支队伍的获取和利用成本较高，这是"种子工程"持续运行的另一道挑战。

（三）"种子工程"升级面临资金困难

要满足新时代种子学员的培训内容和配套服务需求，"种子工程"需增加培训内容和服务项目，且培训和服务的精度和难度都较高；而为此需扩充培训教师队伍和服务队伍，且多数是来自关工委系统外的、成本较高的人员。若"种子工程"要增加培训和服务内容、扩充服务人员队伍，运营费用必然水涨船高，这对主要依靠省财政专项经费的"种子工程"而言，是一道待解的资金难题。此外，只有部分市、县财政部门下拨"种子工程"专项经费，未必能够承受运行经费的增加，这对"种子工程"的顺畅运行和成效保障提出一道挑战。

五　"种子工程"未来主要工作思路

（一）着力打造"种子工程"升级版

打造"种子工程"升级版是福建省各级关工委未来一段时间内的重要工作，主要包括：一是产业不断扩展。在原有众多产业的基础上，向传统手工艺、民间美术等产业延伸拓展。二是培训不断创新。在内容上，增加产品、技术、工艺、包装、经营模式、营销模式等新模式、新业态、新理念的培训与辅导，如智慧生态农业、"互联网＋"农业等，增加"一带一路"市场开拓、应对中美贸易摩擦等方面的知识培训与辅导，帮助种子学员应对激烈的全球存量竞争。在数量上，根据广大农民需求，精准培育和服务农村产业发展急需的产业人才。在模式上，开展种子学员的回炉升级工作，可根据种子学员档案，选取难以由增产增量转型提质增效的学员进行再培训，将扶智与扶志相结合，帮助种子学员转型升级。三是服务不断优化。省农业厅针对"种子工程"项目、资金、人才等方面出台了7条倾斜政策，各地关工委要抓住机遇，用足、用好这些政策，使之落细落小落到实处，确保"种子工程"顺利实施、持续健康发展。四是典型带动不断提升。采取融媒体和多渠道多形式的宣传，加大对"种子工程"品牌和种子学员先进事迹的宣传力度，充分发挥种子学员的典型示范带动作用，更好地带领周边群众共同致富，发展农业生产。

（二）优化"种子工程"的师资结构

一是加强五老队伍建设。广泛吸纳农技机构新近退休的老同志加入关工委科技服务团（队），加大培训力度，提高综合素质，解决技术知识结构短板问题。二是争取农业部门专家学者的支持。协调他们采取"一对一""多对一"指导的形式，为种子学员提供政策咨询、项目推介、创业指导等服务，提高青年农民创业实践能力。三是争取高等院校师资队伍的配合。省关工委要加强与高校关工委的沟通联系，充分发挥高校师资队伍在种子学员培训中的重要作用，不断化解原有队伍技术知识结构与学员所需技术知识不匹配的矛盾。

（三）拓宽"种子工程"的资金来源

拓宽资金来源渠道、缓解"种子工程"的资金压力，是"种子工程"继续推进的基石。省关工委将致力于构建多元化的资金来源渠道。一是争取政府和相关部门的资金支持。二是与相关部门通力合作，扩展资金来源。积极寻求农业、林业、人力资源保障、教育、科协等相关职能部门的关注与认可，加强与相关部门在新型农民、农村实用人才等农村人才培养与培训项目方面的合作，减轻运行经费短缺的压力。三是探索政企合作培养人才的方式方法，有效吸收和利用社会资金。如与种子学员所创立经营组织或新合作企业联合制定员工培训方案，以"关工委组织专家和技术人员、企业（部分）出资、关工委吸纳企业外的部分农村青年参与"的形式开展培训。

经过12年发展，"种子工程"已成为福建省关工委培育新型农民、服务"三农"问题、助力乡村振兴的一个重要品牌。"种子工程"探索和摸索出的诸多有益实践，如注重种子思想政治引领、开展多元化的培训项目、供应多维度的配套服务、建立典型种子宣传制度、践行国家精准扶贫战略等，均具有较高的可推广价值。但是，面对经济、科技和社会环境变化所引起的消费趋势和经营趋势的变化，种子学员对关工委的培训和服务内容提出新的要求，对关工委以五老为主要群体的服务队伍、运行经费等提出了极大的挑战。鉴于此，省关工委将努力化解"种子工程"高效运行中面临的时代难题，整合资源，优化师资结构，拓宽资金来源，打造一个更为全面、更为优质、更为有效的"种子工程"升级版。

参考文献

《习近平要求乡村实现"五个振兴"》，人民论坛，http：//www.rmlt.com.cn/2018/0718/523416.shtml，2018 年 7 月 18 日。

薛建良、朱守银、龚一飞：《培训与扶持并重的农村实用人才队伍建设研究》，《兰州学刊》2018 年第 5 期。

蒲实、孙文营：《实施乡村振兴战略背景下乡村人才建设政策研究》，《中国行政管理》2018 年第 11 期。

夏柱智：《"中坚青年"和乡村振兴的路径选择——兼论青年研究视角的优势》，《中国青年研究》2019 年第 8 期。

中国关心下一代工作委员会：《农村青年致富种子工程》，《全国关工委工作品牌汇编》2015 年第 4 期。

B.12

加强品牌建设　培养时代新人

——吉林省关工委品牌建设实践报告

王葆光　王立英　魏　凯[*]

摘　要： 本报告通过对吉林省关工委115个品牌一览表和156篇线上研讨会论文中的调查数据进行综合分析，总结经验，查找问题，认清形势，提出对策，应对挑战，充分发挥品牌的引领示范作用。

关键词： 品牌建设　关工委　吉林

　　工作品牌是关工委形象实力的象征和"名片"，是关工委高质量发展的一大基石，是长远发展的"金字招牌"。中国关工委成立后，及时把品牌概念引入工作中。吉林省关工委的知名品牌大学生马克思主义自学组织、"四自"小组、绿色家园等都是在中国关工委的关心支持下发展壮大起来的。在纪念中国关工委成立25周年的时候，中国关工委汇集全国200多个工作品牌，编印了《全国关工委工作品牌汇编》并重点推广其中80个"叫得响、推得开、立得住"的工作品牌。中国关工委的重大决策凝聚了全国关工委工作品牌发展创新的共识，品牌建设的氛围日益浓厚，有力地推动了关心下一代事业的创新发展。

---

* 王葆光，吉林省关工委执行主任兼秘书长；王立英，吉林省关工委副主任、吉林省关工委机关刊物《春风》总编；魏凯，吉林省关工委副秘书长、办公室主任，吉林省关工委机关刊物《春风》副总编。

在中国关工委精心指导下，吉林省关工委坚持稳住服务、抓住创新、担起责任，做大做强工作品牌，提高品牌培育能力，提升品牌形象，关注品牌成长，讲好品牌故事。运用工作品牌整合社会资源，汇聚多方力量，推动工作开展。品牌创建呈现了积极持续发展的态势，全省上下创建工作品牌的热情日益高涨。

一　吉林省关工委品牌建设的现状

三十年来，吉林省关工委和广大五老热心品牌的创建和发展，形成了有利于品牌孕育成长的气候和土壤，产生了在全国都有很大影响的大学生马克思主义自学组织、"四自"小组、绿色家园、老少同植希望林、靖宇中队、传承育人工程、圆梦桥等主题鲜明、生命力强的知名品牌。总结回顾以往历史，吉林省关工委品牌创建呈现以下主要特点。

（一）突出老少共建特色

充分发挥五老作用，想青少年所想，帮青少年所需，做到老少携手，共同促进。老少携手脱贫，携手矫治，携手植树，携手抗疫，携手学习，形成了从"1 + 1"到"N + 1"的工作模式，深受青少年的欢迎。如吉林大学朝阳离退休党员"M. M"学习研究会与大学生"M. M"学习研究会两代人牵手学习习近平新时代中国特色社会主义思想，把"M. M"学习研究会的光荣传统发扬光大。抚松县关工委创建的绿色家园青少年教育基地、靖宇县政法系统关工委开展的绿色家园帮扶活动月、松原市宁江区关工委兴办的"少年乐园"、白山市江源区关工委创建的"关爱园"都是老少携手共建的成功品牌。

（二）品牌生命力强

吉林省关工委制定了品牌评定五条标准，即：坚持服务青少年的正确方向；围绕中心服务大局；得到党政领导和兄弟部门支持；媒体广泛报道宣传；坚持活动五年以上。由于这些工作品牌紧紧围绕党的中心工作，针对性强、效果好，成为推动工作开展的重要抓手。大学生马克思主义自学组织已经成为党委加强高校思想政治工作的重要平台和载体，38年来，不断发展壮大。目前全省关工委年龄在5年以上的工作品牌达115个，其中5~9年的占50.4%，10~19年的占35.6%，20~29年的占10.4%，30年以上的占3.6%，体现了顽强的生命力。

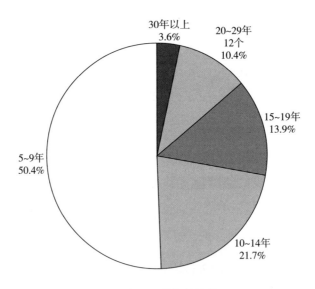

图1 工作品牌年龄结构

（三）品牌结构合理

品牌结构布局紧紧围绕党委政府中心工作和关工委的工作重点，主要是五大类：思想道德教育、关爱帮扶、家风家教、法治心理、基层建设。围绕中心、服务大局是优化品牌结构的首要原则，不断创新活动载体，丰富调整活动内容，增强品牌的时代性，发现培育新的品牌。近几年来，我们格外重视以增强爱国意识和爱国情怀、让爱国主义精神在青少年心中扎根、大力弘扬优秀传统文化、捐资助学、扶贫关爱、弘扬社会主义法治精神、青少年心理健康服务为主要内容的工作品牌的宣传引导，扶持支持，不断完善优化品牌结构布局。

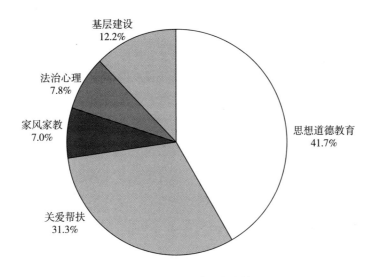

图 2　工作品牌分类结构

（四）品牌覆盖面广

全省各市州及省教育关工委、大专院校都有多个工作品牌，消灭了空白点。由于多种原因，过去大专院校和省关工委自身的品牌较少，甚至没有。省关工委为了充分发挥自身优势，主动加强与大专院校的联系和合作，共创工作品牌。吉林省关工委与长春中医药大学党委签署合作协议，共创长春中医药大学杏林青马工程基地。中国关工委主任顾秀莲两次到该基地调研，并勉励学校党委"抓好杏林青马工程，培养德才兼备人才"。2017 年，中央文明委授予长春中医药大学"全国文明校园"荣誉称号。吉林省关工委自身创建了"一网三刊一端"（吉林省关工委网站，《春风》《学习文摘》《健康文摘》，微信公众号、微信工作群）等 5 个工作品牌。与中国农业银行吉林省分行共同创建了"筑梦小主人·小小银行家"工作品牌，顾秀莲主任亲自为品牌题词。

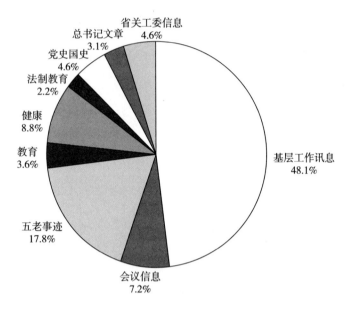

图 3 　《春风》文章类别与占比

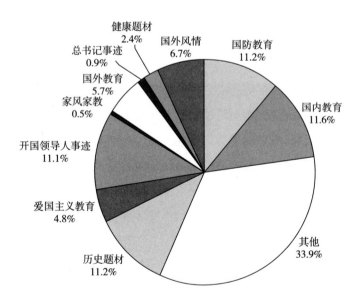

图 4 　《学习文摘》文章类别与占比

（五）品牌责任成就责任品牌

全省关工委广大五老以高度的责任感投入到品牌创建工作中来，把责任担当和公利大义融入关工事业，用品牌责任成就责任品牌。时代楷模、全国最美奋斗者——汪清县关工委主任金春燮带领五老历尽艰辛，坚持为革命英烈树碑立传。先后建设了 109 处（座）抗战英烈遗址、纪念碑，编印了《民族英雄童长荣》等 14 本乡土教材，在全县中小学建立童长荣中队。形成了以小汪清抗日游击根据地遗址为中心，以童长荣烈士陵园、金相和烈士陵园为两翼，辐射县乡村三级的两史教育基地网络。小汪清抗日游击根据地遗址成为中国关工委"全国关心下一代党史国史教育基地"。

通化市关工委、东昌区关工委 17 年来通过"靖宇中队"这个品牌载体让靖宇精神走进校园、走进社区、走进青少年的心灵。全市共创建靖宇中队 2797 个，实现了全市中小学全覆盖。磐石市关工委组织五老查阅资料，实地考察走访，确认了抗日红色遗址 125 处，撰写碑文，立碑志之。历时三年，完成了 140 万字的《磐石抗日斗争史资料》编辑整理工作。这套资料得到中央党史研究室的认可，决定正式出版发行。广大五老用自己的实际行动铸就"红色引领"工作品牌。

二　加强品牌建设的经验做法

（一）深入实际，善于敏锐地发现捕捉亮点和典型经验

品牌出自基层，来源于实践，只有克服官僚主义，深入实际调查研究，尊重群众的首创精神，才能把鲜活生动的经验总结出来。吉林省关工委把每年的 10 月作为调研月，驻会班子和办公室的同志深入学校、村屯和社区认真开展调查研究，及时发现总结宣传树立典型和品牌。同时建立起网站和微信工作群等网络桥梁，利用现代网络密切与基层五老和青少年的联系，汲取营养，总结经验，发现典型和品牌。

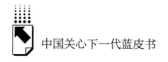
（二）典型经验上升到品牌，领导重视是关键

吉林省关工委的工作品牌许多都是在顾秀莲主任及各级领导的重视支持下发展起来的。大学生马克思主义自学组织38年的发展历程充分说明，没有中央领导、中国关工委和省委省政府的大力支持，就不会有今天大发展的良好局面。2015年初，顾秀莲主任将吉林省关工委关于吉林省大学生马克思主义自学组织的调研报告批转中宣部。按照中宣部领导的批示要求，人民日报社、新华社、中央电视台、光明日报社等18家媒体、26家网站共刊播相关信息49篇（条），使老品牌得到了激活，焕发了青春活力。2017年4月，为进一步加强对大学生马克思主义自学组织的引领，使其具有鲜明的政治立场，经吉林省委批准，成立了吉林省大学生马克思主义自学组织联盟（以下简称"联盟"）。吉林省委宣传部、省教育厅（省高校工委）、团省委、省关工委是联盟的指导单位。联盟的成立，标志着吉林省大学生马克思主义自学组织进入高位统筹、资源共享、协同推进的新阶段。2020年7月13日，吉林省委宣传部、组织部下发的组织学习《习近平谈治国理政》第三卷通知中明确提出，全省大学生马克思主义自学组织联盟要通过举办专题讲座、演讲等丰富多彩活动深入学习。联盟已经成为党委政府重要抓手。长春中医药大学党委实施杏林青马工程，党委书记、校长亲自担任青马导师，建设1000多平方米的杏林青马工程基地，杏林青马工程的学员在这里单独编班、单独授课，接受系统的马克思主义理论和习近平新时代中国特色社会主义思想教育。在这次抗击新冠肺炎疫情的战役中，在校党委书记的带领下，青马师生率先垂范，深入医疗一线预检分诊，下沉社区变身网格员……杏林青马工程党委组建了由青马师生构成的6支战疫突击队、15个青马教师小组，奔赴武汉抗疫前线和社区抗疫，展现出青马学员抗击疫情的硬核力量。

（三）创新是品牌发展的动力，活动是品牌的生命力

品牌要紧扣围绕中心、服务大局这个主弦，坚持服务青少年的正确方

向，因时因势创新活动方式和活动内容。品牌必须以创新为根本，用创新提高品牌的生命力和服务质量。创新让品牌更有社会责任，从工作品牌到工作责任，每前进一步都是一种成长的蜕变。

"四自"小组是白城市通榆县青年农民自发组建的理论学习小组。2009年得到了顾秀莲主任和中央领导同志的充分肯定。2010年初，白城市委召开专题会议进行推广。在实行乡村振兴战略中，"四自"小组和农村经济组织相结合，发展专业大户，使"四自"小组成为农村培育新型农业经营主体和新型职业农民的摇篮。创新让已经24岁的"四自"小组焕发了青春。

绿色家园是2006年由白山市委政法委和市关工委共同创建的，以帮教失足青少年、帮扶困难青少年为主要任务。从一名五老志愿者和一名民警帮教一名失足青少年的"1+1"工作模式发展到多个部门与单位共同参与帮扶的"N+1"模式，绿色家园发展成为全社会共同参与帮教青少年的社会工程。

（四）建立完善有效的机制

如何发现品牌、宣传品牌、树立品牌，不断提高品牌的知名度、认知度，形成自我强化、自我激活的长效机制是铸就品牌持久生命力的保证。

圆梦桥活动起始于2012年7月，由德惠市天台镇关工委创立的企业家协会和救助资金会，定向帮助困难青少年圆升学梦、创业梦、就业梦，得到了顾秀莲主任的肯定和点赞。长春市关工委为使帮扶救助常态化、规范化，及时出台了深化圆梦桥活动的实施意见，动员社会力量，发展救助载体60多个。农安县关工委先后建立救助联盟8个，动员社会组织和企业20多户，筹集救助资金300多万元，救助贫困学生5000多人。形成了党委政府支持、社会各界参与、各级关工委主动作为的运行机制。

五彩课堂和微讲堂是吉林市昌邑区关工委创建的两个工作品牌，充满生机活力，深受家长和青少年的欢迎。产生如此神奇效果的关键就是突破传统工作模式，基于信息技术及智能手机普及的新形势，创建了网上教育的新机制新模式。"微讲堂"和"国学微讲堂"两个群，坚持每周两讲，从未间

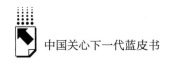
断，服务稳定可靠。目前，微讲堂已由 2016 年区级两个群发展到全区 13 个街道 5 个乡镇，组网率达 100%，有 20 个群是超百人群。

三 吉林省关工委品牌建设取得的主要成效

吉林省关工委从成立之日起，就十分重视工作经验的总结和品牌创建工作，坚持推进品牌战略，不断加强品牌建设，收到了实实在在的效果。

（一）党建带关建工作跃上新台阶

经吉林省委同意，省委办公厅印发了《关于加强以党的建设带动关工委建设工作的意见》（吉厅字〔2019〕77 号）。各地党委认真贯彻省委办公厅文件精神，长春市、吉林市、白城市、松原市、辽源市、梅河口市、公主岭市、农安县、梨树县等 14 个市（县）委也都相继下发了党建带关建的相关文件，进一步加强了党对关工委工作的领导，使党建带关建工作走进了新时代。

（二）关工委的政治地位、社会影响力明显提升

吉林省关工委被省文明委授予 2016～2018 年度精神文明建设先进集体荣誉称号；2015 年、2020 年被省委组织部和省委老干部局评为全省离退休干部先进集体；汪清县关工委主任金春燮被中宣部、中组部授予"时代楷模""最美奋斗者"荣誉称号，被中国关工委授予"最美五老"荣誉称号；四平市关工委常务副主任崔屹山、梅河口市关工委主任张树春、安图县关工委主任金万春、吉林市关工委安全报告团团长陈忠革被授予全国离退休干部先进个人荣誉称号。

（三）宣传手段不断完善，宣传阵地不断扩大

全省关工委系统已建立网站 82 个，微信工作群 445 个，微信公众号 350 个，创办杂志、期刊 83 种。省关工委网站日有效点击量达 2500 次以上，获得百度和 360 搜索引擎给予的免费官方认证待遇。

（四）工作内涵和覆盖领域进一步拓展

中国农业银行吉林省分行及各市州支行全部建立了关工委组织并开展活动，得到了中国农业银行总行的肯定和支持。目前，全省关工委组织已发展到 28196 个，省市县乡村（社区）五级组织网络全面形成，管理机制科学化、规范化，工作活力不断增强。

（五）红色基因传承、爱国主义教育常态化

各级关工委全面推进党史国史主题教育活动，利用重要节点开展系列主题教育活动，结合实际把党史国史教育融入中小学德育教育、重要活动和日常关爱中。共编写乡土教材 18929 册，设立爱国主义教育基地 877 个，其中小汪清抗日游击根据地遗址、靖宇烈士陵园、磐石市以红石砬子山为中心的抗日游击根据地遗址、长春一汽红旗文化展馆成为全国关心下一代党史国史教育基地。

（六）未成年人保护工作扎实活跃

广泛开展以扶贫助学为主要内容的"十百千万"五老关爱行动，帮扶青少年 17.5 万人，帮扶资金 2916 万元。举办传承好家风好家教活动 3227 场，兴办合办家长学校 5347 个，受众 87.4 万人。举行法治教育报告会 5149 场，受教育青少年 121 万人次。建立五老报告团 1532 个，参与网吧监督的五老 4027 人。辽源市、敦化市、集安市关工委建立了青少年心理咨询中心（室），为有心理问题的孩子进行心理疏导和干预。

四　吉林省关工委品牌建设面临的挑战

为深入贯彻落实习近平新时代中国特色社会主义思想，贯彻落实习近平总书记对关心下一代工作的系列重要指示，实施品牌战略，加强品牌建设，

更好地承担起帮助青少年培根立德、铸魂育人，教育青少年听党话、跟党走的根本任务，必须认清形势，接受挑战。

（一）国内外形势深刻变化

随着国际国内形势深刻变化，不同思想文化交流交融交锋，社会思潮多元多变，特别是西方敌对势力始终把我国青少年作为渗透争夺的重点，西化分化中国的政治图谋手段更加隐蔽，方式更加多样。随着我国改革开放和社会主义市场经济的深入推进，互联网等新的传播渠道的迅速发展，各种价值观相互交织碰撞影响，青少年思想道德建设面临许多新情况新变化。要从民族振兴、社会进步、经济发展的战略高度，充分认识做好新时代青少年思想道德建设的重要性和紧迫性。

（二）工作任务日益艰巨

2015 年 8 月，习近平总书记对关心下一代工作的重要指示发表后，中共中央、国务院相继印发了《新时代公民道德建设实施纲要》和《新时代爱国主义教育实施纲要》。全国人大常委会在《中华人民共和国未成年人保护法（修订草案)》中，明确了关心下一代工作委员会承担的相应社会责任。2019 年，中组部、教育部、中国关工委等八部委联合印发了《关于进一步发挥五老队伍在加强青少年思想道德建设中的作用的意见》。2020 年，国家卫生健康委、中国关工委等 12 部门印发《健康中国行动——儿童青少年心理健康行动方案（2019 - 2022 年)》。这些文件都进一步明确了关工委的职责任务和担当，关工委的政治社会地位日益提升，工作任务也日益繁重。

（三）队伍建设亟待加强

国际国内形势的深刻变化，青少年思想道德建设面临的新情况新变化等都对五老队伍的整体素质能力提出了许多新的挑战。如何准确把握培养什么人、怎样培养人、为谁培养人这个根本问题；如何广泛深入开展爱国主义教育；如何大力弘扬优秀传统文化；如何弘扬社会主义法治；如何使学校教育、家庭教育和社会教育相互配合、相互促进；如何推动五老强化互联网思维，积极运用微信、手机客户端等现代媒介传播正能量，引导青少年文明上网、科学上网；如何提高对青少年的心理健康关爱能力；如何提高对工作品牌重要性的认识，提高品牌的针对性、有效性，加强对品牌建设的领导等，这些都对五老队伍整体素质和能力提出了尖锐挑战。

五　吉林省关工委品牌建设的未来思路

挑战是压力，也是机遇，只有不断提高政治站位，加强领导，进一步发挥五老队伍的作用，充分发挥人的主观能动作用，增强责任感和使命感，品牌建设才能真正成为关心下一代工作的引擎。吉林省关工委未来品牌建设主要包括以下思路。

第一，不断提升关心下一代队伍的整体素质和能力，扩大五老队伍。加强五老队伍自身建设，加大五老学习培训力度，包括网络知识培训，推动线上线下教育活动的融合开展。建立五老队伍登记建卡制度。不断探索五老、志愿者、社会工作者相结合的工作模式，壮大五老队伍。

第二，进一步凝聚关工委品牌发展共识，参照国务院的做法，设立"吉林省关工委品牌日"。

第三，进一步建立完善发现、培育、评估、跟踪、强化、激活、管理的长效机制。加强品牌体系建设。在吉林省关工委网站及《春风》刊物上建立典型品牌案例分析专栏，加强品牌建设研讨工作。

第四，加强对品牌建设工作的推动和考核，把品牌建设工作列入每年的调研考核内容，表彰奖励优秀的工作品牌。

第五，建设网上品牌博物馆，实施强有力的竞争机制，形成努力打造工作品牌的良好社会氛围和土壤。

第六，实行品牌牌长负责制，每一块工作品牌都要有牌长负责，并在全省关工委系统公示。为有价值的品牌授牌。让品牌责任成就责任品牌，以品牌建设推动关工委工作高质量发展。

参考文献

《国务院办公厅关于发挥品牌引领作用 推动供需结构升级的意见》（国办发〔2016〕44 号）。

中国关工委主任顾秀莲 2015 年 6 月 24 日《在浙江省关工委品牌建设经验交流会上的讲话》。

中国关工委常务副主任兼秘书长杨志海《在纪念中国关工委成立 25 周年暨全国关心下一代工作表彰大会上的总结讲话》。

《关于品牌推荐工作几个具体问题的通知》（中关工委办〔2014〕2 号）。

浙江省关工委主任徐宏俊 2015 年 6 月 24 日在浙江省关工委品牌建设经验交流会上的讲话《总结提升 创新推进 开启全省关工委品牌建设新篇章》。

《吉林积极打造关工委工作品牌》，中央文明办《工作简报》2014 年 22 期。

《吉林省关工委助力开展大学生理论学习活动》，中央文明办《工作简报》2019 年 12 期。

中共吉林省委办公厅：《我省不断加强和改进大学生马克思主义自学组织建设工作》，《吉林信息》2019 年 22 期。

吉林省关工委 2014 年 4 月 22 日在全国关工委理论研讨会上的发言《关于打造品牌的探索和思考》。

吉林省关工委 2015 年 4 月 22 日在全国关心下一代宣传工作电视电话会议的发言《宣传优秀五老和品牌 打好宣传工作组合拳》。

《吉林省关工委品牌建设工作线上研讨会论文集》，2020 年 5 月 15 日。

《吉林省关工委 2020 年工作品牌一览表》。

凯文·莱恩·凯勒著《战略品牌管理》（第四版），中国人民大学出版社，2009。

罗子明、张慧子著《国有企业品牌形象研究》，中国财富出版社，2019。

韩鑫：《中国品牌在抗疫中熠熠生辉》，《人民日报》2020 年 5 月 10 日。

李洪兴：《以品牌责任成就责任品牌》，《人民日报》2020 年 5 月 10 日。

訾谦：《中国品牌书写精彩中国故事》，《光明日报》2020 年 5 月 11 日。

何欣荣、安蓓、王默玲、周蕊、滕佳妮：《中国品牌在全球抗疫中崛起》，《解放军报》2020 年 5 月 13 日。

B.13
内蒙古自治区关心下一代
老教授报告团调研报告

王维山　杨一江　吴志国　刘虎晓*

摘　要： 五老队伍是我国关心下一代事业的重要力量。立德树人，培养德智体美劳全面发展的社会主义建设者和接班人，是党中央赋予广大五老的根本任务。内蒙古自治区关心下一代老教授报告团在 20 年的实践中发挥自身优势，通过做报告、调查研究、开展科研、著书立说等多种形式，开展青少年思想道德教育，受到青少年和社会各界的好评，为各族青少年健康成长做出了贡献，成为自治区关工委的工作品牌，得到了中国关工委、自治区关工委和教育部关工委的充分肯定。本报告将回顾老教授报告团的奋斗历程，总结报告团的工作经验，研究探讨新时代进一步发挥五老队伍在青少年思想道德建设中的作用，具有重要的现实意义。

关键词： 老教授　报告团　五老队伍　青少年思想道德建设

　　内蒙古自治区关工委成立于 1984 年 9 月，是全国第一个省级关心下一代工作组织。经过 35 年的发展，全区关工委组织达到 23700 多个，五老队

---

* 王维山，内蒙古自治区关工委常务副主任；杨一江，内蒙古自治区关工委副主任、内蒙古老教授报告团团长；吴志国，内蒙古老教授报告团常务副团长兼秘书长；刘虎晓，内蒙古自治区关工委办公室主任。

伍达到 27 万人，成为遍布城乡、深受各族青少年欢迎、在社会各界有着广泛影响的群众性工作组织。进入新时代，自治区关工委坚持以习近平新时代中国特色社会主义思想为指导，认真贯彻落实习近平总书记对关心下一代和内蒙古工作的重要论述、重要指示批示精神，围绕中心、服务大局，始终坚持服务青少年的正确方向，在教育、关爱、服务青少年方面做了大量创新性工作。

五老（老干部、老战士、老专家、老教师、老模范）在我国长期的革命建设、改革开放实践中积累了丰富经验，具有不可替代的政治优势、经验优势、威望优势，是加强青少年思想道德建设的宝贵资源，是确保中国特色社会主义建设事业薪火相传的一支重要力量。在实践中，内蒙古自治区关工委高度重视五老队伍建设，把加强五老报告团（宣讲团）建设作为一项常抓不懈的工作。坚持以五老报告团（宣讲团）为依托，在各族青少年中开展爱国主义、理想信念、形势与政策、社会主义核心价值观、民族团结进步等思想道德教育活动。目前，全区共有五老报告团（宣讲团）1000 多个，遍布各盟市、旗县和 50 多所区内高等院校。每年五老报告团（宣讲团）举行报告会上万场次，受众逾百万人次。2017 年 7 月，自治区关工委还专门召开全区五老报告团（宣讲团）工作会议，总结交流经验，促进提挡升级。内蒙古老教授报告团是自治区上千个报告团中的先进典型，他们所开展的工作是全区五老报告团（宣讲团）工作的缩影。本报告将回顾这个报告团的奋斗历程，总结经验，研究报告团发展中存在的问题，探讨新形势下进一步发展的改进措施，这对于未来的相关工作具有重要的现实意义。

一 老教授报告团的组织建设和工作机制

20 年前，驻呼和浩特的几所本科院校离退休下来的十几名教授，他们毕业于清华大学、北京师范大学、武汉大学、北京理工大学、内蒙古大学等国内知名院校，退休前都是各高校教学科研、思政战线的骨干，有的还担任过高校的校级干部，而且多数是从内地支边而来的。这些教授们于三尺讲台耕耘一生，虽然离退休了仍然热爱着为之奋斗了一生的教育事业，热爱着朝气蓬勃的青年学子。对教育的不舍不弃、挚爱之心，让他们萌生了一个想法——成立老教授报告团，继续为提高大学生综合素质，特别是在提高大学生的思想品德修养，帮助大学生树立正确的世界观、人生观、价值观方面做些贡献。通过做专题报告等途径与学校思想品德教育的主课堂、主渠道、主阵地做些配合和补充。他们的想法得到自治区关工委、教育厅关工委的支持。报告团成立时，两名做关工委工作的老同志自愿担当秘书长为本报告团做联系邀请报告单位、提供报告场所等服务工作。报告团接受内蒙古自治区和教育厅两级关工委的领导，报告团成立之初就制定了自己的章程，选出了正副团长。报告团的开局就是在全区各个高校为师生宣讲党的十六大报告精神。老教授们深厚的理论功底、丰富的人生阅历、与大学生的沟通互动，使青年学生充分了解党的十六大的主题和意义，增强了努力学习、早日成才，为全面建设小康社会贡献青春的信心。这一次报告可以说在内蒙古高校中一炮走红，内蒙古有这样一个报告团的消息也不胫而走，由此起步，为青少年做报告成为老教授退休后继续发挥余热的一项事业。

经过多年的工作实践，报告团逐渐建立起自己的工作学习运行机制。每年初召开一次全团工作会议，研究确定全年的报告题目，让每个报告团成员控制在5个报告题目之内做好备讲备课工作，接受各个高校和社会各界的邀请，题目报送自治区关工委审核后以自治区关工委正式文件下发。每年召开一次全团学术研讨会，围绕当年的理论前沿、形势政策、大学生关注的社会焦点和热点进行专题研讨。报告团日常主要通过电话、微信对报告团成员进行管理。内部有一个"六要"管理运行机，即学、写、讲、调、研、做。

"学"就是要求报告团成员树立终身学习的理念，学习政治理论前沿，学习自身学科的新的学术成果，学习计算机、网络和新媒体知识，从而具备线上办公、交流互动的能力。

"写"就是撰写讲稿，凡被审核批准的报告题目都要认真备课，写好报告稿，再列出重点提要，最后变成口头语言与听众见面；并将每个题目的报

告稿，精雕细刻变成理论文章，为出版报告文集做准备。

"讲"就是在备好课的基础上，为邀请单位做好报告。报告团的每一位成员都必须遵守"学术无禁区，讲课有纪律"的政治规则，献给听众精彩演讲，达到报告目的。

"调"就是调查研究，重点是调查了解当代大学生的思想状况，了解他们对学习、成才、就业等各个方面的期待，努力增强报告的针对性和吸引力。

"研"就是进行学术研究，老教授们像当年搞科研一样研究理论、研究形势与政策、研究大学生成长成才特点与规律，努力把最新的研究成果融入报告之中。

"做"就是统筹做好对报告团成员的管理工作、关爱工作，团长、常务副团长、秘书长负责协调联系各方，扩展工作领域，拓宽报告渠道，扩大社会效益。

在实践中摸索出的这些行之有效的工作运行机制，保证了报告团工作贴近时代、贴近青年，为青年大学生思想品德教育主渠道提供了重要的补充力量，同时也较好地克服了运行过程中的种种困难，保证了20年来的工作运行，促进了老教授报告团的工作在高校得以持久开展。

自治区老教授报告团在20年时间里持续健康发展、薪火相传，还得益于坚持与时俱进的建团思路。在组织建设上，报告团最初主要由文、史、哲、政、教育、心理等专业有影响力的学术骨干组成。近年来，又把报告团成员扩展到理、工、农、医、经济、管理等专业有学术造诣、有影响力的低龄退休教授。报告团成员在年龄要求上没有设限。20年来，报告团成员有进有出，但始终稳定在20人左右。由于报告团在高校和社会上有一定影响力，对要求加入报告团的离退休教授，还要在自愿报名基础上进行遴选。离团的都是由于高龄年长、身体不适。建团至今，共有17位成员离团。在离团成员中有5位已离世。对因年龄或身体健康因素离团的老教授，以内蒙古关工委名义颁发荣誉证书，肯定和表彰他们为自治区关心下一代事业做出的贡献。至今，该报告团有26位在册成员，由团长、常务副团长、副团长、秘书长组成的领导班子团结和谐、工作协调顺畅，各成员积极担责，为大学生的健康成长，也为传承本报告团的优良作风而努力工作。

二 老教授报告团的主要工作及成果

老教授报告团通过宣讲报告、写文章、开展调查研究、组织开展党课教育等形式，引导青年一代立志听党话、跟党走，并树立终身学习的理念，不断提升自身能力素质。

（一）宣讲报告

20 年来，内蒙古老教授报告团形成的报告题目达几百个，报告 2200 多次，听众 40 多万人次。听众由以大学生为主，扩展到中小学校、党政机关、企事业单位、部队等人员以及工人、农牧民。听众层次相对老教授来讲，都是下一代。从地域讲由首府呼和浩特市扩展到各盟市、旗县，内蒙古 118 万平方公里的土地上，都留下了老教授报告团的足迹。社会上送报告团一句美誉，"活跃在思想政治教育战线的乌兰牧骑"。

这里要强调的是，20 年来，老教授们报告的内容与时俱进、不断更新，涉及许多领域、许多学科，但报告的主线和主旋律始终不变。老教授们始终坚守这样一条主线，即坚持中国共产党的指导思想，引导青年一代立志听党话、跟党走。报告的主旋律就是：以立德树人为根本宗旨，通过不同的课题向青年一代宣讲马克思主义、列宁主义、毛泽东思想，宣讲马克思主义中国化的最新理论成果，宣讲习近平新时代中国特色社会主义思想，宣讲党的路线方针政策；结合青年一代思想实际，对他们进行思想政治教育，包括世界观人生观价值观、爱国主义、民族团结进步、理想信念、道德品质、心理健康、成才创业教育。老教授们虽至花甲、耄耋之年，但依然保持着对党的忠诚，对祖国和青年一代的热爱，这是报告团的灵魂所在，也是报告团持续发展的不竭动力。

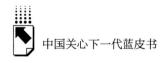

（二）编写宣传材料

20 年来，自治区老教授报告团每隔几年出版一部《晚情育青枝》的理论文集，截至 2019 年共出版 5 部，总字数超过 200 万字。文集大部分精选的是报告团成员做报告的文稿，这些文稿成为全区五老报告团（宣讲团）学习、备课的重要参考资料。此外，报告团还编写了《入学教育老教授文稿选编》《四好小少年》《争当优秀大学生》《学党史　颂党恩　跟党走》以及民族团结教育宣传材料等。为教育部关工委编写了全国大学生主题教育教材，正式出版《光辉的旗帜》（十二讲）读本。为高校和关工委系统思政教育无偿提供学习材料万余册。五部《晚情育青枝》文集已成为内蒙古有关高校图书馆藏书。除集体编辑的书目贡献社会外，多名老教授还撰写出版了个人著作多部，在关工委系统刊物发表文章 100 多篇。

（三）开展调查研究

为使报告更有针对性、实效性，积极开展多项调查研究。如对大学生思政和党建工作的调研、大学心理健康的调研、体育教学与体质的调研、贫困大学生的调研、校内文化活动的调研等。每次调研后都撰写调研报告，在调研基础上为学校有关部门起草了《心理健康实施细则》《发展大学生党员实施细则》。这些文件针对性很强，具有可操作性。针对大学生的思政调研报告，自治区关工委以《参阅件》上报内蒙古自治区党委各常委、各部委办，发到各盟市、旗县和各高等学校关工委，供在思政教育中参考，此件还上报了中国关工委，入选教育部优秀调研报告文集。

（四）参与入学教育和党课教育

高校人才培养有其自身的规律，大学生的成长也有其内在的规律。因此选择适当的时机，针对学生在不同阶段的思想需求开展教育，才能收到事半功倍的效果。多年来，我们把新生入学教育作为做报告不可或缺的时机。入学教育是高校的一项常规性工作，新生入学都要进行军训国防教育，这个时期新同学踏入大学感到新奇，也感到迷茫。报告团抓住这个契机，提前集体备课，选择《大学时代是人生转折的关键时期》《砥砺升华大学生综合素质 共圆伟大中国梦》《大学生的历史使命》《谈谈大学生的自我修养》《谈谈过好大学生活》《读书与成才》等十几个题目为新生做专题报告。这些报告涵盖了大学生如何坚守信仰，如何承担中华民族复兴之梦，怎样提高大学生综合素质，过好大学的政治生活、学习生活等具体问题。老教授们以丰富的人生阅历、坚实的理论功底、通俗的表达，充分展现了他们的为人之德、从业之德、治学之德。每场报告掌声此起彼伏。不少大学生听报告后说："老教授育人的真情实感，与我们进行了心灵的沟通，灵魂的对话。""感谢老师在我无知的时候提点我，在我迷茫的时候指引我。"

除了搞好入学教育之外，老教授报告团还积极配合高校党组织开展党课教育，为学校和二级学院党校上党课，这也成为老教授报告团的日常工作。在高校"青马"工程培训、"关爱明天、普法先行"、"中华魂"读书活动、"我的中国梦"主题教育、"党史国史教育"以及"弘扬好家教好家风"等主题活动中，也都有老教授报告团的报告穿插其中，都能看到老教授们活跃的身影。老教授报告团的积极参与，调动了青年学生参加活动的积极性，提升了活动的效果。

（五）提升自身能力素质

当今世界已进入信息时代，知识日新月异，终身学习成为世界教育发展的潮流。因此，加强学习、更新知识是时代对五老提出的新要求。内蒙古老教授报告团着力建设"学习型报告团"，建立了学习制度，定期组织报告团成员学习时事政治，学习研讨党的十六大、十七大、十八大、十九大重要文献，学习习近平新时代中国特色社会主义思想。不断用马克思主义中国化最新理论成果武装头脑，提高自身素质。自治区关工委为每位报告团成员订阅了中国关工委主办的刊物《中国火炬》和中宣部主管的《学习》活页文选。老教授们是真正意义上的终身学习者，他们活到老、学到老。在学习研究的基础上，完成了《用文化自觉和自信丰富校园文化的研究》《学习学实践与

研究》《构建关工委、报告团、老教协三结合机制，拓宽关心下一代工作路径》等一系列研究成果。

老教授们除了学习理论、研究学术，还用同样的热情，学习网络与新媒体知识以及相关的实操方法。内蒙古老教授报告团本着导向正确、内容充实、更新及时、版面美观、受众喜欢的建设原则，开通了"内蒙古老教授报告团团友"微信群，还将报告团成员的报告文稿和研究成果在网上发布交流。这些报告文稿点击量有几百次、几千次，甚至上万次。利用现代网络技术平台服务青少年，成为老教授报告团的一个工作亮点。

（六）典型事迹

内蒙古老教授报告团是一个团结、和谐、奋进的集体，一个"招之即来，来之能战"的高素质集体，一个洋溢友谊、共勉晚情的集体。大家不为名利，志愿奉献余热，欢度着充满社会价值和意义的晚年。内蒙古老教授团坚守育人阵地、矢志铸魂育人 20 年，成果丰硕，社会认可，老教授们成为青年大学生的良师益友，也留下了许多感人的故事。

周呈芳教授是内蒙古自治区著名的党史学者，也是马列原著研究的资深专家。20 世纪 50 年代从北京支边来到内蒙古大学，退休后加入老教授报告团。他已经 80 多岁，始终对党、对共产主义的信仰坚定不移。他曾多次说："我要把我们坚信的共产主义理想信念很好地传递给青年学生。"

王浩夫教授做了换股骨头坏死手术，身体刚好一些就拄着拐杖登上讲台为大学生做报告。离休干部、战斗英雄图门昌将军离休后加入了老教授报告团。他患胃癌做了大手术，术后恢复一段时间就登上报告的讲台，从没向邀请单位提起自己做过手术的事。

报告团第一任团长吕安全教授曾担任内蒙古大学党委书记。退休后老伴儿多种慢性病缠身，衣食起居不能自理，全靠吕安全教授照料。吕教授受邀到外地做报告，就同时为老伴儿买上车票、机票，同往目的地后，先将老伴儿安排在旅店，再完成做报告任务。在本地呼和浩特开会或做报告，吕教授更是无一次缺席。从在本市做报告到出差外地，人们经常被一位白发老头推着一位白发老太太的场景所感动。

自治区关工委常务副主任王维山同志在为老教授报告团《晚情育青枝》第五集所作的序言中深情地写道:"在和老教授的接触与交往中,我感悟到了人民教师淡泊名利、无私奉献的情怀,忠诚党的教育事业的职业操守。这种坚定的共产主义信念,终生教书育人的初心和使命正是推动他们在退休后仍全身心地投入关心培养下一代事业的原动力。"

三 老教授报告团建设面临的挑战及对策建议

内蒙古老教授报告团经过 20 年的建设发展,已经成为自治区高校思想政治教育中不可或缺的一支重要力量,成为名副其实的自治区关心下一代工作的特色品牌。与此同时,也必须看到包括五老报告团(宣讲团)在内的五老队伍建设也面临着挑战和亟待解决的问题。

第一,队伍建设后继乏人。报告团老龄化严重,年逾八旬的教授还在讲台上,虽精神可嘉,但过量的脑力体力支出使他们难以胜任,如何实现新老更替,吸收刚刚从工作岗位退下来且符合条件的同志参与关心下一代工作,成为摆在报告团成员特别是各级关工委和五老报告团(宣讲团)面前的挑战。

第二,进入新时代,党委政府更加重视青年一代的思想道德教育,高校学生思想政治工作也得到进一步加强,学校思政教育主渠道、主阵地建设日益完善,各级领导干部深入学校做专题报告次数增加、内容更加丰富,如何做好新形势下对主渠道、主阵地的配合补充工作,发挥五老不可替代的优势是所有五老报告团(宣讲团)面临的共同问题。

第三,五老报告团(宣讲团)成员知识能力亟待提升。报告团(宣讲团)成员退休前都是教学工作、思政战线的骨干,许多人还是本学科领域的领军人物,但是由于年龄因素,他们知识更新的速度慢,不能满足当代大学生的需要。一些老同志在使用网络新媒体方面没有明显优势,网站有了,但信息很少、更新较慢,微信、QQ 不会用的现象较为普遍。

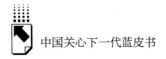

第四，各级关工委对五老报告团（宣讲团）的领导、指导需要进一步加强，为五老报告团提供的经费和工作条件尚有提升空间，培训力度不够。

针对老教授报告团面临的挑战和问题，本报告特提出以下对策建议。

第一，牢固树立五老是关工委工作的主要依靠力量的观念。认真学习近平新时代中国特色社会主义思想和十九届二中、三中、四中全会精神，学习贯彻总书记对关心下一代工作的重要论述、重要指示以及关于发挥五老作用、弘扬五老精神的重要指示精神，充分认识新时代关心下一代工作和五老队伍建设的重要意义，牢固树立五老是关工委工作的主要依靠力量，具有不可替代的重要作用，只有充分发挥五老作用才能有效推进关心下一代事业持续发展的观念。

第二，不断充实壮大五老队伍。认真落实中国关工委等八部门印发的《关于进一步发挥五老队伍在加强青少年思想道德建设中的作用的意见》，加强对发挥五老队伍作用工作的领导。坚持把帮助青少年立德树人作为五老的根本任务。各级关工委组织要认真抓好"党建带关建"的落实工作。通过宣传和走访等方式，动员刚从工作岗位上退下来的相对年轻的老同志加入关心下一代的五老队伍中来，使五老队伍在动态中不断充实壮大，确保五老报告团（宣讲团）薪火相传、后继有人，从而推动关心下一代事业永续发展。

第三，努力为五老报告团创造良好的工作条件。各级关工委应采取切实有效的措施，不断完善工作保障机制，帮助五老报告团（宣讲团）解决工作中遇到的实际困难，引导好、发挥好、保护好他们的工作热情。在经费和办公、活动场地方面提供保障，努力为他们创造良好的工作条件。加大对五老报告团（宣讲团）的宣传、表彰力度，增强他们的荣誉感、归属感、获得感。

第四，切实加大对五老报告团（宣讲团）成员的学习培训力度。通过办培训班、研讨班和组织参观等多种形式为五老"充电"，为老同志创造必要的学习条件、学习氛围，帮助老同志做到视野开阔而不封闭，思想活跃而不守旧，尊重经验又努力创新。要加强网络和新媒体知识技能的培训，使他们成为信息时代、网络时代的新人。从而在报告的方式方法上，既保持着娓娓道来、循循善诱的教授风格，又能够娴熟地运用媒体软件、网络平台这些现代化的教学手段。

参考文献

习近平：《决胜全面建成小康社会　夺取新时代中国特色社会主义伟大胜利》（中国共产党第十九次全国代表大会报告），2017 年 10 月 27 日。

《习近平就做好关心下一代工作作出重要指示强调：坚持服务青少年的正确方向推动关心下一代事业更好发展》，新华社，2015 年 8 月 25 日。

《习近平会见全国离退休干部先进集体和先进个人代表》，新华社，2019 年 12 月 16 日。

《中共中央关于加强和改进党的群团工作的意见》，新华社，2015 年 7 月 9 日。

顾秀莲：《深入学习贯彻党的十九届四中全会精神　进一步推进关心下一代工作科学发展》，在全国关工委工作会议上的报告，2020 年 1 月 7 日。

中国关心下一代工作委员会、中共中央组织部、教育部、民政部、全国总工会、中国科学技术协会、国务院妇女儿童工作委员会办公室、中央军委政治工作部：《关于进一步发挥五老队伍在加强青少年思想道德建设中的作用的意见》，中国关工委办公室网站，2019 年 12 月 6 日。

B.14
四川省关工委开展青少年
夏令营的实践及思考

杜 江 唐朝纪 王文军 王 超*

摘 要： 四川省关工委连续9年开展青少年夏令营活动，18万余名青少年免费参加，探索了青少年思想道德教育的新路径。本文结合四川省关工委青少年夏令营实践，回顾其工作背景、主要做法及成效，探讨其官方性、公益性、长效性等优势，针对其在体制机制建设、经费保障、责任风险等方面存在的问题，提出相关建议。

关键词： 四川省 关工委 青少年夏令营

　　立德树人，加强青少年思想道德教育，是关心下一代工作的永恒主题。举办夏令营是开展青少年思想道德教育的重要途径之一。针对青少年社会教育比较薄弱、公益夏令营缺乏的状况，四川省关工委"急党政所急，想青少年所需，尽关工委所能"，坚持服务青少年的正确方向，连续9年开展全省万名青少年主题夏令营活动，18万余名青少年免费参加，取得了明显成效，探索了青少年思想道德教育的新路径。本文将回顾四川省关工委青少年夏令营的工作背景、主要做法及成效，分析其优势、存在的问题、面临的挑战，并提出相关建议，以期进一步提高四川省关工委夏令营工作水平，为推动公益夏令营事业健康发展提供参考。

---

* 杜江，四川省关工委副主任、秘书长；唐朝纪，四川省关工委副主任、宣讲团团长；王文军，四川省关工委办公室副主任；王超，四川省关工委办公室干部。

一 四川省关工委青少年夏令营的工作背景

（一）青少年社会教育比较薄弱

在青少年成长过程中，教育至关重要。学校教育、家庭教育和社会教育是一个有机统一整体，三者各司其职、协作配合、缺一不可。长期以来，在三者中社会教育比较薄弱。2013 年四川省精神文明办委托省社情民意调查中心开展的首次全省未成年人思想道德建设测评结果显示，社区教育（后调整为社会教育）在 7 项一级指标中得分为最低，分别为城镇 25.58 分、农村 19.35 分，远低于学校教育（城镇 70.13 分、农村 66.72 分）、家庭教育（城镇 57.63 分、农村 50.40 分）。主题教育、社会教育是未成年人思想道德建设工作中的薄弱环节，城乡之间存在一定差距。广大青少年，特别是贫困家庭青少年、农村留守儿童、困境儿童，要在暑假期间参加有益的社会实践活动、接受丰富多彩的社会教育，还面临着不少的困难。

（二）夏令营活动发展迅速、参差不齐

夏令营是一种组织青少年儿童参与学习实践，促进其身心健康、综合素质全面发展的集体户外教育活动，是社会教育的一种重要形式。夏令营最初发源于 19 世纪的美国，经过 150 多年的发展，呈现品种细分化、管理标准化、服务专业化、经营产业化等特点，并专门成立美国夏令营协会。夏令营已经成为一个成熟的产业。苏联政府每年都会拨款支持夏令营营地建设和运营。目前俄罗斯拥有专设营地 5.5 万个，规模居世界之首。2008 年，100 多名四川汶川地震灾区儿童应邀前往俄罗斯，在黑海之滨的小鹰营地参加夏令营和疗养活动。在日本，具有游学夏令营性质的修学旅行被纳入国家教育制度体系，由政府提供经费保障。德国、英国等欧洲国家也有很多经政府严格把关、方便青少年选择的夏令营活动。

我国夏令营发展主要经历了精英型、大众型、专业型三个阶段。新中国成立初期，国家出于外交需要，选拔少数优秀学生免费到苏联参加夏令营，这类属于精英型夏令营。1992年在内蒙古举办的中日草原探险夏令营，暴露出中国青少年在适应能力方面的差距，经《夏令营中的较量》一文，引起了一场全国性的对青少年素质教育的大讨论。随后，以旅游为主的大众型夏令营快速发展。近年来，一些专业型的拓展夏令营（如军事夏令营）、学习夏令营（如英语夏令营）、游学夏令营（如国内外名校游学夏令营）呈现火热的发展趋势。总的来看，市场上商业性夏令营纷繁复杂，经营主体混乱、收费标准较高、质量参差不齐等问题比较明显。公益性夏令营比较缺乏，家长和学生难以选择。

（三）四川省关工委探索开展青少年夏令营

在2011年以前，四川省关工委承办并开展了一些规模较小的夏令营活动。2004～2006年，组织数名艾滋孤儿参加由中国关工委举办的"阳光下我们一起成长"关怀艾滋孤儿夏令营。2005年，开展了"五老牵手青少年"革命传统教育红色体验夏令营，组织100名学生到成都、雅安、泸定参加活动。2008年，举办了平武赴河北、汶川赴广东、崇州赴泸州、成都赴北京和河北4个汶川地震灾区儿童夏令营。2010年，承办中华大家园夏令营四川雅安分营，同时，组织10余名营员赴北京参加中华大家园全国各族少年儿童关爱夏令营主营活动。这些夏令营活动取得了很好的效果，积累了宝贵经验。我们充分认识到，开展夏令营活动是关工委开展关心下一代工作、积极参与青少年思想道德教育和爱国主义教育一个可行的思路和重要的选项。

立足当时市场上各种青少年夏令营活动名目繁多、收费昂贵，以及长期以来青少年的社会教育相对薄弱的工作实际，在中国关工委的指导和省级有关部门的支持下，2011年，四川省关工委以庆祝中国共产党成立90周年为契机，下定决心探索开展大范围、大规模、长期性、全免费的"万名青少年主题夏令营活动"。9年来，开拓进取，探索创新，四川省关工委夏令营得到各级党政重视，活动形式不断丰富，活动效果逐年提升，获得了广大青少年和家长的称赞和肯定。

二 四川省关工委青少年夏令营的主要做法

（一）每年明确一个主题

每年，省关工委等主办单位围绕贯彻落实中央和省委、中国关工委重大决策部署、重要会议精神，结合纪念建国、建党等重要时间节点，根据青少年思想道德教育的重点工作安排，研究议定当年青少年夏令营的活动主题，形成了"连年成届次，每年一主题"的长效机制。自2011年以来，以"学党史·颂党恩·跟党走""爱我中华，建设美好四川""实现伟大中国梦、建设美丽繁荣和谐四川""快乐成长、放飞梦想""爱我中华，建设美好四川——快乐成长、放飞梦想""铭记两史，践行三爱""绿色发展，健康成长""筑梦新时代，争做好少年""礼赞新中国，奋进新时代"为主题，主营先后在眉山、乐山、攀枝花、绵阳、宜宾、雅安、遂宁、广安、南充举行，连续9年开展了9届青少年主题夏令营活动（见表1）。

表1　四川省关工委青少年夏令营主题

年份	夏令营主题	意义
2011	"学党史·颂党恩·跟党走"	纪念中国共产党成立90周年
2012	"爱我中华，建设美好四川"	贯彻落实省委"两化"互动战略（新型工业化城镇化）
2013	"实现伟大中国梦、建设美丽繁荣和谐四川"	贯彻落实省委开展"实现伟大中国梦、建设美丽繁荣和谐四川"主题教育活动的决定
2014	"快乐成长、放飞梦想"	深入贯彻省委"实现伟大中国梦、建设美丽繁荣和谐四川"部署
2015	"爱我中华，建设美好四川——快乐成长、放飞梦想"	深入贯彻习近平总书记"在青少年中开展爱学习、爱劳动、爱祖国教育"的指示
2016	"铭记两史，践行三爱"	深入贯彻习近平总书记"学习党史国史，是坚持和发展中国特色社会主义、把党和国家各项事业继续推向前进的必修课"的重要指示，深化"爱学习、爱劳动、爱祖国"教育活动，纪念中国共产党成立95周年、红军长征胜利80周年

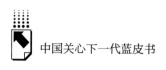

续表

年份	夏令营主题	意义
2017	"绿色发展,健康成长"	深入贯彻党的十八大以来中央关于绿色发展的新理念新战略新部署和省委关于推进绿色发展建设美丽四川的决定
2018	"筑梦新时代,争做好少年"	深入贯彻落实党的十九大提出的培养担当民族复兴大任的时代新人的新任务,落实中国关工委开展"传承红色基因,争做时代新人"主题教育活动的部署
2019	"礼赞新中国,奋进新时代"	深入贯彻党的十九大精神,庆祝新中国成立70周年

(二)营员选择标准

基于夏令营活动的教育性、实践性、集体性,主办单位对夏令营营员的选择条件和标准作了明确要求。

在年龄方面,基本要求为9～16岁的在校学生,即小学三年级至高中一年级学生;在健康方面,要求身体健康、有自理能力、可正常参加日常训练、无传染疾病等;在择优方面,自2014年起,提出"四川省美德少年"以及各地评选的各级各类"美德少年"优先参加;在助困方面,自2016年起,提出夏令营营员中应有一定数量的农村留守儿童、城市流动儿童、特困家庭青少年、"五失"青少年等困境青少年,2018年、2019年明确要求这些青少年的数量不低于营员总人数的50%(见表2)。

表2 四川省关工委青少年夏令营营员选择标准

年份	营员选择标准
2011	全省年龄在9～16岁的身体健康、有自理能力、可正常参加日常训练、无传染疾病的青少年
2012	全省年龄在9～16岁的身体健康、有自理能力、可正常参加日常训练、无传染疾病的青少年
2013	全省年龄在12～16岁的身体健康、有自理能力、可正常参加日常训练、无传染疾病的青少年

年份	营员选择标准
2014	参加对象为全省年龄在12~16岁的身体健康、有自理能力、可正常参加日常训练、无传染疾病的在校青少年;四川省十佳美德少年、四川省美德少年以及各地评选推出的各级各类美德少年
2015	全省年龄在12~16岁的身体健康、有自理能力、可正常参加日常训练、无传染疾病的青少年。各地评选的"美德少年"优先参加
2016	参加夏令营活动的营员为10~16岁身体健康、有自理能力、可正常参加日常训练、无传染疾病的青少年。应有一定数量的农村留守儿童、流动儿童、特困家庭青少年。各地评选的"美德少年"优先参加
2017	参加夏令营活动的营员为10~16岁身体健康、有自理能力、可正常参加日常学习活动和基础训练、无传染疾病的青少年。各地在组织营员时,应有一定数量的农村留守儿童、城市流动儿童和"五失"青少年等困境儿童。各地评选的"美德少年"优先参加
2018	参加夏令营活动的营员为10~16岁身体健康、有自理能力、可正常参加日常学习活动和基础训练、无传染性疾病的青少年。各地在组织营员时,农村留守儿童、城市流动儿童和"五失"青少年等困境儿童的占比不低于50%。各地评选的"新时代好少年""美德少年"优先参加
2019	参加夏令营活动的营员为10~16岁身体健康、有自理能力、可正常参加日常学习活动和基础训练、无传染性疾病的青少年。各地在组织营员时,农村留守儿童、城市流动儿童和"五失"青少年等困境儿童的占比不低于50%。各地评选的"新时代好少年""美德少年"优先参加

(三)活动主要流程

从省关工委等主办单位发出举办夏令营的通知(5月下旬至6月上旬),到全省各地分营结束(7月中下旬),一般历时2个月左右,大致分为组织发动、申报组团、现场准备、活动实施、总结收尾五个阶段。

1. 组织发动阶段(5月下旬至6月上旬)

省级主办单位共同研究,省、市(州)关工委联合相关主办单位先后发出开展夏令营活动的通知,各地教育部门、学校向学生和家长宣传夏令营活动内容,动员中小学生积极参加。

2. 申报组团阶段(6月中下旬)

学生自愿报名,学校筛选上报,县级相关部门审核,确定夏令营人员名

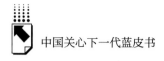

单（包括营员、辅导员、领队等）。发放《家长须知》《营员须知》，签定《安全责任书》，购买保险。

3. 准备阶段（6月中旬至7月上旬）

策划日程安排、活动环节，准备营员服装、住宿、用餐条件，制作展板、印制资料、布置现场等。

4. 活动实施阶段（7月上中旬）

具体时间根据暑假安排确定，一般在刚放暑假后，大多数营期长 3 ~ 5天，个别营期 10 ~ 20 天，主要内容包括：迎接营员报到、举行开营仪式、实施活动方案、举行闭营仪式、欢送营员回家等。

5. 总结收尾阶段（7月下旬）

各地总结上报夏令营活动情况，省关工委汇总形成总结报告。完善相关票据手续，报销经费、补贴等。

（四）实施主体及职责分工

组织开展夏令营活动是一项复杂而严密的工作，需要有关单位相互协调、相互配合才能顺利实施。实施主体主要包括党政机构、学校、社会组织、志愿者等四个方面。

1. 党政机构

四川省关工委、省精神文明办、省教育厅、团省委、四川省关心下一代基金会为活动主办单位，主要职责是制定全省夏令营活动的总体方案，收集、审核、批准各地上报的夏令营分营活动方案，筹措活动经费，负责主营启动仪式等；各市（州）关工委、文明办、教育局、共青团、关心下一代基金会为承办单位，主要职责是具体承办当地的夏令营分营，制定、上报并在获得批准后实施夏令营活动的具体方案，做好与其他相关单位的沟通协调；各地党政两办、宣传、财政、卫生健康、疾控、市场监管、公安、应急管理、交通运输、消防、电力、自来水、媒体等单位以及有关乡镇（街道）、少年宫、青少年社会实践教育基地等为协办单位，主要职责是按照分工负责夏令营活动开展过程中的监督、管理、保障、服务工作。

2. 学校

一般包括提供营员的学校和提供食宿的学校，或者两者兼具。提供营员的学校的主要职责是，配合教育部门做好与家长、学生的沟通协调，选择营员和带队老师，接送营员到夏令营活动地点；提供食宿的学校的主要职责是，为夏令营提供安全舒适的住宿就餐条件、一定的室内室外活动场地等。

3. 社会组织

不少热心青少年夏令营工作、在民政部门注册的公益社会组织也积极参与。社会组织的主要职责是，参与夏令营活动中部分教育、游戏环节的设计和实施，提供专业指导意见和帮助。

4. 志愿者

志愿者主要包括五老志愿者、青年志愿者、社会工作者、大学生志愿者等，许多地方还邀请了大学老师、教育专家参与教学。志愿者的主要职责是，发挥各自专业优势，参与夏令营活动中的思想教育、沟通交流、实践训练、管理指导、后勤保障等志愿服务。

表3　四川省关工委青少年夏令营实施主体及职责分工
（以2019年凉山州分营为例，在越西县举办）

序号	实施主体	职责分工
1	凉山州关工委	对夏令营活动总指导
2	越西县关工委	对夏令营活动负总责，全面负责夏令营的创意设计、活动安排、文稿处理、组织协调等工作，同时做好演出节目的筹备工作
3	县委办、县政府办	协助领导小组组长、副组长工作，指导、协调、督促各成员单位相关工作的正常运行。县委办主要负责通知参加开幕式的县级领导
4	县人武部	负责每天的早操及第1天下午的军训（包括内容设计和组织实施）
5	县委宣传部、县融媒体中心	负责宣传报道
6	县总工会、县妇联、团县委	负责文艺晚会桌椅布置，组织志愿者队伍，与县教科局共同负责演讲比赛、文艺演出、优秀营员评比表彰

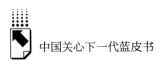

续表

序号	实施主体	职责分工
7	县检察院	负责越西县禁毒防艾教育基地的参观筹备工作,并确定解说人员
8	县机关事务管理局	负责省州领导报到、食宿安排以及开营仪式引领领导及嘉宾入座,并制作服务指南
9	县教育体育和科学技术局	负责夏令营期间师生的组织、管理工作;负责讲故事比赛、文艺演出的筹备工作及优秀营员的评比表彰;负责本系统演出节目的筹备工作
10	县公安局	负责安全保卫(派一男一女两名民警随队入住县二中)及营员在城区活动的交通安全(确保夏令营期间交通畅通,特别是对县二中门口路段在开营仪式期间实行交通管制)
11	县文化广播电视和旅游局	负责安排播放爱国主义教育影片;协助教科局工作,负责文艺晚会、开闭营仪式等活动的舞台搭建、音响设备调试及确定主持人员
12	县卫生健康局	负责夏令营期间应急救护工作,安排一辆救护车随时待命,派1名医生1名护士随队入住县二中,并配备相关急救药品,对发生的意外伤病情实施现场紧急救护
13	县应急管理局	负责对农村道路交通及各参观点设施安全进行监管
14	县市场监督管理局	负责全体人员的餐饮安全(派2名食品监管人员对食堂、餐具、食品等进行全面卫生质量检查)
15	县消防大队	负责营区内消防安全工作
16	国网四川越西供电公司、县自来水公司	负责活动期间正常供电供水
17	县二中	组织教师负责营员的食宿和管理;负责制作展板;负责团队协作拓展训练;负责专题讲座、讲故事比赛、绘画比赛、文艺演出、开闭营仪式等活动场地的安排
18	越城镇	负责参观滨河公园的组织联系,并确定讲解人员
19	南箐镇	负责参观红军洞的组织联系,并确定讲解人员
20	中所镇	负责参观水观音的组织联系,并确定讲解人员

(五)活动形式及内容

四川省关工委夏令营活动采取统一部署、分级组织的模式。省关工委每年确定一个市(州)作为主营举办地,各市(州)举办分营。夏令营的活动形式、具体方案、项目内容，由各地关工委根据当地经济社会发展条件、历史自然教育资源、青少年发展状况等实际情况自主设计制定，报省关工委审批后实施。总体来看，夏令营活动始终围绕每年确定的活动主题，坚持以爱国主义教育为主线来开展，活动内容丰富，包括红色基因、传统文化、生态环保、动手实践、意志磨炼等。活动形式多样，大致包含参观教学、综合实践、拓展训练等类别。

1. 参观教学

四川是改革开放总设计师邓小平、开国元勋朱德元帅的家乡，诞生了陈毅、罗瑞卿、张爱萍、张澜等老一辈无产阶级革命家，孕育了赵一曼、江竹筠、黄继光、张思德等众多英雄儿女。四川也是红军长征三大主力经过的地域最广、行程最远、时间最久的省份，写下了巧渡金沙江、强渡大渡河、飞夺泸定桥、翻越夹金山、穿越大草地等艰苦卓绝的壮丽篇章。各地充分运用丰富的红色文化教育资源，组织青少年参观革命遗址、纪念馆、陈列馆、革命先辈故居、科技馆、博物馆，学习历史，缅怀先烈，重走长征路，奋进新时代，认清自己的"根"和"魂"，传承红色基因，争做时代新人。

2. 综合实践

自 2016 年以来，省关工委命名了三批"四川省青少年社会实践教育基地"94 个，联合省林业厅命名了"四川省青少年森林自然教育实践示范基地"32 个，各地关工委也联合有关单位命名了青少年社会实践教育基地。通过组织夏令营营员到社会实践教育基地、非遗文化产业园、自然生态保护区、污水处理厂、高新企业等地，开展观察研学、社会调查、劳动体验、生态环保、体育训练等丰富多彩的实践活动，培养营员的学习能力和综合素质。眉山市 6 区（县）都建立了青少年社会实践基地，具备完善的实践训练、食宿条件，配备了专兼职教师和管理干部，为夏令营活动提供了稳定高效的实践平台，基地课程已被纳入中小学生实践课程体系。到 2019 年底，全市基地共开班 1700 余期，培训中小学生25.6 万人次。

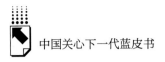

3. 拓展训练

聘请专业教官为营员进行军事训练，开展军事动作、内务整理、行为习惯、野外拉练等项目，加强国防教育，磨炼意志品质。聘请专业户外拓展机构对营员进行素质拓展训练，挖掘潜能，培养团队精神。绵阳市关工委连续多年开展少年军校夏令营，进行军事科目训练，举办国防知识竞赛，创新开展争夺雏鹰奖章、争做优秀营员"双争活动"，将国防教育与少先队雏鹰争章相结合，让孩子在快乐中感悟"坚强勇敢、爱国信念、自强自立、团结合作"的少年军校精神。广汉市关工委开办"我是小小特种兵"军事夏令营，体验军营生活和团队协作。

从夏令营活动范围远近看，以在本市（州）辖区开展为主，一些地方组织了规模较大、就地就近的乡村夏令营，跨市域、跨省域的夏令营有逐渐增加的趋势。省关工委还单独开展一些特色夏令营。

1. 乡村夏令营

乡村夏令营由乡镇（街道）、村（社区）两级关工委牵头组织，将重心下沉、关爱下移，让更多的乡村孩子体验和参与夏令营活动。德阳市自2016年起已连续4年开展乡村夏令营，活动场次、覆盖人数、质量水平逐年提升，受到基层群众热烈欢迎。据统计，2019年全德阳市有83个乡镇（街道）、425个村（社区）、79所基层学校组织开展了各类夏令营活动619场次，覆盖农村青少年2.9万余名，涉及五老志愿者、大学生志愿者4500余人次。旌阳、罗江、广汉、什邡、绵竹、经开区的乡镇（街道）100%开展，绵竹203个村（社区）100%开展。

2. 跨地域夏令营

跨地域夏令营主要指由当地关工委组织的到外市（州）或者外省开展活动的夏令营，还有一些地方联合外地关工委共同举办夏令营。2018年，成都、西安两地关工委举办了"传承红色基因，争做时代新人"成都西安青少年手拉手夏令营，成都200名青少年赴陕西，参观革命圣地延安，走进梁家河，接受红色教育。2019年，成都、西安、武汉三地关工委共同组织三地120名青少年在成都参加为期6天的夏令营活动，探古蜀文明三星堆，访国之瑰宝大熊猫，晓天府三国文化，听成飞歼20故事。近年，宜宾市关工委组织青少年前往成都，参观都江堰水利工程、大熊猫繁育研究基地等，并乘坐高铁返回宜宾，让营员真切感受现代速度，增强自信心自豪感。攀枝花、乐山、南充等地关工委组织1000多名青少年到北京、上海、浙江、云南等地参观体验，让营员开阔眼界、增长见识。

3. 特色营

省关工委根据工作实际，还配合中国关工委单独开展一些特色夏令营。除前文中提到的早期小规模特色夏令营以外，2012年，省关工委组织30名优秀中小学生赴香港开展"关爱明天川港青少年文化交流夏令营"。2013年，组织雅安五县两区的200名青少年参加"感恩奋进、放飞梦想""4·20"芦山地震灾区青少年夏令营，组织7名青少年赴日本参加中日韩儿童童话交流活动夏令营。自2016年以来，省关工委创新开展"汉藏学生手拉手""汉彝学生手拉手""航天科技体育助成长"特色营，组织了阿坝、甘孜、凉山等民族地区和广元、达州、雅安等革命老区、边远山区的2720名优秀学生、困境青少年分别到北京、成都、西昌参加夏令营活动。

（六）活动经费管理

省关工委、省文明办、省关心下一代基金会为夏令营活动提供经费支持。为主营和特色营安排专项经费，一般主营30万元左右、特色营70万元左右。按照分配名额，向各分营参加活动的青少年每人补助100元生活费。不足部分由各市（州）关工委、市（州）关心下一代基金会及相关部门安排专项经费支持。确保不向参加夏令营的学生收取任何费用。

（七）活动质量评价

为不断提升夏令营活动的质量水平，我们重视对夏令营活动的质量评价，主要包括对各分营举办质量的评价、对各营员现实表现的评价。省关工委要求各市（州）关工委在夏令营分营活动结束后，系统总结活动情况，形成总结报告并上报，省关工委进行汇总分析，形成全省夏令营活动情况总结，并以工作简报形式印发全省，推广经验，查找不足，改进提升。此外，各地在举办夏令营过程中，注重加强对营员的学习进步、综合表现情况进行评价，通过评选优秀等方式予以激励。德阳市关工委评选出"德阳市优秀乡村夏令营"，由市关心下一代基金会给予经费补助；评选出表现突出的优秀志愿者和优秀夏令营营员，颁发《夏令营纪念证书》。资阳市关工委将营员名额分为 10 个夏令营工作包，由各乡镇、街道办、社区、学校关工委拿出方案提出申请，经市关工委比选，安排工作包的实施，提前保证了活动的质量。

三 四川省关工委青少年夏令营取得的成效

　　四川省关工委夏令营主题突出，特色鲜明，规模宏大，完全公益，取得了显著的工作成效。广大青少年通过参与内容丰富、形式多样、生动活泼的夏令营，进行一系列学习、实践、体验活动，接受了深刻的红色教育、传统教育、爱党爱国爱家乡教育，进一步强化理想信念、弘扬时代新风，思想觉悟、道德水准、文化素养不断提升，暑期生活得到充实，成长经历更加丰富，对他们的一生都具有重要意义、深远影响。巴中市的小邵同学在参加 2019 年"航天科技体育助成长"特色夏令营后深有体会地说道："安稳温馨的日子里总有人负重前行。我们无法亲身体会'特别能吃苦，特别能战斗，特别能攻关，特别能奉献'的航天人的辛苦，但我相信，我们能有航天人一样的精神，去实现伟大的中国梦！"广大家长一致反映夏令营活动提高了学生的身体素质、独立意识、团队精神、科技意识、安全意识，以及自信、自立、自强能力。一位家长激动地说道："孩子参加夏令营活动后懂事多了，自己的衣裤会洗了，洗了衣服的水会装起来再利用了，没事在家画画练书法，不只顾着看手机了。感谢关工委给孩子成长进步的机会！"

据统计，9 年来，四川省关工委夏令营累计投入资金 2500 余万元，参与青少年达 18 万余人（见表 4），其中留守儿童、困境儿童、"五失"青少年比例逐年上升，2018 年、2019 年都达到 50%以上。中国关工委顾秀莲主任对此给予充分肯定："四川省关工委青少年夏令营活动，办得很好、很有特色。规模之大、营员之多是全国之首。注重整合资源、调动各方积极性，注重主题设计、创新各种形式和办法，注重严密组织、建立制度和规范。已经取得很好成绩，积累许多可行经验，值得点赞。"

表 4　四川省关工委青少年夏令营参营人数

单位：人

年份	计划营员数量	实际参营人数
2011	9450	9450
2012	10000	10000
2013	10600	10600
2014	11600	11600
2015	10200	19669
2016	11500	16692
2017	12210	24720
2018	12440	32600
2019	12880	48497
合计	100880	183828

四　四川省关工委青少年夏令营的优势和意义

（一）四川省关工委青少年夏令营的优势

1. 主体优势——官方性

夏令营的主办单位、承办单位为关工委、文明办、教育、共青团、关心下一代基金会等党政机关、群团部门、公益组织。具体实施过程中，得到各级文明办、教育、共青团、公安、卫生健康、市场监管、交通运输、消防、

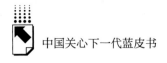

电力、学校等部门单位的大力支持和配合。由众多官方机构举办，全过程组织实施，全方位服务保障，让夏令营的正规性、可靠性得到全面认可，具有很强的权威性和公信力。

2. 价格优势——公益性

四川省关工委夏令营活动经费由各主办单位、当地财政及相关部门、社会组织、爱心企业和爱心个人支持，不收取营员任何费用，是完全公益、完全免费的。这样为广大家长、学生，尤其是留守儿童、困境青少年家庭减轻了不少的教育负担。

3. 品牌优势——长效性

四川省关工委青少年夏令营活动方式新、持续时间长、教育效果好。通过9年连续坚持举办，探索建立了培养、教育、关爱青少年的长效机制，参加夏令营的青少年人数不断增加，质量水平逐年提升，影响范围持续扩大，形成良好的社会效应。夏令营已成为关工委开展青少年思想道德教育的一个长效工作品牌。

（二）四川省关工委青少年夏令营的意义

1. 探索了党委政府教育青少年的重要方式

省委、省政府高度重视，省财政每年为省关工委预算夏令营专项工作经费。省精神文明办从第一届夏令营活动开始就作为主办单位之一，每年给予专项经费支持，将夏令营活动纳入未成年人思想道德建设工作总体规划。各地党委政府大力支持，党政领导亲自出席活动动员宣传，相关部门精心组织并提供经费保障。夏令营这种教育青少年的方式得到各级党政的认可和支持。

2. 开创了促进青少年全面发展的有效途径

丰富的夏令营活动，在帮助青少年树立远大志向、坚定理想信念，培养团队协作、互帮互助意识，提升独立自主、动手动脑能力，矫正不良习惯，保持心理健康，增强体质、磨炼意志、陶冶情操、建立友谊等方面起到显著的效果，有效促进青少年德智体美劳全面发展。

3. 提供了推动教育公平减小城乡差距的有益补充

四川既有可同东部地区相比肩的成都平原地区，又有发展相对滞后的盆周贫困山区和川西高原少数民族聚居区。四川还是全国留守儿童数量最多的省份。完全公益的夏令营，让更多的民族地区、贫困山区、革命老区的青少年受益，有了走出高原、大山、乡村的机会，助力健康成长，促进教育公平。

4. 搭建了老少互动教学相长的良好平台

老同志是新中国成立、建设和发展的参与者、亲历者、见证者，具有独特的政治优势、经验优势、威望优势。夏令营的中小学生营员，以及参与服务的大学生志愿者、青年社会工作者，虚心好学，朝气蓬勃。夏令营已经成为老同志、中小学生以及青年志愿者之间充分交流、分享喜悦、相互影响、共同成长的快乐家园。

五　四川省关工委青少年夏令营面临的主要困难和挑战

（一）四川省关工委青少年夏令营的主要困难

1. 体制机制支撑不足

关工委作为党委领导下的群众性工作组织，开展青少年思想道德教育工作是应有的责任。四川省关工委已连续9年坚持开展夏令营活动。部分地方共青团、少工委、少年宫等单位也组织开展了一些公益夏令营活动。即便如此，公益夏令营这项工作仍然处在这些部门探索创新、主动作为的范畴，没有来自更高层面的自上而下的统一规划部署，相关政府部门没有被明确赋予这项行政职能职责。在夏令营没有明确的主管部门、自律组织的情况下，要长期持续开展公益夏令营，缺乏法定职能职责的支撑，体制机制仍需完善。

2. 经费不足，专业人员、专门场地缺乏

四川省关工委对各地分营的经费支持，一般按照营员人数给予适当补

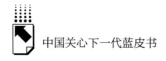

贴。但实际最终支出一般都超过补贴的金额，各地均存在经费缺口较大的问题，这部分经费缺口目前由当地关工委与财政等部门协商解决。每年都需就经费问题进行协调，增加了沟通成本和不确定性。夏令营活动的组织者、辅导老师等相关从业人员没有经过统一的培训及资质认定，专业人员缺乏，专业性不能得到很好保证。除眉山等少数地区建有综合性实践基地外，绝大多数地区没有建立专门的夏令营营地，开展活动以各地爱国主义教育基地、社会实践教育基地等为主，一般当日返回学校住宿，校外实践教育的效果受到一定影响。

3. 举办夏令营的责任风险很高

"安全"是夏令营的生命线。一旦发生重大责任事故，将对青少年造成身心健康损害，对夏令营项目乃至对政府公信力造成破坏性影响，夏令营活动可能随时被"一票否决"。安全问题始终是盘桓在各方组织者、参与者头顶上的巨大阴霾。家长过度维权、民事责任与行政责任难以划清等问题，造成夏令营畸高的安全责任、法律风险、道德风险，严重阻碍了夏令营的健康发展。

4. 对夏令营的理论研究不足

四川省关工委开展了9年的夏令营活动，积累了丰富而宝贵的实践成果，各地也逐步建立了一些较微观层面的操作流程规范。但对夏令营质量、效果的评价，主要是以工作总结的方式进行总体自评，专业的、科学的、系统的评估考核较少。在夏令营的宣传报道方面投入比较充足，但全面、系统、深度的理论研究较少。

（二）四川省关工委青少年夏令营的主要挑战

培养德智体美劳全面发展的社会主义建设者和接班人，是教育的根本任务。随着经济社会不断发展，特别是互联网技术日新月异，青少年成长教育面临着许多新的课题，对关工委开展青少年夏令营提出了新的要求。一方面，新时代我国社会主要矛盾已经转化为人民日益增长的美好生活需要和不平衡不充分的发展之间的矛盾。另一方面，全面建成小康社会、全面打赢脱贫攻坚战进入全力冲刺阶段，四川脱贫攻坚任务紧迫而艰巨，稳定脱贫、防止返贫、解决相对贫困等工作需长期努力，留守儿童大省的基本状况没变。既要坚持和发展公益夏令营，又要推动夏令营由"从无到有"向"从有到优"转变，这是当前四川省关工委夏令营工作的主要挑战。

六 针对青少年夏令营实践的建议

（一）明确党政在推动夏令营发展中的主体责任

青少年是祖国的未来，民族的希望。教育是国之大计、党之大计。开展青少年夏令营活动，是落实习近平总书记对教育工作提出的"六个下功夫"（要在坚定理想信念上下功夫，要在厚植爱国主义情怀上下功夫，要在加强品德修养上下功夫，要在增长知识见识上下功夫，要在培养奋斗精神上下功夫，要在增强综合素质上下功夫）重要要求的有力举措和有效途径。建议明确党委政府在推动夏令营尤其是公益夏令营发展中的主体责任，党政加强重视，将夏令营工作纳入教育工作、青少年工作规划，提上议事日程。明确教育部门为夏令营工作的主管单位，关工委、精神文明办、文化旅游、市场监督等部门协同配合。

（二）完善夏令营相关法律制度规范

建议在修订《教育法》《义务教育法》《旅游法》等法律时，增加青少年夏令营相关内容。参考教育部等11部门出台的《关于推进中小学生研学旅行的意见》（教基一〔2016〕8号），研究整合研学旅行和夏令营各自优势，出台关于推进青少年夏令营工作的意见。各地可以探索出台夏令营活动管理办法，对夏令营活动的管理职责、承办单位、规范流程、安防应急、责任承担等进行详细的规定。

（三）坚持夏令营公益性，增加财政教育经费对夏令营的投入

夏令营是实施素质教育的重要载体，具有很好的开放性、体验性、趣味

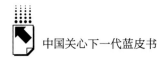

性、娱乐性。但夏令营的灵魂和本质特征是教育，必须坚持育人第一、公益至上。建议增加财政教育经费对夏令营的投入，在此基础上，继续争取精神文明办等部门和社会爱心资金支持，探索建立稳定的、多元化的经费筹措机制，解决当前存在的经费缺口问题。

（四）着力解决对夏令营的"安全恐惧症"

夏令营的安全问题关乎青少年的身心健康，不容丝毫懈怠。一些家长过度维权，让夏令营组织者普遍产生了"安全恐惧症"，成为夏令营发展的巨大阻碍。要建立完善夏令营的安全责任落实、事故处理、责任界定及纠纷处理机制，认真落实夏令营组织者的安全教育、管理责任，为所有相关人员购买安全保险。深化与家长的交流沟通，相关协议可交由家长代表讨论、修订，全体家长签字认可，强化家长、学生的自主、自护意识。加强舆论宣传，引导社会正确看待夏令营活动的安全责任问题，加深各方面对公益夏令营的理解和支持，走出公益夏令营一出事就因噎废食的困境。

（五）突出青少年主体地位，提高夏令营活动质量

青少年是夏令营的参与主体，由于年龄、性别、兴趣爱好、成长环境、人生经历各有不同，其对夏令营的需求也有差异。在夏令营项目的设计、组织、实施全过程，都要坚持青少年主体性，考虑其需求的差异化、多样性，特别注重挑选有资质、有口碑的承办机构、从业人员、辅导老师，加强细节管理，改善青少年的主观感受。通过推动夏令营供给侧结构性改革，提高质量，示范带动，优胜劣汰，提升夏令营行业服务水平。

（六）加强夏令营的调查与研究

广泛整合大学、科研机构、党校、团校、公益组织等资源，加强教育、文明办、共青团、关工委等部门的配合，加强对夏令营课题的调查与研究，总结经验，扬长避短，更好地指导夏令营持续创新发展。

七 结语

中国青少年研究中心原副主任、《夏令营中的较量》作者孙云晓用优美的语言道出夏令营的重要意义："夏令营是夜空里惊雷带来的闪电，使孩子们突然看见未来；是火把，照耀我们看清前进的路。"迪士尼前 CEO 迈克尔·艾斯纳在其撰写的《夏令营中的人生智慧》一书中总结道："夏令营是铸就化解困难的利器的地方，而且夏令营本身也是一种利器，一代代的营员从中获益匪浅，夏令营的丰富内涵也可以让营员在漫长的一生中不断悟出更深的道理。"总之，夏令营是教育事业的重要内容，是慈善事业的重要方面，更是青少年发展的现实需求。立足新时代，面临新机遇，夏令营行业发展是一项长期的、系统的工程，需要党政领导、相关部门、社会各界给予持续、充分的关注和支持。

参考文献

教育部等：《关于推进中小学生研学旅行的意见》（教基一〔2016〕8 号）。

张旭东：《国外青少年夏令营运作模式及启示》，《中国青年研究》2014 年第 10 期。

张志坤、张晓：《新时代儿童夏令营的组织模式与发展路径探究》，《少年儿童研究》2019 年第 4 期。

谢智勇：《关于开展青少年夏令营活动的思考》，《图书馆建设》2006 年第 2 期。

付星吉、黄莉：《夏令营教育在国民教育中的作用》，《安顺学院学报》2016 年第 6 期。

薛长伟：《我国夏令营法律规制问题探析》，新疆大学硕士学位论文，2018。

迈克尔·艾斯纳：《夏令营中的人生智慧——迪斯尼 CEO 的童年自述》，中国人民大学出版社，2007。

高四维、卢义杰：《不能一出事就因噎废食》，《中国青年报》2013 年 7 月 19 日。

王世停、周静文、孟旭：《收费标准、安全配置、效果评价岂能一笔"糊涂账"——夏令营，该有人管管了》，《新华日报》2017 年 7 月 6 日。

孙鹏：《公益夏令营回归困局：安全经费问题致学校不敢组织》，《成都商报》2010 年 8 月 5 日。

B.15
创新"四化型"工作模式
推进新时代关心下一代事业新发展

邵孝杰 刘永成*

摘 要: 宁波市关工委以保持和增强政治性、先进性、群众性为目标,全面推进关工委组织改革创新,激发关工委组织的生机和活力,走出了具有新时代特点、关工委特色的关心下一代工作新路子——关工委"四化型"工作模式,包括队伍组合联谊化、团队管理社团化、工作运行项目化和服务开展专业化。本报告介绍了"四化型"工作模式的基本路径、基本做法和取得的成效,并通过具体的工作案例体现出"四化型"工作模式的优势所在。

关键词: "四化型"工作模式 关工委 宁波市

创新是引领发展的第一动力。近年来,我们紧紧围绕建设学习型、服务型、创新型关工委,发扬务实创新精神,着力在转观念、改体制、创机制、建制度上求突破,创新"四化型"工作模式,全面推动全市关工委工作大提升。2019年,市委、市政府《关于加强新时代关心下一代工作的意见》(甬党发〔2019〕70号),市委办、市政府办下发《宁波市关工委改革实施方案》,把关工委工作"四化型"工作模式予以制度化、规范化,推动全市关心下一代工作在新时代创造新业绩。

---

* 邵孝杰,宁波市关工委主任;刘永成,宁波市关工委副主任。

一　创新"四化型"工作模式的基本路径

习近平总书记强调指出："要推动各群团组织结合自身实际，紧紧围绕增强'政治性、先进性、群众性'，直面突出问题，采取有力措施，敢于攻坚克难，注重夯实群团工作基层基础。"这为我们做好关工委改革工作和抓好基层关工委建设提供了重要遵循。关工委工作就要坚持与时俱进、改革创新，施改革之策，走创新之路。

（一）坚持问题导向，强化改革担当

我们坚持问题导向，把切实解决突出问题作为目标指向。前几年，我市在抓基层基础工作中，存在一些亟待解决的问题，主要是缺人（五老骨干）、缺钱（工作经费）、缺办法：一是五老骨干队伍高龄化问题较为突出，队伍结构不够合理。据2014年调查，全市五老骨干中，71岁以上的人员占46.2%，有的区县（市）甚至占到70%以上，而知识型、专家型的五老骨干较少，不能很好满足广大青少年日益多样化的发展需求。五老骨干队伍建设遇到了组织发动难、作用发挥难的瓶颈，关工委的向心力逐渐减弱。二是工作上不同程度地存在"行政化"现象。组织形式较为单一，各级关工委人少、任务重，从制定计划到组织开展活动，既是指挥员，又是战斗员。关工委工作的方式方法也雷同于行政部门，往往习惯于用会议、用文件来推动工作下达任务，关工委的凝聚力逐渐下降。三是工作资源上存在"单一化"现象。关工委工作经费和活动经费除由政府安排外，其他来源较少，有多少钱办多少事，不能很好地为广大青少年提供多样化的服务，关工委的影响力逐渐缩小。问题在基层，根子在上面，主要是在县级关工委。区县（市）关工委是基层关工委的领导者和组织者。当时，全市11个县级关工委同样存在缺人、缺钱、缺办法的问题。"问题是时代的声音，问题是工作的导向"。我们强烈意识到，关工委肩负着党和政府的重托，必须努力抓住全面深化改革的大好机遇，发扬敢试敢闯的改革精神，推进关工委变革图新、固本开新。为此，从 2013 年开始，特别是党的十八届三中全会作出《中共中央关于全面深化改革若干重大问题的决定》（以下简称《决定》）以来，我们围绕关工委工作的发展瓶颈，坚持以改革创新为统领，积极探索发展的新模式新路子。

（二）抓好改革先行，培树创新样板

习近平总书记指出："试点是改革的重要任务，更是改革的重要方法。"我们从抓试点着手，推进全市的改革创新工作。我们的改革创新是从城市市区突破的。在我市 6 个区中，海曙区关工委的改革创新意识强，党的十八届三中全会对全面深化改革作出《决定》，他们迅速组织学习，就贯彻落实作出了部署，并积极地推进关工委的改革创新工作。市关工委及时肯定了他们的做法。他们先在加强和改进五老骨干队伍建设管理上解放思想，更新观念，运用"志趣相同、专业相近"的新理念，建立银发志愿者工作室。随着五老骨干队伍的不断壮大、各项工作的不断拓展，他们感觉到迫切需要有一个总揽、协调、管理、服务的组织来凝聚力量和推进工作。市关工委与他们共同研究深化改革的思路和方案，从体制机制上求创新、求突破。经区民政局批准，成立"海曙区关心下一代银发志愿者协会"，将各工作室纳入协会，即以社会公益组织性质建立由区关工委为主管单位的社会团体，形成了"关工委＋协会＋工作室"的工作体制和机制。我们抓住典型进行培育，经过 3 年的探索和运作，海曙区成功地走出了一条队伍组合联谊化、团队管理社团化、工作运行项目化、服务开展专业化的新路子，为我们全市树立了样板。

（三）凝聚改革共识，增强内在动力

2015 年 12 月，我们在海曙区召开现场会，向全市推广他们"四化型"工作模式。大家一致认为"四化型"工作模式好，值得学习推广。但在全市推进中，区县（市）关工委一些同志产生了三种思想观念上的障碍。一是守旧思想，不太愿意改。有的思想观念陈旧，工作墨守成规，认为在长期

的实践中，我市关工委已经形成了一整套较为成熟的工作模式，不必再去创新。二是自满思想，不太想改。有的自我感觉良好，满足于现状，认为自己已经做得不错了，很多工作都得到了市县领导和上级关工委的肯定，不要再去改革。三是畏难思想，不敢大胆去改。关工委的改革创新必然要触及很多现实问题和矛盾，要遇到许多困难和障碍。因此，有的存在畏难情绪，对发展中的瓶颈、工作中的难点，不愿再去探索和突破。针对一些同志的思想上障碍，我们先后 6 次召开区县（市）关工委主任学习会、县乡两级关工委领导骨干培训会，不断增强各级关工委领导骨干推进改革创新的思想自觉和行动自觉。一是认真学习习近平全面深化改革重要思想，提高领导骨干思想认识。组织大家学习习近平总书记对关心下一代工作的重要指示，学习习近平总书记在中央党的群团工作会议上的重要讲话，学习习近平总书记对群团改革工作的重要指示，使大家明确了关工委改革的重大意义和目标任务。党的十九大召开后，在学习贯彻党的十九大精神时，要求县乡两级关工委认真学习领会十九大报告中蕴含的改革精神、改革要求，从而进一步增强了大家的看齐意识、创新意识和担当意识，坚定了谋改革抓改革的信心和决心。二是认真学习《中共中央关于全面深化改革若干重大问题的决定》和中央、省委、市委关于加强和改进党的群团工作的意见，提高领导骨干思想认识。大家结合关工委实际，认真地学习领会中央《决定》和中央、省委、市委的意见精神，深刻认识到"要以提高吸引力、凝聚力、战斗力和扩大有效覆盖面为目标"，勇于改革创新，通过创造性工作增强发展活力，更好地教育、引导、服务广大青少年。同时，进一步明确了关工委改革的努力方向和工作任务。三是认真学习先进典型经验，提高领导骨干思想认识。我们在推广海曙区关工委创造的"四化型"工作模式后，又召开经验交流会和骨干培训会，推广宁海县乡镇（街道）关工委改革的新模式。通过先进典型的示范和引领，进一步提高了各级领导骨干推进改革创新的主动性和积极性。随着思想认识的不断提高，谋划改革、推动改革、落实改革成为各级关工委的自觉行动，全市关工委进入了"改革时间"。

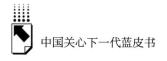

（四）加强组织领导，积极稳妥推进改革

我们在推进关工委改革创新中，牢牢把握积极稳妥这个总要求，以党建为统领，始终坚持科学的方法论，努力推动全市关工委工作全面深化改革。一是积极争取党委、政府支持。市委把关工委改革纳入群团工作改革内容进行统筹规划，提出了具体工作目标和要求，并采取有效有力措施，支持和推动关工委改革工作。市委加强对县级关工委主任的配备工作，决定县级关工委主任由在职或在位的县级人大常委会副主任、政协副主席担任。至今，全市10个区县（市）关工委主任已有9名由人大、政协在职（位）的副职担任。实践证明，这些同志有能力、有精力、有资源，大大增强了县级关工委的组织领导力量，从而有力地推动了县级关工委的改革工作。同时，县级关工委配好一名专职副主任（由局级在职干部担任）。乡镇（街道）关工委配备一名常务副主任，由同级人大、政协和总工会领导兼任，保证了乡镇（街道）关工委有人谋事、有人管事。市和区县（市）政府每年都发文，支持和鼓励关工委组织参与政府购买服务，为关工委争取更多活动经费提供了有利条件。二是坚持突出重点、整体推进。我们在推进改革创新工作中，注重改革的关联性、整体性和协同性，有重点、有秩序地推进改革，以重点突破带动整体推进。我们把五老骨干队伍组建作为关键问题予以重点推进，因为五老骨干团队是关工委开展工作的基本力量，这个问题不解决，其他问题都难以得到解决。在广泛深入调研的基础上，以"志趣相同、专业相近"新理念组建五老骨干团队，吸引了众多有能力、有专业知识的五老投入关工委工作，解决了改革中这个关键问题。在此基础上，抓好另一项重点工作，就是高标准构建社团化管理新体制，认真搞好关心下一代工作协会的组建工作：制订好协会章程，做好向本级民政部门登记申报工作，选好选准协会会长，开好协会成立大会等。这样，从队伍和组织上保证了"项目化运行、专业化服务"改革的全面推进。三是着力抓好改革任务落实。在推进改革创新工作中，我们要求县乡两级关工委领导把抓改革作为一项重大政治责任，发扬实事求是、求真务实精神，既当好改革的促进派，又当

好改革的实干家。在实际工作中，县乡两级关工委主要领导牢固树立大局意识、担当意识，保持锐意改革的决心，亲力亲为抓好改革落实，努力做到：改革实施方案亲自研究制定，改革时间表、路线图中的各项指标和要求切实可行；抓住关键问题亲自研究和协调，持续用力、精准发力，确保实现改革的任务和目标；改革落实情况亲自调研和检查，促进各项改革举措落到实处。这样，有力地保证了全市关工委改革工作不断迈出新步伐。

二　创新"四化型"工作模式的基本做法

在推进改革创新过程中，我们坚持问题导向、目标导向和任务导向，着力推进关工委组织和工作改革创新，形成了"队伍组合联谊化、团队管理社团化、工作运行项目化、服务开展专业化"的"四化型"工作模式。新模式的实施，推动了全市关工委工作进入一个全新阶段，在新时代呈现出新气象新作为。

（一）发挥优势，做到队伍组合联谊化

要做好新时代关工委工作，必须建设一支年龄相对较轻、知识化、专业化的五老骨干团队，解决缺人的问题。我们秉持一个新理念：队伍组合联谊化。就是以带头人为轴心，由志趣相同、专业相近的老同志组建工作团队。为了发挥好五老骨干队伍的作用，增强组织的凝聚力，各地关工委大力实施"领头雁"建设工程，重视工作团队的带头人培养，通过组织推荐、上门求贤等方法，积极挖掘、物色一批有热心爱心、有组织能力、有专业特长的老同志担任工作团队负责人。由团队带头人利用长期工作中积累的人脉资源和人格魅力，按照"志趣相同、专业相近"的要求，选好人、组好队。比如，海曙区关工委工作室从最初的 4 个发展到目前的 12 个（银发护航、护苗、育苗、心理指导、红烛爱心、特殊教育、净网、才艺、非遗文化传承、家庭教育、科创指导、影像制作），银发志愿者也从原来的 69 人发展到目前的 1652 人，其中退休干部 155 人，获有中高级职称的 247 人，年龄在 70

岁以下的占 79% 。慈溪市关工委根据新形势下青少年的多样化需求,结合当地实际,组建了育苗宣讲、普法关爱、校外教育、营养健康、农业科教、红烛关爱、净化网络、情感沟通等 8 个工作团队。这样,从组织上保证了每个工作团队都能动起来、活起来、强起来。改革前,县级关工委有 4 支骨干队伍,且人数不多。现在县级关工委骨干团队达到 7 ~ 9 个,多的有 12 个,团队骨干人员达到 300 人以上,多的有 1600 多人。不少县级关工委骨干团队还吸收一部分社会上有志服务于青少年的青壮年志愿者,有效地提高了工作团队的服务水平。目前,全市共有五老骨干 22000 多人,五老骨干团队的知识结构、专业结构和年龄结构得到明显优化,团队的建设管理水平大大提升,工作上呈现出你追我赶的良好局面。

(二)完善机制,做到团队管理社团化

随着五老骨干队伍的不断扩大,各项工作的不断拓展,迫切需要一个总揽、协调、管理、服务的组织来推进工作。党的十八届三中全会《决定》指出,"激发社会组织活力","适合由社会组织提供的公共服务和解决的事项,交由社会组织承担"。为此,我们创新一项新体制——社团化管理体制。就是以社会公益组织性质建立由县(市)区关工委为主管单位的社会团体,对五老骨干队伍实行社团和会员制管理。在市民政部门的支持下,成立了区县(市)关心下一代志愿者协会,形成了"关工委 + 协会 + 工作团队"的组织体制。在关工委指导下,由协会按章程统一管理、统一协调,按章程履行义务、开展活动,形成相对独立的自我管理、自我服务、自我发展的工作格局,实现了关工委工作体制和机制的创新、五老骨干身份由单位人向社会志愿者转变的创新。协会的成立,为区县(市)关工委增添了新的组织力量,形成了关工委、志愿者协会、工作团队三方面齐心协力、各尽其能的良好局面。实行新的体制,使县级关工委原来不同程度存在的"行政化、机关化"问题得到了较好解决,县级关工委的工作重点和组织领导方法有了较大的变化,主要是集中精力抓好以下四个方面工作:着力搞好年度工作和重大主题教育活动的计划,与协会共同研究制定具体工作方案,以

协会为主抓好贯彻落实工作；着力指导和会同协会做好五老骨干团队组建和教育培训、服务管理工作；着力抓好基层建设，下功夫抓好调查研究工作，深入开展创建五好关工委活动，积极推进民营企业关工委建设；着力指导和帮助协会共同研究推进参与政府购买服务和开展专业化服务工作等。这样，有力地保证了县级关工委更好地发挥组织领导作用，更好地履行工作职责，大大增强了关工委的领导力、组织力和向心力。以前，县级关工委干部有4～8人，组织领导力量严重不足。现在成立的协会，是一个有凝聚力、战斗力的组织，协会会长、常务副会长同县级关工委一起办公议事，一起联系乡镇（街道）关工委，一起抓好各项工作任务的落实。如在推进乡镇（街道）关工委改革工作中，各区县（市）关工委组织正副主任和驻会正副会长共同抓，深入基层搞调研，帮助基层订计划，指导基层抓落实，从而有力地推动了乡镇（街道）关工委的改革工作，推进县级关心下一代工作协会到乡镇（街道）关工委建立二级组织，接长手臂、形成链条，真正打通群团组织改革的"最后一公里"。当前，全市10个区县（市）中，已有9个区县（市）实现了镇乡（街道）工作站（分会）全覆盖；150个镇乡（街道）中，已有136个镇乡（街道）关工委建立了工作站（分会）。

（三）注重统筹，做到工作运行项目化

《中共中央关于加强和改进党的群团工作的意见》指出："支持群团组织立足自身优势，以合适方式参与政府购买服务。"协会的成立，为参与政府购买服务、争取社会资源提供了组织保障，为此，关工委工作一项新机制——工作运行项目化机制得以构建。工作运行项目化，就是精心选定服务青少年的项目，参与政府购买服务，竞标公益创投，进行项目化运行和管理，实现工作效益最大化。在项目化运行中，一是深入调研，精心选题。各级关工委深入实际调查研究，听取各方面的反映和要求，然后通过全面分析、反复比较，紧紧抓住青少年成长成才中最关心最直接最现实问题，选定项目。二是认真谋划，精心设计。根据选定的项目与有关工作团队进行研究谋划，按照"项目申请书"中的要求逐项进行设计。对乡镇（街道）、村

（社区）关工委申报的项目，区县（市）关工委及时进行帮助指导，制定科学的实施方案。三是科学组织，精心实施。按照项目实施方案，有计划有组织地作出具体安排，帮助和督促所在工作团队和项目负责人抓好落实。项目化运行包括项目的立项、申报、实施、监督、考评等环节，关工委主要在确定项目、科学论证工作目标、制定项目操作规程等方面，发挥领导、组织、督促作用，协会具体实施项目。政府购买服务和公益创投项目，在实施中有一整套规范性要求。根据选定的项目与有关工作团队逐一进行研究谋划，按照"项目申请书"中的要求逐项进行设计，落实项目负责人、项目团队、主要活动内容及时间安排等。项目完成后还需要第三方进行项目财务、绩效等审计评估。2016 年至 2019 年，全市各级关工委主管的协会共签约政府购买服务项目和公益创投项目 171 个（次），获得项目金 652.58 万元，其中 2019 年项目 65 个，获得项目金 336.3 万元，项目数和认购金额逐年创新高。宁海县关工委探索尝试"服务项目认购"模式，县关工委和协会联合推出"情暖童心"等 9 个为期 3 年的公益性服务项目，分别由相关 27 个单位部门、企业、社会团体进行"认购"，2019 年第一年到位项目金 66 万元，乡镇（街道）配套支出 60 余万元，实现了"服务项目"由"政府购买"到协调"政府和有关单位、企业、社会团体认购"的突破。

（四）以人为本，做到服务开展专业化

项目化运行和管理形成通过实施一个项目、解决一个难题、满足青少年一个方面需求的工作格局，这需要发挥五老骨干队伍的专业优势和工作特长，开展专业性服务，不断提高服务水平和服务质量，取得更好的服务效果。因此，关工委工作建立一个新方式——专业化服务方式。专业化服务方式，就是以青少年需求为主旨，进行项目化运行和管理，开展专业性服务，不断提高服务水平和服务质量，取得更好的服务效果。我们注重发挥五老骨干队伍的专业优势和工作特长，围绕青少年最迫切最关注最期待的需求，为他们提供更多精准化、专业化的服务，努力构建覆盖广泛、快捷有效的服务

青少年体系，建立和完善困难青少年帮困解难系统、青少年心理健康促进系统、失足失范青少年帮教系统、外来民工子女成长扶助系统、留守儿童帮扶系统、未成年人合法权益维护系统、未成年人环境优化系统等。每一个工作团队都有相对独立的专业性，都有一批专业相近的骨干人士，如失足失范青少年帮教、未成年人合法权益维护方面主要由政法系统的老同志组成，青少年心理健康教育和指导方面主要由退休的心理医生及具有心理咨询师资格的人员组成，切实做到多元化、多层次为青少年做好事办实事解难事。同时，依托市关工委官方网站和宁波 WE 志愿网等网上服务平台，打造集五老团队登记注册、日常管理、活动发布、信息互通、交流互动等于一体的"网上关工委"。组织五老在网上解疑释惑，唱响主旋律，传播正能量。将网下工作和服务延伸到网上，为广大青少年提供心理健康、困难帮扶、法律援助等服务，使互联网这个最大变量变成关工委工作的最大能量。

三 创新"四化型"工作模式的主要成效

我们以改革创新统领全局，积极探索创新发展的新路径，已在全市县乡两级全面推进了"四化型"工作模式，基本形成了"关工委 + 协会 + 工作团队"的工作体制，走出了具有新时代特点、关工委特色的关心下一代工作新路子，大大激发了关工委组织的生机和活力，关工委工作的影响力大大增强。慈溪市关心下一代志愿者协会获得 5A 社会组织称号，宁波市关心下一代基金会、江北区关心下一代五老志愿者协会获得 4A 社会组织称号。2018 年、2019 年连续两年市人代会、市政协会有关涉未成年人的建议和提案要市关工委办理。中国关工委主任顾秀莲专程到我市考察关工委改革创新工作，在中国关工委召开的年度工作会议、专题工作会议和部分城市会议上，先后七次对我市关工委改革工作给予充分肯定。省委副书记、市委书记郑栅洁，省关工委主任徐宏俊等领导多次作出批示或实地指导，对我市关工委改革给予了高度评价。许多省内外兄弟城市陆续来学习取经，回顾起来，主要有以下几方面的成效。

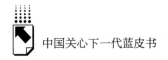

第一，以志趣和专业为基本要素组建工作团队，大大增强了五老骨干队伍的凝聚力、战斗力和亲和力。以联谊化组合的新理念，积极吸收知识型、专家型老同志充实五老骨干队伍，五老骨干队伍的知识结构、专业结构和年龄结构得到明显优化，从以往的"组织松散型、人员高龄化"逐步向"组织联谊化、人员专业化"方向发展，使五老骨干队伍的凝聚力不断增强、向心力不断提升，工作上呈现出你追我赶的良好局面。如海曙区银发育苗工作室，由宁波广播电视大学原党委书记朱中人担任团队负责人，他利用在市委党校和教育系统工作的人脉资源优势，积极物色和挑选了 20 位老教师和社会上有教育特长的老同志组成工作团队，编写完成《革命传统与革命精神》等 18 个系列宣讲资料，并制作成课件，以菜单方式下发给各街道和社区关工委选用，还经常进学校进社区开展宣讲活动。2019 年，镇海区宣传教育团在保留原有 23 个优质课题的基础上，增加了《回眸开国大典》《我和我的祖国》《海天雄镇我故乡》《百年宁波帮》《中国传统礼仪文化》《关注细节，成就人生》等 22 个新课题，同时还精选 2009～2018 年期间的讲课稿 17 篇，为青少年学生提供"菜单式"点题宣讲服务，一年来，宣传教育团深入 55 所中小学校以及暑期"假日学校"宣讲 118 场次，受教育青少年学生 13646 人次。通过联谊化组合，也增强了每个工作团队的亲和力，五老人员相互之间不仅成为工作上的好队友，互相支持、互相帮助，而且成为生活上的好朋友，互相关心、互相爱护。有同志生病住院了，大家得知后就买了水果去医院探望；有同志家里遇到急难问题，大家都上门去帮助化解。他们都不无感慨地说，退休后又有了新的组织，感受到了团队的温暖。

第二，以社会公益组织性质建立由关工委为主管单位的社会团体，形成了相对独立的自我管理、自我服务、自我发展的工作格局，大大调动了五老骨干的积极性、主动性和创造性。社团化组合，它契合了退休老同志由单位人转变为社会人的客观现实，用社团化组织社会人，对内形成相对独立的自我发展、自我服务、自我管理的新模式，对上受关工委领导，有力地增强了关工委工作的活力。成立关心下一代志愿者协会，使关工委的工作机制由管理型向服务型转变。同时，社团化管理机制较好地对接了五老志愿者身心特征和自我定位，使他们从原来被动参与转变为参加团队有选择权、开展关爱活动有自主权、日常管理有话语权，最大程度地激发了五老的工作热情和活力。如每年暑假未到，工作团队就主动与学校对接，承接"假日学校"教育实践活动任务。为切实做好青少年社区矫正帮扶工作，江北区五老志愿者协会关爱工作站主动与有关街道对接，与青少年社区矫正人员签订《遵纪守法承诺书》，并有计划地组织他们进行集中教育，取得了很好的效果。慈溪市关心下一代志愿者协会成立临时党支部，以党建引领协会发展，领导班子、志愿者队伍、工作职责等上墙公布，编印《慈溪市关心下一代志愿者协会资料汇编》，制作志愿者协会红马甲、帽子等，积极主动参与慈溪市新时代文明实践活动，积极主动与新四军研究会、银辉志愿服务队、钱海军志愿服务队、慈航公益、红豆缘等社会组织合作，共同推出"银辉书友社""公益红娘"等合作项目，延伸协会开展志愿服务的广度和深度，共同参与社会治理。

第三，以服务青少年为工作目标，在工作上实施项目化运行和管理，不仅丰富了工作经费和资源渠道，更重要的是大大提高了工作的精准度、可信度和满意度。过去，因机关经费管理规定使活动经费开支及接受社会捐赠渠道受到一定的限制，工作的可持续性和常态化受到一定的影响。现在实施项目化运行管理，积极购买政府服务，通过公益创投项目的途径，可以解决工作经费不足的问题，更为重要的是推动了关工委服务水平的全面提升，使广大青少年有了更多的获得感。如海曙区银发特殊教育爱心工作室，由区教育局关工委常务副主任谢博敏担任工作室负责人，她长期在教育系统工作，精心挑选31名老教师组成工作团队，为全区18所中、小学随班就读的32名特殊学生开展一对一支持性教育，进行心理辅导和语言训练、文化补教等辅导，一年里共辅导学生2500多小时，使被辅导学生在学业和身心健康方面都有所提升，获得了学生家长的一致称赞。总之，在项目化运行和管理过程中，把关工委工作向社会公开，接受社会支持，也能更好地向全社会宣传关工委在服务青少年中的重要作用，关工委工作在社会上的可信度、知名度和

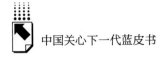

满意度有了很大提高。

第四，以满足青少年需求为宗旨，开展专业化个性化服务，大大增强了服务青少年的针对性、科学性和实效性。各级关工委进一步增强服务意识，拓展服务领域，不断提高了服务青少年的规范化、专业化水平。首先是充分发挥服务体系的作用。各工作团队按照各自的工作职能和专业特长，每年确定工作主题主线，以主题主线科学统筹全年工作，充分发挥团队优势和各方面资源优势，全面有效地提高了服务质量，实现了工作效益最大化。同时，形式多样、供需对接的服务载体，在解决青少年最关心最直接最现实的需求问题中发挥了很好作用，不断优化了服务青少年工作。如海曙区银发红烛爱心工作室，由从事特殊教育的老教师组成，他们依托区社会助残服务中心，每周定期为智障和残疾未成年人提供个性化服务，开设了"缤纷天地"才艺班，涉及国学、手工、绘画、唱歌、书法五大门类。他们专业化的服务水平得到了青少年的欢迎和家长的称赞，被评为"宁波志愿之星"。海曙区关工委组织实施的"新宁波丽人成长培育"项目获宁波市2018年公益服务项目大赛铜奖。江北区关工委组织实施的"花季护航新篇"项目荣获宁波市2018年公益服务项目大赛优秀奖，为此《中国检察报》等新闻媒体专门作了报道。奉化区关工委"阳光关爱工作室"启动"摆渡人"公益项目，15名五老志愿者结对帮教27名罪错青少年，其中成功特赦罪错青少年1名，帮助1名罪错青少年通过参加高考资格审查，其先进事迹上了央视专题节目。

四 "四化型"工作模式具体案例

（一）案例1：让老品牌不断焕发新活力

暑期以组织五老关爱服务青少年项目为牵引，让"假日学校"成为暑期中小学生快乐大本营。我市"假日学校"从1999年起源于北仑区一个小山村，从2017年起，我们进行项目化包装，市关工委通过政府购买服务的形式，每年安排项目金 20 万元，由各区县（市）关心下一代志愿者协会承接，组织五老志愿者参加暑期"假日学校"的教学和管理，对广大青少年（包括留守儿童和"小候鸟"）开展主题教育活动、学习辅导活动、社会实践活动、文化体育活动及安全知识教育活动等，着力提高广大青少年的思想道德素质、科学文化素质和健康素质，促进社会治理和社会和谐。2019 年，各地协会充分发挥组织优势，组织了 16769 名五老、大学生、在职教师，以及来自机关、企事业单位、社会团体的志愿者，开办了 1292 所"假日学校"，接收了 8.3 万余名青少年（包括 11617 名"小候鸟"和 5870 名留守儿童）参加学习，组织各类主题教育活动 4428 场次，筹集办学工作经费 1205.25 万元。

特色工作室进入"四点钟学校"，使"四点钟学校"不断焕发出新的活力。海曙区关工委银发家庭教育指导工作室带着"新宁波丽人成长培育"项目进入段塘小学"四点钟学校"。项目负责人邵莉向我们介绍："外来务工人员子女，由于父母和家庭原因，使他们很难融入城市的生活，尤其是女孩子，作为新宁波人，成年以后还肩负着养育后代的重任。她们的素养将直接影响宁波市市民的素质。因此，新宁波丽人的成长培育，是一项与时俱进、事半功倍的工作。"邵莉，在孩子们面前有一个响亮的名字"胖妈妈"，她早在 1991 年就开设了"胖妈妈"热线，义务为青少年和家长服务。此时她为我们介绍的是在"四点钟学校"开设的"新宁波丽人成长培育"项目。这个项目针对的人群是学校中的女孩子，还有女学生的母亲。培训的目的是让女学生在外在形象气质、内在精神品质、学习发展能力、家庭生活智慧这四个方面有显著提升。邵老师正说着，工作室的其他银发志愿者也走了过来，她依次介绍道，"青妈"青春期生理、心理老专家，"学妈"高级讲师，"心妈"礼仪专家，"乐爸"特级教师、"教学能手"，还有正在与女孩们讨论美国孩子自立自强成长故事的中美青少年心理教育研究的专家"田妈"。"真是不得了！"我们由衷地感到，不仅名字新颖，而且个个都是专家，就是再好的学校也不可能同时把这么多资深的老专家都聚集在一起。"新丽人"女生素质培训课程设置精益求精。一位刚刚参加完课程的家长主动告诉我们，起初听到女儿要参加"新丽人"女生素质培训，她还不太同意。但女儿坚定地说，用不了多久，你们会看到一个全新的不一样的女儿。于是这位母亲就同意了，没过多久，果然看到了效果，并且还和女儿一起来上课，心中充满感激。邵老师最后表示，成立这个团队，就是想实实在在为外来孩子解决实际问题，就是要帮助外来孩子重新定位社会价值和人生价值。该项目获宁波市 2018 年公益服务项目大赛铜奖。目前，宁波市共有"四点钟学校"158 所，每年有 510 多万人次小学生参加学习。

"关心下一代校外教育阵地建设"项目，使校外教育阵地成为青少年健康成长的"神来之笔"。市关工委每年有"关心下一代校外教育阵地建设和教育活动"项目金 30 万元，目前，全市有关心下一代校外教育阵地共计 119 个，已经形成了爱国主义、法治教育、心理健康、劳动技能、科普知识、生态环保、国防教育"七位一体"教育阵地体系，其中象山县新桥镇关爱老小服务站被中国关工委命名为全国优秀儿童之家，镇海区镇海口海防历史纪念馆和象山县关工委茅洋爱国主义教育基地被命名为"浙江省关心下一代教育基地"。"镇海区关心下一代红枫志愿者协会"本着将"关心下一代校外教育阵地建设"品牌做深做细的目的，向区民政局申报"关心下一代校外教育阵地建设"项目，获得了镇海区慈善总会 4 万元的公益创投经费。在项目经费的支持下，镇海区骆驼街道南一社区关工委开展的"大手牵小手，共创和谐社区"的书画培训活动定期举行：整齐划一的坐姿，干净利落的仪表，一笔一画、一撇一捺都是那么有模有样。近处一看，真的让我们大开眼界。十几位小学生身穿古装、束发，学习书法。一年来，协会将校外教育阵地建设进行项目化运行和管理，按照"项目申请书"的要求，把该项目作为一个课题进行了深入的探究与实践，努力实现每个子项目的预期目标。校外教育阵地建设在推进项目化运行的过程中，不仅争取了社会资源，拓宽了经费渠道，更重要的是形成公益化、系统化、自主化、专业化的运行模式，大大提高了工作的精准度、美誉度。

（二）案例2：服务关爱青少年更加精准、更加专业

"春晖关爱行动"，精准为青少年帮困解难，从 2017 年起，每年获得项目金 50 万元，市关工委成立项目管理小组，具体部署项目完成进度和项目金分配，专项用于三个项目。一是"阳光心灵"项目，主要包括以下内容：孤独症的宣教和干预，对孤独症儿童家长进行两期共 16 次的培训，让家长在家对自闭症儿童进行日常干预，提高自闭症儿童的社交沟通能力，缓解家长亲子压力，对提升自我效能感和改善家庭生活质量产生积极影响；ADHD 的宣教和治疗，对 ADHD 儿童的社会技能培训及相关家长教育两期共 24 次，促进 ADHD 儿童在沟通交流、情绪调节、人际交往和问题解决等方面技能的发展；心理咨询师专业技能提升，邀请专家进行认知行为治疗的培训，来自宁波市各区县（市）的心理治疗师、心理咨询师、医生、教师等心理卫生工作者参加了此次培训，培训共分三个阶段，每个阶段参训人数为 70~90 人。市未成年人心理健康援助热线（81859666、12320）服务时长自 2017 年 6 月 1 日起由原"早八点到晚八点"升级为"二十四小时"，为广大未成年人及家长提供全天候的心理热线服务，由专业心理咨询师帮助未成年人及家长解决亲子关系、子女教育、儿童青少年网络成瘾、情绪等问题，以及由家庭矛盾引起的各类心理问题等，取得了显著社会成效。二是"甬润童心、关爱留守儿童"项目。该项目充分发挥各区县（市）关心下一代志愿者协会的作用，项目金资助市关工委设立的全市 10 个关爱留守儿童工作站和亲情屋开展活动，以"我阳光、我快乐、我幸福、我成长"为主题，组织五老关爱团队广泛深入开展思想引导、文化辅导、心理疏导、行为指导和困难帮扶等关爱活动。全市组织 1750 余名五老与 1800 余名 6 周岁以上留守儿童进行结对帮扶，担任留守儿童的代理家长。在节假日、双休日，组织留守儿童开展"五个一"（开展一系列思想道德教育实践活动、一次心理咨询辅导活动、一场法律知识宣传活动、上好一堂安全防护课、一次困难留守儿童帮扶）活动。目前，全市已建立关工委、学校、学生家长及其监护人"三位一体"留守儿童关爱帮扶网络，设立微心愿爱心发布平台，健全留守

儿童联系卡制度，全市留守儿童身有人护、心有人爱、难有人帮，为留守儿童营造健康快乐的成长环境。三是"福彩助学、爱心帮困"项目。发挥五老志愿者结对帮扶优势和高校关工委组织优势，认真开展好爱心帮困活动，重点资助两部分人：一部分在甬高校就读的家庭特别困难的大学生，特别是在校期间家庭突遭重大变故而致贫的贫困大学生每人每年 2000 元，共 50 名；另一部分是本市家庭特别困难的困境儿童，年龄在 18 周岁以下，每人每年 1000 元。

关爱护苗工作室，发挥专长热心护苗。教育、感化、挽救失足未成年人，是关爱护苗工作团队的主要职责。各区县（市）关工委关爱护苗团队担任违法犯罪未成年人的公益代理人以及社会观护员，以爱心、热心、耐心让失足未成年人开启新的人生之路，同时担任青少年的法治宣传教育任务。海曙区关工委银发护苗工作室自成立以来，已办理案件 152 件（全部被区法院采纳），其中办理海曙区公、检、法公益代理案件 109 件，办理法院家事案件 43 件，在学校学生中开展以模拟法庭等多种形式的法治教育 13 场次。镇海区关工委关爱工作团 3 年来，受理由区司法机关委托交办的涉案未成年人案件 182 件（涉案少年 51 名），关爱帮教在区看守所羁押的涉案未成年人 20 名，跟踪关爱在村（社区）矫正的失足未成年人 12 名。同时，进一步深化"刑事附带民事调解"涉案未成年人案件的办理，充分体现和维护涉案未成年人权益优先原则，推进《刑事诉讼法》特别程序有效实施，更重要的是挽救涉案未成年人，促使他们改邪归正走正道，成为有用之才，维护了社会、家庭和谐稳定。江北区关工委关爱工作团承接"花季护航新篇"项目。项目运行近一年来，共计为 21 名未成年嫌犯作社会观护，为 13 名未成年人刑事诉讼中作公益代理人，与 4 名青少年社区矫正人员结对帮教，为 11 名涉罪未成年嫌犯进行附条件不起诉帮教并最终免予起诉，得到了上级人民检察院的充分肯定，项目在全区以 98 分的最高分通过验收。"花季护航新篇"先后获得了 2017～2018 浙江省志愿者服务项目、2018 年宁波市志愿服务项目大赛优秀奖、2018 年江北区未成年人思想道德建设工作创新案例等诸多荣誉。

　　鸳鸯桥工作室，原作鸳鸯不羡仙。"红尘事，情人结，悲欢离合，红线手中提"。慈溪市的外来职工比较多，许多男女青年工作繁忙，活动范围小，在择偶方面存在一定的困难，导致男女未婚青年的年龄普遍较大、与父母的关系紧张，心理上出现焦虑、担忧、失眠等状况，对社会、家庭造成不利的影响。2016年10月鸳鸯桥工作室的成立为这些单身青年带来福音。这个工作室的带头人是胡玉英，她的热心肠不知温暖了多少饱受相思之苦大龄男女。她告诉我们，这个事不是简单地把两个人牵到一起就行了，涉及多方面的工作。工作室成立时，她首先把热心于男女未婚青年公益服务的人员吸纳为工作室的志愿者，同时还配备了专职心理师、婚姻调解师。为了更好地为男女未婚青年服务，鸳鸯桥工作室积极认领宁波市妇联向社会推出的公益红娘扶助项目，开展形式多样的派对交友，为男女未婚青年提供活动场所。对于牵手成功的人，她们还要进行跟踪服务，最终等到两人领证才算成功。近年来，共组织大中小型活动83次，参与人数达2800多人，成功牵手169对。

B.16
关工委助力企业青年员工成长
成才的实践与思考

王作然　任宗声　王永川*

摘　要： 本文从中国石化关心下一代工作基本情况入手，介绍关工委围绕公司实现更高质量、更有效益、更可持续发展，建设世界一流企业的目标，做实主题教育，引领青年员工践行社会主义核心价值观；打造"传帮带"工作品牌，让青年员工在产业报国中展示才华、实现价值；融入社会治理，为青年员工排忧解难，助力青年员工成长成才的主要做法及成效。结合深化国有企业改革的逐步推进，分析中国石化关心下一代工作面临的形势和挑战，提出国有企业关工委下一步工作的思考与建议。

关键词： 关心下一代　组织建设　青年员工　"传帮带"

中国石化（Sinopec Group）的前身是成立于1983年的中国石油化工总公司。1998年按照党中央、国务院关于实施石油化工行业战略性重组的部署，重组成立中国石油化工集团公司，2018年改制为中国石油化工集团有限公司，是特大型石油化工企业集团。在2019年《财富》世界500强排行榜中位列第2名。

---

* 王作然，中国石化关工委主任；任宗声，中国石化中原油田关工委顾问；王永川，中国石化中原油田关工委秘书长。

近年来，中国石化关工委坚持以习近平新时代中国特色社会主义思想为指引，贯彻落实中国关工委工作部署，紧紧围绕"把中国石化打造成为贯彻和实践以习近平同志为核心的党中央治国理政新理念新思想新战略的重要阵地"和中国石化建设世界一流能源化工公司的改革发展中心任务，立足于培养新时代石油化工事业接班人的目标，以"党建带关建"创新基层关工委运行机制，加强五老队伍建设、打造"传帮带"工作品牌、积极参与社会综合治理，在服务大局中提高政治站位，在聚焦主业中把握职责定位，在主动作为中积极奉献，教育引导青年员工（以下简称"青工"）以石化梦托起中国梦，推动了关心下一代工作创新发展。

一　中国石化关心下一代工作基本情况

中国石化现有离退休人员 46.1 万人，有 81 个直属单位成立关工委，建立各级关工委组织 4350 个，共有 14.03 万名老同志从事关心下一代工作。

（一）中国石化关工委组织的特点

1. 保障机制健全完善，组织效率高

一是机构设置健全。集团公司和直属单位建立关心下一代工作委员会，二级单位建立关心下一代工作分会，基层单位建立关心下一代工作小组。关心下一代工作委员会设立关工委办公室，现有专职工作人员 164 人（见表1）。形成了纵向到底、横向到边的组织网络，实现了单位有计划部署、部门有分工协作、各级关工委有专人实施。

二是办公场所落实。在企业深化改革、机构调整压缩和办社会职能移交过程中，对各级关工委的办公场所都给予了充分考虑和保障，并且专兼职工作人员的办公条件持续改善。

三是工作经费到位。所有直属企业都将关工委工作经费列入年度预算，如遇重要活动经费给予保证，为关工委开展工作提供了有力支持。

表1　中国石化关工委组织机构和工作队伍情况

单位：人，个

类别	领导班子成员数					办公室人数
	60岁以下	60~69岁	70~79岁	80岁及以上	合计	
总人数	217	94	61	4	376	164
集团公司	2	1			3	2
直属单位	215	93	61	4	373	162

类别	中国石化关工委组织数
集团公司关工委	1
直属单位关工委	81
关工委分会	695
关工委小组	3573
总数	4350

2. 离退休老同志积极参与，工作热情高

改革开放以来，特别是党的十八大以来，党和国家高度重视离退休工作，习近平总书记作出一系列重要指示，国家出台了一系列维护老年人权益的方针政策，连续16年提高养老金标准；中国石化大力培育尊老敬老文化，形成了深厚的尊老敬老爱老工作生活氛围。对此，广大离退休老同志感激之情、报恩之念强烈，自觉自愿地通过多种方式继续为中国石化的改革发展稳定做贡献，用长期积累的丰富知识和宝贵经验，倾注到关心下一代的工作中。在老同志中，基层关工委有一呼百应的效应。

3. 五老队伍党员比重大，政治素养高

中国石化46.1万名离退休老同志中，有的经历了战争年代血与火的考验，大多经历和见证了新中国石化工业发展波澜壮阔的历程。他们对党忠诚、信念坚定，热爱石化事业。在14.03万名五老队伍中，党员10.95万名，占78%。各位老党员在传播和弘扬党的优良传统、关心教育下一代方面，最具优势、最有发言权，是宣传教育群众的一支宏大力量。

4. 职工群众普遍欢迎，社会威望高

五老的经验优势和创业精神是企业的宝贵财富，他们的优良品质和高尚情操是在职员工学习的榜样。当年，他们为中国石化担起壮大国有经济、振兴石化工业、保障能源安全、改善人民生活的历史使命，克服了难以想象的困难和挑战，进行了艰苦卓绝的探索和奋斗，为中国石化跻身世界 500 强奉献了青春和力量。他们的"传帮带"对广大青工极具感召力和说服力，无论是单位还是家长都公认其信得过、靠得住。一位五老参加"传帮带"，全家献计献策、原单位大力支持的例子不胜枚举。

（二）青工的基本情况

1. 青工在职工队伍中占比高

截至 2019 年底中国石化共有 64.13 万名员工，其中 35 岁以下青工有 12.67 万名，占全体员工的 19.8%；其中，28 岁以下青工有 3.4 万名，占全体员工的 5.3%。他们在参加工作之前，虽然有理论知识，但实践经验不足。特别是他们入职后要统一到生产一线进行实习锻炼，从校门到厂门，从室内到野外，从课桌前到设备前，需要增强适应性、融入性。

2. 青工文化层次普遍较高

35 岁以下青工中，硕士及以上 12368 人，本科 51532 人，本科以下 62794 人，占比分别为 9.8%、40.7%、49.5%。28 岁以下青工中，硕士及以上 3690 人，本科 11324 人，本科以下 18882 人，占比分别为 10.9%、33.4%、55.7%（见图 1、图 2）。在他们当中，还有不少海外留学人员和从海外招聘的人员。不同的学历资历和文化背景，决定了个人追求和价值取向的不同，青工们思想活跃度高，需要正确的政治教育、细致的思想工作、科学的价值导向。

3. 石油化工行业对青工的技术和工作标准要求高

随着石油化工事业的快速发展，高科技、高投入、高风险、高质量的特点更加凸显，行业和岗位性质决定了其技能要求高、劳动强度大，需要在奉献精神、工作技能上对青工进行教育和引导。

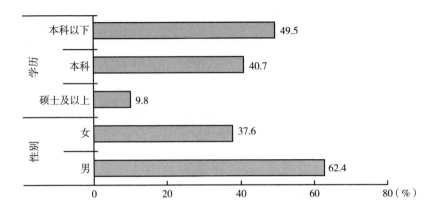

图1 35岁以下青年员工学历和性别占比

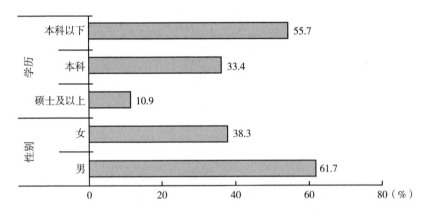

图2 28岁以下青年员工学历和性别占比

二　助力青工成长成才的主要做法及成效

中国石化关工委按照习近平总书记对关心下一代工作的系列重要指示，明确新时代关心下一代工作的时代主题、政治标准、主要任务、实现途径、工作重点、依靠力量、根本保证，围绕公司实现更高质量、更有效益和更可持续发展，建设世界一流企业的目标，注重将企业党政所需、青工所想、关工委所能有效结合起来，助力青工在实践中成长成才。目前，中国石化关工委已建立全国党史国史教育基地2个、关心下一代活动阵地252个、家长学校266所（见表2）。

表2　中国石化关工委教育活动阵地统计

单位：个，所

关心下一代活动阵地	全国党史国史教育基地	家长学校
252	2	266

注：教育基地包括上海石化展示馆暨上海石油化工科技馆、胜利油田科技展览中心。

（一）做实主题教育，引领青工践行社会主义核心价值观

1. 开展党史国史和国情企情教育，激发青工爱党爱国爱企热情

一是结合实际，明确思路。各单位关工委明确党史国史教育工作思路，把握教育重点内容，制订切合本单位实际的实施方案。齐鲁石化关工委提出"一二三二"工作思路，即把握一条主线，始终把社会主义核心价值观教育作为主线，贯穿"两史"教育的全过程；做好两个纳入，纳入公司青工思想教育总体规划，纳入关工委年度工作安排；坚持三个贴近，贴近青工思想实际、贴近企业实际、贴近五老实际；持续推进两个深化，以"两史"教育为契机，深化青工全面教育，深化"传递金钥匙"品牌建设。燕山石化关工委提出党史国史教育"进企业、进社区、进学校、进家庭，进而实现对工作对象和工作主体全覆盖"的"四进入、两覆盖"工作思路。管道储运公司关工委在党史国史教育中，坚持"三个结合"，即坚持与开展"社会主义核心价值观进岗位"相结合，与促进公司改革发展相结合，与建设世界一流管道公司、当好管道接班人相结合，制订详细的活动方案，提高了教育的针对性。

二是丰富活动载体，注重实效。各单位关工委紧密结合自身实际，将党史国史教育具体化，拉近了与青工的距离，增强了党史国史教育的传播力和感染力。各单位关工委组建五老报告团，深入基层和生产一线，采取巡回宣

289

讲、事迹报告、座谈等多种形式，讲述党史国史故事，宣讲石化人艰苦创业、开拓创新的精神，使青工认识到个人的前途命运与国家、民族的前途命运息息相关，与企业的发展紧密相连，激发爱国情怀，进一步坚定跟党走的信念。

2. 开展"传承红色基因，争做时代新人"主题教育，引领青工不忘初心、牢记使命

按照习近平总书记关于"一切伟大的事业都需要在承前启后、继往开来中推进。我们要发扬光荣传统、传承红色基因，不忘初心、继续前进"的指示，中国石化关工委把传承红色基因作为日常工作来落实。

各单位关工委充分利用所在地的红色教育资源，组织青工瞻仰先烈墓、英模故居，参观革命纪念馆。如江西石油组织到井冈山、八一纪念馆，上海石化组织到一大会址，广州石化组织到农民运动讲习所，中原油田组织到焦裕禄、孔繁森纪念馆等参观。还组织老同志和青少年共唱爱国歌曲、观看革命题材影视片、阅读红色书籍、共同回顾我党我军壮烈的革命历程等，教育青工树立正确的人生观、世界观和价值观，把爱党爱国的热情转化为敬业奉献、创新创效的实际行动。

3. 开展"传承石油精神、弘扬石化传统"教育，激励青工立足岗位、建功立业

2016年6月，习近平总书记作出重要批示，强调石油精神是攻坚克难、夺取胜利的宝贵财富，什么时候都不能丢。2019年9月26日，习近平总书记在致大庆油田发现60周年的贺信中指出，大庆精神、铁人精神已经成为中华民族伟大精神的重要组成部分。中国石化党组印发《关于大力开展传承石油精神、弘扬石化传统教育的安排意见》，要求深刻把握石油精神和石化传统的时代内涵，增强传承石油精神、弘扬石化传统的自觉性、坚定性，落实开展传承石油精神、弘扬石化传统教育的重点措施，凝聚起"爱我中华、振兴石化""为美好生活加油"的正能量。

一是深入宣讲英模精神。各单位关工委按照中国石化党组大力开展"传承石油精神、弘扬石化传统"教育的安排，利用多种形式，宣传石油化

工行业艰苦创业、为国奉献的精神，王进喜"宁愿少活二十年，拼命也要拿下大油田"的铁人精神，著名科学家侯祥麟、闵恩泽和"时代楷模"陈俊武的科学报国精神，共举办各类演讲会、报告会和座谈会1230余场，受教育的青工达28.6万人次。老一辈科学家和石化人"爱我中华、振兴石化"的爱国情怀和为国争光的奋斗精神，在青工中引起极大震撼，撰写体会文章10万余篇。

二是深入宣讲石化业绩。为激发青工产业报国的热情，关工委按照集团公司党组的要求，带领青工学习陈锦华同志《中国石化三十年》文章。中国石化仅前30年，就累计向国家缴纳税费、利润2.90万亿元，为强国兴邦和保障民生发挥了"雪中送炭"的作用。中国石化仅用30年，就从一个名不见经传的新组建公司，发展成世界500强第五名、中国企业500强第一名的国际知名能源化工公司，用一代人的时间成功赶超发达国家的百年历程。目前，日均缴税近10亿元。对这些业绩，青工过去或知之不多或知之不深，通过学习和宣传，他们认识到中国石化在建设中国特色社会主义的伟大征程中发挥好"经济野战军"主力作用的重大意义；认识到这是中国特色社会主义开创的伟业，是改革开放方针指引下充分发挥的体制优势。他们对老一辈石化人的进取拼搏精神的敬佩之情油然而生，对增强"四个意识"、坚定"四个自信"、做到"两个维护"有了更深刻的认识，纷纷表示，坚定做强做优做大国有企业的信念，把全部身心投入建设世界一流能源化工公司之中。

三是深入宣讲"石化故事"。各级关工委组织五老讲好石化人艰苦创业、无私奉献、开拓创新的事迹，激励青工继承和发扬光荣传统，立足岗位奉献青春和智慧。西南石油局关工委组织青工参观元坝、川西等工区，感受火热的会战场面和石化人战天斗地的生活。燕山石化关工委举办五老大讲堂，宣讲企业艰苦创业史、深化改革史、科技创新史。河北石油、山东石油、湖北石油等单位关工委配合企业开展"家文化"建设，引导五老就近就便联系加油站，关爱青年、留心育人，受到青工的欢迎。

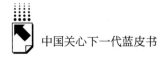

（二）建设"传帮带"品牌，让青工在产业报国中展示才华、实现价值

中共中央、国务院在《新时期产业工人队伍建设改革方案》中指出，要造就一支有理想守信念、懂技术会创新、敢担当讲奉献的宏大产业工人队伍。这项政策非常符合中国石化的实际，是打造世界一流企业的战略举措。中国石化关工委突出重点，在建设和培育"传帮带"品牌上狠下功夫。截至 2019 年底，中国石化 35 岁以下青工中技能型、专业技术型、管理型分别有 73891 名、46779 名、6024 名；28 岁以下青工中技能型、专业技术型、管理型分别有 24170 名、9617 名、109 名。青工三支队伍占比情况如图 3、图 4 所示。

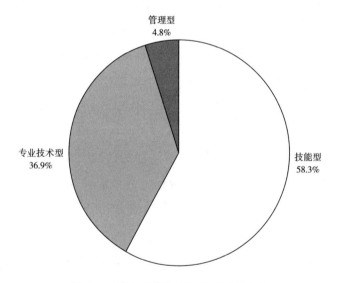

图 3　35 岁以下青年员工三支队伍占比

1. 健全五老信息库，实施"传帮带"菜单化

为增强"传帮带"的针对性，各单位关工委围绕企业中心工作，把握青工需求，对五老的专业特长分别进行信息统计，分门别类成立地质勘探、油气开发、地面工程、油气储运、炼油化工、装置设备、仪表维修、思想政治、经营管理、家庭教育等不同专业、不同特色的关工委分会，实现"一

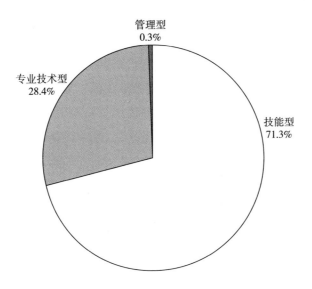

图4　28岁以下青年员工三支队伍占比

分会一特色一品牌"。

　　武汉石化关工委创建了以"亮绝活、展技能、晒经验"为主要内容的"亮展晒"工作品牌，建立老专家工作室，主动与生产一线联系，征询培训需求，对口选送五老人才，送教上门、传授到岗、答疑解惑。"亮展晒"活动开展以来，组织技术座谈23场，与12家基层单位结成了对子，在专业报刊发表宣教文章30余篇、技术论文8篇。工程建设公司关工委开展"抓好职业生涯教育第一课"活动，每年坚持召开院士、大师、专家与新入职大学生座谈会，帮助青工走好职业生涯第一步。

　　2. 推进师带徒工程，实施"传帮带"导师化

　　业务能力水平是青工建功立业的基本功。各级关工委充分发挥广大五老丰富的专业管理经验和技术优势，以提高业务能力为主线，抓好经验技术传承。

　　齐鲁石化关工委在巩固"传递金钥匙"活动成果的基础上，推出"成长导师"工程。挑选政治素质好、群众威望高、实践经验丰富的五老作为导师，与234名有培养潜力的优秀青工一对一结成师徒，已有38名青工获得山东省青年技术能手称号。胜利油田关工委配合有关部门，充分利用全国

劳动模范、全国技术能手、第二批中国高技能人才十大楷模代旭升创办的"工人技术创新协会""采油技能大师网"开展"传帮带",成为青工请教疑难问题的"技术家园"。十建公司关工委与人力资源部、团委联合开展"导师带徒"活动,五老与青工开展"一带一"或"一带多"传帮带,为推动技术攻关做出了积极贡献。

3. 编撰培训教材,实施"传帮带"规范化

在培训青工的过程中,各单位关工委不断总结经验、加以完善。过去的口传心授有快速便捷的优势,亦有标准不足、无痕迹可查的短处。为此,各单位关工委进行了改进和提升,尤其针对各类技术培训,组织五老专家,按照国家、行业的标准和规范,开发、编写书面和多媒体教材,既提升了培训质量,又可行业通用,实现了资源共享。

中原油田、江苏油田、扬子石化、北京石油等单位,多年来编写了一系列技术培训教材,被同行业兄弟单位广泛采用。如北京石油关工委协助培训中心开发完善了加油站新入职员工培训课程8门、加油站"五项技能"培训课程5门,编制完成了PPT培训课件、考试题库等。2018年以来,协助举办培训32期,培训加油员1699名。

(三)融入社会治理,为青工排忧解难

各单位关工委积极参与社会治理,为青工父母养老、子女成长营造良好环境,促进家庭、企业与社会和谐稳定(见表3)。

1. 开展家庭教育,为青工排忧解难

子女的教育,时刻牵挂着青工的心。在一定程度上,关心帮助青工子女,也就是关心帮助青工。

表3 中国石化关工委五老参与社会治理统计

类别	五老数(人)	组织数(个)	做报告数(场)	服务青少年、家长(人次)	帮助失足青年(人次)
关爱工作团	12632	521	3278	701851	1125
校外辅导员	1314			422254	

类别	五老数（人）	组织数（个）	做报告数（场）	服务青少年、家长（人次）	帮助失足青年（人次）
网吧监督员	1901				
弘扬家教家风	140324		2572	356729	
心理咨询	1739			13627	

独立工矿企业的关工委千方百计为青工着想。一是成立家长学校，包括姥姥、姥爷和爷爷、奶奶老年班，爸爸、妈妈青年班，讲授婴幼儿相关知识；二是开办"四点半学习班"，解决放学后"最后一公里"的问题；三是设立关工委家教分会，开设家教讲堂；四是开办少儿兴趣班等。2019年，建立家长学校266所，参加学习的家长35.6万人次。这些举措深受青工的欢迎。

中原油田关工委成立家庭教育讲师团，开设"中原家教讲堂"微信公众号，采取现场讲座网上直播方式，通过中华家庭教育网面向全国授课，累计举办讲座256场，听课人数达2.3万人次。扬子石化关工委举办家庭教育讲座，围绕"家庭教育的关心与知心"这一主题，作深入浅出的讲解，使青工及子女受益匪浅。

2. 参与普法教育，引导青工和子女遵纪守法

中国石化关工委组织开展"关爱明天、普法先行"普法教育以来，广大五老深入企业基层、社区、学校，对青工和学生开展形式多样的教育活动。目前，全系统共建立关爱工作团521个，12632名五老做法治教育报告3278场，受教育青工和子女达70.2万人次。

胜利油田、茂名石化、江西石油等单位关工委组织五老定期宣讲《未成年人保护法》《预防未成年人犯罪法》《禁毒法》等法律法规，为青少年开展普法教育。金陵石化、巴陵石化、广州石化等单位关工委开展"小手牵大手，学法一起走"法治教育宣讲活动，通过法律宣讲、法律咨询、法律援助等活动，让广大青工和子女共同增强法治观念。

3. 开展关爱帮扶，促进家庭和谐、社会稳定

青工常年在国外和国内野外工作的很多，顾不上照料家庭。关工委把关

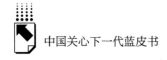

爱外闯市场青工的父母、子女，作为工作的重要内容，结对守望互助。开展网吧义务监督，1901名五老担任监督员，监督网吧300多个；净化校园环境，定人员、定时间、定地点护送小学生上下学，确保他们的安全。第四建设公司关工委组织"留守儿童"给他们的父母写信，道辛苦、报平安，沟通学习生活情况，增进了青工与其子女间的情感，让他们在外埠安心工作。

三　中国石化关工委的工作经验：扎实创建"五好"基层关工委，促进自身建设创新发展

我们牢牢把握关工委的定位，坚持党组织的统一领导，以党建带关建，大力开展"领导班子建设好、五老作用发挥好、制度健全执行好、积极探索创新好、活动经常效果好"的"五好"基层关工委创建活动，夯实了工作基础，提升了工作水平。

（一）以党建带关建，为基层关工委开展工作提供组织保证

1. 基层关工委领导班子配备齐全

各直属单位关心下一代工作委员会由党委负责同志、离退休老同志和有关部门负责同志组成，其中离退休老同志占多数，成为主体。委员会设主任1人，常务副主任1人，副主任数人，秘书长1人。主任一般由各单位党委负责同志兼任，常务副主任由原同级退休干部中有威信、有能力、身体好、热爱关心下一代事业的同志担任，秘书长由离退休工作部门的负责同志兼任。基层单位依托离退休人员党支部建立关心下一代工作小组，组长由基层单位党组织负责同志兼任，常务副组长由同级退休同志担任。

2. 及时调整充实基层关工委领导班子

各单位党委从实际出发，及时调整和充实基层关工委领导班子，注重把那些有威信、有能力、身体好、热爱关心下一代事业的离退休老同志充实到各级关工委组织当中，实现了正常的新老交替。

茂名石化党委将关工委班子建设纳入党委干部任免程序，公司关工委常

务班子、分会的领导班子分别由公司党委、二级单位党委考察任免。销售公司关工委于 2017 年 3 月进行换届改选，配齐了常务工作班子，建立华北、华中、华东、华南 4 个片区关工委，出台了《销售企业关心下一代工作委员会工作条例（试行）》，加强了对销售板块关心下一代工作的统筹规划和指导协调。

3. 常务工作班子务实有为

各级关工委日常工作由常务工作班子负责。常务工作班子由常务副主任主持，由若干委员（离退休老同志）和秘书长参加，协助主任负责工作计划的组织实施。经过努力，各单位基层关工委做到了班子健全、结构合理，形成了团结有力的领导集体。

（二）体制机制健全，为基层关工委开展工作提供了有力保障

1. 工作制度健全，促进基层关工委工作制度化、规范化

各单位关工委在认真执行中国关工委和中国石化关工委工作规则的基础上，结合自身实际，建立健全会议组织、工作通报、请示汇报、目标责任、检查评比、调查研究等一系列工作制度，保证了基层关工委工作规范运行。

2. 工作机制完善，纳入党委年度工作计划

各单位关工委注重完善运行机制，做到工作有计划、有布置、有检查、有总结。同时，大部分单位将关工委工作纳入党委年度计划，与党群部门工作同部署、同安排，统筹谋划，共同推进。胜利油田党委把关工委工作作为离退休人员党支部目标管理的内容之一，年初安排部署，年中督导落实，年底检查考核，各级党组织承担起支持、指导关工委工作的责任，切实把基层关工委工作落到了实处。

3. 保障机制完善，促进关工委工作水平提升

各单位关工委积极争取企业党政领导的支持，活动经费列入本单位年度预算。在工作条件上，各单位都为关工委安排了专门办公场所，统一配备办公设备和办公用品，保障了关工委工作的顺利开展。

（三）不断探索创新，为基层关工委开展工作提供智力支撑

1. 强化学习培训，五老队伍与时俱进

制定印发《中国石化关工委 2016—2020 年教育培训规划》，明确教育培训的指导思想、基本原则和目标任务，突出思想、作风、业务能力等重点内容，制定了具体措施，为加强关工委培训工作提供了指导。

每年都举办直属单位关工委常务副主任培训班，采取课堂讲授与现场教学相结合的形式，对直属单位 160 多名关工委常务副主任和秘书长进行培训，大家一致反映培训效果很好，收获很大。各单位关工委也通过举办培训班、听辅导报告、召开研讨交流会等方式，对本单位工作人员和五老骨干进行培训。5 年来，共举办各类培训班 1521 次，有效地提高了工作人员与五老骨干的政治素质和工作水平。

2. 强化宣传工作，营造比学赶帮超的良好工作氛围

认真学习贯彻《中国共产党宣传工作条例》，强化宣传工作，让主旋律更加响亮、正能量更加强劲。

一是注重典型选树，让老同志学有榜样。积极培育、选树先进典型，各直属单位每年评选"最美五老"。2015 年 8 月，在纪念中国关工委成立 25 周年暨全国关心下一代工作表彰大会上，胜利油田、中原油田、燕山石化、茂名石化、北京石油等 5 家单位关工委被评为全国关心下一代工作先进集体，李忠华、孙尚璋、王玉英等 27 人被评为全国关心下一代工作先进个人，王作然被授予全国关心下一代工作突出贡献奖，吴协刚被授予全国关心下一代工作荣誉奖。2016 年，时任中原油田关工委常务副主任任宗声获全国关心下一代"最美五老"提名奖。

二是注重用好宣传载体，增强宣传工作影响力并扩大覆盖面。充分利用《中国火炬》、《中国石化报》、《石化老年》、《离退休工作信息》、中国石化新闻网等媒体，以及各单位开办的报刊、网站、微信公众号等，加强对关心下一代工作成果和先进典型的宣传，不断拓展关工委组织的影响力，在全系统内营造了学习先进、弘扬五老精神的浓厚氛围。

3. 广泛开展研讨活动，及时推广创新成果

坚持每年在全系统深入开展调研工作，并形成调研报告。根据企业区域分布，划分 6 个片区，每年围绕关心下一代重点工作开展研讨交流、评选优秀创新成果。各单位关工委高度重视，组织专人深入生产一线、社区，采取座谈、访谈、问卷调查等形式开展调研，总结形成了一批新成果新经验，并积极大力推广，有力推动关心下一代工作创新发展。

中国石化关工委 2016 年的调研报告，被中国关工委编入《中国关心下一代工作 2016 年调研报告汇编》。2017 年撰写的调研报告得到中国关工委主任顾秀莲同志和集团公司党组领导的称赞和批示，鼓舞了各级关工委和广大五老的士气，增强了干好工作的决心和信心。

四 企业关心下一代工作面临的困难与挑战

近年来，党中央、国务院先后印发一系列国有企业深化改革的政策文件，中国石化认真贯彻落实、稳妥统筹推进，已于 2018 年底完成了所属企业职工家属区的社区管理职能移交，并将于 2020 年底完成退休人员社会化管理工作。深化国有企业改革，有利于减轻企业负担，促进国有企业瘦身健体，提升核心竞争力；有利于地方政府对公共服务职能实行集中统一管理，更好地统筹社会资源，提升社会治理创新能力。

同时，企业职工家属区社区管理职能移交和退休人员社会化管理，对中国石化关心下一代工作组织架构、人员组成、工作开展、场所和经费保障等都产生重大影响，特别是对远离城区的独立工矿区影响更大。总体来看，有以下几方面的困难和挑战。

1. 退休人员社会化管理带来五老队伍隶属关系变化

中国石化 46 万多名退休人员移交后，其退休关系、党组织关系、人事档案等一并移交属地街道和社区管理，人员由企业人变成社会人，企业不再负责退休人员服务管理职能，企业与五老人员的隶属关系将发生变化。

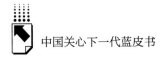

2. 社区职能移交和退休人员社会化管理带来服务场所使用上的变化

按照相关政策精神，企业职工家属区社区职能移交和退休人员社会化管理时，相关的服务场所、活动场所、设备设施等无偿划转给街道和社区。企业关工委开展活动经常使用的工作场所受到了一定限制，将给工作开展带来不便。

3. 新入职青工文化层次高、学习媒介多、工作地点分散，给关工委开展工作带来新挑战

近几年来，中国石化为了适应产业升级、科技创新、市场竞争、管理提升的需要，新招录员工的文化层次均为本科及以上学历。他们文化理论水平高、思想活跃、学习媒介多，特别是中国石化所属单位点多线长、外部项目多、野外工作时间长、工作强度大等客观因素，是基层关工委今后开展工作面临的新挑战。

4. 五老人员年龄结构偏大，异地居住增多，对关工委队伍建设提出了新课题

从调研的情况来看，中国石化关工委虽然建立了一支数量相对稳定的五老队伍，但在实际工作中，还存在五老人员年龄偏大，自身理论学习、文化素质、专业知识与实际工作需求有一定差距等问题，从而影响了关工委发挥作用。同时，随着经济社会的发展，不少新退休人员纷纷离开企业所在地，到更宜居城市或子女工作所在地生活，影响了五老队伍的相对稳定和更新补充。

五　中国石化关工委下一步工作形势分析和思考

（一）关工委下一步工作形势分析

中国石化关心下一代工作虽然在体制机制、五老队伍、服务范围、工作载体和场所经费等方面面临困难和挑战，但通过调研、座谈、会议论证、咨询专家等方式，收集不同群体、相关业务及党群部门对关工委下一步工作的意见和建议，我们认为关工委工作仍大有可为、大有作为。

1. 党和国家对关工委工作寄予厚望，为我们开展好企业关工委工作坚定了信心

习近平总书记在党的十九大报告中明确提出"要以培养担当民族复兴大任的时代新人为着眼点""建设知识型、技能型、创新型劳动者大军"，赋予了新时代企业关心下一代工作新的重大责任和使命。近期，中共中央、国务院印发《新时代爱国主义教育实施纲要》，要求大力弘扬爱国主义精神，把爱国主义教育贯穿国民教育和精神文明建设全过程。近日，中央文明委印发《〈新时代公民道德建设实施纲要〉中央部门重点任务分工方案》和《中央精神文明建设指导委员会 2020 年工作安排》等，明确了关心下一代工作的任务，为新形势下中国石化关工委工作提供了新目标、指明了新方向。

2. 深化国有企业改革的相关政策文件，为开展关工委工作提供了政策依据

中共中央办公厅、国务院办公厅《关于国有企业退休人员社会化管理的指导意见》指出，国有企业要继续关心关爱退休人员，做好走访慰问等工作，采取多种方式使退休人员了解企业改革发展情况，提出意见，发挥余热，为企业关工委组织建设和开展工作提供了政策支持。

3. 中国石化对青工人才的需求，为开展好关工委工作提供了平台

中国石化明确提出了建设世界领先企业的奋斗目标，制定了《中国石化人才强企工程战略规划和行动方案》，提出以提高思想道德素质和职业精神为基础，以培养创新精神和创新能力为重点，形成协同育人模式，打造一支有信念、有技术、有力量，爱岗敬业、爱厂如家、立足成才的工作队伍。新要求为发挥五老优势，抓好主题教育、深化"传帮带"工作品牌，着力促进青工成长成才提供了广阔平台。

4. 广大老同志离岗不离党、退休不退志，希望继续为党的事业和企业发展增添正能量的热情，为开展好关工委工作提供了人才基础

广大老同志长期接受党的培养和教育，在中国石化辛勤工作多年，为企业的发展建设奉献了青春。现在虽然退休了，但对党的忠诚、企业的情感未曾改变。他们中的许多人曾是创新能人、技术专家、管理精英、培训导师，

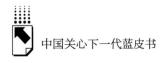

而关心下一代工作是他们继续发挥优势作用的重要平台，是实现老有所为的重要阵地。一大批老同志将会积极加入五老队伍，为企业关工委创新工作提供强有力的人才支撑。

（二）关工委下一步开展工作的主要举措

面对新形势新任务新要求，在深入调研的基础上，中国石化关工委今后的工作思路和措施包括以下几方面。

1. 坚持党建带关建，开展"联建共促"

提高政治站位，坚持党建带关建，转变思想观念，创新组织体制建设。直属单位关工委主任由党委分管群团工作的同志兼任，聘请原单位同级退休同志担任副主任，办公室设在行政服务中心或群团工作部门，秘书长由行政服务中心或群团工作部门负责同志兼任。关工委工作纳入党委工作计划，做到同部署、同检查、同表彰。直属单位关工委结合实际情况，在较大的二级单位或基层单位集中区域设立关工委分会，由有影响力的二级单位党委负责同志任分会主任、聘请同级有威望退休同志担任副主任，办公室设在群团工作部门，秘书长（联络人）由群团工作部门负责同志兼任。

2. 坚持应需而为，建立适应企业发展的精干五老队伍

紧贴企业所需、青工所想，优化调整五老人才队伍结构。建立形势任务宣讲、专业技术引领、技能绝技传授等五老人才库，根据需求订单，组建专业对口力量，提升关工委工作的针对性和实效性。直属单位（二级单位）为关工委提供工作条件和必要的工作经费，关工委办公室做好协调服务工作，发挥好关心下一代工作领导小组成员单位和委员职能作用。同时，建立健全工作例会、调查研究、评比表彰等工作制度，遵循"围绕中心，配合补充"的工作原则，不断提升关工委整体工作水平。

3. 强化自身建设，不断提升五老人员学习能力

按照"学习型、服务型、调研型、创新型"要求，切实抓好五老人才队伍常态化学习培训，把关工委建设成为有活力、有战斗力、有影响力的和谐集体。积极搭建平台，运用多种载体，为五老人才队伍学习培训提供必要

条件。如每月一次政策理论学习，每季度一次工作经验交流，不定期深入基层调研，适时考察培训等，引领五老人员提高理论水平和技能传授能力，使关工委工作与时代同步、与企业发展同进、与青工需求同频。

4. 创新工作方法，拓展老少互动空间

主动适应"互联网＋"发展新趋势，根据企业和青工需求，组织五老编撰培训教材、制作传授技能视频，利用企业人力资源培训网络、关工委网站和微博微信等新媒体，搭建服务青工的网络平台，把关心下一代工作延伸到网络空间，形成关工委工作线上线下齐头并进的新局面。

5. 大力表彰先进，激发五老发挥作用的自豪感和幸福感

老同志参与关心下一代工作是发挥余热，只求奉献，不图回报。但精神和物质双方面的鼓励，更能体现企业对其工作的认可和关怀。一方面，及时总结推广五老队伍在培养教育青工中的典型经验，大张旗鼓表彰先进，激励五老再接再厉、再立新功。另一方面，根据五老的工作量和实际履职情况，给予五老更多的精神关怀和生活照顾。同时，积极做好重大节日的走访慰问工作，让五老真切地感受到企业的关怀和温暖，激发进一步做好关心下一代工作的热情。

案 例 篇

Cases

B.17

"传承红色基因，争做时代新人" 主题教育活动报告

陈江旗　张 羽*

摘　要： 为贯彻落实党的十九大提出的培养担当民族复兴大任的时代
新人的新任务，引导广大青少年认清自己的"根"和"魂"，
中国关工委开展"传承红色基因，争做时代新人"主题教育
活动，教育引导青少年自觉把传承红色基因贯穿于树立和践
行社会主义核心价值观的实践当中，从红色文化、红色基因
中汲取前行的力量，做到听党话、跟党走，成为中国特色社
会主义合格建设者和可靠接班人，同时在走好新时代的长征
路上，不断赋予其新的时代内涵、绽放新的时代光芒。

* 陈江旗，中国关心下一代工作委员会办公室主任；张羽，中国关心下一代工作委员会办公室
秘书处干部。

关键词： 红色基因　时代新人　关工委　青少年思想道德教育

社会主义核心价值观

红色基因是党领导全国各族人民在实现中华民族伟大复兴的历史进程中所创造的伟大精神的本质所在，是中华民族自强不息的民族品格的集中展示，已经成为我们党不断攻坚克难、从胜利走向胜利的宝贵精神财富。习近平总书记一贯重视红色基因的教育和传承，在给陕西照金北梁红军小学学生的回信中指出"希望你们多了解中国革命、建设、改革的历史知识，多向英雄模范人物学习，热爱党、热爱祖国、热爱人民，用实际行动把红色基因一代代传承下去"。根据习近平总书记的重要指示精神，中国关工委把传承红色基因作为加强青少年思想道德教育的首要任务，发挥五老优势，自上而下，全面推进"传承红色基因，争做时代新人"主题教育活动，激发广大青少年爱党爱国爱社会主义的热情。

"传承红色基因，争做时代新人"主题教育活动是青少年党史国史教育的继续和深化，连续两年被列入中央文明委年度重点工作项目。2018年初，中国关工委在西柏坡举行主题教育活动启动仪式，全国各级关工委上下联动，认真组织青少年聆听红色故事、阅读红色书籍、参观红色教育基地、重走红色之路、开展志愿服务，推动教育活动在学校、企业、社区、农村全面铺开、形成声势，取得了良好成果。截至目前，全国各级关工委和广大五老开展"传承红色基因，争做时代新人"主题教育活动近万余场，直接参与青少年近千万人次。"传承红色基因，争做时代新人"主题教育活动声势较大，内容丰富，形式感人，覆盖面广，选择的时机恰当，深受青少年欢迎，社会反响良好，有力地促进了青少年践行社会主义核心价值观教育的深化。

一　深刻认识传承红色基因的重要意义

青少年是祖国的未来、民族的希望，是中国特色社会主义事业的接班人。加强青少年思想道德建设，培育时代新人，事关实现中华民族伟大复兴。红色基因作为社会主义核心价值观的有机组成部分，是我们党培养担当民族复兴大任的时代新人的重要内容。通过深入开展传承红色基因和党史国史教育，使广大青少年爱党爱国的思想情感更加深厚，践行社会主义核心价值观更加自觉，给青少年健康成长带来了新动力，也促进了广大青少年思想道德素质的全面提高，产生了良好的政治影响和社会效果。

（一）传承红色基因，开展党史国史教育是引导青少年树立正确"三观"的必要环节

党史国史是我们党、国家和民族的宝贵精神财富。青少年处在世界观、人生观、价值观形成和确立的关键时期，处在塑造品格、确立理想信念的重要时期。在青少年时期学习党史国史，是扣好第一粒扣子，迈好人生第一步的重要手段。抓住这个时期进行党史国史教育恰逢其时。通过对青少年进行宣传灌输、教育引导，使他们知史爱党、知史爱国，更好地理解培育和践行社会主义核心价值观，把人生理想融入国家和民族伟大复兴事业中去，从而确立人生目标，内化于信党、外化于跟党。

（二）传承红色基因，开展党史国史教育是帮助青少年更好更快健康成长的迫切需要

当前社会思想多元多样多变，一些腐朽文化和有害信息通过互联网等新媒体快速传播，给青少年带来负面影响。一些敌对势力不择手段进行精神渗透、文化渗透，争夺青少年的斗争从未停止。青少年对新知识、新事物有强烈的兴趣和渴望，但缺乏辨识能力，需要加以正确引导。要培养青少年爱党爱国爱社会主义的思想情感，坚决抵制西方敌对势力和平演变和资本主义腐朽思想的影响和侵蚀，确立爱国、诚信、孝敬、勤俭等道德规范，深入持久地对青少年进行党史国史教育尤为重要。

（三）传承红色基因，开展党史国史教育是发挥五老优势关爱青少年的重要平台

广大五老是中国革命、建设和改革的参与者和见证人，在党史国史教育方面最有发言权和说服力，他们所写所讲，是对青少年进行党史国史教育、社会主义核心价值观教育最生动、最感人、最鲜活的教材。他们一辈子为党的事业操劳奉献，离退休后有为中国特色社会主义事业培养可靠接班人的真诚愿望和热情。通过党史国史教育平台，把他们独特优势最大限度地发挥出来，是对五老无私奉献精神的充分肯定和保护。

（四）传承红色基因，开展党史国史教育是各级关工委义不容辞的历史责任

习近平总书记提出关心下一代工作的主要任务，就是着力加强青少年思想道德建设，引导青少年树立和践行社会主义核心价值观，支持和帮助青少年成长成才，团结教育广大青少年听党话、跟党走。关工委是党发动老同志开展青少年工作的群众性组织。关工委的政治属性，决定了其是党的主张的积极宣传者和自觉践行者。党史国史教育作为青少年思想道德建设的重要组成部分，是提高青少年思想政治素质的重要途径。关工委有责任协同社会各方把这一教育活动深入、持久地抓紧抓好。

二 开展主题教育活动的主要做法

各级关工委认真学习贯彻习近平新时代中国特色社会主义思想，紧紧围绕立德树人根本任务，把加强青少年思想道德建设放在首位，突出理想信念教育，在深入开展"爱学习、爱劳动、爱祖国""学雷锋""老少共筑中国梦""党史国史教育"等主题教育的基础上，中国关工委开展了"传承红色基因，争做时代新人"主题教育活动，作为青少年党史国史教育的继续和深化，把传承红色基因作为社会主义核心价值观宣传

教育的重要组成部分，采取多种举措生动形象地诠释弘扬社会主义核心价值观。

（一）加强青少年理想信念教育

各地关工委充分挖掘本地红色资源，整理编写青少年党史国史教育读本。组织广大老同志参加五老宣讲团、报告团，以社区乡村、学校企业以及网络空间为主阵地，针对不同年龄段青少年的特点和需求，结合地方史为广大青少年讲党和国家的发展历程和革命传统，讲家乡的历史巨变，讲英模先烈奋斗事迹，老同志们用参加革命、建设、改革的亲身经历，具体生动地对青少年进行革命传统教育，提高了广大青少年识别和抵制各种错误思想的能力。在宣讲活动中，老少共讲中国故事、红色故事、身边故事，重温秋收起义、南昌起义、百色起义、遵义会议、飞夺泸定桥、东北抗联、海南琼崖纵队23年红旗不倒等伟大历史，唱响了红船精神、井冈山精神、延安精神、西柏坡精神等伟大精神。中国关工委面向全国开展了读书和征文活动，得到广大青少年积极响应。中华魂读书活动每年吸引1500多万名青少年参与，"传承红色基因，争做时代新人"征文活动吸引892.8万名青少年参与，仅各地选送中国关工委的稿件就有1万多篇。山东、湖南、湖北、江苏、四川等省份，组织了万名五老报告团深入青少年中宣讲，取得了显著成效。

（二）注重青少年道德实践养成

在教育引导青少年传承红色基因的过程中，注重引导青少年在学习中固本培元，汲取红色营养。深入开展"五个一"活动，组织青少年聆听一次五老宣讲、阅读一本党史国史书籍、参观一个革命遗迹、撰写一篇学习体会、参加一次志愿服务。在学习历史、思考历史、感悟历史中，教育引导青少年探寻革命足迹，厘清历史脉络，深入了解中国共产党领导人民进行革命、建设和发展的艰苦卓绝历程，深刻认识到新时代中国特色社会主义是由中国共产党带领各族人民接续奋斗出来的，更加坚定没有共产党就没有新中国的真理信念，真正使红色基因入脑入心、融入血脉。各地关工委立足实际，区分不同年龄、不同群体的青少年，精心打造了有特色有影响的传承红色基因活动平台和品牌，使他们从红色基因的接受者变为红色基因的践行者、传播者，广泛开展了争当"新时代好少年""孝心少年""十小明星""红领巾小小讲解员"等实践活动，引导青少年把传承红色基因落实到孝老爱亲、勤奋学习、诚实友善、助人为乐、崇尚科学、爱护生态等实际行动中。通过系列活动的开展，教育引导青少年从自身做起，在日常生活点滴中传承红色基因，使优良传统和红色基因内化为精神力量、外化为实际行动。

（三）注重青少年教育实践基地建设

为使红色基因不仅有史可讲、有事可说，而且有址可寻、有物可看，依托南湖革命纪念馆、井冈山革命烈士陵园、延安革命纪念馆等革命旧址、纪念馆等，建立关心下一代党史国史教育基地 3400 个，其中挂牌全国关心下一代党史国史教育基地 138 个。积极争取各方支持，助推建立了一批开展爱国主义教育、党史教育、国防教育、法治教育、科普教育和绿色教育的实践基地。不少老同志还深入挖掘整理地方史，推动建立了一批基层爱国主义教育基地。各地利用教育基地开展体验教育，组织青少年进行参观，在国家公祭日、清明等时间节点祭扫英烈，入情入境接受伟大精神的洗礼。陕西省关工委把梁家河知青点作为教育基地，引导青少年从习近平总书记的知青岁月中感悟青春是用来奋斗的。

（四）注重树立"互联网＋"思维

在线下活动蓬勃开展的同时，积极探索"互联网＋红色基因"教育形式，引导五老融入网络社会，利用互联网和微信、微博，通过动画、微电影、微作文等形式，在青少年中唱响了学党史、颂党恩、跟党走的主旋律。积极推动青少年爱国主义教育向网络空间延伸，举行了 138 个全国关心下一代党史国史教育基地上线启动仪式，并发布了电脑端和移动端关心下一代党史国史教育网络地图，开展了党史国史知识网络答题活动，为基层关工委开展主题教育活动和青少年接受爱国主义教育提供了新媒介。通过开设网站、微信等新媒体，拓展网络教育新平台，主题教育不仅可以在线下开展活动，也可以在线上积极宣传党史国史知识，使教育形式更加生动活泼、富有成效。目前，全国各级关工委"互联网＋"关工工作的发展还不平衡，但是已有不少单位将互联网作为新的教育载体和渠道，建设了一批网站和微信公众号，为主题教育活动的开展拓宽了阵地、丰富了载体。

三　开展主题教育活动的经验总结

"传承红色基因，争做时代新人"主题教育活动不仅有力地促进了青少年思想道德建设，深化培育和践行社会主义核心价值观教育，也为各级关工委大力培养社会主义建设者和接班人，开展青少年思想政治教育，开拓了思路，得到了有益的启示。

（一）紧扣"传承红色基因，争做时代新人"活动主题集中开展教育，是增强青少年思想道德建设工作系统性的有效途径

近几年，中国关工委先后开展了"学党史、颂党恩、跟党走""学雷锋、心向党、讲品德、见行动""老少共筑中国梦""爱学习、爱劳动、爱祖国""党史国史教育"等主题教育活动，取得了显著的效果。这次开展的"传承红色基因，争做时代新人"主题教育系列活动，从内容上看，紧紧围绕培育担当民族复兴大任的时代新人这个着眼点，培育和践行社会主义核心价值观这条主线，各地关工委和广大五老从不同侧面讲好中国故事，从不同侧面进行讲解、启发与警示，既从理论和实践的结合上较好地帮助青少年回答和解决了理想信念、道德情操和遵纪守法等现实问题，又积极引导青少年学会用科学的世界观和方法论观察认识问题，从更深层次上打牢正确的思想政治基础；从形式上看，既有理论灌输解惑释疑，又有先进典型引路示范，多渠道展开教育，具有综合效应。这种循序渐进、协调一致、独立完整、浑然一体的教育方式，较好地体现了思想政治教育的系统性、原则性，起到了从根本上解决青少年思想认识问题的作用。这充分说明，无论组织什么教

育，都要善于运用联系的、全面的观点，紧扣主题，精心设置内容，全方位开展教育活动，努力增强系统性，从而使教育产生标本兼治的整体效能。

（二）瞄准倾向性问题贴近实际深化教育，是增强青少年思想道德建设工作针对性的基本手段

红色基因是我党我军光荣传统和优良党风的集中体现，是任何时候都不能丢的传家宝。习近平总书记对此高度重视，反复强调，我们一定要把先辈们用鲜血和生命铸就的优良传统一代代传下去。我们必须站在确保红色江山永不变色、时代新人永不变质的高度，坚持用红色基因滋养青少年，为培育新一代青少年提供强大精神动力。这次系列活动紧紧围绕青少年对红色基因知之不多、理解不深、缺乏认同的问题，活动的内容和形式又有其具体的针对性，有的地方通过理论辅导、专家讲坛等形式，进行主题教育灌输、学习引导。加强对红色基因的深度解读和阐释，把重大意义、本质内涵、传承路径、践行要求讲明白、解析透，让青少年既知道"是什么"，又清楚"为什么""怎么办"，真正认清价值指向、把握精神真谛、强化理性自觉。

（三）运用震撼人心的活生生事实现场教育，是增强青少年思想道德建设工作说服力的重要形式

有的利用革命传统纪念日等时间节点，邀请五老在现场讲解革命传统故事。比如，有的地方组织广大青少年参观革命历史博物馆、展览馆，讲革命故事，举办征文比赛、演讲会、报告会，取得良好的社会效果。在"红岩魂"烈士墓广场，五老志愿者厉华为1000余名青少年讲述歌乐山革命烈士的故事。在南京雨花台烈士纪念馆，孙津川烈士的侄女、82岁的五老志愿者孙以智为在场的学生们讲述了雨花烈士的故事，引导青少年把红色基因植入灵魂、融入血脉，体悟蕴含其中的精神力量和实践价值，让红色基因成为青少年的情感依附、精神归宿、前进动力。进一步使青少年深深懂得革命先烈的浴血牺牲就是为了今天的红旗高高飘扬。他们纷纷表示，在"传承红色基因，争做时代新人"主题教育活动的引领下，弘扬传统，当好红色传

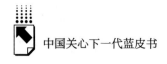

人，在实践的熔炉中增长见识、砥砺品质、强化本领，努力使自己成为国家的有用之才。

四 影响和制约主题教育活动持续深入开展的因素分析

"传承红色基因，争做时代新人"主题教育活动开展以来，在青少年思想引领等方面取得了良好成效，但活动中也显现出一些不足，主要有以下几方面。

（一）五老队伍老化

近年来，随着离休干部队伍的年龄增长，五老宣讲队伍老化十分严重，多数离休干部从事关心下一代工作已经心有余而力不足。同时，退休干部中，或因社会活动较为繁忙或因家庭需要照顾或对关心下一代工作不了解等，能参与关心下一代工作的人数并不多。因此，各级关工委的五老队伍处于青黄不接的尴尬境地，有些多年前组建的队伍，近年来能出来参加活动的老同志也是寥寥。如何挖掘退休干部人力资源宝库，组织动员退休干部加入宣讲队伍、参与老青结对活动是当前工作亟待解决的问题。

（二）教育效果有待加强

部分关工委开展的主题教育活动，以临时性、一次性的活动为主，活动虽然轰轰烈烈，声势浩大，但一定程度上还缺乏延续性与连贯性。有的地区开展主题教育活动缺乏创新和特色，在关心、教育青少年的工作载体上依赖老办法，创新不够，活动开展较少、形式内容单一，青少年多为被动地参与活动，对于主题教育要起到内化于心、外化于行的活动效果产生了一定影响。

（三）宣传力度不够

不少地区关工委在开展主题教育活动中，普遍存在重活动、轻宣传的思

人，在实践的熔炉中增长见识、砥砺品质、强化本领，努力使自己成为国家的有用之才。

维定式，认为只要把工作干完、干好就行，忽略教育活动的前期宣传和后期总结，导致活动的知晓度、参与度均较为有限。此外，已有的宣传手段形式比较单一，主要是利用系统内的宣传平台如简讯、关工网站、关工微信等开展宣传，利用有影响力的媒体扩大宣传的意识和能力还亟待加强。

五　持续深入推进主题教育活动的措施

红色基因教育是灵魂工程、基础工程、生命工程，全国各级关工委按照习近平总书记重要指示、中央文明委和有关部门的工作要求，坚持把"传承红色基因，争做时代新人"主题教育活动作为加强青少年思想道德教育的重要载体，教育引导广大青年员工和青少年在党的光辉历史和中华民族优秀传统文化的感染下，激发对党对祖国的热爱，逐步确立社会主义核心价值观。

（一）党建带关建，加强五老队伍建设

在开展教育活动中，紧紧依靠各级党组织的领导，逐步建立和完善"党政推动、关工委主动、党建带动、各方联动"的工作机制，实现党史国史教育的长效机制。各级关工委要主动将主题教育活动融入党建工作中，保证活动的长期性和持续性。同时，注重扩充宣讲队伍，注重吸纳有能力有意愿的老同志，并根据老同志的优势与特长有针对性地开展工作。畅通宣讲队伍出口，根据老同志年龄和身体状况，每隔一段时间调整志愿者队伍，构建可持续发展的五老梯队。加强培训，不断提高五老宣讲能力，更新知识结构，拓展开展教育活动的方式方法。

（二）发挥五老优势，教育引导青少年知行合一

德育工作必须遵循青少年思想道德形成及发展的规律，其中实践环节必不可少。青少年只有在亲身的实践中，才能把做人做事的道理内化为健康的心理品格、转化为良好的行为习惯。我们要坚持以培育青少年践行社会主义核心价值观为根本任务，用社会主义核心价值观引领青少年思潮，释疑解

感，凝聚共识；充分发挥五老的"传帮带"作用，增强做好工作的责任感和使命感，努力实现宣传教育、示范引领和实践养成相统一，增强培育和践行社会主义核心价值观工作的吸引力、感召力和实效性；引导青少年牢固树立正确理想信念、高尚道德准则和良好精神风尚，形成内化于心、外化于行的生动局面。

（三）与时俱进，拓展教育形式和内容

随着时代的发展，主题教育的渠道、形式和内容也应不断拓展。要研究和适应新时代，以创新精神探索新情况、新方法，增强教育效果，开创新境界，发挥红色资源的巨大潜力，让更多青少年成长成才成为时代新人。进一步丰富宣讲模式，把 PPT 等多媒体手段和菜单式宣讲、互动交流等形式运用到宣讲中，提高视觉冲击力，增强宣讲互动性。积极推广"互联网＋"关工工作，通过网络手段，把枯燥的文字配上相应的图片和视频，可通过趣味游戏和有奖竞猜等活动，吸引青少年关注党史国史知识。注重发挥革命传统教育基地的作用，将党史国史教育与本土教育相结合，通过现场讲解、现场宣誓、现场交流等形式，不断增强教育感染力和实效性。加强"读"与"写"，避免教育活动走过场的现象，通过读书及读后感写作等活动，激发青少年对党史国史的深入思考。

（四）加强联动，形成长效机制

为了深入开展主题教育，不断扩大其影响力与覆盖面，各级关工委需要主动作为，通过联席会议、吸纳成员单位等形式整合资源，开展教育活动。进一步利用好学校主阵地，各级关工委要与学校统一谋划，成为学校开展两史教育的有效补充，并在合作中形成力量互补、资源共享、平台互助、作用互促的良好局面。进一步利用好相关部门资源，与精神文明办、团市委、教委等相关部门和社会团体加强合作，打破条块壁垒，整合资源，充分发挥各单位的职能优势，借助相关单位已有的活动场所、工作队伍、宣传力量和教育经验等，通过借台唱戏、强强联合，不断拓展主题教育的深度与广度，达

到事半功倍的活动效果。进一步利用好相关宣传平台，增强对主题教育活动宣传工作的重视，既要加强与宣传部门、新闻媒体的密切合作，又要运用好微博、微信、网站等新媒体平台，通过加大宣传的力度、拓展宣传的范围，大力宣传特色品牌，扩大党史国史教育的知晓度、覆盖面和影响力，引导广大青少年听党话、跟党走，在全社会形成加强爱国主义教育、弘扬民族精神和优秀革命传统的良好氛围。

B.18
五老关爱工程实践报告

蔡 艳　刘宗顺*

摘　要： 中国关工委实施五老关爱工程，旨在发动广大老干部、老战士、老专家、老教师、老模范等离退休老同志（简称"五老"），帮助广大青少年特别是农村贫困青年、农村留守儿童、困境儿童解决实际困难，支持和帮助青少年成长成才。五老关爱工程突出了关爱育人的传统，为五老提供了老有所为的重要平台。新时代，深化五老关爱工程，要始终保持和增强工作政治性，加强顶层设计、深化改革创新，推进关爱服务体系和关爱服务能力现代化，不断满足青少年的需要。

关键词： 五老　五老关爱工程　扶志扶智扶贫　农村留守儿童　困境儿童

党的十八大以来，中国关工委以"十百千万"五老关爱行动为抓手，部署实施五老关爱工程，组织动员广大老干部、老战士、老专家、老教师、老模范等离退休老同志（简称"五老"），以农村贫困青年、农村留守儿童和困境儿童等为重点，帮助广大青少年解决实际困难，支持和帮助青少年成长成才。本报告旨在梳理关工委实施五老关爱工程意义、做法、成效，提出在新形势下深化五老关爱工程的路径建议。

---

* 蔡艳，中国关心下一代工作委员会办公室副主任；刘宗顺，中国关心下一代工作委员会办公室秘书处干部。

一　实施五老关爱工程的意义

五老关爱工程是关工委落实习近平总书记对关心下一代工作的重要指示、服务青少年成长成才的重要抓手，为广大五老发挥余热、老有所为提供了重要平台。

（一）深入学习贯彻习近平总书记对关心下一代工作重要指示的要求

2015 年习近平总书记对关心下一代工作作出重要指示，强调坚持服务青少年的正确方向，着力加强青少年思想道德建设，引导青少年树立和践行社会主义核心价值观，支持和帮助青少年成长成才，团结教育青少年听党话、跟党走。这是以习近平同志为核心的党中央对关工委工作定位、职责任务的进一步明确，为新时代关心下一代工作提供了根本遵循。实施五老关爱工程，提出新目标新任务，探索新举措新途径，把服务大局和服务青少年结合起来，调动各级关工委和广大五老的积极性、主动性、创造性，提供精准服务，把青少年凝聚在党的周围，培养成为担当民族复兴大任的时代新人，这是深入学习贯彻落实习近平总书记重要指示的具体体现。

（二）围绕中心，服务脱贫攻坚大局的要求

以习近平同志为核心的党中央坚持以人民为中心的发展思想，决胜全面建成小康社会，决战脱贫攻坚，把脱贫攻坚纳入"五位一体"总体布局和"四个全面"战略布局。青少年是农村的未来和希望。落实脱贫攻坚任务，必须加大对农村贫困青年的帮扶力度，为他们提供就业创业支持，帮助他们增加收入。全国关工委系统有 107 万个基层组织，有 1367 万名来自农业、科技、教育、政法等不同战线的五老，具有帮扶农村青年的组织优势。从1996 年以来，中国关工委坚持开展"讲政治、育新人、学科技、奔小康"活动，把政治引领与科技培训有机结合起来，组织老干部、老专家、老科技

工作者、老模范向农村青年传思想、传知识、传技能，培养了一大批讲政治、有技术并带领群众共同致富的致富带头人，形成了帮扶农村青年的工作优势。实施五老关爱工程，搭建上下联动、协调配合、整合资源的五老关爱平台，有利于把关工委的组织优势和工作优势转化为助力脱贫攻坚的整体优势，更好发挥关工委助力中心大局作用。

（三）关工委服务青少年健康成长的要求

在党和国家的关心、支持和推动下，青少年的基本生活条件不断改善，物质生活水平显著提高，精神文化生活日益丰富，青少年发展权益得到更好维护。与此同时，青少年发展不充分不平衡的问题仍然突出。截至 2016 年，全国还有农村留守儿童 902 万人，还有为数不少的事实无人抚养儿童尚未纳入国家保障体系。为尽快补齐青少年发展的短板，2016 年，国务院连续出台《关于加强农村留守儿童关爱保护工作的意见》和《关于加强困境儿童保障工作的意见》。同年，国务院批准建立由民政部牵头，有 27 个部门参加的农村留守儿童关爱保护和困境儿童保障工作部际联席会议制度，中国关工委是成员单位之一。在相关文件中，进一步明确了关工委的职责任务，要求关工委组织动员广大老干部、老战士、老专家、老教师、老模范等离退休老同志开展多种形式的农村留守儿童和困境儿童关爱服务和互助活动，协同做好农村留守儿童和困境儿童的关爱服务工作。实施五老关爱工程，有利于把顶层设计和基层落实结合起来，加强工作的统筹推进，更好促进农村留守和困境儿童健康成长，为阻断贫困代际传递贡献力量。

二　加强顶层设计，统筹协调推进

2016 年，中国关工委在贵州召开了农村关心下一代工作座谈会，围绕立德树人、服务脱贫攻坚战略，提出了加强农村青少年思想道德建设、帮助青年农民就业创业、推动农村青少年健康成长、关爱农村重点青少年群体和全面提升农村关工委建设水平五项任务。2015 年、2017 年，中国关工委先后召开民族自治州关工委工作座谈会，研究部署如何助力民族地区脱贫攻坚，进一步做好民族地区关心下一代工作。2017 年，全国关工委工作会议明确提出，以困难青少年为重点，实施五老关爱工程。决定用 2～3 年的时间集中开展"十百千万"五老关爱行动，帮助农村贫困青年脱贫致富，为农村留守儿童和困境儿童提供关爱保护，为困难青少年提供学习和生活上的帮助，帮助他们共享发展成果。2018 年，中国关工委研究下发《关于开展"十百千万"五老关爱行动的通知》（中关工委〔2018〕8 号），明确提出了工作目标和任务。全国各级关工委迅速行动，充分调研摸底，结合实际量化工作目标，制定下发实施方案，部署落实开展五老关爱行动的指导思想、目标任务、实施步骤、组织保障。很多地方将五老关爱行动与基层关工委建设结合起来，列入关工委工作考核内容，检查督办推进。积极性充分调动，创新成果大量涌现。2019 年底，中国关工委对五老关爱行动进行总结，选树了 10 个全国关心下一代帮扶工作品牌，命名了 100 个全国优秀儿童之家，推出了 1000 名带头致富、带领群众共同致富的农村青年人才。

三　着力构建关爱服务新格局

五老关爱工程体现了党委、政府及有关部门的深切关怀与热心支持，倾注了全国各级关工委和广大五老的辛勤劳动与大量心血，谱写了新时代关工委助力决战脱贫攻坚的精彩篇章。

（一）帮助农村贫困青年脱贫致富

各级关工委坚持政治引领，坚持扶贫与扶志扶智相结合，因地制宜，找准重在助力、贵在帮扶的定位，以特色帮扶品牌创建为抓手，争取财政、农信社、企业等支持，联合农业等有关部门，组织实施"种子工程""授渔脱贫""五老科技教育""双千工程"培训、"科技扶贫示范点"等项目，通过技术培训、科技示范、跟踪指导等方式，发挥老科技工作者、老科技专家、老技师等五老优势，向农村贫困青年教授产业技术和实用技能，培养致富能力和本领，实现"培训就业一人，带动脱贫一户"。各地还组织农村工作经验丰富、在村民中具有较高威望的五老，通过"双创双扶双带""五老帮青致富活动""关心下一代帮青致富园地"等项目，带领农村贫困青年创建科技扶贫示范基地，提供跟踪式培养服务，拓宽了产业发展的门路。通过技术帮带、资金协调、产业指导等方式，培育农民合作社、家庭农场等新型农业经营主体和青年致富带头人，带动周围村户创业就业，实现区域脱贫。很多示范基地成为当地农业发展重点项目，有力地助推了贫困地区脱贫摘帽。

（二）实施助学项目

加快城乡义务教育一体化发展，推进教育公平，让农村和贫困地区的孩子也能享有公平而有质量的教育仍是当前我国教育事业发展面临的急迫而重要的任务。2011 年至 2017 年，中国关工委实施义务教育阶段农村学生营养改善项目"春苗营养计划"，共建成中小学营养厨房 10118 个，惠及学生 608 万名；开展的"朝阳计划—青少年健康守护行动"为中西部 22 个省区市的 1000 多所中小学校捐建了卫生室。2012 年以来，中国关工委实施贫困地区幼儿教育水平提升计划"流动课堂"项目，为民族地区、革命老区、贫困地区培养了近万名幼儿园校长及骨干教师，并组织东部地区优质幼儿园与贫困地区幼儿园开展"手拉手"结对活动，被民政部授予"中华慈善奖"。2013 年以来，中国关工委联合台湾的财团法人信托慈善基金会实施"中国关心下一代教育基地"项目，一期投入资金 3000 多万元，带动地方各级政府和社会投资 3.8 亿元，支持建设 48 所基地学校，并联合北京师范大学和北京市重点中小学，为基地学校教师提供理论和观摩学习机会，改善了学校的软硬件条件，直接受益学生 5.6 万余名，受益教师 3970 名。2016 年以来，教育部关工委聚焦提升贫困地区中小学教育质量，开展"老校长下乡"试点活动，组织大城市、教育相对发达地区优秀老校长等退休教育管理者、老教师到乡村学校支教，帮助学校加强管理和教师队伍、校园文化建设，促进城乡优质教育资源有效流动，试点省（市）840 余名老校长、老教师支援学校近 600 余所，近 51 万名农村学生受益，受到受援地党政、学校、师生和家长的广泛认可，很多地方将"老校长下乡"工作纳入当地支持乡村学校发展计划。各地关工委还普遍开展了关爱助学工程，配合相关部门，多渠道筹集资金助学助困，同时关注青少年的思想教育和心理健康，促进青少年全面发展。

（三）关爱保护农村留守儿童和困境儿童

关工委和广大五老坚持亲情关怀不失爱、合力保障不失管、扶贫扶智不失学、立德树人不失志，认真落实农村留守和困境儿童关爱保护的职责任务。一是，通过调查研究，推动有关政策出台实施，加强源头保护。组织老同志进村入户调查了解农村留守儿童情况，助推政府出台加强农村留守儿童保护、救助事实无人抚养儿童等实事项目。2016 年，四川省关工委就全省 8 万名事实无人抚养儿童未纳入国家保障体系问题开展实证研究，推动有关部门加大了对事实无人抚养儿童的救助力度。2019 年 6 月，民政部联合有关部门发布了《关于进一步加强事实无人抚养儿童保障工作的意见》，正式将事实无人抚养儿童纳入制度保障。2007 年，江苏关工委发动 3 万多名老同志，对苏中苏北 8 市留守儿童进行全面调研，提出了扩大寄宿学校规模的建议，被省委省政府采纳，连续三年拨款 10 亿元用于扩大寄宿学校规模。近年来，进一步推动健全关爱机制，助力改善寄宿制学校寄宿条件，提高管理水平，并积极推动解决外来务工人员子女义务教育阶段入学问题。二是，结对关爱，填补亲情和监护缺失。各地关工委发动五老以爱心爷爷、亲情奶奶、代理家长身份和农村留守儿童、困境儿童结成关爱对子，有针对性地制订帮扶措施，探索了"十万五老结对关爱农村未成年人""'一对一'结对帮扶帮教""牵手关爱"等多种形式，通过手拉手、一对一、多帮一等途径，在生活上帮解困、学习上帮辅导、思想上帮解惑、心理上帮疏导，促进留守儿童和困境儿童健康成长。目前全国参与结对关爱五老 119 万人，结成关爱对子 140 万对。各地关工委还配合农村社区逐户分析留守儿童的监护情况，利用农民工返乡时机大规模培训农村留守儿童家长和代理家长，传授家教知识，提高监护水平。三是，建好用好农村留守儿童之家、四点半学校等关爱阵地。学龄儿童每年有一半时间在家庭和社区中度过，保护农村留守儿童和困境儿童权益的政策和工作机制能否落地，最终取决于社区儿童关爱服务的供给能力。各级关工委联合有关部门开展农村留守儿童之家（关爱工作站）、四点半学校等儿童关爱阵地建设，组织有教育、艺术等专长特长的五老提供游戏活动、课后辅导、亲情电话、心理疏导、假日照料、艺术特长教育、家庭教育指导等关爱服务，打通社区为儿童和家庭服务的"最后一公里"。这项工作已在多地实现全覆盖，不同程度地解决了留守儿童监护教育缺失的问题，较好地解除了外出务工农民的后顾之忧。四是，以项目为支撑，关爱特殊困难儿童。全国各级关工委积极发展关心下一代公益事业，成立关心下一代基金会1020个、基金3249个，实施助学、助困、助医项目。各地关工委联合有关部门、爱心企业广泛开展"爱心助孤行动"，重点帮扶孤残儿童和法定监护人缺位"事实孤儿"等特困青少年。组织五老核实基本情况，建立详细台账，帮助符合政策规定的孤儿和困境儿童纳入国家政策保障、获得社会救助。联合残联，组织医疗专家和爱心人士开展孤残儿童助学送医等活动，让这些儿童生活得到保障，心灵充满温暖。各地还结合自身特色和工作实际举办困境儿童公益夏令营，通过组织农村困境儿童参观历史名胜、革命教育实践基地和城市发展新貌，开展革命传统教育、科普教育、民族团结教育和中华优秀传统文化教育，搭建学习成长、交友互助平台，丰富他们的暑期生活，提升社会综合实践能力，增长见识、磨炼意志，获得了良好的社会反响。

（四）深入开展五老帮教活动

为更好地预防青少年违法犯罪，帮教失足青少年，各级关工委积极向政法部门推荐政治责任心强、有经验的五老，作为社会调查员、合适成年人、人民陪审员、社会观护员、心理咨询员以及社区矫正志愿者，参与不良行为青少年帮教工作。配合政法部门，动员和组织五老组建"关爱工作团"，创建了"阳光驿站""绿色家园""禁毒阳光会所""护苗行动"等各具特色的工作平台，通过一对一、多对一的形式对失足青少年开展思想教育、生活关心、安置就业等帮教关爱工作，对巩固改造成果和防止再次犯罪起到了积极作用。不少青少年家长赠送锦旗、写感谢信，有的登门致谢。五老既从思想上帮教，又从生活、就业、婚姻、家庭多方面给予关怀，帮助失足青少年树立生活信心，重新回归社会，有的还入党入团。为了提高青少年的法治意识，中国关工委与中央政法委、司法部等部门连续举办四届"关爱明天、普法先行"青少年普法教育活动，组织老政法工作者等五老担任法治宣讲员、法治副校长、校外辅导员，深入学校、社区、企事业单位开展青少年法治宣传教育。还发动广大五老担任网吧义务监督员，全国现有32万名五老网吧义务监督员，对22万多个网吧进行义务监督，有效减少了网吧违规接纳未成年人现象，为未成年人健康成长打造了"绿色空间"。

四　五老关爱服务取得显著成效

五老关爱工程在社会上产生良好反响，其中的五老服务农村青年创业发展、中国关心下一代教育基地项目、加强学前教育等工作得到中央领导同志批示肯定。五老关爱行动连续三年被列入中央文明委年度100项重点工作项目。

（一）探索了思想育人和关爱育人相结合的新路子

2015年至2019年五年间，全国各级关工委共建设科技示范基地1.5万个，举办农村科技培训22万期，培育新型农业经营主体10.7万个，培训青年农民1035万人，培养农村青年创业致富带头人52万人；全国各级关工委依托乡镇、社区、农村、学校，建设儿童关爱活动阵地36.7万多个，其中农村留守儿童之家11.7万个，发动217万名五老参与农村留守儿童关爱保护工作，为910万人次农村留守儿童提供了关爱服务；全国有五老关爱工作团12万个，70万名五老参加帮教工作，帮教失足青少年65万余人；募集项目资金约87亿元，实施助学、助困、助医项目6792个，为包括服刑人员子女、事实无人抚养儿童在内730万名青少年解决了实际困难，联合社会力量为3500多名先心病、脊柱侧凸、包虫病感染、脑瘫等困境儿童提供了免费医疗救助。在关爱服务中，始终注重立德树人，加强对被关爱青少年的思想引导。广大五老不计回报、不辞辛劳、悉心引导，帮助他们点燃希望之火，相信贫困不是命运，只要肯奋斗就一定能战胜贫困，紧紧依靠中国特色社会主义制度和党的坚强领导，就一定能把大家的奋斗汇聚成为摆脱贫困、走向共同富裕的强大力量，激发了奋发图强的内在动力、创造活力。五老悉心培养的青年农民开阔了视野，增强了信心，成为诚信经营的致富能手。五老长期结对关爱的学生，在考上大学后，很多怀着感恩，利用放假时间赶来帮助五老辅导其他的孩子，继续把奉献精神传承下去、传递出去，带动更多人感党恩、听党话、跟党走。

（二）打造了富有关爱特色的服务品牌

树立以品牌引导创新的鲜明导向，培育了关爱助学工程、授渔脱贫工程、五老扶贫示范基地、老校长下乡、困境儿童公益夏令营、农村留守儿童关爱工作站、五老和青少年结对帮扶活动、"爱心助孤"行动、护苗行动、"我为民族团结作贡献"等全国关心下一代工作帮扶品牌。同时提升、巩固原有品牌，江苏省关工委联合省农委在青年农民中开展"菜单式"科技培训帮扶；福建省关工委持续抓好农村青年致富"种子"的升级版，培养1.5万名种子学员典型，带动7.12万农户创业致富，实现总产值26.5亿元；广东省关工委的"创业青年培训领头雁"计划，被列入省政府十大民生工程；云南、贵州省市县三级关工委联合抓农村示范点和科技服务示范基地建设，一些示范项目成为县域农业发展重点项目；安徽省关工委开展"脱贫攻坚，关工助力"工作，科技扶贫活动计划等"三项计划"全面实现，教育扶贫等"六项行动"成绩显著，被省扶贫办作为全省社会化扶贫典型报送国务院扶贫办。

（三）推动完善了关心下一代工作格局

争取部门支持、引入社会资源。各地关工委充分发挥五老联席会议制度作用，积极争取农业、人社、民政等相关部门支持。比如，在共同助力农村青年脱贫致富工作中，有的部门负责聘请专家解决其报酬，共同发动组建专业服务队伍；有的部门负责将培训班纳入劳动就业培训项目，与基层关工委一起具体组织实施培训；有的部门负责对培训学员的考试考察，免费为符合条件者颁发技术职称证书；等等。依托关心下一代基金会和基金，各地关工委积极引入社会资源，为困境青少年解难题办实事。这些实践，进一步建立健全了党委统一领导、党政齐抓共管、关工委主动作为、有关部门积极配合、社会各界广泛参与的关心下一代工作格局。

（四）向社会展示了广大五老无私奉献的崇高精神

实施五老关爱工程，把"一老一小"更加紧密地联系起来，广大五老志愿者不计回报，用优良的作风感染青少年，用高尚的人格教育青少年，用丰富的经验培育青少年，用无私的奉献关爱青少年，饱含着我们党的初心和使命，不仅有力促进了青少年健康成长，化解了社会矛盾，也有力推动了和谐社会的构建，为促进基层社会治理创新和社会精神文明建设提供了重要基础。关工委发挥中央和地方主流媒体、客户端作用，及时宣传报道五老的感人事迹，宣传帮扶工作品牌的经验做法，激励更多五老加入助力脱贫攻坚工作中来。84 岁的老战士郭连生原籍河北邱县，本来是转业到黑龙江定居，2017 年回邱县枣坡村探亲时，听到五老领办为农村留守儿童服务的"社会亲情园"项目后，要求留在老家，在村党支部帮助下办起了"连生社亲园"。台湾的财团法人信托慈善基金会执行长高人杰先生参与了全国 27 个省区市的中国关心下一代教育基地项目建设工作，深为广大五老的奉献精神所感动，他说："这一路走来，给我们留下印象最为深刻的，正是关工委这'五老精神'的精髓和可贵。在基层关工委众多五老的引领下，我们的项目去到了贫困边远地区的一站又一站，所到之处，我和我的同事们都真真正正感受到了生活在边远地区前辈们的那份执着、那份责任、那份认真，那份发自内心对于偏远地区孩子的关爱。这份感动，这股敬佩，对我们是一种鼓舞，也是一种激励和督促，也使我们不忘初心，鞭策我们要更加努力跟上前辈的步伐，踏踏实实、认认真真地，好好做下去。"安徽省关工委组织基层五老开展"脱贫攻坚，关工助力"先进事迹巡回报告会活动，在全省引起

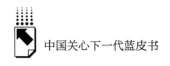

广泛反响，营造了浓厚的关爱氛围。

五老关爱工程取得了明显成效，也存在一些不足。比如，对老科技工作者、老农业专家等专业技术型五老吸收、发动还不够，专业服务有待加强。在协调职能部门、帮扶资金等方面还有一定困难，工作机制有待进一步完善。

五　下一步工作建议

进入"十四五"时期，我国将开启全面建设社会主义现代化国家新征程，青少年关爱服务也将开启新征程。随着经济社会的发展，推进国家治理体系和治理能力现代化，党和国家深入推进实施中长期青年发展规划，国务院制定实施新一轮儿童发展纲要，青少年发展的目标将更高、措施更有力、环境也将更好。进入信息化互联网时代，5G、区块链等新技术的运用，也对青少年教育关爱方式提出了新的更高要求。下一步，关工委将把握新机遇、迎接新挑战，不断推动五老关爱工程提档升级。

（一）进一步提高政治站位

要坚持以习近平新时代中国特色社会主义思想为指导，深入学习贯彻习近平总书记对关心下一代工作的重要指示、重要论述，将五老关爱工程作为关工委工作的重要抓手，推动关心下一代工作实现新发展。始终坚持服务青少年的正确方向，研究新情况，分析新形势，谋划新思路，使推进五老关爱工程的过程成为立德树人的过程，成为不断增强关工委政治性、先进性、群众性的过程。

（二）进一步完善关爱服务体系

围绕全面建设社会主义现代化国家，加强顶层设计，找准关工委的工作定位和切入点，形成科学有效的关爱服务体系。完善农村关爱育人机制，把握实施乡村振兴战略，促进农业全面升级、农村全面进步、农民全面发展的要求，更好助力农村青年创业就业服务、农村学生享有高质量教育、重点群体青少年帮扶帮困。完善综合育人机制，聚焦德智体美劳"五育并举"目标任务，在加强思想教育引导、助力成长成才的同时，更多开展劳动教育、科学精神教育、心理健康教育，注重美育熏陶，加强人文关怀，促进青少年身心全面发展。完善关工委参与社会治理机制，把握"五失"青少年（失足、失管、失学、失业、失亲）、贫困家庭青少年、城乡间流动的农村青少年、农村留守儿童等群体的成长需求，推动建立五老关爱长效机制。抓住社区管理和服务机制建设契机，积极探索老少共建新途径，建好用好校外辅导站、五爱教育基地、四点半学校等关爱服务阵地，为青少年提供精准服务，实现共建共治共享。

（三）进一步推进关爱服务能力现代化

深化改革创新，提升品牌创新能力。已创建的工作品牌不断总结探索，加强指导，对出现的新问题加以研究解决，同时多培育各具特色、供需对接、管理规范、科学专业的服务项目，更好推进关爱服务运行群众化、项目化、专业化。提升运用网络新媒体开展服务的能力，探索建立信息化互联网时代的关心下一代服务机制。加强五老队伍建设，从招募方式、组织管理、服务平台、关爱文化等方面综合施策，增强关工委组织对老同志的吸引力、凝聚力，切实打破五老发动瓶颈。加强五老骨干培训，实施五老分类和精细化管理，推动五老特长与青少年的需求精准对接，不断提高服务专业度、服务精准度和服务质量。积极争取党政支持，从工作机制、管理制度等方面为五老关爱工程提供必要保障，同时要积极推动构建社会化关爱工作机制，加强资源整合、工作融合、力量聚合，共同编密织牢青少年健康成长网。

B.19
青少年普法教育活动报告

郎亚龙　熊　雄*

摘　要： 青少年是祖国的未来，是中华民族的希望。加强青少年普法教育，提升青少年法治素养，不仅是加强对青少年的保护和预防青少年犯罪的现实需要，更是实现全面依法治国方略、建设社会主义法治国家的百年大计。自 2009 年起，中国关工委联合相关部门相继举办了四届"关爱明天、普法先行"青少年普法教育活动。活动开展 10 多年来，逐渐形成了"三结合"的宣教网络和"四位一体"的工作格局，充分发挥了关工委和五老在青少年普法工作中的作用，起到了一些实效，取得了一定的成绩。但是随着时代的发展、社会的进步，青少年普法工作在新媒体传播、多元文化融合及普法不均衡等层面面临新的挑战；在常态化的普法工作中缺乏实践性、积极性等问题也悄然显现。因此，我们以问题为导向，采取相应的方式方法：在渠道上，从学校、家庭、社会层面进行法治实践创新；在思想上，从法治素养、法治认同和法治信仰等层面进行拓展，积极探索符合青少年群体特征的法治实践路径和法治思想文化。

关键词： 青少年　法治教育　普法活动　法治实践　五老

---

* 郎亚龙，中国关心下一代工作委员会办公室一级调研员，中国关心下一代工作委员会事业发展中心主任；熊雄，中国关心下一代工作委员会事业发展中心办公室副主任。

青少年是祖国的未来，是中华民族的希望，是中国特色社会主义事业的接班人和构建和谐社会的生力军。加强青少年普法教育，提升青少年法治素养，不仅是加强对青少年的保护和预防青少年犯罪的现实需要，更是实现全面依法治国方略、建设社会主义法治国家的百年大计。为建立和完善学校、社会、家庭相结合的法治教育网络，根据不同年龄阶段学生的生理、心理特点和接受能力，有针对性地开展法治教育，发挥五老在普法教育中的积极作用，扎实推进"五五"普法工作的深入开展，促进创建和谐社会。自2009年起根据"五五"普法规划、"六五"普法规划及《关于加强法制宣传教育的决议》相关文件精神，中国关工委、司法部、中央综治办共同举办了三届"关爱明天、普法先行"青少年普法教育活动。通过三届青少年普法教育活动，促进了全国青少年普法教育工作的常态化和长效化，产生了广泛的社会影响。

党的十八届四中全会《中共中央关于全面推进依法治国若干重大问题的决定》提出，"把法治教育纳入国民教育体系，从青少年抓起，在中小学设立法治知识课程"。这为加强青少年法治宣传教育工作进一步明确了目标，提供了根本遵循。为深入贯彻落实习近平新时代中国特色社会主义法治思想，落实"七五"普法规划关于青少年法治教育的相关要求，2019年4月中国关工委、中央政法委、司法部、共青团中央、中国法学会决定共同举办第四届"关爱明天、普法先行"青少年普法教育活动。创新普法教育形态，加强法治宣传教育，进一步提高青少年法律素质，推进依法治国基本方略实施，建设社会主义法治国家。

一 活动意义

"关爱明天、普法先行"青少年普法教育活动通过理论指导实践，从三个阶段实施：第一阶段是向青少年进行法律知识的传播和普及，在知识层面充实和优化青少年群体的法律知识量和知识结构；第二阶段是通过把握青少年的感性价值判断，根据其心理特征提升法治认同感，树

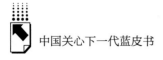

立法律信仰；第三阶段是引导青少年将学习的法律知识落实到具体行动层面。

（一）理论意义

加强青少年法治教育，能引导青少年从小掌握法律知识、树立法律意识、养成遵法守法习惯，加深其对中国特色社会主义法治体系的理解，增强其建设社会主义法治国家的政治自觉、思想自觉和行动自觉，从而成为社会主义法治的忠实崇尚者、自觉遵守者、坚定捍卫者。这是落实依法治国基本方略的核心要求。

加强青少年法治教育，是把法律的约束力量、底线意识与道德教育的感化力量、提升精神紧密结合，使青少年牢固树立规则意识、诚信观念、契约精神，尊崇公序良俗，丰富德育的内涵，为实现教育目的提供基本保障，培养"德法兼修"的青年一代。这是落实立德树人根本任务的有效手段。

加强青少年法治教育特别是宪法教育促进社会主义核心价值观培养，能有效拓展和丰富新形势下思想政治教育的内容与形式，教育引导青少年学生深入理解党的领导、人民当家做主与依法治国的相互关系，自觉将个人成长与宪法原则、国家发展、社会进步联系起来，切实把社会主义核心价值观转化为情感认同和行为习惯。这是培育和践行社会主义核心价值观的重要途径。

通过开展长期的青少年普法宣传和教育，我们综合分析青少年群体心理特点及主观意识变化，以家庭、学校、社会等途径为关键要点切入，总结青少年法治宣传教育不同阶段的经验，探索不同时期青少年对法治教育的认知规律，为构建中国特色社会主义青少年法治教育模式提供有效的理论支撑。

（二）现实意义

"七五"普法规划中提出，坚持从青少年抓起，把法治教育纳入国民教育体系，引导青少年从小掌握法律知识、树立法治意识、养成守法习惯。自活动开展以来，为提高青少年普法教育的整体效果，我们秉承创新普法思路指导青少年普法实践，从而在宏观上推进依法治国基本方略的贯彻落实；在微观上对预防和减少青少年犯罪起到促进作用，结合中国特色社会主义的整体法治环境，提升学校、家庭、社会"三结合"法治宣传教育体系的适应性与有效性，促进社会和谐发展。

二 活动概况

自 2009 年开展"关爱明天、普法先行"青少年普法教育活动以来，已历时 10 年，举办了 4 届。经过 10 年的努力，在中国关工委、司法部、中央政法委、团中央、法学会等部门的领导和大力指导下，各级党委政府高度重视，各级关工委、司法、政法、教育等相关部门积极响应，按照活动的部署和要求，结合实际，因地制宜，广泛开展了"关爱明天、普法先行"主题宣讲、读书、竞赛、体验、创建和交流研讨等系列青少年普法教育活动。

经统计，第一届活动期间（2009 年 4 月至 2011 年 8 月）共有安徽、重庆、湖南、山东、四川、浙江、江苏、陕西、内蒙古、吉林、新疆、福建、贵州、广西、广东、河南、云南、江西、河北、辽宁、甘肃等 21 个省（自治区、直辖市）的 183 个地市、1241 个县区、17850 所中小学校和 2580 多万青少年参加活动，共组织 2 万多名五老参加"青少年普法教育宣讲团"，深入大中小学校开展 5 万余场青少年法治宣讲活动；第二届活动期间（2012 年 2 月至 2014 年 8 月）共有安徽、山东、辽宁、福建、重庆、贵州、宁夏、湖南、江苏、四川、陕西、广西、吉林、浙江、新疆、内蒙古、江西、广东、湖北、云南、河南、河北、甘肃、山西等 24 个省（自治区、直辖市）的 204 个地市、1290 多个县区、26800 多所中小学校和 3160 多万青少年参加活动，共组织 24900 多名五老参加"青少年普法教育宣讲团"，深入大中小学校、社区、企事业单位开展 55900 余场青少年法治宣讲活动；第三届活动期间（2015 年 4 月至 2018 年 5 月）共有山东、重庆、湖南、安徽、贵州、广西、浙江、福建、四川、江苏、广东、辽宁、河南、湖北、吉林、甘肃、青海、江西、内蒙古、宁夏、新疆等 21 个省（自治区、直辖市）的 175 个地市、1104 个县区、34238 所中小学校和 3427 万多名青少年参加活动，共组织 44255 名五老和普法志愿者，深入大中小学校、企业、社区、乡村开展 51154 场青少年法治宣讲活动。

目前，在已开展这项活动的地区，青少年法律意识明显增强，青少年治安和刑事案件数量显著减少，未成年人犯罪率逐年下降，取得了显著成效和良好的社会效益，得到了社会各界的充分肯定和高度评价。时任中共中央政治局委员、国务副总理刘延东，时任中共中央政治局委员、中央政法委书记、中央社会管理综合治理委员会主任孟建柱，时任中共十八届中央委员、国务委员、中央政法委副书记、公安部部长郭声琨等领导同志先后多次对这项活动作出重要批示，为这项活动指明方向、注入动力。

2016 年，十届全国人大常委会副委员长、中国关工委主任顾秀莲对活动汇报批示："这些年来，'关爱明天、普法先行'主题教育活动，开展得好，工作扎实，已取得好效果，值得点赞。关键在各级党政领导高度重视，加强领导，职能部门勇于担当，关工委积极配合，主动作为，用心用情，尽力而为，整合社会资源，发挥聚力优势，使'关爱明天、普法先行'宣传教育工作做得有声有色，望继续努力。注重调查研究，注重总结好办法、好经验，注重抓典型示范，这是传统方法，也是最有效方法之一。安徽阜阳市、贵州黔西南布依族苗族自治州、广西凭祥市关工委，他们工作很有特色，指导思想明确，按照国家要求，结合当地实际，聚合各方力量，开展'关爱明天、普法先行'宣传教育工作，创建有效载体和基地，引领青少年普法、知法、尊法、守法，在创建社会主义和谐社会中，奉献'五老'智慧，教育青少年健康成长。推广他们的经验，会取得好的成果。请'火炬'加大这方面宣传。"

10 年来，这项活动能够一以贯之、长盛不衰，必有它内在的固有特质、外在的精心运作和满意的活动效果。正如，部分省区市关工委在总结材料中所说，"由于这项活动具有服务大局的远大目标、精细周密的顶层设计、青少年急需的深刻内容、扎实有效的运作载体、坚强有力的组织领导等特点，使我们情有独钟，始终把它放在心上、拿在手上、抓在实处，并植根于关心下一代工作之中，成为有声势、有影响、有生命力的工作品牌。"

三　工作机制与经验总结

一直以来,"关爱明天、普法先行"普法教育活动的开展高度重视青少年法治宣传教育工作的实效性,积极探索有效模式,鼓励地方先行先试,创新方法,形成了一批特色鲜明的工作机制,使青少年法治宣传教育工作有序开展。一是构建青少年法治教育工作网络,初步构建了学校、家庭、社会"三结合"的工作网络,较好地形成了全社会齐抓共管的工作格局。二是青少年法治教育工作制度逐步完善,各地逐步建立起党政主导、关工委协调、部门参与、学校实施"四位一体"的工作格局,建立完善了青少年法治教育联席会议制度、法治副校长工作制度、中小学课堂学法制度等一系列工作规范。三是充分发挥五老在青少年普法教育工作中的优势和作用。四是为适应新形势新任务新要求,青少年法治教育模式不断创新,各地因地制宜地创新发展了一批特色普法品牌,提升青少年法治教育实效性。

(一)构建学校、家庭、社会"三结合"的法治宣传教育网络

学校、家庭及社会与青少年关系最为密切,是影响青少年群体健康成长的重要场景,"关爱明天、普法先行"青少年普法教育活动始终以学校、家庭、社会为中心,逐步构建了"三结合"的法治宣传教育工作格局。

1. 发挥学校教育主阵地导向

学校是青少年学习和生活的主要场所,学校承担着大部分的教育责任,特别是法治教育被纳入国民教育体系后,对于青少年普法而言,法治教育与学校教育存在实质性联系。

从"一五"普法到"七五"普法,关于中小学及青少年法治教育的要求表明,学校在开展青少年普法工作中的作用举足轻重,义务教育阶段的在校学生是青少年法治宣传教育主要对象。自"关爱明天、普法先行"青少年普法教育活动开展以来,始终坚持将学校作为青少年普法教育主阵地,将课堂作为青少年普法教育主渠道。一方面,学校开展的法治教育课程,让青

少年可以系统地学习相关法律基础知识；另一方面，学校可根据青少年的理解能力与心理特征，组织开展演讲辩论比赛、书画创作、模拟法庭、知识竞赛等形式多样的体验式教育活动，提升青少年的守法意识。设立法治副校长、配备法治辅导员、开展青少年法治教育宣讲等制度随着青少年普法教育活动的深入而逐渐规范。如辽宁省结合全省实际，把学校确定为青少年普法教育活动的主阵地，在学校开展了"普法教育'五个一活动'"，即每个学生听一遍宣讲团法律知识宣讲、看一遍普法专家电视讲座、参与一次法治文化体验活动、读一遍普法知识读本、做一遍全国普法知识竞赛试题，形成了全社会都来关心青少年法治教育的良好氛围。

学校教育中，法治宣传教育准确把握青少年的兴趣点与社会生活急需的法律知识，结合案例教学，深入讲解法律允许与法律禁止的内容，让青少年在主动参与过程中提高法治能力，让青少年认识到法律对维护社会秩序的重要价值。

2. 加强家庭教育针对性支撑

在开展青少年普法教育活动的过程中，家庭法治教育始终作为学校法治教育的有效支撑，发挥着极大的作用。相较于学校教育的一对多模式，家庭教育则属于多对一模式，使得教育更具针对性。在一定程度上家长比老师更了解孩子的情绪与习惯，其教育方式更贴近生活，将更有利于孩子接受法律知识。在家庭教育过程中增加法治教育，让青少年对情与法有了更深刻的理解，家庭法治教育的针对性与学校教育的系统性相辅相成，切实提升了青少年普法工作的整体效果。如山东省滨州市注重引导家长重视自觉学法、守法，实现了家庭与学校互动，小手拉大手，普法进万家。许多家长在《关爱明天、普法先行——致全市学生家长的一封信》回执上，表达了看到孩子学法守法的欣喜之情，表示既要大力支持、配合青少年普法教育工作，又要参与到普法教育工作中去，与孩子一起学法、守法、懂法。

3. 加强社会组织多元化保障

青少年法治宣传教育是一项社会系统工程，离不开社会各方的共同努力。把主题教育活动纳入党政重要议事日程，发挥各级关工委、政法委、司法、团委、法学会等部门的优势，建立匹配的联动机制，逐渐形成全社会齐抓共管的工作格局，是提升青少年普法教育活动实效性的重要保障。

多年来，在学校教育主导性和家庭教育针对性的基础上，社会组织相互配合，各方资源相互依托，对青少年普法教育活动的开展发挥着重要的作用。一方面，在各级法律专业院校、检察院、法院、公安等机构的大力支持下，众多知名法学专家、学者、律师等群体都参与到活动中来，已成为青少年普法工作志愿者的主力军，经常开展"送法进学校""送法进社区"等活动。如泉州市丰泽区关工委联合宣传部、教育工委、司法局、法院、检察院、团区委组建的青少年法治教育宣讲团，坚持深入基层，开展巡回报告活动。仅 2013 年宣讲团就在全区各中学、职校、实验小学、中心小学和相关企业举办报告会 31 场，听众达 17100 人次。另一方面，相关部门根据地区特点，开展具有地域性特征的青少年法治宣传教育特色活动，依法监管和净化青少年的社会环境，如安徽省霍山县、肥西县、淮北市烈山区等山区紧密结合护林防火、网吧监管进行法律宣传；湖南省郴州市关工委联合教育、司法、妇联、团委等部门在全区开展"珍爱生命、远离毒品""拒绝诱惑、远离网吧"等主题活动 300 余场次，参加人数 8 万余人，并对青少年群体免费开放公共教育及具有特殊性质的场所如博物馆、纪念馆、科技馆、少管所等，凸显了法治教育的警示意义。

（二）建立党政主导、关工委协调、部门参与、学校实施"四位一体"的工作格局

1. 党委政府高度重视，加强领导

活动开展以来，从中央到地方，各级党委政府高度重视、加强领导。中共中央、国务院及中国关工委等领导分别对"关爱明天、普法先行"活动作出批示，为活动指明方向、注入动力。时任中共中央政治局委员、国务院副总理刘延东，在贵州黔西南自治州的汇报材料中批示："贵州推进民族地区中小学法治教育的做法很好。要因地制宜，深入扎实地开展青少年法治教育，切实培养学生的法治观念和守法行为习惯。有关建议请酌研。"各地党

委政府坚持把青少年普法教育纳入重要议事日程、纳入精神文明建设规划、纳入党建和综合治理工作考评，做到与关心下一代工作同研究、同布置、同检查、同总结，同时为活动提供人财物保障，许多市、县（区）党政主要领导亲自担任活动领导小组组长，成立由相关职能部门和关工委负责人参加的领导（办事）机构，切实加强对活动的组织领导。

2. 关工委积极协调，努力作为

面对"关爱明天、普法先行"活动要求高、任务重、工作量大的特点，作为活动牵头单位的各级关工委，努力做好相关工作。从调查研究、理清思路、制定规划、当好参谋，到深入基层、检查督促、抓准症结、破解难题；从发现典型、总结推广、指导创新、推动全局，到积极协调、整合资源、促进齐抓、形成合力，都付出了艰辛劳动。广大五老动脚跑基层、动嘴作宣传、动脑想办法，多管齐下，既破解了普法经费困局，又扩大了普法教育的覆盖面。

3. 相关部门大力支持，协同开展

各级党政机关、政法、司法、宣传、教育、共青团等职能部门和群团组织发挥职能优势，相互配合，共同举办好"关爱明天、普法先行"活动。活动期间，教育部门将法治教育纳入国民教育体系，做到课时、教材、师资、经费"四落实"，扎实开展"零犯罪学校"创建活动；司法部门将青少年普法教育纳入"五五"、"六五"和"七五"检查评比内容，并加强对五老法治宣讲团的业务培训和指导；政法及公安部门选派优秀政法干警到学校担任法治副校长；共青团组织开展"青少年维权岗"等活动。

4. 在校师生积极参与，实施到位

在校师生是青少年普法教育的主体，是"关爱明天、普法先行"活动顺利开展的决定因素。各地采取有力措施，充分调动广大师生的积极性、主动性和创造性，把普法教育活动开展得有声有色，富有成效。

（三）发挥五老在法治宣传教育中的作用

习近平总书记在中国关工委成立 25 周年大会上指出，十年树木，百年树人。祖国的未来属于下一代。做好关心下一代工作，关系中华民族伟大复兴。中国关工委成立25年来，为促进青少年健康做出了大量工作。希望同志们坚持服务青少年的正确方向，着力加强青少年思想道德建设，引导青少年树立和践行社会主义核心价值观，支持和帮助青少年成长成才，团结教育广大青少年听党话、跟党走。广大老干部、老战士、老专家、老教师、老模范等离退休老同志是党和人民的宝贵财富。我们要弘扬五老精神，尊重五老，爱护五老，学习五老，重视发挥五老作用，推动关心下一代事业更好发展。各级党委和政府要关心和支持关心下一代工作，支持更多老同志参加关心下一代工作，在时代的舞台上老有所为、发光发热。

1. 五老对青少年普法活动具有指导意义

五老队伍是一个特殊的群体，是一个丰富的人才资源库。他们具有较强的政治觉悟，长期不断的党性锻炼使其拥有优秀的政治素养。他们是培养、教育青少年的主要资源之一，更是构建和谐社会不可忽视的一支重要力量。

在开展"关爱明天、普法先行"活动中，五老高度的政治意识极具指导意义。在引导青少年树立和践行社会主义核心价值观的高度，发挥着指导加强青少年思想道德建设的重要性作用；在构建和谐社会的高度，发挥着组织开展爱国主义教育、红色教育、法治教育等主题活动，推进和谐社会建设进程的必要性作用；在加强执政能力建设的高度，发挥着营造有利于青少年健康成长的思想文化和法治环境的紧迫性作用。他们积极投身到活动中，不计报酬，不辞辛苦，为青少年健康成长做实事、做好事，发挥余热，为和谐社会建设贡献力量。

第三届活动中，桂林市七星区五老队伍不断深入青少年普法教育工作，发挥着重要作用。据区相关部门发布，活动期间，是七星区实现法治教育推进最好最快的时期，是普法教育水平提升最快、发展质量最好的时期，也是学校法治教育提升力度最大、创新步伐最快的时期，是师生平安指数最高、校园最具活力的时期。

2. 五老为青少年普法活动做出重大贡献

"关爱明天、普法先行"活动中，五老队伍积极参与并发挥明显优势，主要体现在：发挥五老政治优势，担当法治宣讲员，积极配合理想信念、爱国主义和法治宣传教育；发挥五老威望优势，担当组织员，积极配合有关部门爱国主义和法治宣传教育基地建设；发挥五老经验优势，担当结对帮教员，积极配合帮困助学；发挥五老时空优势，担当义务监督员，深入调研，为相关机构提供决策依据；发挥五老亲情优势，担当校外辅导员，讲述正能量的故事。

3. 五老是青少年普法教育工作的生力军

充分发挥五老在青少年普法教育中的重要作用，是"关爱明天、普法先行"活动的特色之一。组织五老宣讲队伍，持续深入学校、社区宣讲法律知识；关爱留守流动儿童，结对帮扶帮教；帮助问题少年和失足青少年转化思想、远离恶习；开展调研，提出建议；督查指导成员单位开展工作等。五老的身影在"关爱明天、普法先行"活动各个领域无处不在，已成为青少年普法教育工作的生力军。

以河北省为例，2012年，共有五老法治教育志愿者报告团1224个，开展青少年法治教育报告6947场次，听众达677.2万人次。积极参与法律进家庭、进社区、进学校、进企业、进监所等，全省有1974名五老志愿者担任中小学校法治副校长。他们还与服刑在教人员的未成年子女和失足青少年结对帮扶，参与青少年"零犯罪"社区、村屯创建。全省五老志愿者共成立帮教小组3030个，从事帮教人数达10110人，帮教对象6983人，对促进社会和谐起到了积极作用。

（四）创新青少年法治教育模式

1. 精心筹备、周密策划保障活动有序开展

根据"关爱明天、普法先行"活动需要，从2008年9月开始筹备。组织五老和专家学者等普法志愿者建立"青少年普法教育宣讲团"，邀请国内知名普法教育专家拍摄制作《青少年普法教育专家讲座》光盘，免费向各级学校发放8万余套；组织30多位知名普法教育学者及专家，根据青少年的心理和生理特点，策划和编写青少年普法教育教材《全国青少年普法教

育读本》，2019 年遴选全国专业法律出版社相关青少年普法教育读本及挂图向青少年进行推荐，引导青少年学习建设社会主义法治国家必备的法律常识；组织设计、制作"关爱明天、普法先行"活动网站，2009 年 3 月活动网站正式投入使用，网站运营以来起到了良好的宣传效果。

联合动漫和教育企业斥资 1200 多万元设计制作 52 集原创三维动画片《代号 12348》，这部动画片制作精良、寓教于乐、叙事清晰、人物造型可爱、主题积极向上，是我国首部兼具知识性、教育性和娱乐性的大型青少年普法教育动画片。该片于 2010 年 11 月 15 日至 12 月 4 日在中央电视台少儿频道《动画大巴》栏目播出，2011 年 1 月 28 日被国家广电总局推荐为"2010 年度优秀国产动画片"。另外，整理汇编活动《指导手册》和《简报》相关材料等。

2. 组织开展主题教育，推动活动持续进行

各地通过举办"关爱明天、普法先行"活动启动仪式和动员大会，利用网络媒体和传统宣传阵地，围绕青少年普法教育目标，层层动员、大力宣传、精心策划，开展了内容鲜活、形式新颖、寓教于乐、寓教于文、寓教于行的青少年喜闻乐见的系列普法教育活动，既提高了活动的吸引力和感染力，又增强了活动的针对性和实效性，使普法教育内容入心入脑，并转化为青少年的实际行动。

3. 项目延展，提升活动积极性

"关爱明天、普法先行"活动的一个重要特点，就是跳出"教育就抓教育"的框框，通过抓项目创建来推动普法教育不断深化、延伸、拓展，先后推出创建"零犯罪学校"和"青少年普法教育示范区"、开展"青少年普法教育课题研究"等项目。各地按照"零犯罪学校"和"青少年普法教育示范区"的标准来指导、推动和规范创建活动；围绕普法教育课题深入调查研究，撰写调研报告和研究文章，并召开研讨会，进行成果交流。抓项目带动，充分体现了学与用、知与行、教育活动与教育效果的一致性。

4. 抓典型推先进，带动引领示范

各地注重发现、培育、宣传、推广活动中涌现出来的先进典型和工作品

牌。我们也及时总结推广了安徽、福建、山东、辽宁等省一级，阜阳、泉州、滨州、丹东、黔西南自治州等地市一级，以及郴州北湖区、西安未央区、宿迁宿城区、崇左凭祥市等县（区）一级的一批先进典型，并以典型引导、示范、带动面上工作。2016 年，时任中共中央政治局委员、中央政法委书记、中央社会管理综合治理委员会主任孟建柱，在活动先进地区的汇报材料做重要批示："安徽阜阳市、广西凭祥市、贵州黔西南自治州等地区关工委会同当地党委、政府部门在青少年与孩子中开展普法教育的做法很好，值得各地学习、借鉴。"

四 活动开展的难点及问题

在全球化、信息化飞速发展的时代，在百年未有之变局的挑战阶段，青少年法治教育的重要性、必要性和紧迫性日益凸显。随着"关爱明天、普法先行"青少年普法教育活动的深入开展，现阶段青少年法治教育缺乏主动性、多元文化融合、普法供需失调、法治思想认知等问题也层出不穷，这在一定程度上影响了青少年普法教育活动的推进和青少年法治素养的形成。

（一）新时代背景下青少年普法教育的挑战

当今，我国的经济获得飞速发展，人民生活发生翻天覆地的变化。与此同时，青少年面临复杂的外部环境与个体成长互动过程中产生的矛盾，对其人生观、价值观产生较大的影响。法治教育将直面信息引导、文化多元、人口流动等因素带来的各种挑战。

1. 青少年法治意识缺乏主动性

受我国传统文化及父母、他人的影响，青少年独立人格的发育不成熟、不健全，青少年往往还没有真正形成独立发现问题、解决问题的意识和能力，加快培养青少年独立自主的法治意识迫在眉睫。在日常法治教育中，往往采取学科教学的方法，忽视了法治教育的内在规律；采取填鸭式、被动式的灌输方式，忽视了自我内化而自觉、积极、主动地去学法；采取强化法律制约作用的方式，忽视了对青少年法律信仰的培养。由此可见，培养青少年独立自主的法治意识关系法治宣传教育的实效，也关系普法活动的顺利开展。

2. 法治文化与多元文化缺乏融合性

在长期的青少年普法教育活动实施过程中，深受体制和模式影响，逐渐形成了千篇一律的普法教育体系，最终将法治文化孤立起来。然而，在长期的实践中，只有将法治文化与其他文化相结合，如与道德文化、儒家文化、安全文化、网络文化等有机结合，才能充分发挥文化融合在法治教育中潜移默化的作用；只有通过全方位、多层次、宽领域的方式去教育、感化、熏陶、塑造，才能让法治文化在多元文化融合的土壤里生根、发芽、开花、结果，使其拥有旺盛的生命力。

3. 青少年法治宣传教育的传播渠道日新月异

以往，传统媒体如广播、电视、报纸等，在法治宣传教育中发挥了巨大的作用。如今，互联网技术飞速发展，尤其是以微信、抖音等为代表的网络应用，在青少年群体中已为主流，使信息传播格局、社会舆论传导以及公众参与方式都发生了巨大变化。但在推进新媒体普法宣传教育过程中，人才、资金及内容等因素制约着普法宣传教育在新媒体上的传播与导向，使法律知识、法治文化等在传播的速度和广度方面受到极大的制约。

4. 留守流动儿童成青少年普法教育洼地

我国在社会转型过程中，留守流动儿童数量剧增，留守流动儿童犯罪和受侵害事件频发。中国司法大数据统计显示，2016 年初至 2017 年底，全国法院新收未成年人犯罪案件中，农村地区未成年人犯罪人数占比为82.06%，而来自留守家庭的未成年人犯罪排名第三。2017 年 1 月至 2018年 4 月，全国检察机关共批准逮捕侵害未成年人犯罪案件的涉案嫌疑人4.42 万人，起诉 6.03 万人，其中侵害留守儿童犯罪的起诉人数占 7.08%，在一些留守儿童集中的地方比例则更高。由此可见，法治教育的缺失，是农村留守儿童犯罪率居高不下、合法权益频受侵犯的重要原因。为此，如何调整法治教育结构和模式，发挥政府、学校、家庭、农村社区四个主体的作用，对留守流动儿童乃至教师、家长与普通村民进行法治教育，从而为留守流动儿童创造健康成长的环境和空间已成为刻不容缓的重要课题。

（二）青少年普法教育活动中常态化普法教育的不足

"关爱明天、普法先行"活动开展以来，各地政府逐步将青少年法治宣传教育常态化，教育部门将该项工作作为中小学德育工作长期坚持的重点之一，全社会对该项工作的重视程度也与日俱增。然而，在活动开展过程中，在实践、动力、思想等层面仍然略显不足。

1. 青少年普法教育缺乏法治实践

首先，开展法治教育要充分发挥校园的主阵地和课堂的主渠道作用，现阶段大部分课堂的法治教学仍旧停留在法律知识的传播阶段。在强化青少年主动参与的意识，培养其利用法律思维发现问题、解决问题的能力等方面缺乏有效的引导与实践。其次，青少年法治教育的内容一定要和学生的生活密切相关，引发其强烈的求知兴趣和探索动机。从这个意义上来讲，脱离青少年生活实践的法治教育是难以奏效的。

2. 青少年法治教育重视程度不足，导致缺乏积极性

十八届四中全会后，青少年法治教育引起了各地党政机关及社会的高度重视，一定程度上完善了青少年法治教育规划，法治教育的课时也有所保证。但是，在横向上无法实现法治必修课与选修课并列，在纵向上无法实现基础型法治课、拓展型法治课与研究型法治课并列，使青少年法治教育形式单一。学校以学科教育为主，难以建立法治教师的筛选、评估、激励、培训机制，从而影响教师从事法治教育的积极性，影响普法活动的进程。

3. 青少年法治教育在家庭教育中缺失

在中小学教育的各阶段，家庭对青少年的成长发挥着至关重要的影响，家庭中法治教育的缺失将对中小学法治教育的普及发展产生一定的负面影响。现有的中小学法治教育中对家庭应承担责任的相关规定较少，家长在实际生活中缺乏对孩子法治方面的教育，导致中小学生最初的法治意识较弱。

可见，缺失了家庭法治教育的支撑，是无法形成法治教育合力的，对普法活动的开展也将产生极大的阻力。

五　对策建议

通过分析青少年普法活动及法治宣传教育存在的问题，我们分别从理念层面与方法层面出发，提出相应的对策建议。

（一）弘扬法治精神，树立法治信仰

法治信仰是法治的"灵魂"，全面推进依法治国、加快建设社会主义法治国家，必须牢固树立中国特色社会主义法治信仰，将宪法和法律作为最高行为准则。只有在全社会树立中国特色社会主义法治信仰，才能为全面依法治国提供精神支撑。

将爱国主义、公民道德建设、宪法学习与法治教育相结合是全面推进依法治国、加快建设社会主义法治国家的着力点，也是开展青少年普法教育活动的必经之路。

1. 将法治教育融入爱国主义教育

党的十八大以来，以习近平同志为核心的党中央高度重视爱国主义教育，作出了一系列重要部署。中共中央、国务院2019年11月印发《新时代爱国主义教育实施纲要》（以下简称《纲要》），具有重大而深远的意义。

《纲要》强调，新时代爱国主义教育要面向全体人民、聚焦青少年。强化制度和法治保障。把爱国主义精神融入相关法律法规和政策制度，体现到市民公约、村规民约、学生守则、行业规范、团体章程等的制定完善中，发挥指引、约束和规范作用。在全社会深入学习宣传宪法、英雄烈士保护法、文物保护法等，广泛开展法治文化活动，使普法过程成为爱国主义教育过程。

根据《纲要》要求，要加强青少年爱国主义教育，与教育主管部门、学校、社区创新合作方式，普及法律知识，引导青少年树立国家意识、增进爱国情感。积极开展爱国主义教育，弘扬社会主义核心价值观和法治精神，提升法治宣传力和社会影响力。将法治教育工作贯穿爱国主义教育全过程，营造新时代爱国主义教育浓厚氛围。

《纲要》不仅阐述了法治教育是爱国主义教育不可或缺的一部分，为新时代青少年法治教育提供了重要指导和根本遵循，也为青少年普法教育活动指明了方向。

2. 开展道德与法治教育，培养政治认同

政治认同是指人们对一定社会制度和意识形态的认可和赞同，也是道德与法治教育关注的核心素养之一。青少年正处在世界观、人生观和价值观形成的关键时期，坚持正确价值观念的引导是道德与法治教育的基本原则。

2019年10月，中共中央、国务院印发《新时代公民道德建设实施纲要》（以下简称《纲要》）。《纲要》强调，法律是成文的道德，道德是内心的法律。要发挥法治对道德建设的保障和促进作用，把道德导向贯穿法治建设全过程，立法、执法、司法、守法各环节都要体现社会主义道德要求。及时把实践中广泛认同、较为成熟、操作性强的道德要求转化为法律规范，推动社会诚信、见义勇为、志愿服务、勤劳节俭、孝老爱亲、保护生态等方面的立法工作。坚持严格执法，加大关系群众切身利益的重点领域的执法力度，以法治的力量维护道德、凝聚人心。坚持公正司法，发挥司法裁判定分止争、惩恶扬善功能，定期发布道德领域典型指导性司法案例，让人们从中感受到公平正义。推进全民守法普法，加强社会主义法治文化建设，营造全社会讲法治、重道德的良好环境，引导人们增强法治意识、坚守道德底线。

德为立国之基、树人之本。《纲要》明确了"筑牢理想信念之基、培育和践行社会主义核心价值观、传承中华传统美德、弘扬民族精神和时代精神"等四项重点任务，为新时代加强社会主义精神文明建设、推动全民道德素质和社会文明程度达到新高度提供了重要价值规范，也为青少年普法活动指引了正确的发展方向。

3. 加强宪法学习，提升青少年法治素养

宪法是国家的根本法，是治国安邦的总章程，是党和人民意志的集中体现。宪法确定了国家的根本制度、基本制度和重要制度，在国家治理中发挥重要作用。

深入学习宣传宪法，体现贯彻落实习近平总书记关于宪法的重要论述，深刻认识宪法的地位和作用，自觉学习宪法、遵崇宪法、遵守宪法、捍卫宪法的重要性。这是推动宪法精神走进日常生活、走入青少年群体，使他们增强宪法观念，维护宪法权威，不断增强宪法意识，提升法治素养的重要途径。

（二）从理论传播到法治实践的方式创新

通过多年的青少年普法教育活动及法治宣传教育，我们深知青少年法治宣传教育的重点在于理论教育与实践教育相结合。但在目前，普法实践开展的数量与频率远不及理论教育，这在一定程度上影响了青少年法治宣传教育的整体推进。从发展的角度，需要过渡到更有针对性的社会动态协作式法治宣传教育，使得普法的内涵与外延并重发展。

1. 开展交互式、体验式的学校法治实践

在传统的宣讲式法治教育过程中，由于接受程度参差不齐，且知识接受的实质性无法考量，从而往往忽视量到质的转化。青少年的行为和思维都极其活跃，对身边的环境、事务等充满好奇心，因此我们应该积极地为他们创造与外界交互、体验的空间，这样有助于他们形成法治思维。通过体验式、交互式法治活动，让青少年在交流互动过程中切身体会法律的公正性与严肃性，不仅能重塑青少年的法治认知结构，对法治思维的形成也具有一定的驱动作用。

具体方法上，学校在体验式青少年法治教育实践中，可以从两个方面开展。一方面，学校主动策划、组织各类法治体验活动，让青少年在实践的过程中不断提升知法、懂法、守法、护法的法律意识。在一定程度上学校放开班规班纪、校规校纪的编写与修改权限，允许在校学生根据自身观察与实际感受参与其中，从而激发青少年群体参与法律学习、遵守与爱护法律秩序的热情。另一方面，为青少年创造法治实践的启发式教学，如开展关于法治宣传教育的主题班队课，让青少年在法治典型案例的情景模拟或相关话题辩论中学会独立思考并以自有知识结构展开案例分析与表达。教师在整个过程中，不能仅停留在传授者的角色定位上，应引导青少年理解及运用法律知识去思考与解决所遇到的现实问题，将身份定位为引导者与合作者，提供所需的法治环境和资源，以共同完成法治实践活动。

2. 促进潜移默化的家庭法治实践

客观层面，家庭是法治教育的起点，法治教育开始于家庭。家庭为孩子的法治理念和法治行为奠定了基础。家庭对青少年法治教育有更直接、更多、更大的责任。宏观层面，"家庭是社会的基本细胞，是人生的第一所学校"，是加强社会主义法治思想体系建设、全面推进依法治国的基础。

首先，在实践过程中，家庭法治教育需要从家庭生活、家庭成员活动的细微小事中进行，家长通过日常小事对孩子进行法治教育。这样就更有针对性，更符合孩子成长的实际情况，可以收到"润物细无声"的效果。其次，家庭法治教育实践不受时间和空间的约束，家长可随时对孩子进行法治教育，把法治教育渗透在孩子生活的过程中。将法治教育与孩子成长紧密联系，及时捕捉有关信息，抓住各种机会，对孩子进行法治知识及理念的灌输和教化，让孩子从自己的生活经历中明白法治的道理。最后，通过家长遵纪守法的良好行为示范对孩子进行法治教育。家庭法治教育不仅需要家长言语教化，更需要家长行为示范，家长以自身遵纪守法的行为去引导、带领孩子遵纪守法，这是无声的教化，更能起到潜移默化的作用。应当说家长良好的遵纪守法行为，比口头说教更重要、更有影响力。

综上所述，家庭法治教育高于一般意义上的家庭教育，它比培养一般生活习惯的家庭教育具有更高的层次和要求。家长对孩子进行法治教育需要有一定的法律知识和法治理论水平，需要懂得法治教育的道理和方法。只有家长具有一定的法治教育理论水平，家庭法治教育才能适应孩子成长需要，才能正确指导孩子成为知法守法的人，才能收到应有的实效。也只有具备一定法治理论水平的家长，才能科学、规范、理智地实施家庭法治教育。为此，在今后的青少年普法教育活动中应当加强家庭法治教育的培训，如实施法治教育的目的、意义、内容、途径、方法，以及关注的问题和采取的措施，使家长懂得家庭法治教育的道理和做法。

3. 整合资源协作的社会法治实践

针对我国目前青少年法治宣传教育的整体情况，若要进一步提升普法教育实效，除了对现有普法方式进行改良外，更需要对分散的社会资源进行系统整合。动员全方位的社会力量，优化法治宣传教育环境，以期形成全社会范围内的法治文化氛围。

首先，加强法律学术界在青少年法治教育中的支撑作用，推动政府、社会与法律学术界的相互合作。长期以来，青少年普法工作由政府相关部门依照规划实施计划，学术界涉及的相关活动较少，活动无法为学术界提供数据支撑，学术成果也难以科学转化。第四届"关爱明天、普法先行"活动主办单位加入中国法学会以期解决相关问题。活动拟于每年定期举办两次青少年法治教育研讨会，邀请高等学府、研究机构、司法系统等的法律、教育、心理领域的专家、学者、法官、律师、教师、社会工作者等相关人士，围绕青少年法治教育共同开展实践交流与学术研究。认真总结推广各地区各部门开展青少年法治宣传教育的好经验、好做法，充分发挥先进典型的示范和带动作用；解读社会热点和权威法律，积极引导社会法治新风尚。探索青少年法治宣传教育工作的创新理念、机制、载体和方式方法，推进青少年法治宣传教育不断深入，为青少年普法工作的深入开展提供有效的理论支持。

其次，进一步整合青少年法治宣传教育志愿队伍。在往届活动的基础上，广泛招募具有法学、社会学、教育学、心理学等专业背景的五老及社会群体加入普法志愿队伍。队伍建设可倾向于法律专业的在校大学生，一方面，在校大学生与青少年之间存在较小的年龄差距与人际代沟，在心理上贴近，可降低青少年群体接受法治宣传教育内容的排斥心理。另一方面，青少年群体对大学生志愿者的信任与配合，能激发其参与法律志愿服务的热情，有助于形成有针对性的普法教育帮扶队伍，降低青少年普法教育的机会成本。

最后，推动青少年法治宣传教育的社会化运作。一方面，改善普法教育资金来源的单一化现状，为青少年法治宣传教育注入新的资本活力。例如，

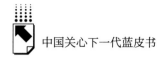

2014 年初，合肥市包河区关工委与千里动画有限公司及合肥庐江商会签约，共同投资 150 万元，制作 30 集动漫《普法小先锋》。该片被司法部和文化部评为动漫优秀奖和三等奖，并在安徽电视台科教频道、新疆卫视、少儿频道等各地电视台相继播出，中央电视台少儿频道也将该剧纳入播放排序。另一方面，日常生活中的法治知识传递往往对青少年群体价值观形成与生活行为方式养成更具现实意义。青少年法治宣传教育的推进过程中，应有意收纳部分社会影响力较高的明星或网络红人，借助其在青少年群体中的榜样力量来帮助推广普法活动，从而在一定程度上提升青少年对法治人格特质的心理预期。

参考文献

何树彬：《青少年法治教育：目标定位、实施原则与路径》，《青少年犯罪问题》2016 年第 2 期。

邓传淮：《大力加强新时代青少年学生法治教育工作》，《中国教育学刊》2018 年第 3 期。

何流明：《加强青少年法治宣传教育的探索与思考》，《中国司法》2015 年第 2 期。

任淼：《我国中小学法制教育现状及反思》，《现代教育管理》2014 年第 2 期。

张特：《新时期青少年法治宣传教育研究》，华东政法大学硕士学位论文，2018。

B.20
关工委参与家庭教育实践报告

刘宗顺*

摘　要： 以习近平同志为核心的党中央高度重视家庭教育，家庭教育逐步步入法治化阶段。目前，我国家庭教育指导服务体系有待完善，家长家庭教育素养亟待提升。中国关心下一代工作委员会通过组织广大老干部、老战士、老专家、老教师、老模范等离退休老同志通过家庭教育宣讲、与留守儿童结对、开展隔代家庭教育研究等开展家庭教育服务，推动我国家庭教育事业发展。新形势下，面临定位不准、专业不够、力量不足以及方式手段跟不上等问题。本报告对此提出了建立完善工作机制体制、加强师资培训、坚持需求导向、加强本领建设等具体改进建议。

关键词： 五老　关工委　家庭教育　家庭教育指导服务

　　家庭是社会的细胞，家庭教育是人生教育的第一课，是学校教育、社会教育的基础。中国关心下一代工作委员会（简称"中国关工委"）成立30年来，在家庭教育方面，进行了很多富有成效的实践探索。特别是党的十八大以来，为贯彻落实好习近平总书记关于注重家庭、注重家教、注重家风的重要指示精神，完善家庭育人功能，推动家庭与学校、社会形成育人合力，中国关工委在全系统部署开展"五老弘扬好家教好家风"主题活动（五老

---

* 刘宗顺，中国关心下一代工作委员会办公室秘书处干部。

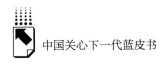

是指老干部、老战士、老专家、老教师、老模范等离退休老同志），取得了阶段性成效，有力推动了我国家庭教育事业发展。

一　政策背景

中国人有重视家庭的良好传统，但家庭教育在很长一段时间是被看作家庭内部事务，法律法规和政策层面大多只作一般性建议和极端情况规范，很少有专门的系统要求。关于家庭教育实施，《民法总则》规定"父母对未成年子女负有抚养、教育和保护的义务"；《婚姻法》规定"父母对子女有抚养教育的义务"，"父母有保护和教育未成年子女的权利和义务"；《教育法》规定"未成年人的父母或者其他监护人应当配合学校及其他教育机构，对其未成年子女或者其他被监护人进行教育"。以上法律对父母或其他监护人如何抚养教育未成年人均未明确。关于家庭教育指导服务，《教育法》《未成年人保护法》《预防未成年人犯罪法》规定，教育行政部门、学校、教师、有关国家机关和社会组织负有为未成年人的父母或其他监护人提供家庭教育指导的义务，但至于如何提供家庭教育指导，未予以明确。

改革开放以来，特别是计划生育政策实行和城市化社会变革发生以来，我国传统家庭结构发生剧变，多代共同生活的大家庭模式逐步瓦解，家庭规模趋向小型化，家庭结构趋于简化，加上离婚率的攀升，隔代抚养家庭、单亲家庭、组合家庭占比越来越大，家庭教育功能逐渐式微，我国青少年出现严重道德素养滑坡现象。近年来，家庭教育的重要性越来越引起全社会的关注，家庭教育得到快速发展。

2004年2月，中共中央、国务院印发《关于进一步加强和改进未成年人思想道德建设的若干意见》，指出家庭教育在未成年人思想道德建设中具有特殊重要的作用，确立了家庭德育的重要观念，明确了家庭教育的重要地位、责任主体、主要目标、重要内容、实施路径和保障措施，对家庭教育作了全面规范。

2005年3月，全国妇联和教育部立足于提高家长素质和加强家庭德育，提出关于进一步加强未成年人家庭教育工作的意见。2010 年 2 月，为贯彻落实 2004 年中央《意见》文件，加强家庭教育理论体系建设，全国妇联、教育部、中国关工委等七部门联合印发《全国家庭教育指导大纲》。大纲按不同年龄段划分家庭教育的指导内容，规范家庭教育指导行为，是开展家庭教育指导的重要依据。2011 年 1 月，全国妇联、教育部、中央文明办出台《关于进一步加强家长学校工作的指导意见》，对家长学校建设提出了具体要求。同年，《中国儿童发展纲要（2011～2020 年）》颁布，提出到 2020 年，基本建成适应城乡发展的家庭教育指导服务体系，90% 的城市社区和 80% 的行政村要建立家长学校或家庭教育指导服务点，确保儿童家长每年至少接受 2 次家庭教育指导服务、参加 2 次家庭教育实践活动。2012 年，全国妇联、教育部、中国关工委等七部门印发《关于指导推进家庭教育的五年规划（2011～2015 年）》。重视家庭教育的观念意识从中央到主要责任部门普遍确立，全国妇联、教育部等主体责任部门从国家层面出台了落实家庭教育的目标、规划和指导大纲。

党的十八大以来，以习近平同志为核心的党中央高度重视家庭教育，家庭教育开始频频被写入与儿童发展、儿童权益保护有关的各类国家重要文件。习近平总书记站在培养担当民族复兴大任时代新人的高度，就家庭教育作出一系列重要论述，向全党全社会发出了注重家庭、注重家教、注重家风的动员令，特别强调家庭教育最重要的是品德教育，是如何做人的教育。党的十九大指出，培育和践行社会主义核心价值观要从家庭做起、从娃娃抓起。党的十九届四中全会提出要把社会主义核心价值观要求体现到国民教育全过程，构建覆盖城乡的家庭教育指导服务体系。这些重要指示和要求为家庭教育科学发展指明了方向，提供了遵循。

2015 年 10 月，教育部印发《关于加强家庭教育工作的指导意见》，家庭教育纳入教育部门及中小学校业务考核重要指标。2016 年 11 月，全国妇联、教育部、中国关工委等九部门印发了指导推进家庭教育新的五年规划。同年，国务院印发的《关于加强农村留守儿童关爱保护工作的意见》和《关于加强困境儿童保障工作的意见》以及中共中央、国务院印发的《中长期青年发展规划（2016～2025年）》都强调要加强家庭教育指导。2019年5月，全国妇联、教育部、中国关工委等九部门对《全国家庭教育指导大纲》进行了修订，修订后的大纲进一步完善了家庭教育指导原则，指出要坚持立德树人正确方向，坚持思想性、科学性、儿童为本、家长主体四原则；新增了"家庭教育重在教孩子如何做人""家庭教育是家长和儿童共同成长的过程"等8条核心理念，明确了52条指导内容要点，更具指导性、科学性和可操作性。

随着重视家庭教育的观念在全社会逐步确立，全国人大代表及人民群众对家庭教育立法的呼声逐渐增强，对此，国家高度重视。2010年7月，《国家中长期教育改革和发展规划纲要（2010～2020年）》提出，根据经济社会发展和教育改革的需要，制定家庭教育法律。2011年，《中国儿童发展纲要（2011～2020年）》再次提出要推进家庭教育立法进程。2016年6月，《关于加强困境儿童保障工作的意见》指出，要积极推动制定家庭教育法律法规，为困境儿童保障工作提供有力法律保障。2019年6月，中共中央、国务院印发《关于深化教育教学改革全面提高义务教育质量的意见》，提出要加快家庭教育立法，强化监护主体责任。

家庭教育立法经历了一个时期的酝酿，逐步步入法治化阶段。2016年以来，重庆、贵州、山西、江西、江苏、浙江6省相继出台了家庭教育促进条例。目前，全国层面家庭教育立法已被列入《十三届全国人大常委会立法规划》和《全国人大常委会2020年立法工作计划》。未来阶段，家庭教育相关主体责任落实、保障、执行、监督将变得有法可依。

二 关工委重点关注家庭教育现存问题分析

自2004年中共中央、国务院印发《关于进一步加强和改进未成年人思想道德建设的若干意见》以来，我国家庭教育事业取得了较快发展，家庭教育指导服务体系逐渐完善，家长家庭教育意识普遍增强，家庭教育水平有了很大提高，但距离国家预设目标仍有较大差距。

（一）家庭教育公共服务网络有待健全完善

《中国儿童发展纲要（2011～2020 年)》和《关于指导推进家庭教育的五年规划（2016～2020 年)》提出，到 2020 年基本建成覆盖城乡家庭教育指导服务体系，90% 以上城乡社区建设 1 所儿童之家，90% 的城市社区、学校和 80% 的行政村、学校建立家庭教育指导服务站点或家长学校。据国家统计局对《中国儿童发展纲要（2011～2020 年)》主要检测指标显示，自 2011 年以来，连续 8 年，家长学校和儿童之家总量均在 55 万个以上，2013 年达到峰值，为 70.28 万个。但至 2017 年逐年递减，2018 年出现小幅回升，总数量为 57.72 万个，相比 2013 年削减了 18%。其中，儿童之家数量逐年递增，2018 年达到 22.72 万个，但全国约有 67 万个城乡社区，城乡覆盖率仅为 34%，与 90% 的目标还相距甚远。家长学校从 2013 年逐年递减，2018 年为 35 万个，城乡覆盖率为 52%，与预设目标仍有不小差距（见图 1）。

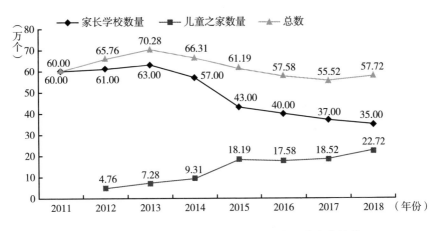

图 1　2011～2018 年全国家长学校和儿童之家变化趋势

全国家长学校培训家长年均在 3000 万人次以上，尤其在 2015～2016 年，突破 7000 万人次。从变化趋势来看，培训人次自 2011 年开始逐年递增，2014 年为 4335 万人次，2015 年出现激增，达到 7086 万人次，同比增长 63%，然而在 2017 年迅速滑至 3457 万人次，数值变化幅度较大，2018

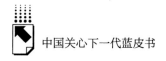
年开始回升（见图2）。这表明，我国家庭教育指导服务体系受随机性因素影响较多，稳定性不够。

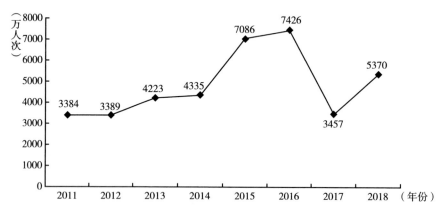

图2　2011~2018年全国家长学校培训人次

2016年，指导推进家庭教育新的五年规划提出，在50%的城市社区和有条件的农村社区（村）家庭教育指导服务站点引入专业社会工作者。国家统计局数据表明，在基层组织中持有证书的社会工作者人数逐年递增，至2018年约为4.7万人（见图3）。但距离在67万个城乡社区其中一半引入专业社工，即至少33.5万人的目标还有很大差距。

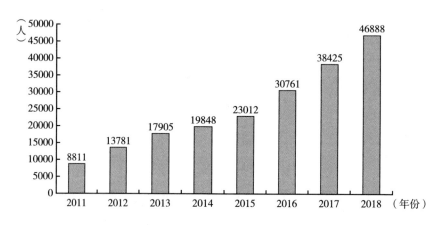

图3　2011~2018年全国社区专业社工人数

由此可见，尽管我国家庭教育事业取得了很大发展，但距离初设目标还有很大差距，家庭教育指导服务公共资源匮乏，专业人才不足，难以满足广大家长对家庭教育的需求。

（二）家长家庭教育素养亟待提升

目前全社会基本形成了对家庭教育的共识。很多家长意识到父母应对家庭教育负起主体责任，开始主动寻找家庭教育科学方法，意识到应该以身作则，为孩子树立好的榜样，与学校的配合也越来越默契。然而，实际来看，我国家庭教育还存在诸多问题。

一些父母或者其他监护人由于缺乏正确科学的家庭教育理念和方法，对孩子采取一味打骂、体罚或一味纵容等教育方式，严重影响未成年人的身心健康。2016 年，全国妇联关于两孩政策对家庭教育影响的调查报告显示，当孩子不听话时，家长打孩子的比例高达 73% 以上；为了避免孩子哭闹，会满足孩子要求的家长比例也在 70% 左右；有近五成的父母或者其他监护人表示不知道用什么方法教育孩子；86% 的父母更加关心孩子的"生长发育与身体健康"，只有 44.4% 的父母更加关心孩子的"品德行为发展"，更加关心孩子的"情感与人际交往的发展、认知与语言能力的发展、学业表现"的父母更少，仅为 30% 左右（见图 4）。这表明，家庭教育在一定范围内存在"重智轻德、重知轻能、重养轻教"现象。

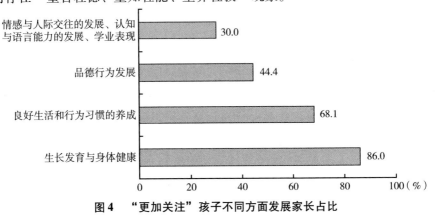

图 4 "更加关注"孩子不同方面发展家长占比

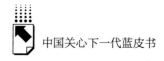
（三）留守儿童家庭教育亟待改善

留守儿童家庭教育问题是家庭教育的薄弱领域，亟待关注和改善。2018年民政部统计显示，我国还有 697 万名农村留守儿童。留守儿童最大的问题是亲情缺失、监护缺失。学者段成荣对重庆市 31 所小学的调查显示，留守儿童与父母之间的联系方式 88% 是通过打电话。电话沟通中，75% 的时间是父母单向对子女的教导，且以询问学习成绩和叮嘱要听话为主要内容，占所有交流内容的 48.5%，了解子女的健康和安全状况位居其次，占所有交流内容的 25%；再次才是问子女的心情，孩子向父母诉说烦心事仅占全部交流内容的 3%（见图 5）。显而易见，这种沟通模式根本无法满足留守儿童的心理需要和成长监护需要。

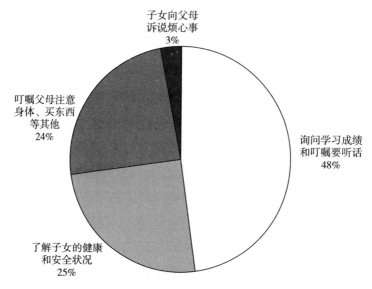

图5 留守儿童与父母通话内容占比

三 关工委参与家庭教育工作实践

2004 年中共中央、国务院《关于进一步加强和改进未成年人思想道德建设的若干意见》指出，要着力建设好老干部、老战士、老专家、老教师、老模范等五老队伍，形成一支专兼结合、素质较高、人数众多、覆盖面广的未成年人思想道德建设工作队伍，要重视关心下一代工作委员会的工作，支持关工委为加强和改进未成年人思想道德建设贡献力量。这一重要要求为关工委和广大五老参与未成年人思想道德建设和家庭教育事业提供了重要遵循。中国关工委自 2010 年以来，相继与全国妇联等部门联合印发了《全国家庭教育指导大纲》《关于指导推进家庭教育的五年规划（2011～2015年)》《关于指导推进家庭教育的五年规划（2016～2020年)》《全国家庭教育指导大纲（修订)》等文件，并按照任务分工，落实《中国儿童发展纲要（2011～2020年)》有关任务，推进我国家庭教育事业发展。

2019 年，为贯彻落实习近平总书记关于注重家庭、注重家教、注重家风的重要指示精神，中国关工委在全系统开展"五老弘扬好家教好家风"主题活动，主要内容如下。

（一）号召并组织广大五老弘扬好家教好家风

号召有家庭教育专业特长的五老进家长学校、进社区、进农村，用自身的丰富阅历、儿童发展心理学规律以及历史上和现实生活中好家教、好家风的典型向家长宣讲科学家庭教育方法，强化家长家庭教育主体责任意识，提升家庭教育水平，让好的家风成为生活方式和生活常态。同时，鼓励各地关工委结合自身实际，以书画展、家长节、整理治家格言等形式，引导五老带头搞好家庭建设。黑龙江省关工委发动全省 6.2 万名五老开展"五老为家庭教育做榜样"活动，家长参与人数 51 万人次；河北省关工委在全省中小学建立 1.2 万所线下家长学校，并创办广播、电视和网络三类家长学校，受众覆盖20 多个省区市；福州市关工委开办的免费公益网络家长学校，吸引近 300 所学校参与听课，上线听课人数累计达 115 万人次；海南省关工委利用三年时间举办的"家庭教育乡村公益讲座"实现全省乡镇全覆盖。目前，全国各级关工委共组织举办家庭教育讲座 1020 万场，参加学习家长 8560 万人次，编著家庭教育书籍教材近 1.3 万种，全国关工委共参与建设家长学校近 25 万所。

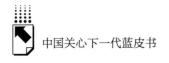

（二）组织发动五老与留守儿童结对

关工委注重充分发挥五老亲情优势和时空优势，普遍建立了五老与留守儿童结对的关爱模式。五老德高望重，相对来说，有一定的社会地位，有知识、有见识、有经验、有爱心，对于亲情缺失、监护缺失的留守儿童来说，承担了"重要他人"的角色，通过一对一结对，五老可以深入细致追踪式了解结对留守儿童的成长情况，并及时给予帮助和指导。西安市关工委还制定了五老与留守儿童、困境儿童"三个一"结对关爱守则，即每月资助一百元；每季度与学生家长通一次电话；每年和学生见一次面。目前，全国参与结对五老 119 万人，与留守儿童结成关爱对子 140 万对。

（三）开展隔代家庭教育研究和实践

由于农村相当一部分青壮年农民外出务工，城市职工工作压力加大，当前我国相当一部分儿童由祖辈抚育，隔代家庭教育实际成为家庭教育领域一项重要内容。然而，隔代家长多凭经验教育儿童，大多没有接受过家庭教育专门培训。对此，河北、山西、广东、天津等地关工委对隔代家庭教育进行了大量的实践探索，也形成了一定的理论基础。近两年，湖南省关工委从实际出发，提出了抓做人教育、摒弃溺爱、讲好故事等三个隔代教育关键问题和思路，编印了隔代教育文集，提出了"个十百千万"隔代教育工程目标，即：编写 1 本隔代教育优秀讲稿集；省、市州两级关工委组建 10 支以上以老校长、老教师为主体的家庭教育讲师团；打造和推出 100 个以上家庭教育工作品牌和典型；组织发动五老在社区或村举办 1000 场以上针对老年人的隔代教育讲座；结对帮扶 10000 名以上家庭教育缺失或存在偏差问题的少年儿童。

四 关工委参与家庭教育的优势和意义

广大五老既是家庭教育志愿服务者，也是家庭建设参与者。关工委和五老开展家庭教育服务，有助于发挥五老自身主动性，带动自身家庭建设，推动隔代家庭教育研究，并利用亲情优势和时空优势，开展家庭教育个性化指导。

（一）广大五老是家庭教育的志愿服务者，同时也是其自身家庭建设的重要参与者

中国历来重视家庭，祖辈在孙辈抚育中有较高参与度。广大五老大多都有了孙辈，他们既是家庭教育工作的志愿服务者，也是受教育者，更是家庭教育的践行者。他们学习家庭教育有关专业知识，整理中国传统文化教子古训，开展家庭教育宣讲，带头亮家风、定家规、晒家训，本身就是一个自我成长的过程，也是带头搞好家庭建设的过程。目前，全国直接参与家庭教育志愿服务的五老有 160 多万人，关工委系统工作战线上共有 1300 多万名五老，背后就是 1300 多万个甚至更多个家庭，五老家庭教育水平提升，将带动我国家庭教育水平整体大幅提升。

（二）关工委开展隔代家庭教育研究具备组织优势

隔代家庭教育，历来是中国家庭的一个突出现象，也可以说是中国的一大特色。隔代家庭教育的对象是老年人，老年人较能体会老年人养育孙辈的优势和短板，同质群体之间也更易发挥榜样示范作用。因此，由关工委牵头组织有关专家和具备家庭教育特长的五老进行隔代家庭教育研究具有重要实践价值和重大现实意义。目前湖南、天津、广东和教育系统等关工委坚持多年做了大量的理论和实践研究，取得了丰富的研究成果。

（三）五老具备独特亲情优势、时空优势，便于开展家庭教育个性化指导

坚持哪里有青少年哪里有五老、哪里就建关工委组织的组织建设原则，全国有 107 万个关工委组织，其中，村关工委 41.3 万个，社区关工委 8.8 万个，已基本形成省市县乡村五级全覆盖组织网络，这是关工委开展工作的

重要基础和保障。1300多万名五老活跃在基层，数量众多、距离可及，为关工委开展家庭教育个性化指导服务提供了可能，特别是贫困地区、城乡社区、隔代及留守、困境儿童家庭等是关工委和五老结对帮助的重点对象，可以与全国妇联、教育部等部门各有侧重，形成有益补充，织密家庭教育指导服务网。

五 关工委参与家庭教育的挑战

随着国家对家庭教育的重视，家庭教育已成为政府主导事务。但受文化氛围、经济发展程度及各地党政及有关部门重视程度不同影响，目前我国家庭教育事业发展不平衡。在具体实施上，整体尚处于自下而上探索阶段，这给关工委和五老开展家庭教育实践带来一定挑战。

（一）家庭教育工作体制机制不够完善，关工委和五老工作难以定位

中央明确了由妇联和教育部门牵头负责家庭教育实施，重点是家长学校建设，关工委等其他部门分工负责、各有侧重。但在基层实际运作中，很多地方存在责任主体不清，管理不到位，各地关工委参与程度不同。有些地方，部门之间缺乏联动，甚至各司其政，大家各建一套平台、各搞一套活动，造成资源浪费。有些地方领导和部分学校校长对家庭教育重视不够，许多家长学校有名无实，上级无要求、教学无教师、活动无经费、办学无标准、随意性很强。整体来看，家庭教育工作体制机制尚待完善，关工委和五老在基层实际工作中，很难找准摆正自己的位置。

（二）缺乏专业、系统、科学的师资培训

2019年在对山西晋中市家庭教育走访调研中发现，全市各县可以常规开展家庭教育讲座的专家人数平均不超过10人，且很多都是退休老教师半路出家，他们更多是靠自己多年的经验和自我学习，没有经过专业资格认证，缺乏科学系统的培训。这也是当前我国家庭教育事业发展面临的重要课

题，对家庭教育现有的实践研究和理论研究都远远不够，可以开展师资培训的师资和课程也较为有限，缺乏统一规范的资格认证体系，家庭教育指导教师有很大缺口，家庭教育目前仍处在一个自下而上的探索阶段。

（三）家庭教育重点家庭需要更多力量介入

调研中发现，家庭教育存在严重的城乡和区域差异，农村留守及城市流动家庭、边远贫困家庭、宗教影响家庭、特殊儿童家庭是家庭教育亟须关注的领域，很多未开化的边远牧区，由于缺乏科学养育理念，给未成年人身心带来严重伤害。关工委和五老关注到这部分家庭的需要，尽力解决他们在家庭教育中的难题，但实际工作中发现力量还远远不够，需要各有关部门以及更多社会力量的介入。

（四）互联网带来挑战

现在的青少年大多是互联网的原住民，家长也更倾向于利用网络接受家庭教育指导服务，这样的方式更便捷、更高效。但互联网对于很多五老来说仍是新兴事物，对网络的不熟悉致使工作手段和方法受到辖制。

六　对策和建议

随着家庭教育的法治化，落实家庭教育将成为各级党委政府及有关部门重要职责，这将推动家庭教育服务体系在更大保障和更强监督下构建完善，也将带来家庭教育的快速发展和我国家庭教育水平的快速提升。关工委和广大五老要在这一有利契机中，进一步找准工作定位，推动完善工作体制机制，推动家庭教育科学化、专业化、体系化发展，以家庭需求为导向，不断提升服务水平，突出服务特色，在新时代家庭教育事业发展中展现新作为。

（一）明确定位，推动建立完善家庭教育工作体制机制

关工委特别是基层关工委要进一步按照责任分工，明确工作定位，主动

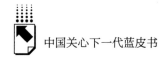
加强与妇联、教育部门、文明办等部门的沟通协调，共建共搭平台，共建共用载体，分工负责，推动建立完善家庭教育工作体制机制，形成工作合力。

（二）深化研究，加强师资培训

推动家庭教育理论和实践研究，尤其是发挥关工委独特组织优势，加强特殊群体家庭、隔代家庭家庭教育研究，不断发现典型、树立典型，推广典型。推动建立家庭教育培训机制，合力构建家庭教育培训师师资队伍，构建师资培训课程体系和资格认证体系。发动更多五老和中小学教师等参加家庭教育指导师培训，充实中小学家长学校师资队伍，推动家长学校规范化建设。

（三）坚持需求导向，注重个性化指导

要始终把家庭需求作为工作的出发点和落脚点，注重区分不同群体家庭的不同需求，发挥五老经验优势和队伍优势，当好家庭矛盾调解员、邻里纠纷化解员，注重提供多元化、有针对性、个性化的家庭教育指导和支持服务。

（四）加强本领建设，积极应对互联网挑战

加强五老业务能力培训，提高互联网素养，积极探索运用互联网开展家庭教育指导服务的新技术新平台，通过整合优质家庭教育资源、建立网络家长学校等，提升家庭教育指导专业化水平，扩大家庭教育服务覆盖面。

B.21
全国青少年"中华魂"主题
教育活动报告

姚丞 李臣 刘扬*

摘　要： 全国青少年"中华魂"主题教育活动是由中国关心下一代工作委员会和教育部关心下一代工作委员会、人民出版社、人民教育出版社、北京发行集团联合主办，服务于青少年健康成长而开展的一项大型公益活动。此项活动在中国关工委和教育部关工委的领导下，自1993年起已连续举办了27届。全国"中华魂"主题教育读书活动全面贯彻党的教育方针，通过读书，组织开展丰富多彩的主题教育活动，逐步培养青少年良好的思想道德品质，帮助他们逐步树立正确的人生观、世界观、价值观和荣辱观，坚定走中国特色社会主义道路的理想和信念。本报告主要分析全国"中华魂"主题教育读书活动的价值意义和优势，并探讨工作中的对策建议。

关键词： 青少年　全民阅读　社会主义核心价值观　公益活动

　　27年来，"中华魂"主题教育活动在中国关工委和教育部关工委的领导下，在各地党委政府的高度重视支持下，在各省、自治区、直辖市关工委和教育系统关工委的共同努力下，取得了良好的社会效益，成为培育和践行社

---

* 姚丞，中国关心下一代工作委员会办公室联络处副处长；李臣，全国"中华魂"主题教育读书活动组委会办公室主任；刘扬，全国"中华魂"主题教育读书活动组委会办公室副主任。

会主义核心价值观、加强青少年思想道德建设的有效载体，对促进青少年的全面健康成长发挥了积极作用。活动遍及 20 多个省区市，参加活动的青少年近 4 亿人次，有近 2 万人次到人民大会堂接受表彰和中央领导的接见。参加活动的青少年人数从最初的一年几十万人次发展到 2019 年的 1600 万人次。读书活动走进了学校、企业，走进了社区、家庭，走进了乡镇、村屯，走进了监狱系统。读书活动内容不断丰富，规模不断壮大，社会效益日益显著，影响越来越大，读书活动伴随一批批青少年茁壮成长并逐步成为一个群众性的读书活动。

近十年来，组委会按照顾秀莲主任的指示，依托中国下一代教育基金会，在中国关工委和教育部关工委的支持下，每年为老、少、边、穷地区学校捐建"中华魂"书屋，累计捐建"中华魂"书屋 200 余个，累计捐赠价值 600 余万元的图书 35 万册、电脑 240 余台。通过捐建"中华魂"书屋活动进一步扩大主题教育活动的影响力，彰显了"中华魂"主题教育活动的社会公益性。

一　项目背景介绍

全国"中华魂"主题教育活动是全国各级关工委进行青少年思想道德建设教育的有效载体，同时也是青少年成长成才的舞台。20 世纪 80 年代末 90 年代初，由于我国社会结构发生深刻变化，国内外各种思潮相互激荡，影响青少年的政治思想教育和道德品质教育。当时一些文化单位的同志怀着对社会的责任感，提出用开展主题教育读书活动的方式，影响、教育、引导青少年，使他们牢牢树立爱党、爱国、爱社会主义的坚定信念，即以书为载体，达到读书育人的目的。这就是"中华魂"主题教育活动的由来。

"中华魂"主题教育活动是设计者、参与者、编者、各级组织者共同打造的读书＋活动的品牌，是一个时代的产物。"中华魂"主题教育活动第一次尝试把激励机制引入读书活动，以演讲、征文、读书竞赛等形式，从基层产生优胜者，让他们到北京人民大会堂参加表彰会和夏令营。"中华魂"主题教育活动是以书为载体，普及中华民族的历史，传播中华民族的文化，歌颂中华民族的品德，弘扬中华民族的精神。

"中华魂"主题教育活动已开展27年，从第一届"我是中国人"到2020年"科技托起强国梦"，每一届活动都有一个鲜明的主题，每一届活动都有鲜明的时代特色和鲜活的思想内容，都力求体现"中华魂"。每一本书都观点准确、内容充实，让青少年爱读。据不完全统计，截至目前，全国参加这项活动的青少年近4亿人次，有近2万人次到人民大会堂接受主办方的表彰和中央领导的接见。

27年来，在中国关工委的领导下，在各地各级党委的高度重视和支持下，在各级关工委、教育部门和各学校的共同努力下，"中华魂"主题教育活动内容不断丰富、不断拓展，规模不断壮大，质量不断提高，逐步形成品牌，取得了良好的社会效益，对促进青少年的全面健康成长发挥了不可替代的重要作用。"中华魂"主题教育活动得到了党和国家领导人、老一辈无产阶级革命家及有关方面的肯定和支持。先后有王光英、雷洁琼、何鲁丽、成思危、蒋正华、许嘉璐等副委员长为活动题词、作批示。军委原副主席刘华清同志为"寻红军足迹 树革命理想"题写书名。国家新闻出版署负责同志给予很高的评价，中央电视台、新华社、《人民日报》、《光明日报》、《中国教育报》、《中国青年报》、《新闻出版报》等多家媒体对活动的开展进行了相关报道，在全国产生了很好的影响。

青少年通过参加"中华魂"主题教育活动，增长知识、开阔视野、修养德行、陶冶情操、历练能力，提升了思想品德，懂得了感恩和回报，有了责任和担当，丰富和活跃了校园文化生活，引领了全民阅读的社会风尚。通过读书演讲，有的青少年由胆小变得自信大方，有的青少年更是从小山村一路演讲到人民大会堂。每一次活动都是孩子们终生难忘的人生经历，终将受益一生，影响着他们的健康成长，使他们从平凡走向优秀、优秀走向卓越。

全国各地关工委、教育部门和司法系统通力合作，特别是湖北、福建等司法系统关工委，使"中华魂"主题教育活动走进监所，加强对失足青少

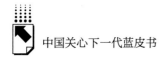

年的教育挽救工作，关爱他们的健康成长，取得了很好的效果。在监狱系统开展"中华魂"主题教育活动，是关工委系统和司法行政系统贯彻落实青少年法治教育的一项重要内容，是把关心下一代工作与教育改造工作相结合，教育、感化、挽救失足青少年的一项有力举措。

二 项目社会价值意义

"中华魂"主题教育活动全面贯彻党的教育方针，坚持育人为本、德育为先，把读书育人放在首位。每年根据党的中心任务，结合学习宣传党的重大会议精神和国际国内形势的发展，配合学校德育工作，根据学生成长的实际需要，深入调研广泛听取意见，精心策划确定主题，认真组织专家编写读本，以读本为依托和载体，引导广大青少年好读书、读好书，养成良好的读书学习习惯。通过读书，组织丰富多彩的主题教育活动，逐步培养青少年良好的思想道德品质，帮助他们逐步树立正确的人生观、世界观、价值观和荣辱观，坚定走中国特色社会主义道路的理想和信念。

作为践行社会主义核心价值观的全国性主题教育读书活动，"中华魂"主题教育活动在帮助青少年热爱祖国、跟党走、塑造灵魂、启迪智慧、学会做人方面做出了很大贡献。"中华魂"主题教育活动成为广大青少年汲取知识的宝库，成为他们的良师益友和人生道路上的引路人。开展主题教育活动的实践证明，"中华魂"主题教育活动对于培育和践行社会主义核心价值观、促进青少年健康成长有着积极的现实意义，对青少年丰富各种知识，进一步牢固树立民族自信心、自豪感，树立读书励志的理想有积极作用。

"中华魂"主题教育活动以读书育人为宗旨，以培育和践行社会主义核心价值观为主线，具有深远的时代意义。习近平总书记指出，一个民族的文明进步，一个国家的发展壮大，需要一代又一代人接力努力，需要很多力量来推动，核心价值观是其中最持久最深沉的力量。青少年是祖国的未来、民族的希望，青少年阶段是价值观形成的关键时期。培育核心价值观，必须坚持从小抓起。抓好了青少年的价值观教育，也就抓住了未来、管住了长远。27 年来，"中华魂"主题教育活动以立德树人为宗旨，努力做到主题鲜明、内容丰富、形式多样、贴近实际、讲求实效。结合每年读本的主题，从事青少年教育的专家们用生动的故事、通俗的说理、精彩的演绎编辑形成系列教育读本，方便青少年阅读、理解。"中华魂"主题教育活动对于青少年传承中国优秀传统文化，树立远大理想信念，培养良好道德情操，树立正确的世界观、人生观、价值观产生了深远的影响，对促进青少年的全面健康成长发挥了重要作用。

"中华魂"主题教育活动提供的读本是针对不同年龄段青少年生理、心理发展需要及其认知规律编写的，从讲故事到说道理，从感悟的表达到理性的阐述，都具有鲜明的思想性、针对性及可读性，不同层次的青少年通过读本都会得到不同的教育和启示。在引导、组织青少年认真阅读的基础上，结合重大纪念活动及历史上重大事件、重要人物纪念日等，通过开展征文、演讲、歌咏、参观、社会实践等一系列内涵丰富的教育活动，提高了青少年思想道德素质，帮助他们树立正确的人生观、世界观、价值观和荣辱观，坚定走中国特色社会主义道路的理想和信念。活动范围除大中小学外，进一步拓展到家庭、社区、企业、军营，还开展到监狱和少管所等，许多地方出现了上下联动的师生同读、亲子同读、老少同读、官兵同读的喜人局面，对培养青少年"爱读书、读好书"的良好习惯、营造崇尚读书的社会氛围，发挥了积极作用。广大青少年通过参加主题教育活动，不仅提高了思想政治素养，也丰富了知识、陶冶了情操、增长了才干、受到了励志教育。

三 项目特点与优势分析

各主办单位领导高度重视、精心组织，各相关部门团结协作形成合力，保证了主题教育活动更实更好、健康有序发展。为加强对"中华魂"主题教育活动的领导，中国关工委和教育部关工委每年均把活动列入年度工作计划，并下发文件提出要求，给予指导。同时，由中国关工委办公室领导牵头，每年四月召开一次活动主办单位和各省关工委领导参加的主题教育活动选题研讨会，共同确定一个切合当前形势的读本主题。确定好主题的活动读本由出版单位负责编写、出版活动用书，读本按不同年龄段分为注音、小学生、中学生、青年四个读本。注音读本和小学生读本由人民教育出版社负责编辑出版，中学生读本和青年读本由人民出版社负责编辑出版。读本出版后，全国各省区市关工委或新华书店等单位负责订购活动用书，各地关工委老同志组织辅导学生阅读图书，并结合当年主题开展各种各样、丰富多彩的活动，如演讲比赛、征文比赛、歌咏比赛、参观、社会实践等。各级关工委逐级评比开展表彰活动，并按分配的获奖比例上报组委会办公室，组委会根据各级关工委上报的获奖名额，每年7月由中国关工委牵头，活动办公室负责组织在北京举办"中华魂"主题教育活动夏令营并在人民大会堂召开全国"中华魂"主题教育活动表彰大会。近几年，每年的参会人员都达到600余人。本项目具有以下特点与优势。

（一）以青少年为本，以理想信念为核心

"中华魂"主题教育活动提供的读本是针对不同年龄段青少年生理、心理发展需要及其认知规律编写的，从讲故事到说道理，从感悟的表达到理性的阐述，都具有鲜明的思想性、针对性及可读性，不同层次的青少年通过这小小的读本都会得到不同的教育和启示。在引导、组织青少年认真阅读的基础上，结合重大节日及历史上重大事件、重要人物纪念日等，通过开展征文、演讲、歌咏、参观、社会实践等一系列内涵丰富的教育活动，提高了青少年思想道德素质，帮助他们树立正确的人生观、世界观、价值观和荣辱观，坚定走中国特色社会主义道路的理想和信念。活动范围除大中小学外，进一步拓展到家庭、社区、企业、军营和监狱、少管所等，许多地方出现了上下联动的师生同读、亲子同读、老少同读、官兵同读的喜人局面，对培养青少年"读好书、好读书"的良好习惯、营造崇尚读书的社会氛围，发挥了积极作用。广大青少年通过参加主题教育活动，不仅提高了思想政治素

养,也丰富了知识、陶冶了情操、增长了才干、受到了激励。

山西省开展"中华魂"主题教育活动最早、参加活动的青少年人数最多,每年参加活动的青少年有500余万人次,在全国一直处于领先位置。各级领导给予了极大的重视和支持,省关工委有专职领导负责活动的组织和开展,从制订活动方案、征订读本,到组织辅导队伍、编写辅导报告,再到开展演讲比赛、进行评比等,环环相扣,成为常态化工作机制。全省举行了"中华魂"主题教育活动电视大奖赛,中国关工委主任顾秀莲、省委宣传部和省关工委的同志亲临现场给予指导。山西省关工委还通过十多年来的连续跟踪调查发现,读书活动给青少年成人成才打下了良好的基础,不少人因此走向成功。许多当年参加读书活动的青少年,如今有的上了名牌大学,有的找到了好工作,有的成为单位的骨干,有的成为优秀教师。2018年开始,山西省关工委在全省青少年中广泛深入持续开展"中华魂"主题教育活动和"传承红色基因,争做时代新人"主题教育活动,并将两项主题教育活动紧密结合融为一体。在全省青少年中广泛开展主题征文比赛、主题演讲比赛、主题教育活动夏令营等活动,组织青少年读好书,瞻仰参观党史国史教育基地等红色场馆、纪念馆等。举办了"中华魂"专题宣讲报告会及各类社会实践活动,在组织专题知识竞赛、歌咏比赛、书法大赛等丰富多彩的活动基础上,以学校、企业等为基本单位,村、社区、乡(镇、街道)、县(市、区)、市、省分别搭台,组织"中华魂"主题教育活动和"传承红色基因,争做时代新人"主题教育活动征文演讲比赛。通过这些活动,新时代好少年、新时代好青年一批又一批地涌现,为青少年立志、追逐理想、放飞梦想、青春出彩奠基,为培养有理想、有本领、有担当的时代新人发挥出很大作用。

重庆市关工委从2003年起已连续开展"中华魂"主题教育活动17年,并连年保持全国先进。特别是近三年来,读书活动从数量到质量都发生了根本性的变化。2016年重庆市关工委被评为"重庆市全民阅读示范单位",活动多次得到中国关工委主任顾秀莲的批示肯定。用中国关工委领导的话说,重庆市的"中华魂"主题教育活动,领导感到满意,家长扬眉吐气,爷爷辈更高兴。2019年,重庆市关工委主任肖祖修"在文化行走,阅读中国——迎接中华人民共和国成立 70 年 70 城联读活动"启动仪式上作了经验交流发言,中宣部把此发言以《重庆市关工委:以主题读书活动铸造"中华魂"》为题选登在了国家新闻出版署主管、中国新闻出版研究院主办的《新阅读》杂志上。重庆市关工委开展"中华魂"主题教育活动 17 年来,各级关工委坚持突出教育主题、突出青少年特点、突出铸魂育人,逐步形成了一套完整、系统、行之有效的办法和机制,使读书活动的内容不断丰富、规模不断壮大、质量不断提高、效果不断增强,得到了社会的认同、家长的支持和青少年的喜爱。活动先后被纳入了重庆市委、市政府"重庆读书月"和市文明办"实施未成年人思想道德建设十件实事"与"五心四好教育活动"内容,以及重庆市全民阅读推广活动项目,成为加强未成年人思想道德建设工作的有效抓手、培育和践行社会主义核心价值体系教育的重要载体、关工委工作一个响当当的品牌。到目前为止,累计向青少年发放读本1562 万册,吸引 3000 余万人次青少年参与活动。动员社会力量向贫困学生及失足青少年捐赠读本 100 余万册,价值 700 余万元。共有 1.2 万名青少年参加全市读书活动征文、演讲比赛,1.8 万人次优秀师生获全国和市读书活动组委会表彰。每年坚持组织读书活动指导团专家深入基层开展辅导,同时还邀请全国知名专家进行专题辅导培训,读书辅导报告累计 2400 余场,师生听众达 115 余万人次。全市上下形成了师生共读、家庭共读、老少共读、警民共读、全民阅读的良好氛围,为打造"书香重庆"、营造全民读书的良好氛围做出了积极贡献。

黑龙江省关工委每年通过演讲、征文比赛等形式评选出 10 名主题教育读书活动的"读书状元",并建立档案,在省主流媒体上宣传,为青少年树立了榜样,有力地推动读书活动的深入开展。佳木斯市各中小学自参加"中华魂"读书活动以来,通过读书活动征文和演讲竞赛、主题班队会、读书交流活动等多种形式深入开展主题教育活动。定期开展主题班队会和读书交流会,师生同读。佳木斯市开展"中华魂"读书活动的中小学老师们都觉得,丰富多彩、形式活泼的"中华魂"读书活动,充分调动了学生的读书热情和积极性,让学生能够了解课本之外的知识,学生对于学习的兴趣大增,更加努力上进。同时，学生家长也能够从"中华魂"的读本中获取更多信息，形成了"学生、老师、家长"三方一起学习一起进步的可喜局面。

云南省关工委自 2010 年开展"中华魂"主题教育活动以来，在各级关工委及教育、司法部门的积极参与、精心组织下，活动规模不断扩大，参与活动青少年迅猛增加。全省 16 个市州的 129 个县市区开展了活动，参加活动人数达 150 多万。

2019 年，北京市关工委新一届领导班子对"中华魂"主题教育活动非常重视，召开专题工作会议，研究决定在全市组织开展"中华魂"主题教育活动。北京市关工委领导班子还赴重庆市、四川省关工委学习先进经验，制定印发《北京市"中华魂"主题教育活动方案》。北京市 16 个区、经济技术开发区和教育系统关工委在青少年中组织开展形式多样的读书活动，密云区的读书活动实现了小学生全覆盖。2020 年初，北京市关工委按照北京市委关于统筹推进首都疫情防控和经济社会发展的总体要求，与北京广播电视台北京时间紧密合作，在北京市关工委网站开设专栏，采取专家线上打分和公开投票的方式，全面推进北京市"中华魂"主题教育活动，取得很好的社会效果。

河北省关工委及河北省教育系统关工委主要在大学生中开展"中华魂"主题教育活动，自 2005 年以来，持之以恒，弘扬正能量，不断创新和丰富"中华魂"主题教育活动的形式和内容，各校党委十分重视"中华魂"主题教育活动，多年来始终把这项教育活动纳入大学生思想政治教育的大格局中，紧紧围绕主题，精心编写征文辅导报告、写作提纲，全面动员，突出重点，个别指导，同时将辅导报告和写作提纲挂在团委网站上，方便学生学习写作。通过主题活动激发当代大学生的社会责任感和使命感，逐渐成长为实现"中国梦"的中坚力量。

一些省区市关工委曾为几届获得主题教育活动表彰的青少年建立成长档案，跟踪他们的成长过程，发现他们中的绝大多数成长为德智体美劳全面发展的优秀学生，如愿考取了重点中学或本科院校，许多人考上研究生，走上工作岗位后在工作中也发挥了很好的表率作用，成为杰出青年的典范。山西省五台县的王丹同学从高中一年级开始连续三年参加"中华魂"主题演讲比赛并取得优异成绩。正是因为参加了"中华魂"读书活动，她才找到了自己的人生目标，并在高考中顺利考取了播音主持专业。如今，她已经如愿成为一名优秀的节目主持人，实现了自己的人生理想。她说，"中华魂"读书演讲比赛活动对自己的触动很大，在参加活动过程中认识了很多前辈和老师，他们的指导和帮助对她的人生发挥了很大作用。曾获全市小学组演讲比赛冠军的重庆市丰都县蔡依恬从小学开始参加"中华魂"读书活动，不断锻炼提高，不断成长进步，被南开中学作为唯一的主持人特长生录取，升高中时也以主持、声乐等特长再一次被南开中学录取，现已是教育部直属重点高校国际关系学院日语专业大二学生。几年来她先后参加了全国少年儿童电影配音大赛，担任中央电视台《同一首歌》栏目诗朗诵的领诵、市关工委成立 20 周年文艺晚会的主持人等，并在全国"中华魂"主题教育活动成立 20 周年表彰大会上讲述了她《读书伴我成长》的经历。

（二）形成学校、家庭和社会相结合的教育网络

"中华魂"主题教育活动结合青少年特点，从地域文化及学校实际出发，坚持读书育人、实践育人，开展了形式多样、丰富多彩的系列活动，促进了学校、家庭和社会三结合教育网络的形成。

"中华魂"主题教育活动，以读书为纽带，面向学校、家庭和社区，组织师生同读、亲子同读、老少同读，出现"小手拉大手，和谐同进步"的喜人局面，有效地将学校教育、家庭教育和社区教育紧密结合起来，相互配合、相互渗透、相互促进，营造了一个良好的舆论环境。

山东省关工委围绕"立德树人"的根本任务，把"中华魂"主题教育活动作为关工委工作的抓手，始终把读书育人作为宗旨，把加强青少年思想道德建设放在首位，建立健全了协调推进、调研督导、激励扶持等工作机制。关工委注重发挥各中小学校的积极性、主动性、创造性，摸索出很多行之有效的开展读书活动的方法。如大多数学校开展的"书香校园"工程，以中华优秀经典诗文美化校园环境。各学校普遍开展了"中华魂"主题读

书活动知识竞赛，举办演讲比赛，撰写心得体会，更多的学校通过升旗、晨会、橱窗、校刊、黑板报、主题班会等多种形式，宣传"中华魂"主题教育活动的内容。这些形式和方法生动活泼，学生喜闻乐见，使学生时时、处处都能受到"中华魂"教育的熏陶。

新疆维吾尔自治区关工委及新疆生产建设兵团关工委结合实际，把"中华魂"活动内容与本地优质教育资源相结合，与发挥五老优势相结合，与增强民族团结相结合，开展"民族团结一家亲"故事会征文比赛；开展"老少共画美丽新疆"书法绘画、手抄报比赛等活动，让青少年在活动中手拉手、心贴心、交朋友，从小培养珍惜爱护民族团结的感情，以实际行动加强民族团结，维护社会稳定。

（三）关爱失足青少年的改造与成长

"中华魂"主题教育活动走进监所，把读书活动与服刑改造工作相结合，关爱失足青少年的改造与成长。湖北省关工委、省司法厅自 2005 年以来，连续 15 年在全省 35 岁以下服刑、戒毒人员中开展"中华魂"主题教育活动，取得了明显成效。15 年来，全省服刑人员重大违纪率平均下降54％，戒毒人员受禁闭处分人数平均下降12％，受延期处分人数平均下降23.9％，有力促进了监所的持续安全稳定。不少过去被认定为顽危的服刑戒毒人员，通过参加读书活动，思想认识、改造行为发生了积极变化。服刑戒毒人员中有42797人次通过读书活动受到表扬或表彰，5929人次得到减刑。服刑戒毒人员通过读书提升了综合素质，学会了自食其力的技能，为刑释解戒后回归社会、融入社会、回报社会打下了坚实基础。

福建省关工委、省司法厅多年来在全省服刑人员中开展"中华魂"主题教育活动，始终围绕"提高教育改造矫治质量"这一中心，把读书活动与教育改造工作紧密结合、相互促进，掀起了读书促改造的热潮，取得了很好的效果，主要体现在以下四个方面：一是在监所和服刑人员中引起强烈反响，掀起了"读红书，促改造"的热潮。二是有效提高了教育改造质量，增进了监所的和谐稳定。三是丰富了监所文化生活，营造了全新的红色文化

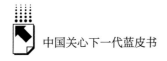

氛围。四是提高了监所民警政治思想文化素质，强化了队伍建设。

在监所外，"中华魂"主题教育活动也始终鼓励着那些刑释人员重新开始自己的人生，不断奋斗获得新的生活。邹群就是那些重新获得美好新生活的刑释人员之一。"中华魂"主题教育活动让他走出了人生的泥沼，他通过"中华魂"读本的学习洗涤了心灵，积极改造并多次获得减刑。如今，已经获得新生的他在湖北宜昌市开办了一家工厂，并积极接纳刑释人员到他的工厂工作，以身示范，将"中华魂"的精神从监所内延伸到监所外并发扬光大。邹群说，通过参加"中华魂"主题教育活动自己明白了要趁年轻多学习一点知识，好好改造，争取多减刑，出去之后还是可以回报社会的。

（四）关注青少年弱势群体

"中华魂"主题教育活动以青少年为本，从青少年的需求出发，帮助他们排忧解难。关注青少年中的弱势群体，动员社会各界爱心人士和团体开展助学、助困、助孤、助残、帮教等关爱活动，净化青少年成长的社会文化环境，为青少年办实事做好事。

河南洛阳栾川县的张祖瑛同学，2006年一场车祸夺去了她爸爸的生命，妈妈和弟弟也在车祸中身受重伤。突如其来的灾难把年幼的张祖瑛抛到了绝望的深渊，小小年纪的她几乎无法面对残酷的生活。就在张祖瑛几乎放弃努力的时候，一场特殊的读书活动彻底改变了她的命运，从此张祖瑛开始了新的人生。洛阳市栾川县关工委领导就是在全县中小学举办的"中华魂"主题教育活动演讲比赛中得知张祖瑛同学家庭情况的，关工委领导十分关注张祖瑛同学的生活、学习，组织开展了一系列救助活动，在此影响下，社会各界为张祖瑛同学提供了许多帮助，让她获得了继续生活下去的力量和勇气，一个濒于破裂的家庭再次获得了新生。2007年7月，张祖瑛代表洛阳市中小学生到北京人民大会堂参加全国"中华魂"主题教育活动颁奖仪式，并在主席台上做了《和谐校园，我温暖的家》主题演讲，这成为她最骄傲的一件事。栾川县关工委还将张祖瑛的事迹改编成电影脚本，由河南影视集团以张祖瑛同学为原型，拍摄电影《美丽女孩》并在中央电视台播出，激励了广大中小学生励志成才。现在的张祖瑛对未来充满了信心，她回忆起往事时说道，"'中华魂'帮助我度过了最艰难的日子，让我获得了力量和勇气，继续努力生活。我很感谢有这么一个读书活动，也很感谢那些一直关心我、鼓励我、帮助我的关工委的爷爷奶奶们。'中华魂'读书活动让我养成了'爱读书、好读书、读好书'的良好习惯，这个习惯让我的成绩一点一点地进步，让我的'大学梦'一点一点地实现。"

在中国关工委和教育部关工委的指导下，"中华魂"主题教育活动始终坚持以读书育人为宗旨，以社会公益为原则，关注社会特殊群体，进一步加强了对服刑、贫困、残障、农村留守儿童等特殊群体的关爱扶助。湖北省关工委与省司法厅连续几年在全省 35 岁以下服刑人员中开展"中华魂"主题教育活动，成效显著。按照中国关工委和司法部联合通知的精神，福建省关工委和省司法厅学习湖北经验，联合在违法犯罪青少年中开展主题教育读书活动，把活动与教育改造矫治工作有机结合起来，开辟了一条监所内教育与社会教育相结合的新途径，把主题教育读书活动融入监所教育改造矫治工作之中，实现了两者无缝衔接，提高了教育改造矫治工作的质量和水平。

2013 年，"中华魂"主题教育活动组委会，在中国下一代教育基金会设立了"中华魂"捐书助学专项基金，开展了"中华魂关爱行动"，为老、少、边、穷地区援建"中华魂"书屋及多媒体阅读互动教室，有效帮助老、少、边、穷地区中小学的孩子改善阅读环境。

多年来，组委会分别向黑龙江、山西、内蒙古、重庆、湖北、安徽、河南、云南、西藏、山东、河北等省区市老、少、边、穷地区及北京市未成年犯管教所捐赠"中华魂"书屋 200 余个，累计捐赠价值 600 余万元的图书 35 万册、电脑 240 余台。这一善举得到了中国关工委主任顾秀莲等领导的肯定和各地的欢迎，进一步提高了活动的影响力和感召力。

"中华魂"主题教育活动已为青少年实现人生出彩搭建了一个好舞台，成为各省区市关工委工作的知名品牌和有效抓手。组委会将继续加强指导协调，确保领导有力、机制健全、组织严密、运转高效，提高读书质量，彰显

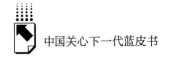

育人效果，让读书活动更加深入人心、更加焕发时代精神，让更多的青少年在"中华魂"主题教育活动中成长成才。

四　工作经验分析

"中华魂"主题教育活动能够取得成效，得益于各级党政领导的高度重视与支持，得益于各级关工委的精心组织和相关部门的团结协作，得益于读书活动主办单位对青少年思想道德教育事业的高度责任感和事业心。

首先，"中华魂"主题教育活动之所以能够长期坚持、持续发展，主要得益于各级党委政府的高度重视和有关部门的大力支持。

很多地方和单位把读书活动作为加强青少年思想道德教育的一项重要任务和具体措施，纳入思想宣传工作和精神文明建设的总体规划，建立长效机制。党政领导的重视和支持极大地调动了关工委老同志和社会各方面的积极性，为主题教育活动的开展营造了良好的环境和氛围。

内蒙古自治区从 2005 年起部署组织开展"中华魂"主题教育活动。15年来，在自治区关工委的领导下，在当地党委政府的重视支持下，基本形成了领导体系和工作格局，活动开展从最初几个旗县到 2013 年已达 70 多个旗县。自治区关工委在组织"中华魂"主题教育活动中，坚持从中小学生实际出发，大胆探索，勇于创新，不断拓宽活动空间、丰富活动内容，具体做到了"五个结合"：一是把读书活动同中小学校德育工作紧密结合，纳入学校德育工作总体布局，同德育工作融为一体，统筹安排，协调运作，有力加强了学校德育工作。二是把读书活动同学校共青团、少先队工作有机结合，把主题教育作为共青团、少先队活动内容，既丰富了共青团、少先队活动内容，又深化了主题教育效果。三是把读书活动同重要节庆日结合。在重要历史节点、重要节庆日，结合主题教育内容，开展适合青少年特点的教育实践活动，对青少年进行党史、国史教育，教育引导青少年听党话、跟党走。四是把读书活动同校园文化建设相结合。"中华魂"主题教育活动为中小学生营造了良好的读书氛围，推动了全民阅读，培养了中小学生爱读书、读好书的良好习惯。五是把读书活动同社会主义核心价值观教育相结合。"中华魂"主题教育活动，每年一个主题，紧扣时代脉搏，传递了社会正能量。中小学生通过学习读本增长知识，增长才干，陶冶情操，内化于心，外化于行。实践证明，读书活动对中小学生社会主义核心价值观的形成发挥了潜移默化、润物无声的作用，收到了读书励志、铸魂育人的效果。

河南省关工委在各级领导的重视和支持下，各地关工委认真部署，精心组织，科学推进，主动与教育、团委、妇联等部门联系，聚合各方资源和智慧，在思想上联通、工作中联动、活动上联办，实现通力合作、优势互补、资源共享，在全社会营造"爱读书、读好书、善读书"的浓郁氛围。河南省漯河市关工委为使读书活动内容更丰富、形式更鲜活，每年利用寒暑假和重大节日，组织青少年开展社会实践活动，积极配合漯河市创建全国卫生城、全国文明城活动，组织学生上街打扫卫生，开展争当"文明礼仪小卫士"、"小小志愿者"、救助贫困生、与"留守生"结对子等活动，充分把读本内容与日常学习、生活相结合，受到了老师、家长的一致好评。为进一步检验读书活动开展效果，采取征文比赛、电视演讲比赛、知识竞赛轮换进行的方式，一年一个活动形式，三年一个活动周期，保障活动丰富多彩、扎实有效。

广东省关工委按照中国关工委的工作部署，坚持为青少年服务的正确方向，坚持把培育和践行社会主义核心价值观作为工作主线，把立德树人作为根本任务，把开展"中华魂"主题教育活动作为加强青少年思想道德建设的重要载体，联合教育部门，结合广东省实际，精心谋划，多措并举，加强领导，狠抓落实，较好地推进了"中华魂"主题教育活动在全市中小学的开展，有力加强了学校思想道德建设，有效提升了广大中小学生思想道德水平，使爱党爱国，爱中国特色社会主义，听党话、跟党走的思想深深扎根在广大学生脑海里。

全国铁路关工委始终坚持把开展读书学习作为青年职工提高、锻炼、展示自己的重要平台。坚持以提高青工思想政治素质，教育和引导青工听党话、跟党走，助力青工成长成才为重点，深入开展"中华魂"主题教育活动，把实现人生出彩作为深化主题教育活动的重要使命和根本目的，注重从完善典型选树、表彰和培育机制入手，努力形成"人人有机会、幸福靠奋斗"的工作导向，取得了很好的效果。

安徽省关工委于 2008 年率先在合肥、安庆两市开展"中华魂"主题教育活动。在当地党委和政府的支持下，联合教育部门开展优秀文化进校园活动，通过国旗下讲话、校园广播、主题班会、学校橱窗、黑板报、校园网、图片展等形式，深入宣传读书活动的重大意义，唱响共产党好、社会主义好、改革开放好、伟大祖国好、各族人民好的时代主旋律，扩大影响力，推动读书活动走深走实，获得学校和家长一致好评，取得了良好的社会效益。

其次，求真务实，创新发展，贴近青少年，是"中华魂"主题教育活动取得实效的关键，体现了活动主办单位对青少年思想道德教育事业的高度责任感和事业心，坚持实事求是，一切从实际出发，保证"中华魂"主题教育活动健康持续发展。

"中华魂"主题教育活动是组委会成员单位、各级组织者共同打造的读书＋活动的优秀品牌。27 年前，"中华魂"主题教育活动第一次尝试把激励机制引入读书活动，以演讲、征文、读书竞赛等形式，从基层产生优胜者，请他们到北京人民大会堂参加表彰会和夏令营。"中华魂"主题教育活动以书为载体，在青少年中普及中华民族历史，传播中华民族文化，歌颂中华民族品德，弘扬中华民族精神，帮助青少年解读"中华魂"、铸造"中华魂"。

成都市关工委 2018 年开展"中华魂"主题教育活动以来，坚持抓住三个载体，推进"中华魂"主题教育活动纵深发展。一是抓住媒体，大力营造教育活动的良好氛围。成都市关工委与多家新闻单位建立战略合作关系，采取即时新闻和专题报道的方式，系统全面地反映成都市"中华魂"主题教育活动成果。利用微信、微博和《蓉城关爱》杂志的"两微一刊"宣传平台，刊发活动成效，营造浓厚的教育活动气氛。成都市关工委在教育活动开展过程中和结束后，建立家长微信群、选手培训工作群等教育活动的交流、反馈平台，实时传输活动动态，听取各方意见，让家长安心、让学生舒心，确保活动效果，也便于总结活动经验。二是抓住典型，不断点亮教育活动的成长灯塔。三是抓住经验，努力推进教育活动的纵深发展。成都市关工委采取多种形式的主题教育活动让广大青少年传承和发扬中华民族伟大精神，把红色传统、红色文化、红色精神注入血脉、融入灵魂，把服务青少年作为"中华魂"主题教育活动的根本使命，坚持服务青少年的正确方向，当好青少年理想信念的引路人、健康成长的指导者，努力把更多的青少年吸引到读书活动中来，引导他们多读书、读好书，培育和践行社会主义核心价值观，为培养德智体美劳全面发展的社会主义建设者和接班人做出了突出贡献。

贵州、湖南、广西关工委也在青少年中开展丰富多彩的"中华魂"主题教育活动。坚持强化爱国主义教育，以为青少年铸魂为出发点，通过树立典型、带动引领，为各省区市青少年搭建了一个开阔视野、积极奋进、铸魂育人的关爱平台。

为加强对"中华魂"主题教育活动的领导，中国关工委和教育部关工委每年均把活动列入年度工作计划，并下发文件提出要求，给予指导。同时，由中国关工委办公室牵头，每年召开一次活动选题研讨会。活动组委会成员的领导，立足企业，胸怀大局，视青少年教育为己任，以高度负责的精神组织活动用书的编写和发行，做到各环节严把质量关，出版发行的主题教育活动读本受到广大师生的青睐，受到社会各界的好评。

最后，"中华魂"主题教育活动的长期开展，离不开各级关工委和老同志们积极参与和默默奉献。老同志思想政治坚定，对党忠诚，是青少年思想道德建设极其宝贵的资源，在开展"中华魂"主题教育活动中发挥了主导作用。

老同志们组成五老报告团，定期走进校园、走进社区、走进家庭，组织各种形式的教育活动和社会实践活动，回忆革命历程，宣讲光荣传统；弘扬社会正气，倡导文明风尚；关爱特殊儿童，挽救失足少年，以丰富的人生阅历和经验引导孩子们的人生航向，以高尚的精神风范培育孩子们的道德情操，以长者的慈爱之心帮助孩子们健康成长。他们以一种对党和国家事业尽心竭力、无限忠诚的高尚精神，以为人民利益无私奉献的优秀品格，赢得了

社会的尊重和爱戴。

梁子高同志是重庆市关工委专家辅导团成员，自"中华魂"活动在重庆市开展伊始就担任了重庆市读书活动征文比赛的评委，他亲身经历了活动从宣传发动到推广普及，再到如今成为热潮的全过程。梁子高同志说道，"中华魂"读书活动传递的是正能量，高扬的是主旋律，虽然活动不能收到立竿见影的效果，但它起码在广大青少年心灵深处播种下一颗真善美的种子，它总会开出美丽的花朵，收获丰硕的果实。

李冬梅同志是内蒙古莫旗尼尔基镇关工委常务副主任、市旗两级助人为乐道德模范、呼伦贝尔市关心下一代工作十大标兵之一。她三次安装起搏器、患视神经坏死等多种疾病，经常复查、服药造成生活困难。但她每年都要用一部分钱订购"中华魂"读本，赠给本旗三警一部战士、监管所失足青少年、尼尔基镇六个社区和西宝山村，赠给远在丹东的儿子所在部队战士。十年来，她共订购4000多册"中华魂"读本，折合人民币25000多元。还将自己获得的市旗两级道德模范奖金5500元全部捐给贫困大学生，并资助贫困生蒋强强9000元直至大学毕业。

四川省凉山州各级关工委结合"不忘初心·牢记使命""移风易俗·倡树文明新风"主题教育实践活动，组织2.5万余名五老志愿者骨干深入乡村、街道、企业、学校、军营、监狱开展宣讲、演出、帮教等活动20000余场次，受到青少年欢迎和社会各界广泛赞誉、充分肯定。他们围绕每年不同的"中华魂"主题，通过树正面典型、身边人讲身边事，将扶贫与扶志、扶智、扶勤相结合，以道德教育重塑精气神，以文明新风根除陋习，以典型引领激发奋斗热情，与广大青少年政治连心牵手跟党走，思想连心牵手促成长，感情连心牵手递关怀，生活连心牵手解困难。同时，凉山州关工委在"中华魂"主题教育活动中还着力唱响共产党好、社会主义好、伟大祖国好、各族人民好、民族团结好的时代主旋律，努力营造凉山各民族和睦相处、和衷共济、和谐发展的良好氛围。

27年来，在老同志们的辛勤努力下，"中华魂"主题教育活动不断探索教育方式，不断拓展关爱手段，不断创新活动载体，为青少年成长成才做出了积极贡献。同时，也为关工委老同志搭建了老有所为的舞台，促进了关工委队伍建设和关心下一代工作的深入发展。

五　工作总结

时代发展和新时期中小学德育工作对"中华魂"主题教育活动提出了新的更高的要求。在下一步工作中如何增添活动的活力，采取更新颖、更容易被广大青少年接受的活动形式，吸引更多青少年参加，使更多的孩子受益，促进活动深入持久开展，为加强和改进青少年思想道德建设做出新的贡献，是需要我们认真研究和思考的课题。

目前，全国有 20 余个省区市开展了"中华魂"主题教育活动，还有一部分省区市没有开展活动。在活动开展的广泛程度上还存在发展不平衡问题，覆盖面需要进一步拓展。

在今后的工作中，应进一步加强调查研究，积极采取有效措施，逐步解决存在的困难和问题，开创"中华魂"主题教育活动的新局面。

通过针对性地加快调研工作的步伐，找到问题的突破口。继续联合各地关工委走访基层单位，收集反馈意见，整理汇总各组织单位的经验和建议。从读本选题、编辑、出版到组织各种活动、评比、表彰，逐一捋顺各个环节，完善活动机制。要在原有的活动机制上有所突破，联合关工委、教育部门、出版社等相关单位研讨活动的创新形式，争取从策划走向实践，在实践中摸索新形式的可行性，为青少年健康成长做出更大贡献！

B.22
党建带关建制度机制实践探究

吴 婷[*]

摘 要： 以党的建设带动推进各项事业发展，是党的优良传统和重要
工作方法，以党的建设带动关工委建设（以下称"党建带关
建"），是党在新时代进一步加强关心下一代工作的生动体
现，突出彰显了党在关心下一代工作的主体地位和主体责任，
党组织对关工委组织工作的领导进一步加强。本文对党建带
关建制度机制的必要性、实践探索、取得成效等方面，进行
了全面系统的梳理和分析，提出新时代推动党建带关建制度
机制的几点思考和建议，希望能够推动该机制的完善和健全，
为党的建设和关工委建设发挥更大作用。

关键词： 党建 关工委建设 制度机制 新时代 基层组织

习近平总书记指出："十年树木，百年树人。祖国的未来属于下一代。
做好关心下一代工作，关系中华民族伟大复兴。""各级党委和政府要关心
和支持关心下一代工作，支持更多老同志参加关心下一代工作，在时代的舞
台上老有所为、发光发热。"关心下一代就是关心党和国家事业的美好明
天，关心下一代事业是党和国家事业的重要组成部分。《中共中央关于加强
和改进党的群团工作的意见》要求，各级党委要把党建带群建作为党建工
作责任制的重要内容，完善党建带群建制度机制，加强对群团工作的组织领

---

* 吴婷，中国关心下一代工作委员会办公室秘书处副处长。

导。这是党中央对党建带群建，发挥党建引领作用的要求，也为推动完善以党的建设带动关工委建设（以下简称"党建带关建"）制度机制提供了重要遵循。中国关工委坚持以习近平新时代中国特色社会主义思想为指导，贯彻落实党中央部署要求，强化制度机制建设，多次对推动党建带关建制度提出要求。各级关工委积极争取党委支持，探索推动党建带关建制度机制建设，坚持把党的领导贯穿关工委工作全过程各方面，推动关心下一代工作全面发展。

一　推进党建带关建制度机制的必要性分析

关心下一代工作是关系党的事业后继有人和社会主义事业兴旺发达的战略工程，也是关系民生幸福、民心向背、社会和谐与稳定的系统工程，只有在党的统一领导下才能强力推动，党建带关建制度机制对于党的事业发展和关工委工作的推进都有着重要的意义。

党建带关建是贯彻落实习近平总书记对关心下一代工作重要论述精神的有力举措。党的十八大以来，以习近平同志为核心的党中央高度重视和支持关心下一代工作。习近平总书记先后对关心下一代工作作出一系列重要指示和论述。习近平总书记的重要论述，明确了关心下一代工作的地位作用、目标任务、依靠力量、根本保证，是习近平新时代中国特色社会主义思想的重要组成部分，为关心下一代事业发展指明了方向、提供了根本遵循。习近平总书记指出："各级党委和政府要关心和支持关心下一代工作，支持更多老同志参加关心下一代工作，在时代的舞台上老有所为、发光发热。"对党委和政府加强关工委工作提出明确要求。贯彻落实好习近平总书记重要论述精神，就必须把关心下一代工作列入各级党委和政府全局工作来谋划、部署、督查、考评，把实施党建带关建制度机制作为发挥好关工委作为党委和政府培养教育青少年的参谋和助手作用的重要载体来抓，推进关心下一代工作不断上水平、上台阶。

党建带关建是党进一步加强对关工委组织和关心下一代工作领导的生动体现。党的集中统一领导，是关工委组织和关心下一代工作必须始终坚持的根本所在。始终坚持党的领导，关心下一代工作才能保持正确政治方向；始终坚持党的领导，关心下一代工作才能围绕中心、服务大局，找准工作定位；始终坚持党的领导，关心下一代工作才能落实"急党政所急、想青少年所需、尽关工委所能"的工作方针；始终坚持党的领导，关工委组织才能坚持不懈地保持和增强政治性、先进性、群众性，更好地凝聚广大五老和青少年，切实发挥组织的强大力量。党建带关建突出彰显了党在关心下一代工作的主体地位和主体责任，是党加强对关工委工作领导的重要途径，也是关工委组织有效发挥作用的根本保证。各级关工委要坚持把党的领导落实到具体工作实践中，在工作实践中全面坚持党的领导，积极推动构建党建带关建制度机制。

党建带关建是发挥关工委组织在国家治理体系和治理能力现代化进程中的作用的重要要求。密切联系群众是中国特色社会主义制度和国家治理体系的显著优势。长期以来，我们党在直接做群众工作的同时，重视发挥广泛联系服务引导各方面群众的群团组织作用，形成党的群众工作格局。这是我们党的一大创举和优势，也是我们党治国理政的一项重要制度安排。中国特色社会主义进入新时代，习近平总书记强调，群团组织要"成为推进国家治理体系和治理能力现代化的重要力量"。党的十九届四中全会通过的《中共中央关于坚持和完善中国特色社会主义制度 推进国家治理体系和治理能力现代化若干重大问题的决定》对健全联系广泛、服务群众的群团工作体系等提出明确要求。在当前我国经济社会快速发展的背景下，充分调动老年人来关爱青少年健康成长，把一老一小连接起来，这是一种很好的形式。基层一些关工委依托党建带关建制度机制，组织广大五老在基层社会治理中发挥了积极作用，有的参与社区网格化管理、有的参与社区矛盾调解、有的利用党建活动阵地开展青少年活动等，对于做好党的群众工作和开展关心下一代工作都发挥着积极作用。

党建带关建是加强关工委自身建设的根本保障。党的十八大以来，各级关工委组织通过积极完善党建带关建制度机制，各方面工作都取得了长足发展，组织网络更加健全，五老队伍不断壮大，工作方式和方法都有更大提升，为关心下一代事业发展奠定了良好的基础。但在城乡、地区之间发展不平衡、制度机制不健全、工作保障不落实和缺人、缺钱、缺办法、缺阵地的问题还不同程度的存在，不断完善党建带关建制度机制，坚持党组织建到哪里关工委组织就延伸到哪里，依靠党组织开展关心下一代工作，这是做好关心下一代工作的关键性举措。同时，我们要基于党对关心下一代工作的重视，用党总揽全局、协调各方的体制机制，以及从严治党的浓厚氛围，党建带关建，不断提高关工委的凝聚力和战斗力。只有这样，才能不负党中央和习近平总书记的重托，充分发挥五老在关心下一代工作中的特殊优势，在时代的舞台上发光发热。

二　党建带关建制度机制的主要实践

2019 年中国关工委与中组部、教育部、民政部、全国总工会、中国科协、国务院妇儿工委办公室、中央军委政治工作部八个单位出台的《关于进一步发挥五老队伍在加强青少年思想道德建设中的作用的意见》指出："发挥好离退休干部党组织的战斗堡垒作用和离退休干部党员的先锋模范作用，以加强离退休干部党组织建设带动关心下一代工作建设。"目前，全国有 28 个省区市和新疆生产建设兵团党委政府或组织部门下发了加强关心下一代工作的意见，对党建带关建作出了部署；吉林、江苏、福建、四川 4 地省委办公厅或者组织部专门下发关于党建带关建工作的意见，就加强党的领导，党建带动关工委思想建设、组织建设、班子建设、队伍建设、制度建设、活动开展、工作保障等提出明确要求。很多地方党委办公厅转发关工委工作要点，把强化党建引领作为重要工作内容，党建带关建成为地方党委加强关工委建设的一项制度安排，为机制的实施提供坚实的保障和执行依据。

（一）主要做法

一是带思想建设增强服务大局意识。各级党组织始终牢记政治责任，积极引导各级关工委组织探索形式多样的活动载体，切实加强对青少年思想政治引领，确保基层关工委工作正确的政治方向。各级关工委按照总体要求，始终把坚持党的领导作为首要原则，将政治上领导、思想上引导、工作上指导的有效机制与关工委依法依章开展工作有机统一，确保关工委工作在思想上政治上行动上与习近平同志为核心的党中央同心同向同行，引导广大青少年听党话、跟党走；始终把服从党的使命作为首要任务，将立足党政大局干与围着青少年转紧密结合，在党和青少年之间发挥着桥梁纽带作用，组织动员广大青少年更加紧密地团结在党的周围，把广大青少年对美好生活向往汇聚成强大动力，共同谱写实现"两个一百年"奋斗目标、实现中华民族伟大复兴中国梦的新篇章；始终把服务党的建设作为首要职责，自觉做好上情下达工作，充分利用老干部党校、老年大学、新时代讲习所等教育阵地，把党的主张传递到广大五老和青少年中去，做好青少年思想引导工作，主动当好基层党组织建设的"铺路石"。

二是带组织建设增强关工委凝聚力。在落实党建带关建中，切实抓好基层关工委组织建设。以行政村、社区、学校为重点，凡是建立党组织的地方和单位，都争取建立起关工委组织，完善工作网络，进一步健全各级关工委组织。逐步扩大延伸，向楼院、自然村、社区网格、民营企业、直属机关、老年大学、新型组织等延伸，关工委工作有效覆盖面不断扩大。各地努力在推进建立离退休干部党工委、加强离退休干部党支部建设的同时强化关工委组织建设，在离退休干部党支部设立关工委，在关工委建立临时党支部。比如，河北唐山市采取了关工委主任担任离退休干部党支部副书记、离退休干部党支部书记担任关工委副主任，通过互兼互任，使党的工作和关心下一代工作较好地融合在一起。广州市在全面建设各街道家庭综合服务中心工作中，充分发挥关工组织的独特优势，在家庭综合服务中心购买社工服务、组建义工队伍的同时把关工组织吸收进来，服务中心不仅建有党代表接访室，也建有关工委工作室，并建立党组织牵头、关工委组织协调、社工组织实施、发动五老和义工参与的服务青少年工作规范，"三工"结合在服务中心和基层社区常年开展青少年教育帮扶活动，深受广大青少年及其家长的欢迎。

三是带班子队伍建设提升工作战斗力。各级党委的组织、老干部门通过多种方式带动关工委班子、队伍建设，积极把关工委作为离退休领导干部继续发挥余热的首选岗位，配齐配强关工委领导班子。各级关工委依靠党的领导动员，广泛聚集方方面面的优势五老骨干力量，鼓励五老在新时代老有所为、发光发热。各级党组织举办党员干部培训不忘关工委党员干部，开展"两学一做""不忘初心、牢记使命"等主题教育活动把关工委班子成员纳入其中。特别是在推进"党建带关建"中，积极在各类新区、非公组织、民营企业、民办学校中加强关工委班子队伍建设。这些组织比较年轻，离退休老同志比较缺乏，许多单位一个离退休人员都没有，各级关工委以"党建带关建"为牵引，充分发挥这些年轻组织中的干部、党员、爱心老板的作用，党组织把爱心老板发展为党员，关工委把党员发展为关心下一代工作骨干，使这些年轻组织关心下一代活动有计划地开展了起来。这些党委政府重视支持关工委建设的举措，使各级关工委的组织力、凝聚力进一步提高。

四是带阵地建设提升工作质量。在加强关心下一代工作阵地建设上下功夫，有的党委牵头，协调各有关部门、有关组织，共建关心下一代教育实践基地，提升青少年教育实践基地建设质量，在基地建设中注重发挥五老作用；有的把党员教育基地、廉政教育基地、党员远程教育网络等党建阵地拿出来，业余时间对青少年开放，这些举措进一步拓宽了关心下一代工作的平台、阵地，提升了平台、阵地的建设质量。例如，深圳市盐田区组织部发文，在推进社区党建标准化建设中要推动社区关工委工作规范化建设，其中强调各社区在党群服务中心建设中要设置四点半学校、多媒体室、阅览室等多个关心下一代功能室，确保关工委开展青少年思想道德教育和培训活动有丰足的阵地。积极争取各方支持，助推建立了一批开展爱国主义教育、党史教育、国防教育、法治教育、科普教育和绿色教育的实践基地。不少老同志还深入挖掘整理地方史，推动建立了一批基层爱国主义教育基地。目前，全国共建立关心下一代工作各类活动基地36.7万个，有效发挥着关爱教育青少年的重要作用。

五是带活动建设提升关爱效果。开展"党建带关建"以来，各级党组织重视在创建党建工作品牌中带动推进关工委工作品牌建设，着力把关心下一代工作融入党建活动，不仅推动了关心下一代活动的深入开展，而且有力地推动了关工委工作创新。关工委开展的各项活动坚持围绕中心、服务大局，以实际行动助力党委的中心工作，积极融入国家经济社会发展大局、融入基层社会治理。例如，充分运用重要时间节点、重大庆典时段和重要纪念时机，进一步深化"党史国史教育""传承红色基因，争做时代新人"主题教育活动，强化政治引领，引导青少年听党话、跟党走；深化"爱学习、爱劳动、爱祖国"教育活动，引导青少年德智体美劳全面发展；深化"我的家训"家庭教育活动，引导青少年传承家庭美德；深化"关爱明天、普法先行"活动，帮助青少年养成良好的遵纪守法习惯。通过深入开展"读、学、做、讲"等形式多样、主题鲜明、内容丰富的活动，教育引导青少年弘扬主旋律。

六是带制度建设促进长效机制建设。近年来，各级党委加强制度建设，用学党章党规推动工作规范化，并通过加强制度、机制建设巩固工作规范化成果。各级关工委借东风，健全工作制度，培育制度机制。一方面借鉴党组织制度建设成果推进关工委制度、机制建设。另一方面主动争取党委、组织部门制发"党建带关建"的意见、规范，主动争取党委政府制发新的加强关工委工作的意见，推动各级党政、有关部门和社会各界重视支持关工委工作，并积极参加到关心下一代工作中来，推动各级关工委在全社会都来关心下一代的良好氛围中加强自身建设，充分发挥五老优势作用。有了各级党政对关工委工作的指示、要求和规范，各级关工委乘势而上，纷纷制定内部规章、工作规范、自身建设有关制度，把制度优势转化为工作优势。在此基础上，中国关工委通过汇编印发全国关心下一代工作制度汇编、优秀调研报告汇编等，全面推进关心下一代工作和关工委建设的长效机制建设。

（二）取得的主要成效

一是各级党委对关工委工作更加重视。各级党委政府率先垂范，一级做给一级看，一级督导一级干，很多省区市党委常委会议坚持听取关工委工作汇报、解决关工委工作中的实际困难和问题，党政主要领导和分管领导经常主动了解关工委工作进展、参加关工委活动，党委办公厅（室）坚持每年转发关工委工作要点等重要文件，一些地方党和政府将关工委工作写入工作报告，为推动基层关心下一代工作作出了表率、激发了动力。越来越多的地方党委坚持把关工委工作纳入党政工作日程、纳入经济社会发展规划、纳入党建目标责任制考核体系、纳入精神文明建设总体规划，做到关工委建设与党建工作统一安排，关工委人员编制、办公场所设施、经费保障与党委部门统一落实，关工委干部与党员干部统一培训、统一考核、统一表彰。一些地方在乡镇（街道）党（工）委、行政村（社区）以及农业、卫生、教育等基层党建工作考核中明确了关心下一代工作考核权重、考核内容和考核办法，有的党委督查室联合有关部门开展督促检查，实现了基层关工委建设与基层党建工作同研究、同部署、同推进、同督查、同考核、同奖惩。

二是关工委组织网络更加健全。当前，全国关工委五级组织网络已经形成，通过推进基层关工委组织设置和活动方式创新，推广优势互补资源共用的村（社区）、企业、学校共建共享模式，很多民营企业、机关、村民小组、院落楼栋建立关工委（关工小组），截至 2019 年底，各级关工委组织达到 107 万个。领导班子做到班子健全、结构合理、调整及时、进出有序，乡镇（街道）党委（工委）副书记、村（社区、学校）党支部书记担任关工委主任，一批刚从一线领导岗位退下来的同志充实到各级关工委班子。工作队伍实现乡镇（街道）、村（社区）、学校、企业、民营企业和机关关工委都有五老骨干队伍，截至 2019 年底五老队伍达 1367 万人。工作制度做到务实管用，基层关工委学习、议事、工作、激励和保障等经常性工作制度不断健全，确保工作经常抓、抓经常，基层关工委工作程序化、标准化、规范化。目前，关工委办公室绝大多数成为老干部局的内设机构，办公室干部既要参加关工委的学习、培训，又要参加老干部局的学习和组织生活。可以说，通过党建带关建，关工委无论是在组织覆盖、领导班子、五老队伍、办公室队伍等建设上，还是在方式方法、工作措施、工作经费等保障上，面貌都为之一新。

三是关工委工作氛围更加积极。通过党建引领，各级关工委工作热情更加高涨，形成了争创先进的浓厚氛围。很多地方把"五好"（领导班子建设好、五老作用发挥好、制度健全执行好、积极探索创新好、活动经常效果好）基层关工委创建作为"党建带关建"的重要载体和推手。一些地方在开展先进基层党组织评选活动中，把基层关工委"五好"是否达标作为一票否决的条件之一。据统计，全国基层关工委中"五好关工委"已经占到51%。关心下一代工作协调机制更加健全，很多地方建立了关工委成员单位联席会议制度，有的由地方党委发文明确成员单位及其职责，有的由党委分管领导主持召开或组织部门牵头召开成员单位会议。有的地方大力推广"八联模式"（关工委与有关部门组织联建、干部联配、平台联搭、机制联定、活动联办、信息联通、资源联用、环境联创），关心下一代工作搭台唱戏、借台唱戏、同台唱戏相辅相成、相得益彰，形成了关心下一代工作强大合力。

三 新时代党建带关建制度机制的展望与思考

当前，要立足中国特色社会主义进入新时代这一新的历史方位、我国社会主要矛盾的变化和关心下一代事业面临新形势新任务新要求，在"五位一体"总体布局和"四个全面"战略布局下谋划推动关心下一代工作。完善党建带关建制度机制，对关心下一代工作的长远发展至关重要。笔者认为，在新时代，要以落实党建带关建制度机制为牵引，坚持从新视角分析工作、用新理念谋划工作、用新举措推进工作，开辟关工委组织体系科学化、五老队伍专业化、工作模式多样化的新道路，推动关心下一代工作高质量发展。新时代党建带关建制度机制建设应着重把握以下几个方面的内容。

（一）坚持提高政治站位，增强党建带关建的责任意识

"头脑"要与时俱进、常思常新，才不会限制住"手脚"。各级党组织和各级关工委组织要以习近平新时代中国特色社会主义思想为指引，站在巩

固党的执政地位、推进中国特色社会主义事业长远发展的政治高度，充分认识到坚持"党建带关建"是贯彻落实习近平新时代中国特色社会主义思想的重要举措，是确保关工委组织始终在党的领导下开展工作、推动关心下一代事业正确发展的根本保证，把关工委组织建设、工作开展融入党建大格局。各级党组织要始终把"党建带关建"工作作为一项重点进行总体部署、提出具体要求，真正把思想上高度重视、工作上大力支持、行动上积极参与落到实处。各级关工委工作要主动融入党的建设、国家治理体系和治理能力现代化发展大局，不断完善更新关心下一代工作理念；要加强理论研究，为党建带关建制度机制提供理论支撑；要不断发现新典型、新经验，深挖总结典型经验背后的深层次原因和做法、成效，有力推进党建带关建制度机制完善。通过坚持"党建带关建"，确保党建和关建共同增添新活力、取得新成效、呈现新气象。

（二）坚持加强制度建设，进一步形成常态化的党建带关建制度机制

建立和完善工作制度，是落实"党建带关建"工作的首要前提。从制度层面进一步加强党委对关心下一代工作的领导，把关工委工作纳入党建工作总体部署，依托党建引领，把各级关工委工作全面带起来，提升关工委的组织力、凝聚力和战斗力。主要是要建立以下几项机制：一是要健全"党建带关建"工作责任制，明确党组织主要领导是第一责任人、分管领导是直接责任人、关工委主任是具体责任人，定期召开专题工作例会谋划"带"的举措、探讨"建"的路径。关工委要主动联合同级党委组织部门，对各地、各有关部门关工委组织建设情况进行督查，当场开出问题清单，有效发挥"倒逼效应"。二是要完善实现党建和关建组织建设相融、资源共融、服务体系相融的制度机制。抓住关工委组织建设的薄弱环节，扩大组织有效覆盖面，完善科学的组织体系。吸纳多层次的专业化五老进入关工委工作队伍，提升组织活力和关爱服务能力，等等。三是要强化多部门联合联动制度机制建设。关心下一代是一项系统工程，教育部门、学校是主阵地，家庭、

社会的关心也是重要的方面。关工委要发挥牵头作用，在充分发挥五老优势的同时，还要善于借助外部力量、整合各方资源，各部门联席会议制度、联合办文办会办活动制度、共同检查督导工作制度等都要进一步健全完善起来，切实形成开展关心下一代工作的合力。四是要进一步加强关工委日常制度机制建设。各级关工委要坚持服务青少年正确方向，认真贯彻落实党委、政府作出的重要部署，紧紧抓住有利时机，通过"党建带关建"，乘势而上，发挥优势，主动作为，促进完善党委统一领导、党政齐抓共管、关工委主动作为、有关部门积极配合、社会各界广泛参与的关心下一代工作领导体制和工作机制。

（三）坚持改革创新，打造新时代党建引领下的关心下一代工作模式

党建带关建工作要紧扣时代特点和广大青少年思想行为特征开展工作，不断增强创新意识，积极拓展新思路，着力探索有利于破解难题的新途径新办法，探索信息化条件下开展工作的新载体新路径，推动打造新时代关心下一代工作关爱服务模式。各级关工委要围绕党的各个时期重大政治任务，围绕中心、服务大局，利用互联网、新媒体等多种方式，拓宽党和关工委组织联系青少年的途径和方法，宣传教育成果，从内容和形式上提升服务青少年的能力，以实际工作效果，推动党建带关建工作的整体发展水平。在青少年关爱服务中，强化政治引领。紧扣培养青少年树立和践行社会主义核心价值观的主线，充分运用重要时间节点、重大庆典时段和重要纪念时机，进一步深化"传承红色基因，争做时代新人"等主题教育活动，加强青少年的理想信念教育。在青少年关爱服务中，坚持传递党的温暖。要积极搭建有效平台，参与基层社会治理，大力实施特殊群体青少年的关爱帮扶行动。在青少年关爱服务中，坚持有效发挥离退休党员的优势和五老队伍优势。在党建引领下，关心下一代工作既要充分发挥老同志作为党员干部的先锋模范作用，又要充分发挥老同志政治、经验、威望、时空、亲情等各种优势和作用，弘扬五老精神，不断研究探索反映时代特征、体现地方特色、符合青少年特点

的工作制度、机制、载体、措施，推动关心下一代事业不断创新发展。

党建带关建制度机制是加强关心下一代工作的重要方面，符合新时代加强党组织和关工委建设工作的基本要求，党组织要充分发挥领导作用，积极带动关工委组织自觉参与理论学习和实践教育活动，使工作既有重心又有创新，不仅加强了组织建设和发展工作，也促进了党组织和关工委组织朝着共同的方向完成共建目标。新时代背景下的党建带关建，要牢牢把握思想理论研究和实践探究两个方面相互协调，通过建立一整套行之有效的制度机制和工作体系，不断创新工作方式和方法，推动各级关工委组织为培养担当民族复兴大任的时代新人作出新的更大贡献。

附　　录
Appendix

B.23
中国关心下一代工作委员会大事记

张吉斌　马乔*

　　1990 年 2 月　中国关心下一代工作委员会在北京成立。5 月 18 日，《人民日报》发表了经党中央批准成立中国关心下一代工作委员会，由习仲勋、王任重任中国关心下一代工作委员会名誉主任，康世恩任主任，王照华任常务副主任的消息。中国关工委的主要任务是：组织老同志特别是退居二、三线的老同志关心青少年的健康成长；编写革命传统、爱国主义传统书籍，对青少年进行爱国主义教育、革命传统教育、社会主义法制教育和共产主义理想教育。6 月 28 日，李瑞环在中国关工委第一次工作会议上讲话指出，关心下一代工作是关系到国家前途和命运的一件大事。忽视了对下一代的教育，就等于忽视我们党奋斗的最终目标，忽视我们毕生为之奋斗的革命和建

---

　*　张吉斌，中国关心下一代工作委员会办公室秘书处处长；马乔，中国关心下一代工作委员会办公室综合处干部。

设事业的伟大成果，我们就成了糊涂人。以老同志为主体成立这样一个组织，专门研究对下一代的教育，在全社会造成一个关心下一代的风气，是具有重大现实意义和深远历史意义的。要充分发挥老同志在教育下一代工作中的特殊作用。邓颖超为中国关工委成立题词，习仲勋、王任重为会议发来贺词。

1991 年 12 月 24 日　李瑞环在中国关工委全国关心下一代工作先进集体、先进个人表彰大会上讲话指出，关心下一代这项工作，关系着革命的前途和祖国的安危。一切关心国家大事的人，都应该关心对下一代的教育。希望各级党委和全社会继续充分重视和大力支持关心下一代的工作。

1993 年 5 月 31 日　中国关工委、团中央、全国少工委、共青团北京市委在天安门城楼共同举办庆"六一""我爱北京天安门"联欢活动。宋平、陈慕华、王平、陈丕显、张爱萍、康世恩等和全国优秀少先队员代表、少先队辅导员代表、少年儿童代表 70 余人，登上天安门城楼，共庆"六一"儿童节。

1995 年 1 月　陈云为中国关工委机关刊物《中国火炬》杂志题写刊名。宋平、宋任穷、陈慕华、雷洁琼、张爱萍、邓力群为创刊号题词。

1995 年 10 月 10 ~ 13 日　中国关工委召开全国关心下一代工作先进集体、先进个人表彰大会。胡锦涛向大会致贺信，强调各级党委和政府要更加重视和支持关心下一代工作，在全社会大力倡导关心下一代成长的新风尚。任建新代表党中央在开幕式上讲话指出，关心下一代工作是一个系统工程，需要各行各业各部门密切配合，需要动员社会各方面都来关心下一代的成长。希望更多的老同志包括按照国家规定每年新退下来的老同志，都来参加关心下一代工作。希望各级党委和政府进一步加强对关心下一代工作的领导，继续充分重视老同志的作用。宋任穷、程思远、王平向大会题写贺词。

1996 年 11 月 6 ~ 11 日　中国关工委召开全国农村关心下一代工作经验交流暨研讨会。会议的主题是：讲政治、育新人，学科技、奔小康。李鹏、姜春云、雷洁琼为会议题词。李鹏的题词是：关心教育下一代，关心农村青少年。姜春云的题词是：充分发挥老同志优势，做好农村关心下一代工作。

雷洁琼的题词是：全社会都来关心青少年。宋平、宋任穷向会议发来贺信。2009 年 6 月和 2016 年 7 月，中国关工委分别在山东青岛市、贵州贵阳市召开农村关心下一代工作经验交流会，围绕"讲政治、育新人、学科技、奔小康"活动开展情况，总结交流工作经验，研究部署农村关心下一代工作。

1997 年 5 月 7～10 日　中国关工委与司法部联合召开全国加强青少年普法教育座谈会。王汉斌、雷洁琼为会议题词。王汉斌的题词是：加强青少年的普法教育。雷洁琼的题词是：开展青少年的法制教育，提高素质全面发展。自 2009 年 4 月起，中国关工委、中央综治办和司法部联合先后开展了三届"关爱明天、普法先行"——青少年普法教育活动。2019 年 4 月，中国关工委、中央政法委、司法部、共青团中央、中国法学会印发《关于开展第四届"关爱明天、普法先行"——青少年普法教育活动的通知》，新一届青少年普法教育活动全面展开。

1998 年 7 月 4 日　习近平在福建省农村关心下一代工作经验交流会上讲话指出，要动员全社会都来关心农村少年儿童的身心健康，关心他们的健康成长，为农村少年儿童营造良好的教育环境和教育条件。

1999 年 3 月 11 日　习仲勋在听取王照华关心下一代工作汇报时指出，关心下一代工作是千秋伟业，要一代一代抓下去，为国家多培养人才。

1999 年 4 月 22 日　王丙乾、胡绳担任中国关工委主任。

1999 年 8 月 20 日　中央领导同志批准同意，吴仪同志分管中国关工委。10 月 10 日，吴仪在听取中国关工委工作汇报时指出，老同志参加关心下一代工作非常好，希望关心下一代工作要有新起点。

2000 年 5 月 15～17 日　中国关工委召开全国关心下一代工作先进集体、先进个人表彰大会。吴仪代表党中央、国务院在开幕式上讲话指出，老同志在培养青少年工作中，具有政治上、思想上、经验上、时间上的特殊优势，强调培养教育下一代是全党全社会的共同责任，需要有关部门和社会各界的共同努力。宋平、习仲勋、宋任穷为大会题词或发来贺信，中共中央组织部老干部局、教育部、司法部、团中央、全国妇联向大会发来贺信。

2002 年 12 月 15 日　李鹏在接见出席全国关心下一代基层工作座谈会

会议全体同志时，充分肯定了老同志在关心下一代工作中作出的贡献，勉励大家在关心下一代工作中做出新的贡献。2003年2月25日，李鹏为《中国火炬》杂志出刊百期题词：青少年是祖国的未来，全社会都要关心下一代健康成长。

2004年2月26日 中共中央、国务院印发《关于进一步加强和改进未成年人思想道德建设的若干意见》（中发〔2004〕8号）。意见指出，要着力建设好老干部、老战士、老专家、老教师、老模范等五老队伍，形成一支专兼结合、素质较高、人数众多、覆盖面广的未成年人思想道德建设工作队伍。要重视关心下一代工作委员会的工作，支持他们为加强和改进未成年人思想道德建设贡献力量。

2004年6月30日 中国关工委、中组部、教育部、民政部、全国总工会、中国科协、国务院妇儿工委办、解放军总政治部印发《关于发挥五老队伍在加强和改进未成年人思想道德建设中的作用的通知》。2019年12月6日，中国关工委、中组部等八部门重新修订印发《关于进一步发挥五老队伍在加强青少年思想道德建设中的作用的意见》。

2005年6月12~14日 中国关工委、中央文明办联合召开全国关心下一代工作先进集体、先进个人表彰大会。李鹏、吴仪、顾秀莲分别为大会题词或发来贺信。刘云山在开幕式上代表党中央讲话指出，要重视关心下一代工作委员会的工作，充分发挥老干部、老战士、老专家、老教师、老模范等五老队伍在未成年人思想道德建设中的作用。共青团中央、全国总工会、全国妇联向大会发来贺信。王丙乾作题为《抓住机遇，发挥优势，为全面提高青少年的素质再立新功》工作报告。

2008年3月6日 党中央批准顾秀莲为中国关工委主任。

2008年12月8日 中国关工委印发《中国关心下一代工作委员会工作条例》。2018年3月2日，中国关工委印发修订的《中国关心下一代工作委员会工作规则》。

2010年6月22日 李长春会见出席中国关工委、中央文明办联合召开纪念中国关工委成立20周年暨全国关心下一代工作表彰大会全体代表，转达胡锦涛总书记对大家的亲切问候，指出五老人员具有丰富的人生阅历和深刻的人生感悟，是党和人民的宝贵财富。强调充分发挥五老人员的积极作用，为加强和改进未成年人思想道德建设和大学生思想政治教育，推动全社会精神文明建设作出新的更大的贡献。刘云山在会议上讲话指出，加强青少年思想道德建设、引导广大青少年健康成长，是关系中华民族伟大复兴的战略工程，是关系中国特色社会主义事业兴旺发达的希望工程。强调各级党委政府要从中国特色社会主义事业后继有人的战略高度，切实重视青少年思想道德建设，把关心下一代工作纳入精神文明建设的总体布局。大力宣传弘扬老同志关心下一代的先进事迹和崇高精神，推动形成全社会关爱青少年健康成长的良好氛围。刘延东、李源潮、许嘉璐、热地、孙孚凌分别参加会见或出席大会。顾秀莲作题为《继往开来，科学发展，开创关心下一代工作新局面》工作报告。21 日，陈至立、张榕明、孙家正出席全国关心下一代工作 20 年回顾展开幕式。热地出席纪念中国关工委成立 20 周年——"托起朝阳"纪念晚会。23 日，刘延东、李金华参观全国关心下一代工作 20 年回顾展。

2011 年 1 月 13 日　刘延东在接见参加全国关心下一代工作会议代表时指出，要用党的革命历史和优良传统教育青少年，促进青少年健康成长，强调各级党委政府要为关工委和老同志开展关心下一代工作创造有利条件。

2011 年 6 月 28 日　顾秀莲在学党史、颂党恩、跟党走——两代人共话中国共产党建党 90 周年座谈会上讲话指出，广大老同志要从历史发展和时代要求的高度，增强做好关心下一代工作的荣誉感和责任感，要两代人携起手来，老少互动，老少互建，永远听党话，永远跟党走。2005 年，中国关工委、中央宣传部、中央党校、中央文献研究室、中央党史研究室、教育部、文化部、广播电影电视总局、团中央、全国妇联等十部委联合发起了青少年党史教育活动。2016 年 4 月，中国关工委在山东淄博召开党史国史教育经验交流会，顾秀莲在讲话时指出，党史国史教育作为青少年理想信念教育的基础工程，必须坚持以立德树人为根本任务，占据理想信念制高点，突出重点，务求实效，充分发挥党史国史教育的综合育人功能，以史树德、以史增智、以史育美、以史创新，促进青少年德智体美劳全面发展。

2012 年 4 月 21 日　顾秀莲在全国部分省区市民营企业关工委工作座谈会上讲话指出，要进一步总结和推广好民营企业开展关心下一代工作的经验，巩固和发展好的势头。强调在组织发动、探索规律、建立长效机制上下功夫，在扩大数量、提高质量上见成效。2017 年 5 月，顾秀莲在浙江杭州召开的全国民营企业关心下一代工作座谈会上讲话强调，要教育引导广大青年职工不断提高思想觉悟和道德水平，成为政治坚定、素质优良的一代企业新人，在生产经营主战场上实现自身全面发展。

2014 年 7 月 16 日　"中华魂"主题教育活动 20 周年表彰会议在北京人民大会堂召开。顾秀莲出席会议并讲话指出，主题教育活动必须坚持以社会主义核心价值体系为引领，要发挥好品牌的影响力，扩大品牌的覆盖面。自 1994 年起，"中华魂"主题教育活动，每年一个主题，全国 20 多个省区市参与，累计有 3 亿多名青少年参加。

2014 年 10 月 8～13 日　顾秀莲率团出席在俄罗斯举办的中俄青年友好交流活动。12 日，正在莫斯科陪同李克强总理出席中俄总理第十九次定期会晤的刘延东与俄罗斯副总理戈罗杰茨，出席由中国关工委和俄罗斯有关部门共同主办的"中俄关心下一代论坛"。论坛由中国关工委常务副主任、中国驻俄罗斯原大使武韬主持。

2015 年 8 月 24 日　中共中央总书记、国家主席、中央军委主席习近平对关心下一代工作作出重要指示，指出十年树木，百年树人。祖国的未来属于下一代。做好关心下一代工作，关系中华民族伟大复兴。中国关工委成立 25 年来，为促进青少年健康成长做了大量工作。希望同志们坚持服务青少年的正确方向，着力加强青少年思想道德建设，引导青少年树立和践行社会主义核心价值观，支持和帮助青少年成长成才，团结教育广大青少年听党话、跟党走。广大老干部、老战士、老专家、老教师、老模范等离退休老同志是党和人民的宝贵财富。我们要弘扬五老精神，尊重五老，爱护五老，学习五老，重视发挥五老作用，推动关心下一代事业更好发展。强调各级党委和政府要关心和支持关心下一代工作，支持更多老同志参加关心下一代工

作，在时代的舞台上老有所为、发光发热。

2015 年 8 月 25 日 纪念中国关心下一代工作委员会成立 25 周年暨全国关心下一代工作表彰大会在北京召开。刘奇葆在会上宣读了习近平总书记的重要指示。刘延东代表党中央和国务院在会上讲话指出，要积极参与青少年思想道德建设，参与维护青少年合法权益工作，参与营造良好的社会文化环境，强调把各级关工委建设成为关心下一代工作的坚强堡垒。贺军科代表全国总工会、共青团中央、全国妇联和中国科协宣读了贺信。顾秀莲作题为《紧紧围绕"四个全面"战略布局，扎实推进关心下一代工作创新发展》的工作报告。中国关工委常务副主任兼秘书长杨志海在会议结束时，作了总结讲话。中国关工委顾问何鲁丽、许嘉璐，中国关工委常务副主任张玉台、胡振民、刘峰岩、闵振环、刘雅芝、武韬、刘晓连、祖书勤出席了会议。

2016 年 2 月 14 日 国务院印发《关于加强农村留守儿童关爱保护工作的意见》。意见提出，关工委要组织动员广大老干部、老战士、老专家、老教师、老模范等离退休老同志，协同做好农村留守儿童的关爱与服务工作。6 月 13 日，国务院印发《关于加强困境儿童保障工作的意见》。意见指出，关工委要组织动员广大老干部、老战士、老专家、老教师、老模范等离退休老同志，协同做好困境儿童关爱服务工作。

2018 年 6 月 5～6 日 顾秀莲在第十届海峡两岸关爱下一代成长论坛上讲话指出，两岸持续深入交流合作在基层、在文化、在青少年。好家风、好家训、好家教，积淀着中华民族深沉的精神追求，是传递两岸亲情和伦理的巨大力量，是两岸儿女文化认同和文化自信的具体实践。自 2009 年起，每年召开一次海峡两岸关爱下一代成长论坛，每年一个关爱成长主题，加深了两岸青少年交流，促进了两岸一家亲。

2018 年 10 月 23 日 国务院领导同意，孙春兰同志分管中国关工委。12 月 7 日，孙春兰在听取中国关工委主任顾秀莲工作汇报时指出，老同志没有在家颐养天年，尽自己所能，关心青少年成长成才，真正帮助了党和政府，真正发挥了老同志的余热。2019 年 1 月 31 日，孙春兰到中国关工委机关看望中国关工委领导班子成员和办公室同志。

2019 年 6 月 23 日 中共中央、国务院印发《关于深化教育教学改革全面提高义务教育质量的意见》。意见提出，关心下一代工作委员会要做好少年儿童有关教育引导和关爱保护工作。11 月，中共中央、国务院印发《新时代爱国主义教育实施纲要》。纲要提出，关工委要发挥优势，组织动员老干部、老战士、老专家、老教师、老模范等到广大群众特别是青少年中讲述亲身经历，弘扬爱国传统。

社会科学文献出版社

皮 书

智库报告的主要形式
同一主题智库报告的聚合

✢ 皮书定义 ✢

皮书是对中国与世界发展状况和热点问题进行年度监测,以专业的角度、专家的视野和实证研究方法,针对某一领域或区域现状与发展态势展开分析和预测,具备前沿性、原创性、实证性、连续性、时效性等特点的公开出版物,由一系列权威研究报告组成。

✢ 皮书作者 ✢

皮书系列报告作者以国内外一流研究机构、知名高校等重点智库的研究人员为主,多为相关领域一流专家学者,他们的观点代表了当下学界对中国与世界的现实和未来最高水平的解读与分析。截至2020年,皮书研创机构有近千家,报告作者累计超过7万人。

✢ 皮书荣誉 ✢

皮书系列已成为社会科学文献出版社的著名图书品牌和中国社会科学院的知名学术品牌。2016年皮书系列正式列入"十三五"国家重点出版规划项目;2013~2020年,重点皮书列入中国社会科学院承担的国家哲学社会科学创新工程项目。

中国皮书网

（网址：www.pishu.cn）

发布皮书研创资讯，传播皮书精彩内容
引领皮书出版潮流，打造皮书服务平台

栏目设置

◆ **关于皮书**

何谓皮书、皮书分类、皮书大事记、
皮书荣誉、皮书出版第一人、皮书编辑部

◆ **最新资讯**

通知公告、新闻动态、媒体聚焦、
网站专题、视频直播、下载专区

◆ **皮书研创**

皮书规范、皮书选题、皮书出版、
皮书研究、研创团队

◆ **皮书评奖评价**

指标体系、皮书评价、皮书评奖

◆ **互动专区**

皮书说、社科数托邦、皮书微博、留言板

所获荣誉

◆ 2008 年、2011 年、2014 年，中国皮书
网均在全国新闻出版业网站荣誉评选中
获得 "最具商业价值网站" 称号；
◆ 2012 年，获得 "出版业网站百强" 称号。

网库合一

2014年，中国皮书网与皮书数据库端口
合一，实现资源共享。

权威报告·一手数据·特色资源

皮书数据库
ANNUAL REPORT(YEARBOOK)
DATABASE

分析解读当下中国发展变迁的高端智库平台

所获荣誉

- 2019年，入围国家新闻出版署数字出版精品遴选推荐计划项目
- 2016年，入选"'十三五'国家重点电子出版物出版规划骨干工程"
- 2015年，荣获"搜索中国正能量 点赞2015""创新中国科技创新奖"
- 2013年，荣获"中国出版政府奖·网络出版物奖"提名奖
- 连续多年荣获中国数字出版博览会"数字出版·优秀品牌"奖

成为会员

通过网址www.pishu.com.cn访问皮书数据库网站或下载皮书数据库APP，进行手机号码验证或邮箱验证即可成为皮书数据库会员。

会员福利

- 已注册用户购书后可免费获赠100元皮书数据库充值卡。刮开充值卡涂层获取充值密码，登录并进入"会员中心"—"在线充值"—"充值卡充值"，充值成功即可购买和查看数据库内容。
- 会员福利最终解释权归社会科学文献出版社所有。

社会科学文献出版社 皮书系列
SOCIAL SCIENCES ACADEMIC PRESS (CHINA)

卡号：913463884225
密码：

数据库服务热线：400-008-6695
数据库服务QQ：2475522410
数据库服务邮箱：database@ssap.cn
图书销售热线：010-59367070/7028
图书服务QQ：1265056568
图书服务邮箱：duzhe@ssap.cn

基本子库
SUB DATABASE

中国社会发展数据库（下设 12 个子库）

整合国内外中国社会发展研究成果，汇聚独家统计数据、深度分析报告，涉及社会、人口、政治、教育、法律等 12 个领域，为了解中国社会发展动态、跟踪社会核心热点、分析社会发展趋势提供一站式资源搜索和数据服务。

中国经济发展数据库（下设 12 个子库）

围绕国内外中国经济发展主题研究报告、学术资讯、基础数据等资料构建，内容涵盖宏观经济、农业经济、工业经济、产业经济等 12 个重点经济领域，为实时掌控经济运行态势、把握经济发展规律、洞察经济形势、进行经济决策提供参考和依据。

中国行业发展数据库（下设 17 个子库）

以中国国民经济行业分类为依据，覆盖金融业、旅游、医疗卫生、交通运输、能源矿产等 100 多个行业，跟踪分析国民经济相关行业市场运行状况和政策导向，汇集行业发展前沿资讯，为投资、从业及各种经济决策提供理论基础和实践指导。

中国区域发展数据库（下设 6 个子库）

对中国特定区域内的经济、社会、文化等领域现状与发展情况进行深度分析和预测，研究层级至县及县以下行政区，涉及地区、区域经济体、城市、农村等不同维度，为地方经济社会宏观态势研究、发展经验研究、案例分析提供数据服务。

中国文化传媒数据库（下设 18 个子库）

汇聚文化传媒领域专家观点、热点资讯，梳理国内外中国文化发展相关学术研究成果、一手统计数据，涵盖文化产业、新闻传播、电影娱乐、文学艺术、群众文化等 18 个重点研究领域。为文化传媒研究提供相关数据、研究报告和综合分析服务。

世界经济与国际关系数据库（下设 6 个子库）

立足"皮书系列"世界经济、国际关系相关学术资源，整合世界经济、国际政治、世界文化与科技、全球性问题、国际组织与国际法、区域研究 6 大领域研究成果，为世界经济与国际关系研究提供全方位数据分析，为决策和形势研判提供参考。

法律声明

"皮书系列"（含蓝皮书、绿皮书、黄皮书）之品牌由社会科学文献出版社最早使用并持续至今，现已被中国图书市场所熟知。"皮书系列"的相关商标已在中华人民共和国国家工商行政管理总局商标局注册，如LOGO（▨）、皮书、Pishu、经济蓝皮书、社会蓝皮书等。"皮书系列"图书的注册商标专用权及封面设计、版式设计的著作权均为社会科学文献出版社所有。未经社会科学文献出版社书面授权许可，任何使用与"皮书系列"图书注册商标、封面设计、版式设计相同或者近似的文字、图形或其组合的行为均系侵权行为。

经作者授权，本书的专有出版权及信息网络传播权等为社会科学文献出版社享有。未经社会科学文献出版社书面授权许可，任何就本书内容的复制、发行或以数字形式进行网络传播的行为均系侵权行为。

社会科学文献出版社将通过法律途径追究上述侵权行为的法律责任，维护自身合法权益。

欢迎社会各界人士对侵犯社会科学文献出版社上述权利的侵权行为进行举报。电话：010-59367121，电子邮箱：fawubu@ssap.cn。

社会科学文献出版社